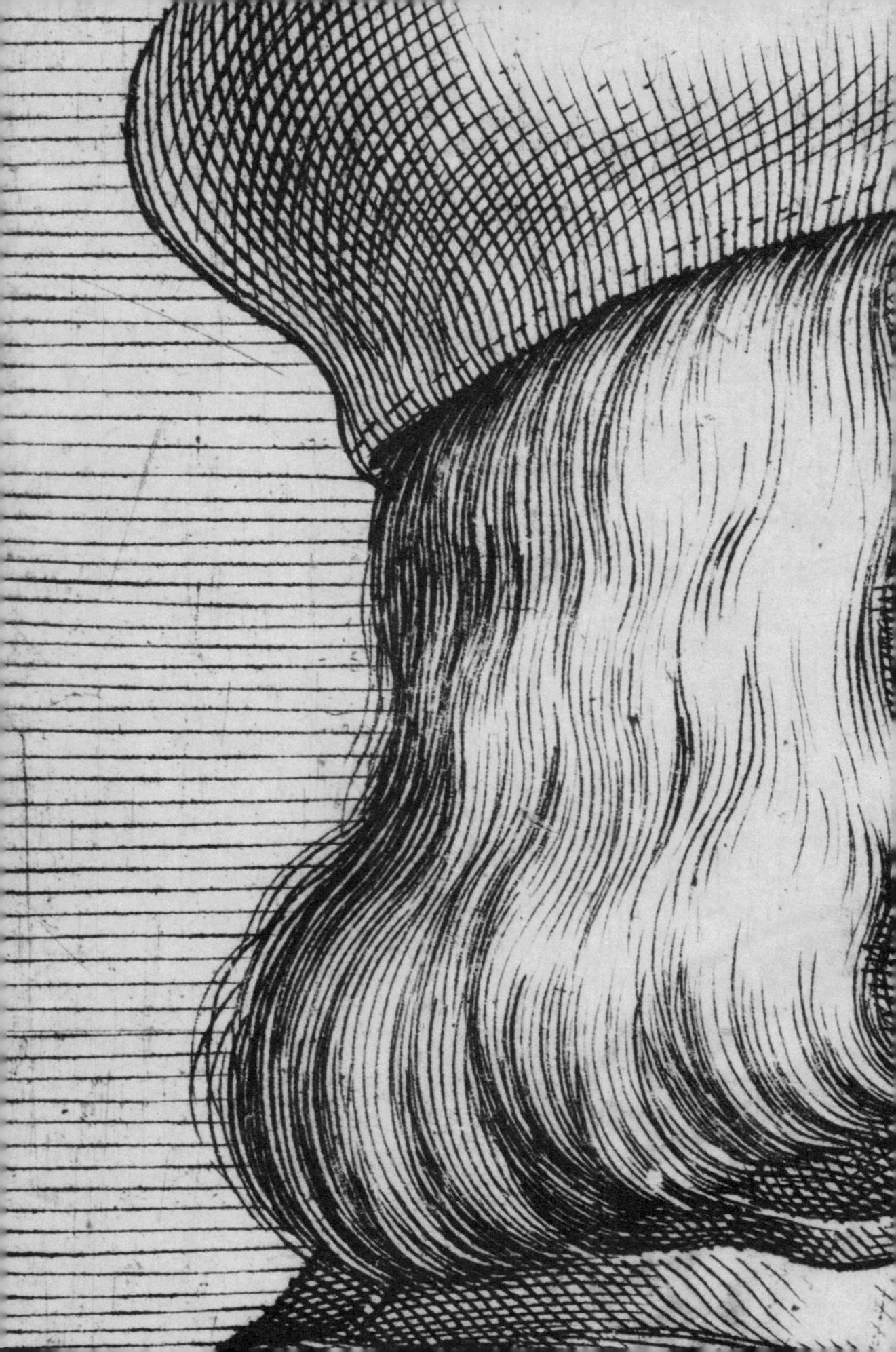

COLEÇÃO
INVENTORES
DE LIVROS 1

Dirigida por
Plinio Martins Filho
*e **Gustavo Piqueira***

CONSELHO EDITORIAL
ATELIÊ EDITORIAL
Aurora Fornoni Bernardini
Beatriz Mugayar Kühl
Gustavo Piqueira
João Angelo Oliva Neto
José de Paula Ramos Jr.
Leopoldo Bernucci
Lincoln Secco
Luís Bueno
Luiz Tatit
Marcelino Freire
Marco Lucchesi
Marcus Vinicius Mazzari
Marisa Midori Deaecto
Miguel Sanches Neto
Paulo Franchetti
Solange Fiuza
Thiago Mio Salla
Vagner Camilo
Walnice Nogueira Galvão
Wander Melo Miranda

CONSELHO EDITORIAL
EDITORA MNEMA
Adriane da Silva Duarte
Alexandre Hasegawa
Eleonora Tola
Jacyntho Lins Brandão
José Marcos Macedo
Maria Celeste Consolin Dezotti
Paulo Sérgio de Vasconcellos
Teodoro Rennó Assunção

ALESSANDRO
MARZO MAGNO

*O INVENTOR
DE LIVROS*
*ALDO MANUZIO,
VENEZA E
O SEU TEMPO*

TRADUÇÃO
ANTONIO DE PADUA DANESI

NOTA INTRODUTÓRIA,
ICONOGRAFIA E DESIGN
GUSTAVO PIQUEIRA

ATELIÊ EDITORIAL / EDITORA MNĒMA
Título original em italiano: *L'Inventore di Libri. Aldo Manuzio, Venezia e il suo Tempo.*
© 2020 by Alessandro Marzo Magno.
Published by arrangement with The Italian Literary Agency.

Direitos reservados e protegidos pela Lei 9.610 de 19.02.98.
É proibida a reprodução total ou parcial sem autorização, por escrito.

DADOS INTERNACIONAIS DE CATALOGAÇÃO NA PUBLICAÇÃO (CIP)
(CÂMARA BRASILEIRA DO LIVRO, SP, BRASIL)

Magno, Alessandro Marzo
   O inventor de livros : Aldo Manuzio, Veneza e seu tempo / Alessandro Marzo Magno ; tradução Antonio de Padua Danesi ; nota introdutória, iconografia e design Gustavo Piqueira.
   -- 1. ed. -- Cotia, SP : Ateliê Editorial : Editora Mnēma, 2024. -- (Coleção inventores de livros)

   Título original: L'Inventore di libri : Aldo Manuzio, Venezia e il suo tempo
   ISBN 978-65-5580-159-0 (Ateliê Editorial)
   ISBN 978-65-850-617-4 (Editora Mnēma)

1. Humanistas 2. Impressão - Itália - Veneza - História 3. Itália - Vida intelectual - 1268-1559 4. Livros - História 5. Manuzio, Aldo (1450?-1515) I. Piqueira, Gustavo. II. Título. III. Série.

24-243720   CDD-686.22

Índices para catálogo sistemático:
1. Livros : Impressão : História 686.22
Cibele Maria Dias - Bibliotecária - CRB-8/9427

Direitos reservados à

ATELIÊ EDITORIAL
Estrada da Aldeia de Carapicuíba, 897
06709-300 – Granja Viana – Cotia – SP
www.atelie.com | contato@atelie.com.br
facebook/atelieeditorial
blog.atelie.com.br

EDITORA MNĒMA
Alameda Antares, 45
Condomínio Lagoa Azul
18190-000 – Araçoiaba da Serra – SP
Tel.: (15) 3297-7249 | 99773-0927
www.editoramnema.com.br

Foi feito o depósito legal.
2025

iã prisci uiri; q̃ nobilissimum
Cereris in Aetna cõstituêre: u
s dea segetum coleretur; q̃ ubi
ptime prouenirent: atq; id qu
m de segetibus: uerum ab un
ae fertilitate (ut opinor) fabul
auit, Aristeum giganta eo in n
ium esse, atq; uiuere; ut neq; a
rematur unq̃, neq; flammis cc
uratur; q̃ optimi, et uberrimi
s, qui per Aetnae loca nascer
telluris uitio, nulla aeris offen
ate: nã et Aristeos graeci quidã
ant, qui uicissent in certamin
uerbũ ab optimo deductũ e

gustavo piqueira NOTA
INTRODUTÓRIA

Gutenberg inventou a impressão com tipos móveis, mas quem inventou o livro impresso foi Aldo Manuzio.

A frase, lapidar, não é de minha autoria, mas resume bem o posto que o italiano ocupa no cânone editorial. Alessandro Marzo Magno, autor deste livro, faz coro: "Bem-vindo ao mundo de Aldo, o primeiro editor da história. Tudo o que você leu nas linhas pelas quais acaba de percorrer, deve-o a ele. Anteriormente, quem imprimia livros era um simples tipógrafo: escolhia as obras a publicar com base em seu potencial de venda, mas sem um preciso projeto editorial. A atenção à qualidade era mínima. [...] Com Manuzio, tudo muda."

Os méritos de Aldo Manuzio são de fato inquestionáveis: foi com as edições aldinas que os parâmetros do livro impresso se fixaram e, em sua medula estrutural, até hoje persistem. No entanto, processos complexos como o da consolidação da forma do livro nunca são obra de um único indivíduo, nem brotam de inesperados momentos de ruptura. Processos complexos são, o nome já diz, complexos. Os episódios e personagens-chave aos quais nos habituamos a condensá-los se constituem, na verdade, nos pontos de inflexão que sinalizam o momento em que algo já em curso emergiu à camada do visível. Não se trata do começo, nem do fim. Se o livro impresso surge se esforçando ao máximo para emular visualmente os manuscritos medievais e só depois de algum tempo consolida sua gramática formal própria, isso não se deu pela sorte de ter cruzado com Aldo Manuzio pelo caminho, mas sim quase como uma inevitável decorrência natural que, hora ou outra, irromperia. Basta observarmos a similaridade na evolução de outros artefatos; as primeiras televisões que têm aparência de aparelhos radiofônicos ou os primeiros computadores que misturam a televisão com a máquina de escrever, por exemplo. Também foi só depois de algum tempo, de alguns avanços tecnológicos somados a adequações comerciais, que eles desembocaram naquilo que passaríamos a entender como seus formatos-tipo.

Desse modo, ainda que este volume às vezes carregue um pouco nas tintas épicas, Aldo Manuzio não foi um herói. Felizmente, porém, o texto a seguir vai muito além do enaltecimento de sua figura central e oferece ao leitor um riquíssimo e erudito panorama do contexto ao seu redor. Não à toa, de seu título consta "Aldo Manuzio", mas também "Veneza e seu tempo". Pois sem Veneza, sem estar naquela cidade naquele momento específico, Aldo Manuzio não teria "inventado o livro impresso" — afinal, ele já vinha sendo inventado há algum tempo, motivado por fatores dos mais diversos, da elevada busca pelo resgate da cultura clássica a objetivos pecuniários bem rasteiros. Aldo não foi exceção, apesar do personagem que entrou para a história ser essencialmente um idealista cujo *motto* era, conforme citado na página 125, "será publicado tudo o que merece ser lido". Marzo ainda vai além, e garante que "seria um exagero dizer que ele (Manuzio) começa a imprimir por dinheiro". Mas a verdade é que nem Marzo, nem eu, nem ninguém pode corroborar tal afirmação.

A leitura deste livro, portanto, ganha muito se o leitor deixar de lado uma certa romantização monodimensional do mito individual para focar na enorme riqueza de detalhes com a qual Marzo pinta o mundo em torno de Manuzio, mundo que foi o berço do livro impresso tal qual hoje o conhecemos. E não estranhe se, ao examinar algumas das páginas impressas por Aldo aqui reproduzidas, um bocejo entediado ou outro surja de repente, reclamando que as imagens não mostram nada além de livros "comuns". É isso mesmo. Esta é a história do nascimento do "livro comum". Uma das mais belas histórias que já escrevemos.

ualentium, et ad foecundita
a etiam tantum excellunt cae
s arbores; ut mihi quidem n
oco conuenire uideantur ea,
cinoi hortis finxit Homerus,
ciae; in qua certe nos, cum e
ediremus, nihil eiusmodi u
quod nos tantopere oblectar
non inurbane Angelus meu
anti eum cuidam ex Phaeac
obis urbem omnem ostentar
nam illi uideretur, ita respon
haeaces debere uos quidem, in
ero permultum existimo; q

IMPRESSVM
AEDIBVS
MANI M
BRVA
NO
.V

VENETIIS IN
ALDI RO
ENSE FE
IO AN
M.

*Para quem trabalha com livros,
vive dos livros, ama os livros.
"É uma tarefa hercúlea, para Hércules!"*
ERASMO SOBRE ALDO

*Os livros são companheiros, professores,
magos, banqueiros dos tesouros do mundo,
os livros são a humanidade impressa.*

ARTHUR SCHOPENHAUER

ce.f.5.l.2.liberameto, fa librameto.l.19.præminetia fa
nitio.fa ædificio.ch.4.f.1.l.23.in imo.fa i minimo.ch.5.
cimati.ch.6.f.1.l.14.coniecturia.fa cōiecturai.l.15. prim
incinnato. fa uicinato.   Quaderno. d. ch.1.f.1.l.12.
ii.fa.hippopotami.ch.3.f.1.l.31.trepente. fa repente.l.
folicitamente.ch.4.f.1.l.20.afmato. fa afinato.l.27.fera
rma.fa ferma.l.5.aderia.fa adoria.l.16. Incitamente.fa
ntiqua.fa.poftica & quella antica.ch. 7. f.1.l.14.cunto.
4. benigna patria di gente. fa benigna patria ma di g
li.fa ftricti petioli.l.12.irricature. fa irriciature.   Qua
ch.3.f.5.l.24.afede.fa affeole.ch.6.f.1.l.36.era.fa Hera.ch
ch.1.f.1.l.1.preftamente.fa preftantemente.ch.7.f.1.l.ul
mente. fa politulamente.f.5.l.24.fuccedeterno.fa fucce
fora.ch.6.f.5.l.30.tuti recolecti & inde afportati. manca
ortati.ch.7.f.5.l.21. Viretii.fa Vireti.ch.8.f.5.l.11.uifior
.fa.δloξα.l.37.conduce.fa conducono.ch.4.f.5.l.36.La
quia.fa fatiloquia.ch.6.f.5.l.8. confabulamen.fa conf
he e uno elephanto.fa che e uno.   Quaderno. i ch
uoluptate.c.4.f.5.l.4.teffute. p texuto.ch.5.f.1.l.18.di
le.f.5.l.23.fauilla . p fcintilla.   Quaderno K ch.1.f.5
.p uolitante.f.5.l.1.fractura.pro factura. ch.3.f.1.l.1.fa c
pharia infieme, & di uoluptica textura inodulati. Altr
cei.l.32. o ueru.pro o uero.f.5.l.13.uale fforza pro uale
derno. l ch.3.f.1.l.11.di feta. p defoto.l.15.laducitate p
.f.1.l.25.fi.pro.in.f.5.l.8.lune. p lume.l.17.ornata.pro
derno. m ch.6.f.5.l.18.miratione.pro ruratiōe.   Q
ria dalo.ch.2.f.5.l.ultima rectitudine.pro reftitudine
ta. pro iuifa. Quaderno o ch.4.f.1.l.1.di numere.p
o. Quaderno p ch.3.f.1.l.33.certaméte.pro certa
architatrice.ch.7.f.1.l.6.triumphale.manca Tropheo
gle.ch.3.nel epitaphio.l.3.ella fa PVELLA.l.6.gernir

Agradecimentos

Gostaria de começar a lista de agradecimentos com Gaetano e Carmelina Salvagni, que com tanta amizade e gentileza me hospedaram em sua bela casa e me fizeram conhecer Bassiano e os bassianenses de hoje, herdeiros orgulhosos da Bassiano de Aldo. Em Carpi, fui acolhido com cortesia por Manuela Rossi, coordenadora dos serviços museográficos da Comuna de Carpi, que me ilustrou a fase carpiana da vida de Aldo. Em Veneza, os antiquários Piero e Tatiana Scarpa me receberam em sua maravilhosa casa, para me mostrar o retrato de Aldo Manuzio, pintado, provavelmente, por Vittore Carpaccio; colocaram-me em suas pistas Giandomenico Romanelli e Andrea Bellieni.

Preciosíssimas as ajudas de Mario Infelise e Neil Harris, docentes das Universidades de Veneza e de Udine; de Lorenzo Tomasin, linguista da Universidade de Losanna; não só de Tiziana Plebani, que, como bibliotecária da Marciana de Veneza, ocupou-se longamente de Aldo Manuzio, mas também, como usual, de Michele Gottardi.

Forneceram-me valiosas notícias bibliográficas Antonio Castronuovo, Massimo Gatta, Umberto Pregliasco e Chiara Nicolini; sugestões arquivísticas vieram-me de Michela Dal Borgo e Paola Benussi; outras notícias carpianas me foram fornecidas por Elena Svalduz, docente na Universidade de Pádua.

Um agradecimento particular a Franco Filippi, editor e estudioso de coisas venezianas. Há anos ele se dedica a estudar a vida de Aldo Manuzio e, mais recentemente, desenvolveu uma pesquisa particular sobre a sua sepultura. Espero ver publicado o mais breve possível o fruto das suas pesquisas aldinas.

Andrea Tagliapietra, professor de história da filosofia da Universidade Vita-Salute San Raffaele de Milão, prestou-me ajuda filosófica, enquanto Laura Pepe e Olga Tribulato, helenistas e docentes da Estatal de Milão e da Ca'Foscari de Veneza, forneceram-me indicações referentes ao grego antigo. Riccardo Olocco fez-me descobrir que o ofício de Francesco Griffo se converteu em eletrônica e Sandro Berra, diretor da sensacional Tipoteca-Museu do caractere e do design tipográfico de Cornuda (TV), orientou-me, uma vez mais, no intricado mundo dos caracteres para impressão.

Francesco M. Galassi e Elena Varotto, paleopatologistas da Flinders University (Austrália), dispuseram-se, gentilmente, a cotejar entre si os vários retratos de Aldo Manuzio, verdadeiros ou supostos, que chegaram até nós.

Antonio "Tonci" Foscari ilustrou-me a sua teoria sobre a ligação entre o retábulo Gozzi de Ticiano, em Ancona, e o *Hypnerotomachia Poliphili*, pelo que lhe sou reconhecido.

Quero, enfim, mencionar os "consulentes rápidos" Pieralvise Zorzi, Nicola Bergamo, Davide Busato e Massimo Tomasutti.

A todos um grande agradecimento, e um outro a todos os que me esqueci de citar.

8 *gustavo piqueira* NOTA INTRODUTÓRIA

22 *capítulo 1* ALDO ESTÁ ENTRE NÓS

40 *capítulo 2* A FORMAÇÃO DE UM HUMANISTA

56 *capítulo 3* COMO SE TORNA EDITOR

94 *capítulo 4* ARISTÓTELES E OS CLÁSSICOS GREGOS

124 *capítulo 5* O *HYPNEROTOMACHIA POLIPHILI*, OU DA BELEZA

144 *capítulo 6* O *DE AETNA* E O NASCIMENTO DO TIPO

160 *capítulo 7* VIRGÍLIO, PETRARCA E A CRIAÇÃO DO *BEST-SELLER*

184 *capítulo 8* A BÍBLIA EM HEBRAICO

190 *capítulo 9* OS *ASOLANI* DE BEMBO E OS *ADAGIA* DE ERASMO

206 *capítulo 10* OS INIMIGOS E OS POSTULANTES

214 *capítulo 11* A MORTE E OS HERDEIROS

230 *capítulo 12* A FORTUNA DE ALDO

249 *Lista das edições aldinas*
254 *Fontes primárias consultadas*
256 *Bibliografia*
262 *Imagens*
264 *Índice de nomes próprios*

ALDO ESTÁ ENTRE NÓS

capítulo 1

Considere o que você está fazendo neste exato momento: tem nas mãos um livro e o lê. Provavelmente, está sentado ou deitado e, certamente, em silêncio, ou seja, não está soletrando as palavras em voz alta, como quando a professora, na escola, pedia-lhe para ler ao resto da classe. Está exercendo essa atividade (ler) porque ela lhe dá prazer, para além de ampliar o seu patrimônio de conhecimentos; ou melhor, é muito provável que, se não lhe satisfizesse, você igualmente negligenciaria o aumento do conhecimento.

O objeto que está ocupando a sua atenção é um paralelepípedo de papel que pesa alguns hectogramas, manuseável, com as páginas impressas em tipo elegante e claro, nas quais, de vez em quando, aparecem aqui e ali algumas palavras em itálico (por exemplo, títulos de livros ou palavras estrangeiras). O texto torna-se mais compreensível graças a uma série de sinais aos quais chamamos de pontuação: pontos, vírgulas, ponto e vírgula, aspas, apóstrofos, acentos. Tais sinais guiam-nos na leitura, indicam-nos não só as pausas, mas também a sua hierarquia (o ponto e vírgula "vale" mais que a vírgula), fundem entre si duas palavras, de maneira a simplificar a sua leitura, ou indicam em que lugar acentuar a pronúncia, uma vez mais, para nos facilitar a tarefa.

É muito provável que, uma vez notado este volume na estante ou no balcão de uma livraria, você o tenha pego nas mãos e levantado a capa a fim de poder olhar o frontispício, ler seu título e subtítulo e saber quem são o autor e o editor. Depois, se o título o atraiu, você folheou algumas páginas para percorrer o seu sumário e entender melhor o seu conteúdo. Então, você tomou a decisão de repô-lo ou de comprá-lo, mas, visto que o está lendo, o livro deve ter superado o exame e, por conseguinte, você foi ao caixa.

Bem-vindo ao mundo de Aldo, o primeiro editor da história. Tudo o que você leu nas linhas pelas quais acaba de percorrer, deve-o a ele. Anteriormente, quem imprimia livros era um simples tipógrafo: escolhia as obras a publicar com base em seu potencial de venda, mas sem um preciso projeto editorial. A atenção à qualidade era mínima, o número de gralhas nos incunábulos – os "livros no berço", isto é, impressos até o fim de 1500 – fala-nos ainda hoje de escassa precisão, de composições fora do lugar, de provas revisadas sem muito empenho. Com Manuzio, tudo muda: Aldo é verdadeiramente "o inventor da profissão do editor moderno, a saber, aquele que aborda os livros tendo em mente um preciso e coerente programa cultural"[1], como observa Mario Infelise, historiador da editoração e do livro, na Universidade de Veneza[2]. Manuzio fez do livro "o mais eficiente instrumento para o acúmulo e a transmissão do conhecimento humano dos últimos cinco séculos"[3].

Lodovico Guicciardini é um nobre florentino que vive em Antuérpia, descendente de Francesco, este mais notório que aquele[4]. Em 1567, ele publica a *Descrittione di Tutti i Paesi Bassi*, na qual, não obstante tivesse morrido já há cinquenta anos, encontra-se a falar de Aldo Manuzio, "o qual, segundo o juízo

---

1 Mario Infelise, "Aldo Manuzio tra Storia e Bibliofilia", *Aldo Manuzio. La Costruzione del Mito*, Venezia, Marsilio, 2016, p. 9.
2 Conhecida também como Universidade Ca' Foscari, em razão de ficar atualmente localizada no palácio que pertenceu à família Foscari (N. da R.).
3 Mario Infelise, "Aldo Manuzio tra Storia e Bibliofilia", *Aldo Manuzio. La Costruzione del Mito*, Venezia, Marsilio, 2016, p. 9.
4 Lodovico Guicciardini, assim como seu pai, Francesco Guicciardini, foi um grande pensador italiano, no entanto, este último é considerado, na Itália, como sendo o mais importante escritor político de toda a Renascença, portanto, muito mais conhecido (N. da R.).

de todos, [...] reduziu verdadeiramente a impressão à perfeição, de tal modo que só se comentava e procurava a dele, porque era muito pura e nítida. Antes de Aldo, não se encontrava nada além de grosseiras, desajeitadas e incorretas impressões, sem destaque nem beleza, mas ele, não descuidando de nada, com engenho e critério, refinou a sua, facilitou-a e reduziu-a (como disse) à ordem e à regra perfeitas"[5].

Aldo é um homem culto, cultíssimo: conversa fluentemente em grego antigo, traduz à primeira vista do grego para o latim e vice-versa, estudou hebraico. Tem em mente um projeto editorial muito preciso: imprimir os clássicos gregos em grego. Posteriormente, estenderá o seu programa aos clássicos em latim e aos textos em vernáculo. A mais eficaz enunciação do programa aldino é aquela de um humanismo sem fronteiras que, anos mais tarde, fará Erasmo dizer: "Ainda que a sua biblioteca permaneça encerrada entre as estreitas paredes de sua casa, Aldo tem a intenção de construir uma biblioteca na qual não haja outro limite que o próprio mundo"[6].

Aldo estabelecera um plano que seria redutivo definir como ambicioso: "Será publicado tudo o que merece ser lido"[7]. Mas não acaba aqui, todavia: Manuzio é também empresário atento, muito atento. Seria um exagero dizer que ele começa a imprimir por dinheiro, mas, certamente, com a impressão ganha dinheiro: consegue garantir uma discreta riqueza para si e seus herdeiros. É o primeiro a unir os dois aspectos que deveriam caracterizar um editor ainda nos nossos dias: o conhecimento cultural e a capacidade empresarial. Antes do início de sua atividade, não há notícias de relações entre eruditos e impressores que fossem diferentes das comerciais.

Manuzio, como estudioso que já gozava de sólida reputação entre os doutos, fez com que se superassem preconceitos e incompreensões entre os homens de letras e os de negócios: isso possibilitou a revolução que se acometeu no mundo da tipografia e da cultura.

O nascimento do livro

Façamos, agora, uma viagem no tempo e imaginemos que estamos numa livraria de 1493, ou seja, um ano antes de Manuzio começar a imprimir: veremos livros privados de quase todas as características que nos são tão familiares – nós as enumeramos ao início –, salvo a de serem constituídos por papel impresso com tinta. Se, porém, entrássemos na mesma livraria vinte anos mais tarde, por exemplo, em 1515, ou seja, quando Aldo Manuzio morre, estaríamos

---

[5] Lodovico Guicciardini, *Descrittione di Tutti i Paesi Bassi*, Anversa, Guglielmo Siluio, 1567, p. 312.

[6] Erasmo de Rotterdam, "Festina Lente", *Adagiorum Chiliades Quatuor, Centuriaeque Totidem* (em grego e latim), Veneza, In Aedibus Aldi, set. 1508, in-fólio.

[7] "Aldo Manuzio Saúda Daniele Renier, Patrício Vêneto", em Tucídides, *Thucydides* (em grego), Veneza, In Domo Aldi, maio 1502, in-fólio. Sobre os prefácios e dedicatórias das edições aldinas, cf. Aldo Manuzio, *Lettere Prefatorie a Edizioni Greche*, Claudio Bevegni (org.), Milano, Adelphi, 2017 (N. da R.).

diante de um objeto reconhecível: um livro manuseável e impresso de modo a ser legível e elegante.

Além do papel e da tinta, tudo o que caracteriza um livro como o conhecemos hoje devemo-lo a Aldo Manuzio. Esse senhor culto e refinado colocou na mão de seus contemporâneos, há meio milênio, um objeto que usamos substancialmente inalterado ainda em nossos dias. E a locução "colocar na mão", como veremos no capítulo sobre os livros de bolso, deve ser entendida em sentido literal.

Com Manuzio, nasce um livro novo e diferente em tudo; sua página impressa parece tão perfeita aos contemporâneos que eles já não têm saudade dos antigos códices manuscritos. Os "bons livros"[8] de Aldo Manuzio decretam o fim dos códices: eram transcorridos mais de mil anos desde o século IV d. C., isto é, desde quando as folhas retangulares de pergaminho ligadas entre si haviam tomado o lugar antes pertencente aos rolos de papiro.

Veremos, mais adiante, como Aldo introduz a necessidade de ler e a leitura por passatempo, mas digamos imediatamente que tudo isso é acompanhado pela ideia da interpretação do texto, do livre-arbítrio, da liberdade de opinião. Elementos que, hoje, nos parecem evidentes: você lê um livro e o julga, decide se gosta ou não, se é fluente, maçante, agradável, convincente e assim por diante. No século XV, ao contrário, as coisas eram muito diferentes. Os escritos eram publicados com todo o aparato dos comentários, dos antigos aos modernos, os impressores empenhavam-se em fornecer ao menos três ou quatro comentários, entrelaçados em mosaico nas margens de grandes livros no formato *in-fólio* (ou seja, os volumes nos quais as folhas de papel eram dobradas apenas uma vez, cujas dimensões mínimas giravam em torno de 40 x 26 cm).

Tratava-se, portanto, de uma espécie de texto acompanhado de hipertexto, o que, de fato, impossibilitava a elaboração de um juízo: tudo o que poderíamos dizer já havia sido dito anteriormente por estudiosos antigos; e quem ousaria contestá-los. Aldo faz uma escolha radical: despoja o texto, publica-o integral, nu, sem comentários que o circundem e o sufoquem. Cada qual é livre para interpretá-lo como preferir. Manuzio põe, definitivamente, fim à moda do texto emoldurado por explicações.

A novidade deve ter sido impetuosa aos olhos dos contemporâneos, mais ou menos como – transferindo-se à arquitetura – acontecerá cerca de quarenta anos mais tarde, quando Andrea Palladio, no lugar de edifícios de tijolos vermelhos, cheios de pináculos e sinuosidades, começará a construir edifícios de pedra branca, lisos e quadrados. A nudez dos textos imposta por Aldo devia provocar um efeito semelhante ao suscitado pela essencialidade dos edifícios almejada por Palladio. Isso basta para evidenciar o alcance da revolução aldina. Mas há outra coisa, e que coisa.

---

[8] "Aldo Manuzio Saúda Alberto Pio, Príncipe de Carpi", em Aristóteles, *Organon* (em grego), Veneza, Dexteritate Aldi Manucii Romani, mar. 1495, in-fólio.

O marketing

Aldo Manuzio teve a sagacidade de intuir o poder da promoção comercial e, se não temêssemos exagerar, pintando-o com cores demasiado brilhantes, poderíamos também dizer que ele foi um autêntico gênio da venda de si mesmo e de seus produtos. Ele utilizou os meios que tinha à disposição, em particular as dedicatórias e os prefácios. Aos nossos olhos, a dedicatória de um livro pode parecer supérflua, porque, afinal de contas, o livro em si – para além do conteúdo – é hoje um produto comum; entramos numa livraria e vemos volumes aos milhares, às dezenas de milhares se a livraria for grande; numa biblioteca pode haver até milhões deles, vários milhões em alguns casos: a Biblioteca do Congresso, em Washington DC, a maior do mundo, possui 28 milhões de volumes. Em muitas casas, ao menos uma parede é recoberta por livros e o custo de cada texto individual é, em média, bastante baixo e acessível à grande maioria da população.

No fim do Quatrocentos, porém, as coisas não eram assim: o livro impresso havia sido inventado quarenta anos antes – tratava-se de uma novidade preciosa e procurada, os exemplares em circulação eram poucos e caros, se não caríssimos. As dedicatórias, portanto, servem a Aldo para estabelecer uma relação com os poderosos, e ele é muito hábil para obter o resultado: nenhum outro editor conseguirá tecer uma teia de relacionamentos em nível tão alto: o imperador Maximiliano I de Habsburgo chega a definir o editor como "nosso familiar"[9]; Lucrécia Bórgia será nomeada sua executora testamentária e o acolherá em Ferrara durante a guerra de Cambrai; Isabel de Aragão, mulher de Gian Galeazzo Sforza, recebe um saltério grego com dedicatória. O recorde das dedicatórias cabe a Alberto Pio, Príncipe de Carpi: Manuzio lhe destina doze edições (nas páginas seguintes, teremos a oportunidade de aprofundar o longo relacionamento entre os dois).

Às vésperas de irromper a Guerra de Cambrai, que contrapõe a Veneza uma coalizão de potências europeias, quando já se ouviam tilintar as espadas, Manuzio dedica edições a importantes expoentes de ambos os partidos que estavam para se defrontar. Em março de 1509, dois meses antes da fatal – para os venezianos – batalha de Agnadello, dedica um Plutarco a Jacopo Antiquari, já homem da confiança dos Sforza, um Horácio a Jeffroy Charles, nobre francês originário de Saluzzo que presidia o senado milanês (salvo uma exceção em 1503, estas são as únicas dedicatórias aldinas referentes a Milão). Um mês depois, em abril de 1509, com a guerra já declarada, destina um Salústio a Bartolomeo d'Alviano, vice-comandante geral das tropas venezianas: essa é a única vez em que endereça uma obra a um militar. É evidente o desejo de construir benemerências com as duas frentes; utilizando uma

---

[9] Imperador Maximiliano I, "Com o Divino Favor de Clemência do Imperador Romano ou Sempre Augusto", em Armand Baschet (ed.), *Lettres et Documents 1495-1515*, Veneza, Aedibus Antonellianis, 1867, p. 37.

linguagem atual, poder-se-ia definir as dedicatórias como bipartidárias, sem pensar em termos mais graves.

O papel dos prefácios

Os prefácios constituem o texto mais importante que Aldo nos deixou; aquele no qual, como escreveu alguém, "alterna tons graves e tons irônicos, desenvolve anedotas e ditos espirituosos, desfere dardos e elogios, reflete sobre si mesmo e sobre o mundo, e, desse modo, nos cativa"[10]. Os exórdios tornam-se o meio para comunicar-se com os leitores, para lhes granjear a simpatia. "Seja clemente quando encontrar algum erro"[11], ou "Por ora, na falta de vasos de ouro e de prata, contentemo-nos, como se costuma dizer, com os de barro"[12]. Os prefácios constituem o manifesto ideológico aldino, o lugar em que Manuzio proclama a sua ideia de conhecimento como um bem comum: "Enforquem-se"[13] os que têm os livros escondidos em casa, "de ânimo tão baixo a ponto de afligir-se por um bem que está à disposição de todos"[14]. Aldo é um precursor: o conceito de que a cultura deve estar à disposição de todos só abrirá caminho nos tempos da Revolução Francesa.

O editor usa os prefácios também para criar expectativa: "Publicaremos também todos os matemáticos"[15] (1497), "Aguardem um Dante para breve"[16] (1501). Inventa um modelo de prólogo afetuoso e direto, onde aflora o valor da amizade humana: "O grande afeto que te dedico"[17], escreve a Girolamo Aleandro (1504), cardeal e humanista originário de Motta di Livenza, da região de Treviso. "Gostaria de poder estar sempre contigo, viver contigo"[18], diz a Marin Sanudo (1502), patrício e autor dos *Diários*. Trata-se de uma crônica cotidiana de Veneza, iniciada em 1496 e terminada em 1533, três anos antes da morte: 58 volumes em 37 anos, a mais importante fonte histórica da Veneza de fins do século xv e início do xvi. Encontraremos ainda Sanudo porque era

---

10 Mario Infelise e Tiziana Plebani, "Le Prefazioni di Aldo Manuzio: Il Ritratto di un Editore", em Aldo Manuzio, *La Voce dell'Editore. Prefazioni e Dediche*, Veneza, Marsilio, 2015, p. 9.

11 "Aldo Manuzio Saúda o Leitor", em Constantino Lascaris, *De Octo Partibus Orationis* (em grego e latim), Veneza, Apud Aldum, out. 1512, in-4.

12 *Idem*.

13 "Aldo Manuzio de Bassiano, Romano, Saúda Todos os Estudiosos", em Aldo Manuzio e Urbano Bolzanio (eds.), *Thesaurus Cornucopiae et Horti Adonis* (em grego e latim), Veneza, In Domo Aldi Romani, ago. 1496, in-fólio.

14 *Idem*.

15 "Aldo Manuzio de Bassiano, Romano, Saúda Alberto Pio", em Aristóteles e Teofrasto, *Naturalis Philosophiae Libri* (em grego), Veneza, In Domo Aldi Manutii, fev. 1497, in-fólio.

16 Aldo Manuzio, "Aldo aos Leitores", em Francesco Petrarca, *Le Cose Volgari* (em vernáculo), Veneza, Nelle Case d'Aldo Romano, jul. 1501, in-8 (Separata).

17 Aldo Manuzio, "Aldo Pio Manuzio Romano Saúda Girolamo Aleandro di Motta", em Homero, *Iliade, Odissea* (em grego e latim), Veneza, In Aldi Neacademia, out. 1504, in-8.

18 "Aldo Manuzio Romano Saúda Marin Sanudo Filho, Patrício Vêneto", em Gaio Valério Catulo, *Catullus. Tibullus. Propertius* (em latim), Veneza, In Aedibus Aldi, jan. 1502, in-8.

amigo de Aldo e também proprietário de uma das mais importantes bibliotecas citadinas da época.

A fama das coleções de livros venezianos naquele tempo é tal que atrai visitantes de grande prestígio: em 1490, chega a Veneza, Giano Lascaris, em busca de códices gregos, da parte de Lorenzo de Medici. Lascaris visita as bibliotecas de Ermolao Barbaro, herdeiro do humanismo iniciado por Petrarca e mestre da geração de Erasmo; de Alessandro Benedetti, professor em Pádua, que passara quinze anos na Grécia, adquirindo manuscritos de inestimável valor; e também a de Gioachino Torriano, prior do Convento Domenicano dei Santi Giovanni e Paolo (o mesmo onde vive Francesco Colonna, o frade que se acredita ser o autor de *Hypnerotomachia Poliphilii*, de quem falaremos mais circunstanciadamente), que adquirira manuscritos provenientes da biblioteca de Mattia Corvino, soberano húngaro falecido em 1490. Também os códices de Bessarione são depositados provisoriamente, em 1494, em San Zanipòlo, como os venezianos chamam os santos João e Paulo, e Torriano teria ficado muito feliz por transformar, de temporário em definitivo, o depósito do fundo na sua própria biblioteca. O cardeal Bessarione é o douto humanista grego que, em 1468, quatro anos antes de morrer, doou à República de Veneza os manuscritos bizantinos que constituíram o núcleo fundador da atual Biblioteca Nazionale Marciana.

O catálogo

Hoje, parece-nos óbvio consultar o catálogo de uma editora, mas, ainda aqui, devemos ser gratos a Manuzio. Aldo publica a primeira lista de edições em 1498 e enumera apenas as obras gregas – naquele momento elas constituíam, evidentemente, tudo o que realmente lhe interessava –, salvo esporádicas exceções, entre as quais o *De Aetna*, o qual, provavelmente, havia impresso por amizade e gratidão para com o autor, Pietro Bembo, ou as composições latinas de outro amigo, Angelo Poliziano, impressas em um maciço *in-fólio* reunindo os inéditos do humanista florentino. Estão presentes quinze títulos, divididos em oito seções temáticas; a mais compacta é a das gramáticas, com cinco obras.

No segundo catálogo, de junho de 1503, distingue entre livros gregos, latinos e "portáteis em forma de enquirídio"[19], ou seja, de bolso (que veremos mais adiante); o terceiro e último aparece em novembro de 1513 e não contém, como os anteriores, o anúncio de livros futuros. Os dois primeiros catálogos informam também os preços mínimos: não sabemos se os donos de papelarias – os revendedores de livros – os respeitavam ou se, ao contrário, vendiam mais caros os volumes. Um indício, todavia, nos vem de Sevilha, graças à Biblioteca de Fernando

---

19 O conteúdo dos catálogos de Aldo Manuzio, O Velho, encontra-se reproduzido em Antoine-Augustin Renouard (éd.), *Annales de l'Imprimerie des Alde, ou Histoire des Trois Manuce et de leurs Éditions*, III, 3. éd., Paris, Giulio Renouard, 1825, p. 253-268 (N. da R.).

Colombo, filho de Cristóvão, que se tornou uma das mais importantes da primeira metade do século XVI, em virtude dos quinze mil livros que continha.

Fernando Colombo devia ser detalhista: de fato, na maior parte das obras, anotou data, local e preço de compra, com o custo sempre convertido em moeda espanhola, detalhe que nos permite fazer comparações. Das 26 obras aldinas compradas em lugares diversos, catorze registram o mesmo custo anotado nos catálogos manuzianos, de dez sabemos apenas o preço pago por Colombo e de duas não temos informações.

Podemos ainda fazer uma ideia posterior utilizando o *Zornale*, de Francesco de Madiis, ou seja, o relatório diário da venda em uma loja veneziana de 25 mil livros, entre maio de 1484 e janeiro de 1488, todos registrados com título e preço. O manuscrito, um documento de excepcional valor, está conservado na Biblioteca Marciana. A lista termina seis anos antes de Manuzio começar a imprimir e refere-se a volumes muito diversos entre si, mas os estudiosos da história do livro calcularam o custo por folha individual impressa, de modo a obter um valor coerente.

Visto que, naquele tempo, os preços eram bastante estáveis, é possível estabelecer uma comparação entre o custo por folha das edições aldinas e das do *Zornale*. Neste último, oscila entre cinco e dez denários, com picos mais altos nos casos de formatos que empregam um papel mais caro. O custo por folha das edições aldinas de grande formato é semelhante; aumenta, ao contrário, vertiginosamente no caso dos livros de bolso: os impressos em grego são, obviamente, mais caros e variam entre vinte e mais de trinta denários a folha, enquanto, no caso do latim e do italiano vulgar, a variação fica entre onze e treze denários a folha. Isso desmente, de uma vez por todas, o mito – muitas vezes repetido em vários estudos do passado – de que os livros de bolso de Aldo eram baratos, ainda que, obviamente, um pequeno volume de algumas dezenas de folhas tivesse um custo unitário muito inferior em relação a um volume grande formado com centenas de folhas. Em todo caso, podemos concluir que Manuzio sabia muito bem fazer as contas e que as suas edições mantinham uma boa cotação, mesmo anos após o seu lançamento, coisa nem sempre detectável entre as obras impressas por outros editores.

O sumário

Vejamos, agora, uma herança aldina posterior, outro elemento que, nos nossos dias, parece inerente ao próprio livro, mas que, nos tempos em que estava nascendo a editoração moderna, não o era em absoluto: o sumário. Os incunábulos não o continham e tampouco traziam as páginas numeradas; no máximo, mas nem sempre, eram numerados os papéis, ou folhas, tanto que, hoje, para nos orientarmos, somos forçados a distingui-las em r (*recto*) e v (*verso*). O que prevalecia era o faça-você-mesmo: cada um, quando sentia necessidade, colocava os números nas folhas à mão e elaborava para si um sumário[20] daquilo que lhe interessava. Poliziano, só para citar um nome significativo, era um dos que faziam o seu próprio sumário.

Manuzio – nunca o esqueçamos – era um mestre, e para quem ensina é importante poder individualizar um ponto preciso no interior da mancha do texto. A impressão, em seguida, introduz novas e desconhecidas problemáticas: os erros de impressão, para mencionar apenas uma. O erro na transcrição cometido por um copista era perpetuado nos manuscritos subsequentes, não raro sem possibilidade de cotejo. Uma gralha, ao contrário, multiplica-se imediatamente ao longo das centenas de cópias da tiragem. Os impressores do renascimento, quando descobriam erros em fase de impressão, em vez de corrigir as folhas defeituosas – o papel custava caro – contentavam-se em retocar os exemplares subsequentes, com o resultado de que as cópias diferiam entre si, em numerosas particularidades. Em alguns casos, a omissão de palavra podia ser remediada com uma correção à mão em cada uma das cópias: alguns volumes dos *Salmos* editados em torno de 1498 foram corrigidos assim, provavelmente, pelo próprio Aldo. De modo geral, intervém uma nova exigência: fornecer não só uma lista de *errata* com as respectivas correções, mas também o ponto exato do livro no qual inseri-las; e o sumário, obviamente, ajuda.

Compreende-se, portanto, qual a importância teve a errata, e Aldo, já no primeiro volume que imprime, uma gramática grega (*Erotemata*, 1495), acrescenta, no final, uma folha de errata. Percebe-se, imediatamente, para onde se está indo: começa, agora, uma série de tentativas, de experimentos de indexação, que prosseguirão durante os vinte anos de atividade.

páginas 38-39

A indicação de Manuzio contém uma novidade em relação às erratas que a haviam precedido: remete à linha precisa em que a correção deve ser aplicada. O sistema de remissões, em todo caso, acaba por tornar-se complicado porque as páginas não são numeradas. E eis que, em 1499, Aldo, pela primeira vez, insere em seus livros uma revolucionária numeração por página. Por página, não por folha: desse modo, cada face da folha leva o número que a distingue das demais. A inovação ocorre em um enorme *in-fólio* de 642 páginas, não por acaso, um repertório da língua latina (*Cornucopiae*, de Niccolò Perotti). Manuzio acrescenta também uma numeração linha por linha, de modo que, no sumário, constam dois números: o primeiro remete à página, o segundo à linha. Um sistema muito mais eficaz e preciso em relação ao que utilizamos hoje, ainda que, obviamente, mais laborioso (e mais caro).

54

Aldo está perfeitamente cônscio do enorme alcance dessa mudança e, de fato, a anuncia orgulhosamente no frontispício, chamando-a de "sumário abundantíssimo"[21]. Graças a tal sistema, é possível localizar com um sim-

---

20 Nesta e em outras passagens, optamos por traduzir a palavra "indice" do italiano por "sumário", uma vez que, na língua portuguesa, este é o termo que descreve mais corretamente o que está sendo discuto pelo autor (N. da R.).

21 Aldo Manuzio, "Frontispício", em Niccolò Perotti, *Cornucopiae* (em latim), Veneza, In Aedibus Aldii, jul. 1499, in-fólio.

ples olhar o ponto procurado, sem necessidade de contar uma por uma nem páginas nem linhas. O editor fornece também as instruções: "Elaboramos o sumário unindo o grego e o latim. Mas não esqueça, caro leitor, que você pode separar facilmente o latim e o grego a seu bel-prazer"[22].

A novidade, contudo, não é usada de maneira contínua, por exemplo, as primeiras edições de bolso não apresentam as páginas numeradas, tanto assim que várias cópias que chegaram até nós apresentam os números acrescidos com a mão pelos respectivos proprietários. Aldo numera mais frequentemente as edições gregas em comparação às latinas ou vernáculas; algumas vezes, usa algarismos arábicos, outras vezes, romanos: em alguns casos elabora sumários muito complicados, como o dos *Adagia* de Erasmo, que o autor considera necessário reformular e simplificar nas edições posteriores, impressas em Basileia. Só a partir de 1509 a numeração página por página é inserida, com regularidade, também nos livros de bolso, embora algumas edições continuem a ser numeradas somente por folha. O que para Aldo continua sendo uma permanente experimentação, para os sucessores torna-se uma regra a ser fielmente seguida: deu-se, assim, mais um passo, decisivo, rumo ao livro moderno. Também o frontispício, experimentado em Veneza pelo tipógrafo alemão Erhard Ratdolt, torna-se uma presença regular nos livros impressos na oficina aldina.

Nesse ponto, deve estar claro o alcance da revolução manuziana e a maneira como ele marcou para sempre o mundo do livro. De certa forma, somos todos filhos de Aldo, ainda que quase sempre sem o sabermos. Nos próximos capítulos, abordaremos mais profundamente os detalhes dessa revolução, mas, antes disso, devemos notar que uma mudança de tamanho alcance só poderia ocorrer em um lugar da Europa renascentista: Veneza.

A capital do livro

Aldo Manuzio transfere-se para Veneza, e é em Veneza que começa a imprimir. Não sabemos as razões que o levaram nem a uma nem à outra escolha, mas sabemos muito bem que só ali ele poderia tornar-se o primeiro editor da história. A Sereníssima Senhoria é uma República e, por isso, Veneza é a única capital europeia desprovida de uma corte, com todas as suas limitações; ademais, é a cidade que transforma o saber em um produto comercial não diferente de uma saca de pimenta, como observa acidamente um humanista que decerto não a amava.

Antes do final do século XV, estão ativas na Dominante – assim era chamada a capital do Estado veneziano – entre 150 e duzentas prensas que imprimem nesse período quinze por cento dos títulos publicados em toda a Europa (4500 em trinta mil), com tiragens que variam de uma centena a duas mil cópias.

---

[22] Aldo Manuzio, "Aldo Saúda o Leitor", em Esopo, *Vita et Fabellae* (em grego e latim), Veneza, Apud Aldum, out. 1505, in-fólio.

O percentual está destinado a crescer até chegar a quase metade dos títulos europeus. Nos sessenta anos que transcorrem entre 1465, ano da introdução, na Itália, da prensa com caracteres móveis, e 1525, imprimem-se em Veneza metade dos livros italianos; de 1525 a 1550, chega-se a três quartos, de 1550 a 1575, a dois terços. O crescimento é tão impetuoso a ponto de Erasmo dizer que é mais fácil tornar-se impressor do que padeiro, não há de faltar também o queixoso de sempre, um tipógrafo que se irrita com "a pérfida ira habitual entre os concorrentes dessa arte miserável"[23].

Vittore Branca, filólogo e, por muitos anos, docente de literatura italiana em Pádua, escrevia que "as tipografias fazem de Veneza a encruzilhada da cultura humanista europeia e a levam a abrir a prodigiosa 'via do livro', quase a substituir – ao menos em parte – a então desastrosa 'via das especiarias' (entre 1469 e 1501, imprimem-se cerca de dois milhões de volumes que versam principalmente sobre humanidades)"[24]. As quatro mil edições de incunábulos que vêm a lume em Veneza no final do século xv, são o dobro das parisienses; no biênio 1495-1497 – ou seja, quando Aldo já tinha aberto a sua tipografia – imprimem-se, na Europa, 1821 obras: 447 provêm de Veneza, enquanto apenas 181 procedem de Paris, que se coloca em segundo lugar nessa classificação.

A explosão da atividade editorial é, paradoxalmente, a própria morte daquele que introduziu a impressão em Veneza, em 1469, o alemão Giovanni da Spira (ou melhor, para explicitar o seu nome de origem, Johannes von Speyer). Um ano depois de imprimir o segundo livro, Plínio, e enquanto prepara o terceiro, Santo Agostinho, ele morre. O trabalho é concluído pelo irmão Vindelino, mas com a morte de Giovanni deixa de ser válido o privilégio que lhe concedia o monopólio do exercício da tipografia: desse momento em diante, qualquer um pode aventurar-se a imprimir. Assim acontece.

Na primeira metade do Quinhentos, a Dominante é a indiscutível capital europeia da produção editorial, mas, ao mesmo tempo, um centro primário de consumo: possuem livros, 15% dos núcleos familiares, dois terços do clero, 40% dos burgueses, 23% dos nobres e 5% dos plebeus; encontram-se ali algumas das bibliotecas mais importantes da época: o cardeal Domenico Grimani possui quinze mil volumes, Marin Sanudo, 6500; Ermolao Barbaro, banido de Veneza em 1491, após haver aceitado o patriarcado de Aquileia, e falecido em 1493, havia reunido a mais rica dentre as numerosas bibliotecas gregas. Não basta: em 1537, Jacopo Sansovino começa os trabalhos para realizar a Livraria Pública, ou seja, a primeira biblioteca estatal pública (no sentido de que é concebida não como coleção particular, mas para ser usufruída pelo público), destinada a tornar-se a atual Marciana.

---

23 *Apud* Horatio Forbes Brown, *The Venetian Printing Press, an Historical Study Based upon Documents for the most Part Hitherto Unpublished*, New York / London, Putnam's Sons / John Nimmo, 1891, p. 74.

24 Vittore Branca, "L'Umanesimo". Alberto Tenenti e Ugo Tuca (orgs), *Storia di Venezia: Dalle Origni alla Canduta della Serenissima*, iv (...)

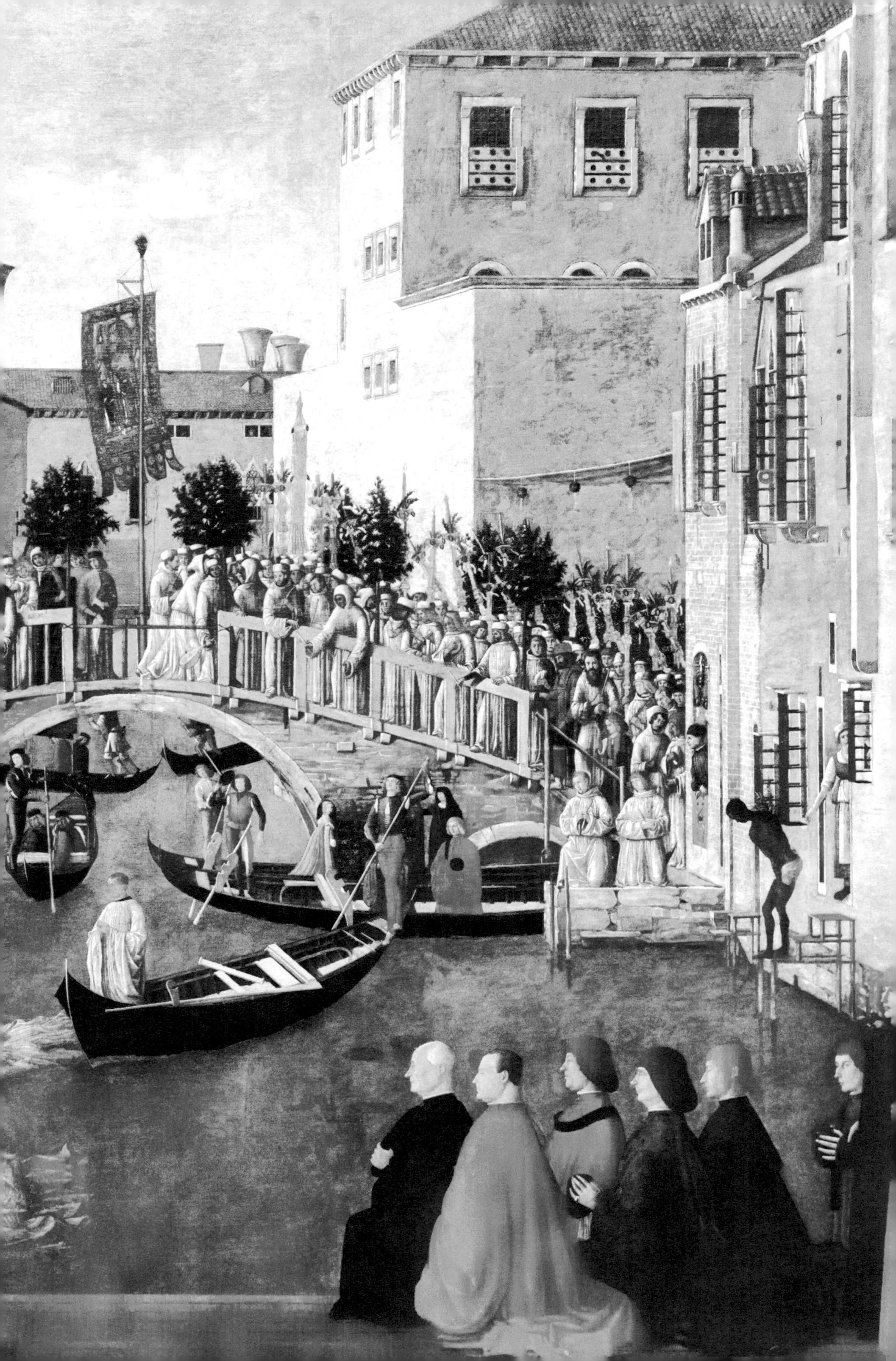

Essa explosão editorial ocorre em virtude de um conjunto de motivos que vão da ampla liquidez financeira a corajosas escolhas comerciais, da liberdade de imprensa ao que hoje chamaríamos de "recursos humanos". Na segunda metade do século XV, liberam-se capitais: os patrícios param de investir no comércio internacional e dedicam-se a outras atividades, em primeiro lugar à compra de glebas na recém-adquirida terra firme veneziana, mas não desdenham financiar atividades produtivas, entre as quais se inclui também a produção editorial.

Imprimir livros é um empreendimento que implica elevada quantidade de capital, sobretudo em virtude do alto custo dos metais necessários para a realização dos punções (aço) e dos caracteres (liga de chumbo, estanho e antimônio). Os livros são bens que viajam, juntamente com os demais, ao longo das rotas comerciais que a República já tinha estabelecido havia tempos, e esses tráficos são muito intensos porque, em Veneza, imprime-se em uma multiplicidade de línguas.

Aproveitando o contraste entre a Sereníssima e o pontífice, e a ausência, durante algumas décadas, da Inquisição romana, as tipografias da Dominante imprimem também livros – em anos subsequentes aos do progenitor dos Manuzio – malvistos pelas hierarquias eclesiásticas: textos dos reformados alemães e boêmios, o primeiro livro pornográfico da história (Pietro Aretino, *Sonetti Lussuriosi*, 1527), o Talmude, que, não por acaso, será protagonista da primeira grande queima de livros na Praça São Marcos, em outubro de 1553, comunicado em tempo real ao papa Júlio III, pelo núncio apostólico, Lodovico Beccadelli: "Esta manhã ateou-se uma bela fogueira na Praça de São Marcos"[25]. Em Veneza, enfim, encontra-se por completo aquilo que, hoje, se definiria como "cadeia de produção do livro": gravadores, encadernadores, entintadores, impressores, alunos da Universidade de Pádua disponíveis a corrigir provas e, sobretudo, uma grande disponibilidade de papel.

Para produzir papel é necessária muita água doce, corrente e limpa (do contrário, o papel fica amarelado), e, obviamente, não se poderia fabricá-lo na cidade, mas, sim, ao longo dos rios Brenta e Piave, assim como no Lago de Garda, e esses mesmos rios eram também utilizados como artérias de transporte para transferir o mesmo papel que haviam contribuído a gerar.

Para determinar a elevada procura de livros, contribuíram, de maneira decisiva, a vizinha Universidade de Pádua, onde os súditos da Sereníssima são obrigados a estudar se quiserem diplomar-se, e as duas escolas públicas venezianas, onde se formam os jovens destinados à administração do Estado, quer sejam patrícios ou membros da classe média dos cidadãos, que fornecia a burocracia estatal. Trata-se da Escola de São Marcos, onde aprofundam-se os estudos humanistas e morais, e da Escola de Rialto, de orientação filosófica, naturalista e matemática.

---

25 *Apud* Riccardo Calimani, *Storia del Ghetto di Venezia*, Milano, Rusconi, 1985, p. 60.

Os estrangeiros

No Quatrocentos, o centro da venda de manuscritos era Florença. A cidade toscana era também o coração financeiro da Itália renascentista e, por isso, teoricamente, deveria ter mais disponibilidade de capital nas margens do Arno do que à beira do Grande Canal. Mas Florença sempre fora uma cidade de florentinos, quando muito, de toscanos. Veneza, ao contrário, tornara--se, havia muito tempo, uma cidade de estrangeiros. À parte os patrícios, que, por força das circunstâncias, eram locais, a Dominante hospedava um grande número de imigrantes. Não por acaso, Girolamo Priuli, cronista dos primeiros anos do Quinhentos, escrevia que na Praça São Marcos viam-se os nobres encarregados do governo, enquanto "todos os demais eram forasteiros e pouquíssimos venezianos"[26]. Mesmo em um ofício tradicional como o de gondoleiro, os venezianos perfaziam apenas metade dos nomes presentes numa lista de fins do século XV: os outros barqueiros provinham da terra firme (muitos da margem bresciana do Lago de Garda) ou da Dalmácia.

O setor editorial não é exceção: quase todos os impressores, nesse período, são migrados, seja da Itália – Aldo Manuzio entre eles –, seja do exterior, como o já mencionado alemão Giovanni da Spira ou o francês Nicolas Jenson, que lhe sucede. Além disso, confirmando o prestígio e a riqueza que dá a profissão de impressor, Giovanni da Spira casa-se com a jovem Paola, filha de Antonello da Messina, que era um dos pintores mais bem-sucedidos e famosos da época.

Na cidade, estão presentes comunidades estruturadas, algumas das quais o são ainda em nossos dias, com lugares de culto e sua confraternidade próprios: gregos, armênios, judeus, alemães, dálmatas. Significa isso que, na Veneza dos séculos XV-XVI, pode-se encontrar falantes nativos cultos em condições de compor e corrigir textos em quase todos os idiomas mais difundidos na época, e isso explica por que se imprimem o primeiro livro em grego (1486), em armênio (1512), em cirílico bósnio (1512), o segundo em glagolítico, o antigo alfabeto croata (1491), o terceiro livro em tcheco (1506). Das prensas venezianas, além disso, também saem a primeira Bíblia em vernáculo italiano (1471), a primeira Bíblia rabínica (1517), o primeiro Alcorão em árabe (1538) e a primeira tradução do Alcorão em italiano (1547). A cidade continua sendo, durante séculos, o centro mundial da impressão grega, hebraica, sérvia, caramanlídica (língua turca escrita com caracteres gregos, hoje desaparecida), assim como armênia, neste último caso até a dissolução da União Soviética e a independência da República da Armênia, em 1990.

---

26 Girolamo Priuli, *I Diarii*, IV, em Lodovico Muratori (org.), Roberto Cessi (ed.), *Raccolta degli Storici Italiani, dal Cinquecento al Millecinquecento*, Bologna, Zanichelli, t. 24, pte. 3, 1900 (Rerum Italicarum Scriptores), p. 101.

Esta é a Veneza onde Aldo Manuzio aporta antes de iniciar a sua aventura de impressor. Escreveu Cesare De Michelis, editor veneziano falecido em 2018: "Aconteceu como nos grandes romances de amor: eram feitos um para a outra e se encontraram, embora a história do seu relacionamento seja tudo menos idílica, pelo contrário, emocionante e cheia de reviravoltas, exaltada e desesperadora, em perene tensão"[27].

Agora, façamo-nos de indiscretos e descortinemos essa história de amor.

In hoc libro hæc Continentur.
Constantini Lascaris Erotemata cū interpret
De lris græcis ac diphthógis et quéadmodū a
Abbreuiationes quibus frequentiſſime græci
Oratio Dominica & duplex salutatio Beatæ
Symbolum Apostolorum.
Euangelium Diui Ioannis Euangelistæ.
Carmina Aurea Pythagoræ.
Phocilidis uiri sapientissimi moralia. Omnia
habent eregione interpretationē latinā deuer

---

[27] Cesare De Michelis, "Aldo Manuzio e l'Umanesimo Veneziano", em *Aldo Manuzio: il Rinascimento di Venezia*, Veneza, Marsilio, 2016, p. 20.

Aldus Manutius Romanus studiosis. S.D.

Constantini Lascaris uiri doctissimi institutiones grammaticas introducendis in litteras græcas adolescentulis q̃ utilissimas: quoddam quasi præludium esse summis nostris laboribus: & impendiis: tantoq̃ apparatui: ad imprimenda græca uolumina omnis generis fecit cum multitudo eorum qui græcis erudiri litteris cōcupiscūt (nullæ. n. extabāt īpressæ uenales & petebant a nobis frequēter) tū status & cōditio horū temporz̄: & bella ingentia: quæ nūc totā Italiā infestāt irato Deo uitiis nostris: & mox totum orbem commotura: ac potius concussura uidentur: propter omnifariam hominum scelera multo plura: maioraq̃ iis: quæ causa olim fuere: ut totum humanum genus summergeret: aquisq̃ p̄deret Iratus deus. Valdeq̃ uera est tua illa sententia Valeri Maxime: ac aurea: & memoratu digna. Lēto. n. gradu ad uindictam sui diuina procedit ira: tarditatemque supplicii grauitate compensat.   Est tritum uulgari sermone prouerbium. Peccato ueteri: recens pœna. Cuius est: sibi assumat (ut aiunt). forte & tuum est: dixerit quispiam. Audi: non imus inficias: fatemur. n. ingenue. Sumus homines. Atq̃ utinā homines & re & nomine, non nomine solum hoīes: & re ex numero pecudum. Sunt. n. ait Cicero: nonnulli homines non re sed nomine. Sed de his hactenus. Dabit Deus his quoq̃ finē: & (ut spero) propediem. Accipite iterea studiosi

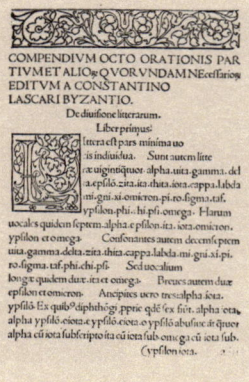

A FORMAÇÃO
capítulo 2 DE UM
HUMANISTA

Bassiano é um esplêndido burgo medieval do Lácio, situado nos montes Lepini, cerca de oitenta quilômetros ao sul de Roma. A região é atravessada pela Via Ápia e, hoje, Bassiano encontra-se na província de Latina. No passado, contudo, fazia parte do Ducado de Sermoneta, governado pelos Caetani; Roffredo, o último descendente desse ramo de fidalgos, faleceu em 1961. Bonifácio VIII, o papa arremessado ao inferno por Dante Alighieri, era um Caetani.

    O castelo dos duques fica em Sermoneta, mas os Caetani, que teriam sido príncipes, passavam o verão no de Bassiano, e diremos logo o porquê disso: a região, toda rodeada de colinas, situa-se a 560 metros de altitude; à noite, desfruta-se de uma temperatura fresca, mas, sobretudo, está fora do raio de ação dos perigosos mosquitos anófeles, portadores de malária. Os príncipes não viviam exatamente num castelo, mas num vasto palácio que, seja como for, fazia uma esplêndida figura e, hoje, é sede do município. Exatamente no ano em que o seu filho mais ilustre, Aldo Manuzio, atuava como editor em Veneza, Bassiano passa ao controle dos Bórgia durante um quinquênio, de 1499 a 1504, mas, depois, retornam os Caetani, que governam ininterruptamente, até o início do Oitocentos.

Sermoneta é também uma bela localidade, e sua catedral românica constitui uma autêntica joia, mas fica muito mais abaixo em relação a Bassiano, 230 metros acima do nível do mar, e tem vista direta para a planície pontina. Hoje, o olhar logra abarcar o mar até Anzio e Nettuno, e alguns anciões ainda recordam-se do luminoso e límpido dia 22 de janeiro de 1944, quando a superfície marinha espumejava na esteira dos veículos de desembarque dos Aliados. Durante séculos, entretanto, essa planície era totalmente pantanosa, e, no verão, os anófeles podiam chegar também à coreográfica Sermoneta, enquanto Bassiano permanecia fora do seu alcance.

Durante certo tempo, o portão do Palácio Caetani constituía o único acesso à área habitada de Bassiano, inteiramente circundado por muralhas trecentistas guardadas por dez torreões. Muralhas que foram perfuradas em época mais recente, a fim de abrir espaço para três portões citadinos. As ruas, pavimentadas com pórfiro, têm um curso em espiral; quase todos os edifícios, hoje, infelizmente, em grande parte abandonados, conservam o aspecto originário medieval; alguns becos estreitos – o mais estreito de todos chama-se Baciadonne, um nome, um programa – cortam longitudinalmente a área habitada, unindo os vários níveis do lugar. De Bassiano não se descortina a planície, enquanto um flanco da área habitada é dominado pelo Monte Semprevisa, que, com os seus 1536 metros, é o mais alto dos Lepini.

Aqui, por volta de 1450, nasce Aldo Manuzio. Uma lápide indica, hoje, a sua casa. Pena que seja um "tarô": o edifício remonta aos séculos XVII-XVIII, daí podermos afirmar, com certeza, que o futuro editor não pode ter nascido ali. A casa dos Manuzio, quase certamente, ainda existe, porque o burgo sobreviveu intacto, mas não temos ideia de qual possa ser ela.

Sabemos pouquíssimo da família de Aldo e nada sobre a sua infância. Uma escritura lavrada pelo notário Antonio Tuzy, em 30 de dezembro de 1449, informa-nos que um Paolo di Manduzio di Bassiano vende um lote de terra ao judeu Abramo di Mosè. No mais antigo manuscrito aldino que chegou até nós, um documento redigido entre 1480 e 1486, conservado na Biblioteca Querini Stampalia de Veneza, aparece a firma Aldus Manducius (na forma genitiva Alti Manducii). Não há dúvida, portanto, de que era exatamente esse o sobrenome originário do humanista, que, em seguida, assinará Mannuccius, portanto Manucius (a partir de 1493) e, finalmente, Manutius (a partir de 1497). O pai de Aldo chamava-se Antonio e tinha algumas irmãs, mas de outros parentes, nada se sabe.

Em Roma

Pode-se presumir que a família era relativamente próspera, visto que dispunha de terrenos para venda, mas não podemos saber se igualmente podia permitir-se manter os estudos de um filho em Roma, ou se, ao contrário, foram os Caetani que tomaram aos seus cuidados o jovem Manuzio. O neto Aldo, o Jovem, um século depois, recordará as relações de deferência que ligavam o avô à família principesca, e, por outro lado, não era incomum os senhores de um determinado lugar mandarem estudar, às suas próprias custas, meninos mais inteligentes.

Certo é, porém, que Aldo estudou em Roma no início dos anos setenta do Quatrocentros, já que o seu professor Gaspare da Verona, docente de retórica na Sapienza, transferiu-se para Viterbo em 1474. Outro dos seus mestres – é Aldo quem o revela em um dos seus prefácios – é o humanista Domizio Calderini, natural de Torri del Benaco, secretário do papa Sisto IV. Curioso que ambos os mestres romanos de Aldo fossem originários de regiões veronenses.

Calderini faz parte do círculo do já citado cardeal Bessarione e o acompanha em uma viagem à França, no momento em que o prelado está trabalhando em uma edição que será publicada postumamente por Arnold Pannartz e Conrad Sweinheim. Dois nomes célebres, esses, porque pertencem aos clérigos alemães – Pannartz era um praguense de língua alemã, Sweinheim provinha do Hesse – que, em 1465, haviam importado a impressão com caracteres móveis na Itália, implantando uma tipografia no mosteiro beneditino de Santa Escolástica, em Subiaco, perto de Roma. Gaspare da Verona também conhece a atividade dos dois tipógrafos, visto que os menciona já em 1467, ou seja, logo depois de chegarem a Subiaco, há dois anos somente.

A introdução da impressão na Itália dava o que falar, e é provável que, em Roma, a nova atividade fosse objeto de respeito e admiração, mas não se sabe se, já nesses anos, Manuzio tinha entrado em contato com o mundo da tipografia, se havia observado as recém-nascidas edições impressas ou se a sua paixão foi, ao contrário, tardia. Durante muitos anos, Aldo continuou sendo, antes de tudo, um professor e, só numa segunda etapa, ele torna-se impressor, quando, já com quarenta anos, concebe a atividade de tipógrafo como meio para adquirir os melhores instrumentos de ensino do grego: gramática e textos de leitura. Não podemos saber, realmente, se, vinte anos antes, ele já havia intuído a potencialidade da impressão.

Não é certo, tampouco, que, logo depois de haver aprendido latim, ele tenha começado em Roma a estudar também o grego antigo, língua que, em seguida, aprenderá muito bem, a ponto de saber falá-la e traduzi-la à primeira vista, como já mencionamos. Certamente, na cidade papal, Manuzio estreita amizade com o humanista pistoiense Scipione Forteguerri, chamado Carteromaco, que se tornará um de seus mais estreitos colaboradores e a quem dedicará uma edição em 1501. Vamos reencontrá-lo mais adiante, mesmo porque será um dos fundadores da Academia Aldina.

O período romano de Manuzio permanece muito obscuro, a exemplo de sua infância e adolescência. A única coisa certa é que, poucos anos depois, ele deixa a cidade. Não sabemos exatamente quando nem por quê, alguns aventam a hipótese de que ele pode ter saído de Roma por causa da peste de 1478, mas não há qualquer indício suscetível de transformar a ilação em afirmação.

Em Ferrara

Na realidade, Aldo encontra-se em Ferrara já em 1475, mas não é possível estabelecer se ele foi transferido ou se tratava-se de uma pausa provisória da temporada romana. Na cidade de Ercole I d'Este, humanista e magnânimo mecenas renascentista, Manuzio aprende, ou aprofunda, o grego antigo, com Battista Guarino, filho daquele Guarino Veronese (eis Verona de volta outra vez) que aprendera o grego em Constantinopla, antes da conquista otomana, em 1453, e fora preceptor na corte de Este. O encontro com Battista Guarino é, sem dúvida, importante, visto que, em 1495, Aldo dedicará a edição de Teócrito ao seu mestre de vinte anos antes. Que Manuzio tivesse chegado a Ferrara conhecendo ao menos o grego, continua sendo objeto de debate entre os estudiosos, enquanto é certo que, quando sai de lá, ele o fala e o lê fluentemente.

Há mais, em todo caso: em Ferrara, ele encontra um companheiro de estudos que lhe mudará a vida: Giovanni Pico della Mirandola. O nobre humanista, ajudado, evidentemente, pela sua proverbial memória, domina seis línguas, entre antigas e modernas, e, nesse momento, está se dedicando a aperfeiçoar o grego. Sua irmã Catarina é mulher – e, a partir de 1477, viúva – do Senhor de Carpi; em 1484, desposará Rodolfo Gonzaga, Senhor de Luzzara e filho do Marquês de Mântua (os Gonzaga só se tornaram duques em 1530).

Agora, uma pequena digressão: nessa área entre Emília e Lombardia, e no período situado entre os séculos XV e XVI, encontram-se algumas cortes médias ou pequenas que mantêm relações estreitas entre si. Os Gonzaga de Mântua, os Pio de Carpi, os Pico de Mirandola, os Este de Ferrara aparentam-se entre si e desfrutam aquilo que, hoje, se chamaria de economia de escala, acolhendo artistas, músicos, preceptores que se deslocam de uma cidade para outra. Acrescentemos que Carpi e Mirandola são senhorias demasiado pequenas para que possam ser consideradas totalmente seguras em relação às cobiças dos vizinhos e, por isso, procuram apoiar-se nos Estados mais poderosos e influentes.

Nos anos de que ora nos ocupamos, a potência que estende sobre essa área a sombra de sua hegemonia, aquela que suscita temores e apreensões e, por conseguinte, a potência a vencer, é, sem dúvida, a República de Veneza. Não por acaso, quando ela for derrotada, o Príncipe Alberto Pio recorrerá seja

AN·PICVS·MIRANDVL

ao império, seja à França, seja ao papado, acabando por colocar o trono em um jogo triangular maior que ele. Aldo Manuzio – veremos – move-se no interior desse âmbito, permitindo-se, quando muito, algumas temporadas em Milão. Com certeza, desenvolve uma espécie de relação afetiva com Ferrara (entusiasmo que, ao contrário, nunca experimentará por Veneza), visto que, em seu primeiro testamento, aconselha sua jovem mulher, desposada apenas um ano antes, a encontrar um novo marido na cidade dos Este, caso não regressasse da viagem. Tudo isso nos mostra, entre outras coisas, como era perigoso viajar nessa época, a ponto de induzir uma pessoa a fazer seu testamento antes de partir.

Acrescentemos um outro elemento para entender melhor os entrelaçamentos presentes nessa zona da Itália renascentista: Alberto Pio desposa, antes, uma Gonzaga e, depois, uma Orsini; da segunda mulher tem duas filhas, uma das quais, de nome Catarina como a avó, casa-se com um Caetani. Esse indício nos permite aventar a hipótese de que subsistia uma certa relação entre os duques de Sermoneta e os senhores de Carpi e de que, por conseguinte, a ligação de Aldo Manuzio com a pequena corte emiliana pode ter passado também pelos Caetani. Não o sabemos, mas as relações entre as famílias existiam e, portanto, a eventualidade é pelo menos verossímil.

Em Carpi

Catarina Pico é mulher de notável cultura: no enxoval para as núpcias com Lionello I Pio de Savoia, estão presentes, além das costumeiras joias, pratarias e roupas íntimas, códices manuscritos e textos de autores clássicos, como Virgílio e as epístolas de Cícero (estas últimas são, também, o primeiro texto publicado em Veneza, em 1469, por Giovanni da Spira: tudo se mantém nesse período do Renascimento).

Quando o Príncipe de Carpi morre, deixa para a viúva uma notável soma a fim de que ela instale uma biblioteca. É exatamente Catarina, provavelmente a conselho de seu irmão Giovanni, que chama Aldo Manuzio para que seja preceptor de seus dois filhos, Alberto e Lionello, de cinco e três anos. Uma escritura notarial, conservada nos arquivos de Carpi, diz-nos que, em 8 de março de 1480, Aldo obtém não só o encargo de professor na corte, mas também a cidadania com isenção fiscal. Poucos meses depois, em 5 de agosto, o "magistro Aldo Manuzio de Bassiano" é proprietário de *unum caxamentum* com vista para o atual Corso Cabassi (identificado no único edifício gótico ainda existente nessa via, mas não se sabe se trata-se exatamente daquele). Como preceptor dos príncipes, Aldo reside no palácio, e, portanto, é possível que essa casa e algumas outras, em seu nome, constituam um pagamento, na forma de cobrança de aluguéis. São, igualmente, atribuídos a Manuzio alguns campos cultiváveis, os quais serão herdados por seu filho Paolo e administrados por Lionello Pio.

πρώτατος ἐγένετο ἢ αἱρετικώτατος, ὡς δῆλον ἐκ τῶν προγεγραμμένων συγγραμμάτων, ἃ τὸν ἀριθμὸν ἐγγὺς ἥκει τετρακοσίων, τὰ ὅσα γε ἀναμφίλεκτα. πολλὰ δὲ καὶ ἄλλα εἰς αὐτὸν ἀναφέρεται συγγράμματα αὐτοῦ τε ἀποφθέγματα ἀγράφου φωνῆς ἐστοχασμένα. γεγόνασι δὲ ἀριστοτέλεις, ὀκτὼ πρῶτος, αὐτὸς οὗτος· δεύτερος, ὁ πολιτευσάμενος Ἀθήνησιν, οὗ καὶ δικανικοὶ φέρονται λόγοι χαρίεντες· τρίτος, ὁ περὶ Ἰλιάδος πεπραγματευμένος· τέταρτος, σικελιώτης ῥήτωρ, πρὸς τὸν Ἰσοκράτους πανηγυρικὸν ἀντιγεγραφώς· πέμπτος, ὁ ἐπικληθεὶς μῦθος, Αἰσχίνου τοῦ Σωκρατικοῦ γνώριμος· ἕκτος κυρηναῖος, γεγραφὼς περὶ ποιητικῆς· ἕβδομος, παιδοτρίβης, οὗ μέμνηται Ἀριστόξενος ἐν τῷ Πλάτωνος βίῳ· ὄγδοος, γραμματικὸς ἄσημος, οὗ φέρεται τέχνη περὶ πλεονασμοῦ. τοῦ δὲ Σταγειρίτου, γεγόνασι μὲν πολλοὶ γνώριμοι· διαφέρων δὲ μάλιστα Θεόφραστος· περὶ οὗ λεκτέον.

ΒΊΟΣ ΘΕΟΦΡΆΣΤΟΥ ΚΑΤᾺ ΔΙΟΓΈΝΗΝ.

Θεόφραστος Μελάντα Ἐρέσιος, κναφέως υἱός, ὥς φησιν Ἀθηνόδωρος ἐν ὀγδόῳ περιπάτων. οὗτος πρότερον μὲν ἤκουσε Λευκίππου τοῦ πολίτου ἐν τῇ πατρίδι· εἶτα ἀκούσας Πλάτωνος, μετέστη πρὸς Ἀριστοτέλην· κἀκείνου εἰς Χαλκίδα ὑποχωρήσαντος, αὐτὸς διεδέξατο τὴν σχολὴν Ὀλυμπιάδι τετάρτῃ καὶ δεκάτῃ καὶ εἰκοστῇ. φέρεται δ' αὐτοῦ καὶ δοῦλος φιλόσοφος, ὄνομα Πομπύλος, καθά φησι Μυρωνιανὸς Ἀμαστριανὸς ἐν τῷ πρώτῳ τῶν ὁμοίων ἱστορικῶν κεφαλαίων. ὁ δὲ Θεόφραστος γέγονεν ἀνὴρ συνετώτατος καὶ φιλοπονώτατος, καὶ καθά φησι Πάμφιλος ἐν τῷ τριακοστῷ
δευτέρῳ

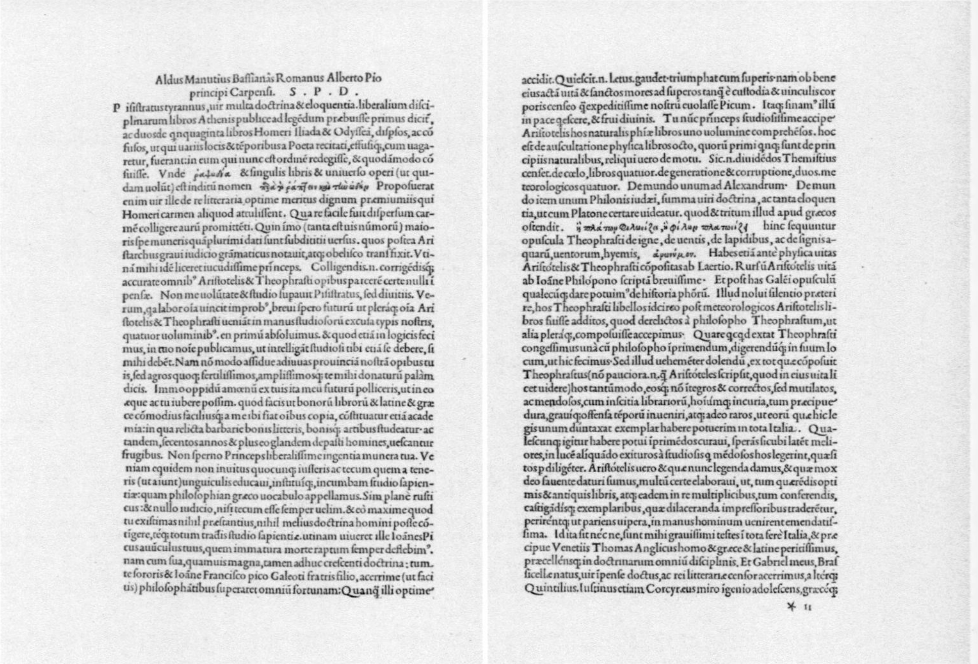

Aldus Manutius Bassianas Romanus Alberto Pio principi Carpensi. S . P . D .

Pisistratus tyrannus, uir multa doctrina & eloquentia. liberalium disciplinarum libros Athenis publice ad legẽdum præbuisse primus dicit̃, ac duosde qnquaginta libros Homeri Iliada & Odyssea, dispsos, ac cõfusos, ut qui uariis locis & tẽporibus a Poeta recitati, effusiq;, cum uagaretur, fuerant: in eum qui nunc est ordinẽ redegisse, & quodãmodo cõfuisse. Vnde ῥαψῳδία & singulis libris & uniuerso operi (ut quidam uolũt) est inditũ nomen ἀπὸ τοῦ ῥάπτειν τὴν ᾠδήν. Proposuerat enim uir ille de re litteraria optime meritus dignum præmium iis qui Homeri carmen aliquod attulissent. Qua re facile fuit dispersum carmẽ colligere aurũ promittẽti. Quin ĩmo (tanta est uis nũmorũ) maioris spe muneris quãplurimi dati sunt subdititii uersus. quos postea Aristarchus graui iudicio grãmaticus notauit, atq; obelisco transfixit. Vtinã mihi idẽ liceret iucũdissime princeps. Colligendis. n. corrigẽdisq; accurate omnib⁹ Aristotelis & Theophrasti opibus parcerẽ certe nulli ĩpensæ. Non me uolũtate & studio supauit Pisistratus, sed diuitiis. Verum, qa labor oĩa uincit improb⁹, breui spero futurũ ut pleráq; oĩa Aristotelis & Theophrasti ueniãt in manus studiosorũ excusa typis nostris, quatuor uoluminib⁹. en primũ absoluimus. & quod etiã in logicis fecimus, in tuo noĩe publicamus, ut intelligãt studiosi tibi etiã se debere, si mihi debẽt. Nam nõ modo assidue adiuuas prouinciã nostrã opibus tuis, sed agros quoq; fertilissimos, amplissimosq; te mihi donaturũ palàm dicis. Immo oppidũ amœnũ ex tuis ita meũ futurũ polliceris, ut in eo æque ac tu iubere possim. quod facis ut bonorũ librorũ & latine & græce cõmodius faciliusq; a me ibi fiat oĩbus copia, cõstituatur etiã academia: in qua relicta barbarie bonis litteris, bonisq; artibus studeatur· ac tandem, secentos annos & plus eo glandem depasti homines, uescantur frugibus. Non sperno Princeps liberalissime ingentia munera tua. Veniam equidem non inuitus quocunq; iusseris ac tecum quem a teneris (ut aiunt) unguiculis educaui, instituiq;, incumbam studio sapientiæ: quam philosophian græco uocabulo appellamus. Sim planè rusticus: & nullo iudicio, nisi tecum esse semper uelim. & eò maxime quod tu existimas nihil præstantius, nihil melius doctrina homini posse cõtigere, teq; totum tradis studio sapientiæ. utinam uiueret ille Ioãnes Picus auũculus tuus, quem immatura morte raptum semper deflebim⁹. nam cum sua, quamuis magna, tamen adhuc crescenti doctrina: tum te sororis & Ioãne Francisco pico Galeoti fratris filio, acerrime (ut facis) philosophãtibus superaret omniũ fortunam: Quanq̃ illi optime accidit. Quiescit. n. Lętus. gaudet· triumphat cum superis· nam ob bene eius actã uitã & sanctos mores ad superos tanq̃ è custodia & uinculis corporis censeo q̃ expeditissime nostrũ euolasse Picum. Itaq; sinam⁹ illũ in pace qescere, & frui diuinis. Tu nũc princeps studiosissime accipe Aristotelis hos naturalis phiæ libros uno uolumine cõprehẽsos. hoc est de auscultatione physica libros octo, quorũ primi qnq; sunt de principiis naturalibus, reliqui uero de motu. Sic. n. diuidẽdos Themistius censet. de cœlo, libros quatuor. de generatione & corruptione, duos. meteorologicos quatuor. De mundo unum ad Alexandrum· De mundo item unum Philonis iudæi, summa uiri doctrina, ac tanta eloquentia, ut cum Platone certare uideatur. quod & tritum illud apud græcos ostendit. ἢ Πλάτων φιλωνίζει, ἢ Φίλων πλατωνίζει. hinc sequuntur opuscula Theophrasti de igne, de uentis, de lapidibus, ac de signis aquarũ, uentorum, hyemis, ἀρυνύμενον. Habes etiã antè physica uitas Aristótelis & Theophrasti cõpositas ab Laertio. Rursũ Aristótelis uitã ab Ioãne Philópono scriptã breuissime· Et post has Galẽi opusculũ qualecũq; dare potuim⁹ de historia phõrũ. Illud nolui silentio præterire, hos Theophrasti libellos idcirco post meteorologicos Aristotelis libros fuisse additos, quod derelictos à philosopho Theophrastum, ut alia pleráq;, composuisse accepimus· Quare qcqd extat Theophrasti congessimus unà cũ philosopho ĩprimendum, digerendũq; in suum locum, ut hic fecimus· Sed illud uehemẽter dolendũ, ex tot quæ cõposuit Theophrastus (nõ pauciora. n. q̃ Aristóteles scripsit, quod in eius uita licet uidere) hos tantũmodo, eosq; nõ ĩtegros & correctos, sed mutilatos, ac mendosos, cum inscitia librariorũ, hoĩũmq; incuria, tum præcipue dura, grauiq; offensa tẽporũ inueniri, atq; adeo raros, ut eorũ quæ hic legis unum dũntaxat exemplar habere potuerim in tota Italia. Qualescunq; igitur habere potui ĩprimẽdos curaui, sperãs sicubi latẽt meliores, in lucẽ alíquãdo exituros à studiosis q̃ mẽdosos hos legerint, quæsitos p diligẽter. Aristótelis uero & quæ nunc legenda damus, & quæ mox deo fauente daturi sumus, multũ certe elaboraui, ut, tum quærẽdis optimis & antiquis libris, atq; eadem in re multiplicibus, tum conferendis, castigãdisq; exemplaribus, quæ dilaceranda impressoribus traderẽtur, perirẽntq; ut pariens uipera, in manus hominum uenirent emendatissima. Id ita sit nẽc ne, sunt mihi grauissimi testes ĩ tota ferè Italia, & præcipue Venetiis Thomas Anglicus homo & græce & latine peritissimus, præcellẽnsq; in doctrinarum omniũ disciplinis. Et Gabriel meus, Brassicellæ natus, uir ĩpense doctus, ac rei litterariæ censor acerrimus, a ltẽrq; Quintilius. Iustinus etiam Corcyræus miro ĩgenio adolescens, græcẽq;

✱ ii

ΦΥΣΙΚΗΣ ἈΚΡΟΑΣΕΩΣ, Ἢ ΠΕΡΙ

ὅτι αὐτὸ ἑαυτοῦ οἷόν τε ἐφίεσθαι τὸ εἶδος διὰ τὸ μὴ εἶναι ἐνδεές, οὔτε τὸ ἐναντίον· φθαρτὰ γὰρ ἀλλήλων τἀναντία. ἀλλὰ τοῦτ᾽ ἔστιν ἡ ὕλη· ὥσπερ ἂν εἰ θῆλυ ἄῤῥενος, ἢ αἰσχρὸν, καλοῦ· πλὴν οὐ καθ᾽ αὑτὸ αἰσχρὸν, ἀλλὰ κατὰ συμβεβηκὸς· οὐδὲ θῆλυ, ἀλλὰ κατὰ συμβεβηκός. φθείρεται δὲ καὶ γίνεται· ἔστι μὲν ὥς, ἔστι δ᾽ ὡς οὔ. ὡς μὲν γὰρ τὸ ἐν ᾧ, καθ᾽ αὑτὸ φθείρεται· τὸ γὰρ φθειρόμενον ἐν τούτῳ ἐστὶν ἡ στέρησις· ὡς δὲ κατὰ δύναμιν, οὐ καθ᾽ αὑτὸ, ἀλλ᾽ ἄφθαρτον, καὶ ἀγένητον ἀνάγκη αὐτὴν εἶναι. εἴτε γὰρ ἐγίνετο, ὑποκεῖσθαί τι δεῖ πρῶτον τὸ ἐξ οὗ ἐνυπάρχοντος· τοῦτο δ᾽ ἐστὶν ἡ αὐτὴ φύσις, ὥστ᾽ ἔσται πρὶν γενέσθαι. λέγω γὰρ ὕλην τὸ πρῶτον ὑποκείμενον ἑκάστου, ἐξ οὗ γίνεταί τι ἐνυπάρχοντος μὴ κατὰ συμβεβηκός. εἴτε φθείρεταί τι, εἰς τοῦτο ἀφίξεται ἔσχατον. ὥστ᾽ ἐφθαρμένη ἔσται πρὶν φθαρῆναι. περὶ δὲ τῆς κατὰ τὸ εἶδος ἀρχῆς πότερον μία ἢ πολλαὶ, καὶ τίς ἢ τίνες εἰσὶ, δι᾽ ἀκριβείας, τῆς πρώτης φιλοσοφίας ἔργον ἐστὶ διορίσασθαι. ὥστε εἰς ἐκεῖνον τὸν καιρὸν ἀποκείσθω. περὶ δὲ τῶν φυσικῶν καὶ τῶν φθαρτῶν εἰδῶν ἐν τοῖς ὕστερον δεικνυμένοις ἐροῦμεν. ὅτι μὲν οὖν εἰσὶν ἀρχαὶ, καὶ τίνες, καὶ πόσαι τὸν ἀριθμὸν, διωρίσθω ἡμῖν οὕτω. πάλιν δ᾽ ἄλλην ἀρχὴν ἀρξάμενοι λέγωμεν.

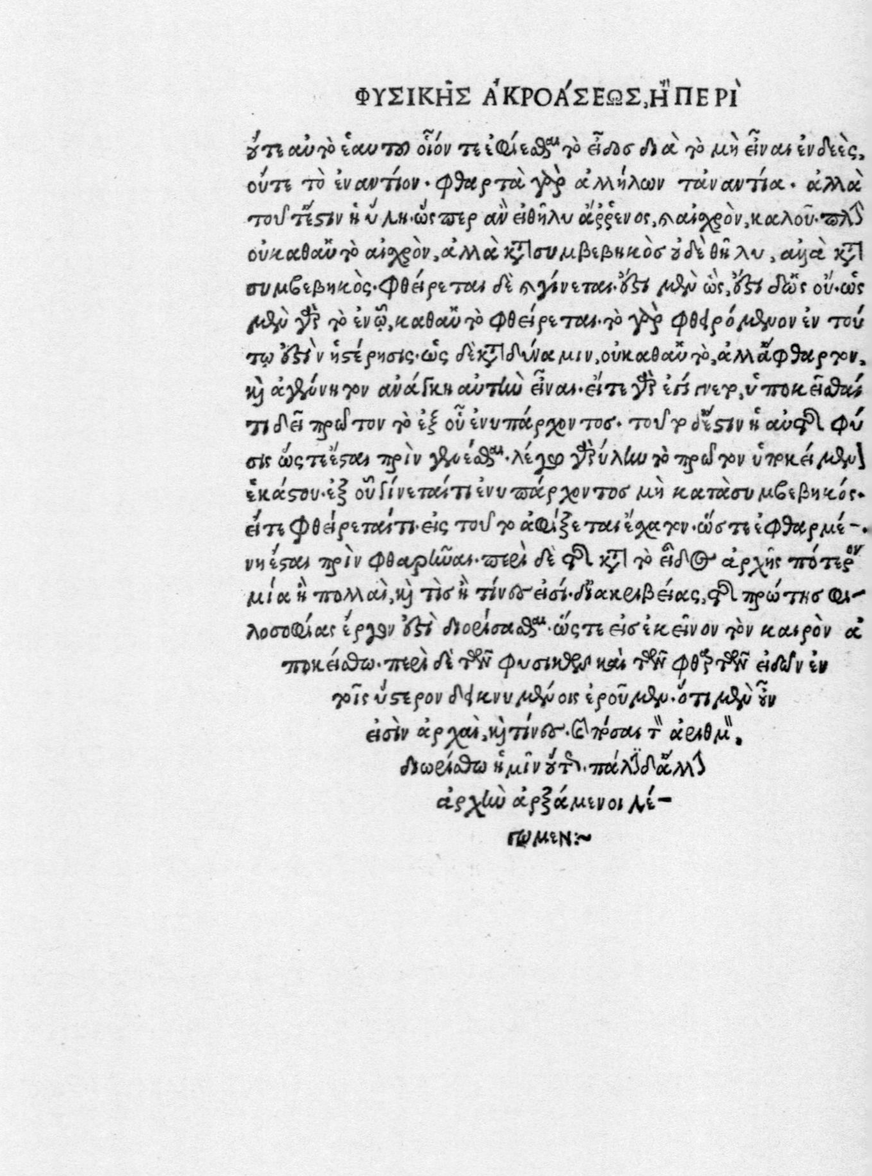

sane&eruditus. Ferrariæ uero Nicolaus Leonicenus & Laurentius Maiolus Genuensis, quorum alter philosophorum ætatis nostræ, medicorumq́ omnium facile princeps, librorū Aristotelis quos ipse haberet mihi copiā humanissime fecit.alter præstanti uir ingenio, & maturo iudicio, ac omnibus bonis artibus præditus, omnes prope Aristotelis libros summa cura summóq́ue studio contulit cum libris Leoniceni nostri meo rogatu. Idem & ipse Venetiis accuratissime feci, non sine adiumento uirorum doctorum, qui & Venetiis sunt & Patauii.Quanq́ minus fieri potuit, nequid his libris desideraretur. quod non mea quidem culpa factum est, nam hoc uere queo dicere , quicq́d meo labore formis excuditur, ipsis exēplaribus longe correctius, ac magis perfectum exire ex ædib9 nostris, uerū tum hominum, qui ante nos fuerūt, tum edacium temporum, quæ tandem cuncta immutant, cōsumunt. abolent. Hinc illud,

> Témpus edax rerum, tuq́ue inuidiosa uetústas,
> Omnia destruitis, uitiataque dentibus ævi,
> Paulatim lenta consumitis omnia morte.

Et illud,

> Omnia fert ætas, animum quoque.

Hinc illa acclamatio.

Quid non longa dies, quid non consumitis ánni?

Quápropter improbe & iníque faciet, siq́s nos accusabit. Nónne é omnium ingratissimus, qui donatum nūmo aureo ab amico, qui ne illū quidem dare, nisi summis laboribus poterat, queritur maledicit. accusat. quod nō dederit centum? Tu uero optime Princeps hos libros, quales-cunq́ sunt, accipe, quo uultu cætera, quæ me proficiscentur, soles. non multo post publicabimus cætera Aristótelis & Theophrasti in suo nomine. hinc omnis commentarios in Aristotelem dabimus. Præterea diuini Platonis omnia opera, & quotq́uot in illum extant commentaria. Dabimus etiam & Hippócratis et Galeni omnia, & cæterorum illustrium, qui in medicina scripserunt. condonabimus deinceps mathematicos omnis. Quid quærits? eficiam profecto, (si diu uixero) ne desint boni libri bonarum litterarum, & liberalium artium studiosis.

Vale.

ΑΡΙΣΤΟΤΕΛΟΥΣ ΒΙΟΣ ΕΚ ΤΩΝ ΛΑΕΡΤΙΟΥ.

Ἀριστοτέλης Νικομάχου καὶ Φαιστιάδος, Σταγιρίτης ὡς φησι Λαέρτιος ὡς ἀπὸ Νικομάχου τοῦ Μαχάονος τοῦ Ἀσκληπίου καθἐφησιν Ἕρμιππος ἐν τῷ περὶ Ἀριστοτέλους συνεβίω οὖν ἐπὶ τε Μαχάονος βασιλέως καὶ Φιλαγρέου τινος πατρὸς ἐπὶ Πλάτων· μαθητής· προῆλθε τὸ φωνίω, ὡς φησι Τιμόθεος ὁ Ἀθηναῖος ἐν τῷ περὶ βίων ἀλλὰ καὶ ἰσχνοσκελέσατο ἰδὼν καὶ μικρόμματος ἐσθήτι τε ἐπισήμῳ χρώμενος καὶ δακτυλίοις ἀκριβῆ δὲ ἦν νικομάχου τῷ υἱεῖ δὲς τ᾽ ἐπταλαντίου ὠνήσατο τὴν οὐσίαν ἀπηλλάκτο δὲ αὐτοῦ καὶ παυσανία χορηγησα τὴν μεζά φησι δ᾽ Ἕρμιππος ἐν τοῖς βίοις τι πρεσβεύοντος αὐτοῦ πρὸς Φίλιππον ὑπὲρ Ἀθηναίων σχολάρχης ἐγένετο τῆς ἐν ἀκαδημίᾳ σχολῆς Ξενοκράτης ἐλθὼν δ᾽ αὐτὸν καὶ θεασάμενος τῇ ἀκαδημίᾳ τὴν σχολὴν ἀπελέξατο τῶν ἐν τῷ Λυκείῳ μέχρι μὲν ἀλειμμάτων ἀνακάμπτων τοῖς μαθηταῖς συμφιλοσοφεῖν ὅθεν περιπατητικὸς προσηγορεύθη· οἱ δ᾽ ὅτι ἐκ νόσου περιπατοῦντι Ἀλεξάνδρῳ συμπαρὼν καὶ τι διαλεγόμενος ἐπλειόνων ἤδη συνιόντων ἐκάθισεν ἀφ᾽ οὗ καὶ περιπατητικοὶ προσηγορεύθησαν ὁ δ᾽ οὐκ ἦν μόνον ἀγορητής· ἀλλὰ καὶ πρὸς θέσιν συνεγυμνάζετο τοὺς μαθητὰς ἅμα καὶ ῥητορικῶς ἐπασκῶν ἔπειτα τε μὴ ἀπῆρε πρὸς ἐρ

10

ΑΡΙΣΤΟΤΕΛΟΥΣ ΦΥΣΙΚΗΣ ΑΚΡΟΑΣΕΩΣ, Η ΠΕΡΙ ΑΡΧΩΝ, ΤΟ Β΄.

Τ
ῶν ὄντων, τὰ μέν ἐστι φύσει τὰ δὲ δι᾽ ἄλλας αἰτίας, φύσει μὲν τά τε ζῶα, καὶ τὰ μέρη αὐτῶν, καὶ τὰ φυτά, καὶ τὰ ἁπλᾶ τῶν σωμάτων, οἷον γῆ καὶ πῦρ, καὶ ἀὴρ, καὶ ὕδωρ. Ταῦτα δ᾽ εἶναι καὶ τὰ τοιαῦτα, φύσει φαμέν, πάντα δὲ τὰ ῥηθέντα, φαίνεται διαφέροντα πρὸς τὰ μὴ φύσει συνεστῶτα. τὰ μὲν γὰρ φύσει ὄντα πάντα, φαίνεται ἔχοντα ἐν ἑαυτοῖς ἀρχὴν κινήσεως, καὶ στάσεως, τὰ μὲν κατὰ τόπον, τὰ δὲ κατ᾽ αὔξησιν καὶ φθίσιν, τὰ δὲ κατ᾽ ἀλλοίωσιν, κλίνη δὲ καὶ ἱμάτιον, καὶ εἴ τι ἕτερον τοιοῦτον ἐστὶν, ᾗ μὲν τετύχηκε τῆς κατηγορίας ἑκάστης, καὶ καθ᾽ ὅσον ἐστὶν ἀπὸ τέχνης, οὐδεμίαν ὁρμὴν ἔχει μεταβολῆς ἔμφυτον, ᾗ δὲ συμβέβηκεν αὐτοῖς λιθίνοις ἢ γηΐνοις εἶναι ἢ μικτοῖς, ἐκ τούτων ἔχει καὶ τὸ τοιοῦτον ὡς οὔσης τῆς φύσεως ἀρχῆς τινὸς, καὶ αἰτίας τοῦ κινεῖσθαι καὶ ἠρεμεῖν ἐν ᾧ ὑπάρχει πρώτως, καθ᾽ αὑτὸ καὶ μὴ κατὰ συμβεβηκός. λέγω δὲ τὸ μὴ κατὰ συμβεβηκὸς, ὅτι γένοιτ᾽ ἂν αὐτὸς αὑτῷ τις αἴτιος ὑγιείας ὢν ἰατρός, ἀλλ᾽ ὅμως οὐ καθὸ ὑγιάζεται τὴν ἰατρικὴν ἔχει, ἀλλὰ συμβέβηκε τὸν αὐτὸν ἰατρὸν εἶναι, καὶ ὑγιαζόμενον. διὸ καὶ χωρίζεται ποτ᾽ ἀπ᾽ ἀλλήλων ὁμοίως δὲ καὶ τῶν ἄλλων ἕκαστον τῶν ποιουμένων, οὐδὲν γὰρ αὐτῶν ἔχει τὴν ἀρχὴν ἐν ἑαυτῷ τῆς ποιήσεως, ἀλλὰ τὰ μὲν ἐν ἄλλοις, καὶ ἔξωθεν. οἷον οἰκία, καὶ τῶν ἄλλων τῶν χειροκμήτων ἕκαστον. τὰ δ᾽ ἐν αὑτοῖς μὲν, ἀλλ᾽ οὐ καθ᾽ αὑτά, ὅσα κατὰ συμβεβηκὸς αἴτια γένοιτ᾽ ἂν αὑτοῖς. φύσις μὲν οὖν ἐστι τὸ ῥηθέν. φύσιν δὲ ἔχει, ὅσα τοιαύτην ἔχει ἀρχήν. καὶ ἔστι πάντα ταῦτα οὐσία. ὑποκείμενον γάρ

Entre Aldo e Alberto instaura-se uma relação bem mais sólida do que aquela entre mestre e aluno, a qual, como veremos, perdurará até a morte do editor, em 1515. No primeiro dos cinco volumes de Aristóteles que dedica ao Príncipe de Carpi (1495), o editor bassianense fornece ao "douto rapaz"[28] uma espécie de vade-mécum: "De fato, nada te falta: nem o talento, que possuis em abundância, nem a eloquência, de que és bem dotado; nem os livros, nem cultura latina, nem grega, nem hebraica, que buscas com uma solércia sem par; nem os mestres mais preparados, que contratastes sem olhar a despesas. Continua, pois, a dedicar-te, como estais fazendo, às nobres disciplinas: eu, certamente, pelo que posso, não te deixarei faltar nunca a minha presença"[29].

Essas linhas nos restituem um Manuzio atencioso, paternal, benevolente. Detalhes como esses, somente, nos permitem tentar reconstruir e imaginar o caráter desse homem extraordinário. De fato, a reelaboração de sua biografia, lacunar para algumas partes de sua vida e de sua atividade, é completamente obscura pelo que diz respeito aos aspectos pessoais. Veremos que Erasmo descreve-nos rabugices e tacanhices de seu sogro, Andrea Torresani (ou Torresano), mas dele, à parte o fato de ser maníaco por gramáticas, não nos diz nada.

Os vários estudiosos que se debruçaram sobre o primeiro editor da história aventuraram algumas hipóteses, com base nos elementos conhecidos. Por exemplo, sabe-se dos numerosos amigos, nos diversos níveis da escala social, ao passo que não se conhecem inimigos, mas apenas rivais editoriais, o que nos autoriza a pensar que ele era cordial, uma pessoa com a qual podia-se passar bons momentos em aprazível companhia. Era capaz de trabalhar muitas horas seguidas, aplicando-se com atenção ao que estava fazendo, provavelmente era detalhista, exigente e habilidoso. Gostava do trabalho em equipe e empenhava-se em obter de todas as maneiras a colaboração entre os estudiosos; o que pedia em troca eram manuscritos que pudesse imprimir.

Sem dúvida, tinha o faro dos negócios e utilizava tribunais e amizades para fazer valer os seus direitos, nunca, porém, de modo violento ou prevaricador, numa época em que grassavam a violência e a prevaricação. Jamais manifesta a agressividade típica dos seus contemporâneos, parecendo, antes, arredio e, às vezes, embaraçado com a celebridade. Cabe registrar, todavia, que existem alguns litígios por questões de dinheiro com colaboradores, os quais, por esse motivo, o abandonaram. Seria o caso, portanto, de perguntar se Aldo compartilhava, ao menos em parte, a mesquinhez do sogro.

Ir além dessas deduções, entretanto, parece difícil. Como era a sua relação com a esposa, tão mais jovem do que ele? E com os filhos? No último testamento, deixará às duas filhas a opção de escolher entre casar-se ou tornar-se

---

[28] "Aldo Manuzio Saúda Alberto Pio, Príncipe de Carpi", em Aristóteles, *Organon* (em grego), Veneza, Dexteritate Aldi Manucii Romani, mar. 1495, in-fólio.

[29] *Idem.*

freira, e essa era uma concessão muito avançada naqueles tempos, mas, afora isso, nada mais sabemos.

Durante os anos de Carpi, Aldo Manuzio, provavelmente, ainda não pensa na impressão e dedica-se com exclusividade ao mister de preceptor, que se presume tenha desempenhado muito bem: Alberto e Lionello Pio não serão os únicos alunos com quem conservará relações de afeto. Devia ser, no entanto, uma atividade muito exigente, de fato, lamenta-se que, às voltas com deveres de todos os tipos, restam-lhe apenas quatro horas por dia para escrever um compêndio gramatical para uso de seus alunos. Mas não especifica quais são as suas demais tarefas, além do ensino propriamente dito.

Um dos indícios claros da estada de Aldo em Carpi é que ele passa o seu tempo quase sempre junto com os principezinhos e os acompanha, primeiro, a Ferrara (1481) e, em seguida, à Mirandola do tio Pico (1482), depois que Veneza declara guerra aos Este. Conhecemos essa estada, que durou alguns meses, graças a uma carta de Poliziano: Angelo Ambrogini – esse o seu nome – era o mais importante helenista da época e ficaria muito amigo de Manuzio; os dois trocam uma assídua correspondência, mas só se encontraram pessoalmente uma vez, em Veneza. É em Mirandola que Aldo entra em contato com o grego requintado do florentino Poliziano, em uma carta sua que lê em companhia do humanista cretense Manuel Adramitteno.

Naqueles anos, Giovanni Pico está tentando transformar Mirandola em um centro cultural de primeira grandeza, e bem pode ser que Aldo acalentava a ideia de fundar uma academia capaz de converter-se em um lugar de intercâmbio e discussão entre profundos conhecedores da cultura grega.

Pode-se presumir que Aldo havia aprimorado a sua capacidade de exprimir-se em grego antigo nos encontros que os helenistas realizavam na vila de Pico. O tom de suas cartas do período é, todavia, o de um jovem que se esforça por fazer boa figura no mundo intelectual que o rodeia. Sobreviveu uma única carta de Pico a Aldo, na qual o senhor de Mirandola exorta o humanista a prosseguir nas suas indagações filosóficas. Evidentemente, além de protegido, Manuzio era também um dos seus companheiros de estudos.

É incerta, contudo, uma possível viagem a Veneza de Aldo, junto com os jovens Pio (em 1487), que poderia ter sido o primeiro contato do futuro editor com a Sereníssima. Três anos antes, Catarina havia desposado Rodolfo Gonzaga e conjetura-se que o papel de Aldo na corte se teria tornado, com o tempo, mais influente em relação ao de simples mestre e preceptor dos filhos do primeiro leito. Catarina terá mais seis filhos de Rodolfo. Este será morto em julho de 1495, na Batalha de Fornovo, enquanto sua mulher morrerá em dezembro de 1501, envenenada por uma dama de honra que parece ter-se apaixonado por ela sem ser correspondida. Amor e morte numa corte do Renascimento.

A temporada de Manuzio em Carpi termina entre o outono e o inverno de 1489: uma escritura notarial de outubro, na qual Aldo de Sermoneta é indicado como preceptor do Príncipe Alberto, constitui o último documento oficial que lhe registra a presença.

A relação com os Pio, como ficou dito, prosseguirá: Aldo começa a fazer parte da família, em 1503 adota o sobrenome Pio e, em 1506, irá usá-lo em sua assinatura. Das doze dedicatórias a Alberto já falamos, e presume-se que, de Carpi, chegaram-lhe também, regularmente, vários financiamentos. Documentos oficiais e cartas registram as relações entre o editor e Alberto III, até 1509, ou seja, até o príncipe passar para o lado dos inimigos de Veneza, enquanto os vínculos com Lionello II prosseguirão até a morte de Aldo.

O teor da correspondência dos irmãos Pio com Manuzio diverge já a partir de 1498: Alberto escreve-lhes em tom afetuoso e íntimo sobre livros, sobre visitas culturais comuns, sobre questões tratadas por Aldo em Carpi. Lionello, que, às vezes, assina-se *filius*, ocupa-se, ao contrário, do lado prático das relações e atende aos pedidos de Aldo no sentido de administrar seus interesses nas terras emilianas, como, por exemplo, em julho de 1508, quando informa ao editor que "cuidou da colheita das suas terras e fez-lhe o crédito"[30]. Por outro lado, Lionello casou-se com uma nobre veneziana, Maria Martinengo, e, por isso, as conexões entre o Castelo de Novi, onde o casal reside, e a Dominante permanecem intensas. Um documento notarial, de março de 1508, registra uma procuração de Lionello Pio a Manuzio, para obter um comando militar junto à Sereníssima (comando que, todavia, não lhe será concedido).

Para todos os efeitos, Aldo é legalmente membro da família Pio e dono de numerosas terras que, ao menos em parte, resultaram em propriedades aos seus herdeiros, ainda em 1556. Lionello, em setembro de 1498, escreve a Manuzio afirmando que manterá fé na promessa de seu irmão Alberto de doar-lhe outras terras e um castelo onde poderá instalar uma casa de impressão e a academia. Não é, pois, por acaso, que Aldo escreve que usará o "bel castello"[31] para "sediar uma academia na qual, com o fim da barbárie, se cultivarão com empenho as belas-letras e as belas-artes"[32].

A doação do castelo, todavia, nunca se efetivará, enquanto Aldo, nos momentos de dificuldade, em 1506 e em 1510, reivindica-o para poder transferir-se com a família e a tipografia. São ambos os anos nos quais Manuzio está ausente de Veneza; os motivos os veremos melhor mais tarde.

O castelo foi identificado com o de Novi, onde, como ficou dito, residem Lionello e sua mulher e onde instala-se, efetivamente, uma tipografia que imprime uma única edição. Segundo uma fonte não verificável setecentista, Alberto III teria convidado Manuzio a preparar uma tipografia ali, mas este

---

[30] Filius Lionello Pius, "Aldo Pio Manuzio", em Antoine-Augustin Renouard (ed.), *Lettere Mmanuziane*, Paris, Giulio Renouard, 1834, p. 345.

[31] "Aldo Manuzio de Bassiano, Romano, Saúda Alberto Pio", em Aristóteles e Teofrasto, *Naturalis Philosophiae Libri* (em grego), Veneza, In Domo Aldi Manutii, fev. 1497, in-fólio.

[32] *Idem*.

já se havia transferido para Veneza e teria, portanto, declinado do pedido do príncipe. O certo, ao contrário, é que o carpisano Benedetto Dolcibelli (ou Dolcibello) del Manzo – o sobrenome decorre do fato de que provinha de uma família de açougueiros – implanta uma tipografia em Carpi, primeiro na cidade (1506) e depois no Castelo de Novi (1508), onde imprime a referida edição única e, depois, transfere-se para Ferrara.

Dolcibelli tinha trabalhado – junto com Giovanni Bissolo, ele também de Carpi, e Gabriele Braccio, de Brisighella – em Veneza, na oficina de Aldo, onde aprendera a profissão. Vira-se, porém, às voltas com uma feia história de contrafação dos caracteres gregos aldinos, o que veremos melhor no capítulo sobre falsificações, e dirigira-se a Veneza, com dois cúmplices, continuando a imprimir, primeiro em Milão, depois em outras cidades. Os documentos existentes relativos a essa história são muito raros e, por isso, apenas a conhecemos parcialmente. Daí não podermos sequer saber se, em 1506, quando Aldo vai a Milão e a Mântua, houve ou não contato entre ele e o seu ex-funcionário, que, naquele momento, trabalhava como tipógrafo na cidade dos Pio. Esse fato prova, no entanto, que Aldo vale-se da colaboração de alguns carpisanos, no momento de abrir a sua tipografia em Veneza.

A presença de Aldo em Carpi foi eternizada por um afresco na capela do Palazzo Pio. Muito bem conservado, obra do pintor Bernardino Loschi, na parede da direita, ele representa uma espécie de grupo de família dos Pio: no primeiro plano, o trintenário Alberto III, de cabelos loiros esvoaçantes, com um chapéu preto; atrás dele, o padre Lionello I, que, quando o afresco foi pintado (início do Quinhentos), é já falecido há vinte anos. Em segundo plano, o irmão mais jovem, Lionello II. Diante do Príncipe Alberto estão duas figuras trajando um longo hábito preto e com boina da mesma cor. Uma das duas, a mais afastada, é identificada com Aldo Manuzio, visto tratar-se de um homem de uns cinquenta anos, que era exatamente a idade de Aldo quando a obra foi executada.

A personagem retratada à frente, mais jovem, poderia ser ou o filósofo mantuano Pietro Pomponazzi ou o humanista cretense Marco Musuro; ambos encontravam-se em Carpi junto com Manuzio e eram mais jovens que ele, o primeiro por dez anos, o segundo por vinte. Musuro, culto filólogo, vamos reencontrá-lo porque se tornará um dos mais estreitos colaboradores de Aldo. O afresco conservou-se porque, depois da exauturação dos Pio e da passagem de Carpi aos d'Este, foi simplesmente coberto com uma cortina, e não destruído, como geralmente acontecia quando se queria remover a memória dos senhores despojados.

Nesse momento, deixemos a emiliana Carpi e sigamos Aldo, finalmente, até a cidade onde ele mudará a história do livro: Veneza.

rent, si ad quietē integri iremus. nunc onusti cibo, & uino cōfusa, & perturbata cernim⁹. PEN
NAS. Alas, partem pro toto posuit. LVCANO. E lucania, de qua supra diximus, ursi mittebā
tur in arenam magnitudine, ac feritate præstantes.

AD DOMITIANVM DE RHINOCEROTE. EPIG. IX.

P RAESTITIT EXHIBITVS. Blāditʳ Domitiano de pugna rhinocerotis & tau
ri. RHINOCEROS. Animal ē unū in nare cornu habens repandū, qd subide
attritū cautibus ī mucronē acuit, eoq̧ aduersus elephātos præliatʳ, hostis eis na
tura genitus. ī dimicatiōe aluū maxime petit, qa scit eā pte esse molliorē. Lōgi
tudo ei par elephāto, crura multo breuiora, color buxeus est, a græcis ῥίν naris
dicitʳ, κέρας uornu. Inde rhinoceroti nomē. Minora aīalia nisi ī irā subinde ex
citat⁹ nō tāgit. Pōpei magni ludi hoc aīal prio romæ ostēderūt. Deide Augustus apud septa.
solebat. n. hic priceps ēt citra spectaculo ʀ̨ dies, si qn qd iusitatū, dignūq̧ cognitu aduectū eēt,
id extra ordinē quolibet loco publicare, ut rhinocerotē apd septa. Tigri ī scæna. anguē qnq̧gī
ta cubitorū,p comitio. post hæc Domitianus frequēter rhinocerotē ludis exhibuit. A rhino ce
rote rhinocerotius deducitʳ. uū rhinocerotia cornua dicim⁹. EXHIBITVS TIBI. Productus a
te. TOTA ARENA. Toto amphitheatro. PRAELIA. Certamina, præliū a præmendo, quasi
præmiū dictū, qd dimicando se inuicem hostes præmant. Est āt prælium belli pars, hoc ē cum
manus conseruntur. & ipsa dimicatio, quæ & pugna dr̄. Virg. Infantē fugiēs media iter prælia
belli. Ab hoc p̄lio & p̄lior deducuntʳ. & p̄liator & præliatrix. Vir. Honeste p̄liū,p coitu posuit
dū de equo loqtur ætate cōfecto. Nā & in coitu dimicatio quædā esse ur̄. Siquādo ad p̄lia uen
tum ē. Præliares dies appellabātʳ, qbus fas erat hostē bello lacessere. etenim quædā feriæ erant
quibus nefas habebatʳ manus cū hoste conferre. pugna uero a pugno deducitʳ, qa ueteres ante
armorum usum. pugnis. calcibus. ac morsu certabant. A pugna fit pugnicula, qua pro leui pu
gna cato usurpauit. pugnax, bellicosus. a quo pugnator. pugnacissimus. & pugnaciter. pugna
cius. pugnacissime. & pugnator, q pugnat. cuius fœmininū ē pugnatrix. Itē composita oppu
gno qd est pugnando uincere cōr̄edo. Expugno pugnando uinco. Sed de oppidis. Castris na
uib⁹, cæterisq̧ huiuscemodi dr̄. Expugnatʳ āt nauis secūdū Callistratū iurisc̄osultū, cū spoliatʳ
aut mergitur, aut dissoluitʳ, aut p̄tunditʳ, aut funes ei⁹ exciduntʳ, aut uela cōscinduntʳ, aut ancoræ ī
uoluūtur de mari. ab iis oppugnator. oppugnatrix. oppugnatio. expugnator. expugnatrix. ex
pugnatio. depugno idē, qd pugno. a quo depugnator. & depugnatrix. propugno aduersus
pugnātes pugno, siue pugnando resisto. a quo propugnator. propugnatrix. & propugnacula
minæ murorū. & alia ædificia, postquæ in mœnibus, aut nauib⁹ p̄pugnādo cōsistim⁹. ipugno
aduersor, confuto. a quo impugnator. & impugnatrix. repugno. contradico. refragor. a quo
repugnantia. refragatio. cōtradictio. pugnus uero a græco deducitʳ πυγμή, uel a puctiōe, hoc
est pcussione. a quo pugillus diminutiuū. & pugil, q pugno certare consueuit. & pugillares ta
bellæ ex ligno, siue alia materia cæratæ, in qbus stilo scribimus, q̧ pugno cōprehendantʳ. uel a
pungendo, q̧ stilo in iis pungēdo scribatʳ. Martia. de pugillaribus eburneis. Secta nisi ī tenues
essemus ligna tabellas. Essemus libyci nobile dentis opus. Dicimus autē in singulari pugilla
ris, & pugillare. ī plurali uero pugillares dūtaxat. Itē pugilatus, pugilū ludus. QVAE NON
PROMISIT. Quæ nō iūsus fuerat minari, qm̄ diu torpēti similis steterat, anteq̧ se in irā colli
geret. Martia. paulopost, solicitāt pauidi dū rhinocerota magistri, seq̧ diu magnæ colligit ira
feræ, desperabātʳ p̄missi p̄lia Martis, sed tn̄ iis rediit cognitus ante furor. PROMISIT. Mina
tus est. promittere. n. aliqn ē polliceri, hoc tn̄ ab eo differens, q̧ pollicemur spōte, p̄mittimus
rogati. Cicero. Iā. n. totū tibi qd p̄miserā p̄stiti. Aliqn p̄ducere, & q̧si ī magnitudinē mittere,
siue porro. i. lōge mittere. Virg. Promissaq̧ barba. Nōnunq̧ minari. Idē. promisi ultorem, &
uerbis odia aspa moui. i. minatus sum. Quippe bōa p̄mittim⁹. mala minamur. ab hoc promis
sum. promissor. & promissio deducuntʳ. & promisse aduerbiū, hoc ē prolixe. Itē appromitto, a
quo appromissor. Est. n. p̄prie appromissor, q qd suo noīe p̄misit, idē quoq̧ p altero p̄mittit.
Itē cōpromitto, qd p̄prie ē lite ad boni uiri arbitriū mitto. a quo cōpromissū dr̄ ipsa facultas
arbitro data, tractū ab eo qd uterq̧ litigās simul p̄mittat se arbitri snīæ pariturū. arbiter iudex
dr̄, nō a lege datus, sed ab iis q litigāt electus, q totius rei habeat arbitriū & facultatē, dictus ab
arbitrādo. Arbitrari. n. existimare est, & arbitri officium est iudicare, nō prout iuris sit, sed put
ipse æquū esse existimet. Hinc arbitriū, qd mō arbitri sententiam significat, mō opinionem, ut
oīa pro arbitrio suo facit, hoc est, put sibi ur̄, & prout opinatʳ esse faciendū. Itē facultatem iudi
cādi arbitro datā. Vnde arbitriū suscepisse (ut Pedianus scribit) q iudicis partē suscepit, finēq̧
snīa sua se cōtrouersiis ipositurū pollicetʳ. Quod si hactenus interuenit, ut expiretʳ an consilio
suo uel auctoritate discuti paterētʳ lite, nec arbiter uidetʳ, nec arbitriū dr̄ recepisse. Proculus ar
bitrorū duo eē genera scribit, Vnū eiusmodi, ut si æquū sit, siue iniquū parere debeam⁹, quod
observatʳ

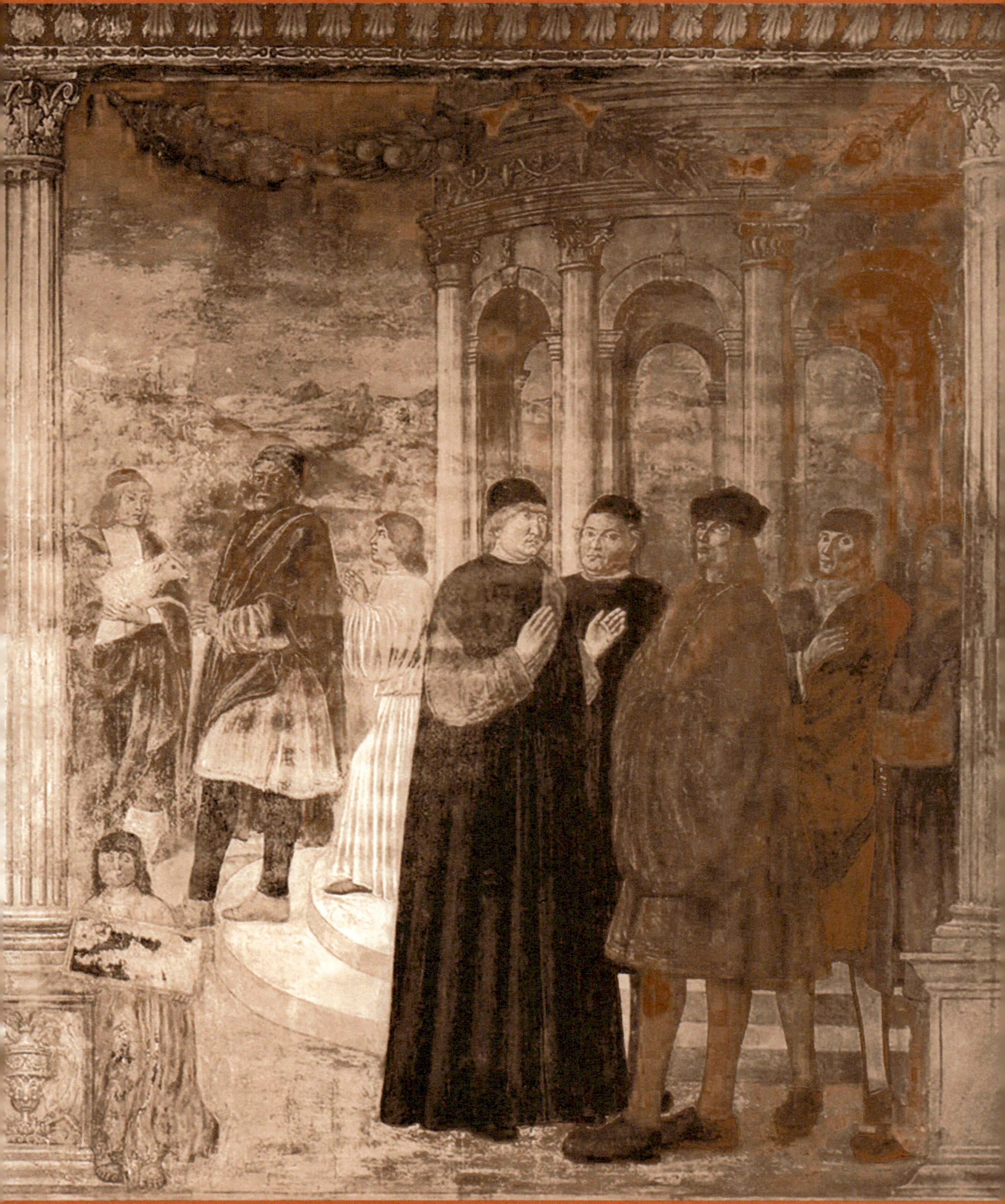

COMO SE TORNA EDITOR

capítulo 3

Aldo Manuzio transfere-se para Veneza entre 1489 e 1490. Provavelmente, sua intenção era continuar ensinando, e nada do que sabemos (pouco) de seu primeiro período na Dominante deixa pressagiar que já estivesse pensando em começar a imprimir. Por conseguinte, não temos ideia se e quanto contou à sua escolha de mudar-se o fato de que a cidade fosse, à época, a capital indiscutível do mundo editorial. Talvez, aquilo que realmente o atraía era a presença, em Veneza, de tantos humanistas cultos, em particular os gregos: "Veneza, cidade que podemos definir como a nova Atena do nosso tempo pela presença de tantos homens dotados de excepcional cultura"[33], escreverá Aldo anos depois.

Seja como for, nunca amará a fundo a cidade que o hospedava, nunca se sentirá veneziano, não será nunca animado de um particular entusiasmo pelo lugar aonde chegara, talvez porque não poderia ficar sem ele, e onde se fixou porque só ali podia levar à prática o seu projeto editorial. Seus primeiros tempos venezianos são marcados pela continuidade das ligações com Carpi, seja por aquilo que faz, seja pelos colaboradores que escolhe (já dissemos, e veremos de novo, que na recém-aberta tipografia trabalham alguns carpisanos).

Pouco depois de sua chegada à Sereníssima Senhoria, Aldo publica sua primeira obra, o *Panegírico das Musas* (*Musarum Panegyris*), um trabalho em latim que constitui, até certo ponto, o manifesto de seu método de ensino. Para fazê-lo, recorre ao impressor Battista Torti, um calabrês de Nicastro que, em 1489, imprime o texto – mais um opúsculo que um livro – formado não só por duas composições em rima dedicadas a Alberto Pio, mas também por uma parte central constituída por uma carta à sua mãe, Catarina. Apenas sete cópias dessa obra chegaram até nós, encontram-se na Itália duas: em Bolonha e em Nápoles.

Aldo observa que latim e grego são ensinados juntos e não separadamente, primeiro, o latim e, depois, o grego, como costumava-se na época, e insiste em ressaltar o valor educativo da leitura dos clássicos no original. Até esse momento, era possível conhecer a Antiguidade helênica apenas por intermédio das traduções latinas. Certamente, só assim era possível entrar em contato com um mundo que, de outro modo, estaria destinado a permanecer desconhecido, mas, ao mesmo tempo, as traduções o haviam alterado, distorcendo-o através das lentes do latim. Aldo acredita, portanto, que é necessário voltar à fonte e ler as obras gregas diretamente em grego (também esta uma concepção surpreendentemente moderna, como se vê).

Manuzio leva para Veneza o manuscrito do *Panegírico*: provavelmente, servia-lhe para promover-se e dar-se a conhecer como professor. Se havia sido preceptor dos príncipes de Carpi, podia muito bem vir a sê-lo dos filhos de algum patrício da cidade de São Marcos. E, com efeito, ele foi contratado por Pierfrancesco Barbarigo, com a missão de atuar como professor de Santo, seu filho natural. Dificilmente teria podido encontrar coisa melhor: o doge atual, Agostino Barbarigo, é tio de Pierfrancesco, enquanto o precedente, Marco, era seu pai, e, para além disso, o patrício entrará em sociedade com Manuzio, quando este decidir abrir a sua tipografia.

Não devemos cometer o erro de achar que Aldo, professor primeiro e editor depois, pensasse em uma instrução estendida ao povo, que imaginasse os seus livros nas mãos de uma legião de jovens animados pelo desejo de aprender.

---

[33] "Aldo Manuzio Romano Saúda Andrea Navagero, Patrício Vêneto", em Píndaro, *Olympia. Pythia. Némea* (em grego e latim), Veneza, In Aedibus Aldi et Andreae Asulani Soceri, jan. 1513, in-8.

Absolutamente não: dirige-se aos filhos dos ricos e dos muito ricos – ou seja, uma faixa de população que chega, no máximo, a cinco por cento –, e sua ideia é instruir a futura classe dirigente por meio do estudo de uma língua morta: o grego antigo. Uma língua que não se pode aprender sozinho, pela simples razão de que ninguém a fala, por conseguinte só se pode aprendê-la na escola. Isso pouco tem a ver com o valor intrínseco da literatura clássica, mas sim com um método: os meninos que crescem estudando nos mesmos livros, se entenderão melhor na vida adulta. Nos nossos dias, se diria *networking*, algo semelhante à "rede de velhos colegas de escola" que ainda hoje une, na Grã-Bretanha, a classe dirigente que frequentou Eton e poucas outras *public schools*.

A gramática

É muito provável que Manuzio tenha começado a trabalhar na gramática latina já antes de transferir-se para Veneza. O manuscrito em questão é aquele conservado na Querini Stampalia, aqui mencionado por causa da assinatura Manducius. O documento fecha um códice heterogêneo aberto por um escrito de Guarino Veronese. O texto aldino parece, mais que qualquer outra coisa, um esboço da futura gramática, porque ocupa apenas quatro folhas (oito lados), é impresso com dois tipos de tinta em páginas não muito grandes (21 x 13 cm), a tinta mais clara está bastante desbotada e há alguns acréscimos e correções nas margens. A escrita é aquela clara e regular de Aldo.

O livro *Institutiones Grammaticae* é impresso em Veneza, em 8 de março de 1493, por Andrea Torresani, um impressor originário de Asola, no Mantuano, destinado a tornar-se sogro de Aldo doze anos mais tarde. Em substância, Manuzio escreve, para uso e consumo próprios, uma gramática concisa e eficaz, que tem êxito funcional para o seu método de ensinar, no lugar das comumente usadas, que são, a seu ver, demasiado prolixas e dispersivas. Na edição subsequente (1501, e com um título diferente, *Rudimenta Grammatices*), critica o modo tradicional de aprender o latim e sublinha a necessidade de regras breves e fáceis para evitar que os meninos, exasperados pelas dificuldades, comecem a odiar os estudos e abandonem a escola. Já no ano anterior, ele havia deixado claras algumas linhas didáticas precisas: "Não fazer decorarem os jovens senão os autores melhores. [...] Obrigar a memorizar as nossas composições em prosa ou em verso [...] é um erro"[34] que tem como consequência levar os meninos "a tal ponto de desespero para fugir da escola e das letras e odiar os estudos que ainda não podem amar"[35].

A gramática é dedicada a Alberto Pio, e Aldo presta também uma homenagem ao humanista e helenista placentino Giorgio Valla: reconhece nele o mérito

---

[34] "Aldo Manuzio Romano aos Professores de Disciplinas Literárias", em Aldo Manuzio e Andrea Torresani (eds.), *Rudimenta Grammatices* (em latim), Veneza, Apud Aldum, fev.-jun. 1501, in-4.
[35] *Idem*.

de tê-lo aproximado de Plauto, observação nada casual porque Valla é o herdeiro espiritual do já citado Ermolao Barbaro. Assim, o círculo se fecha quando Valla morre em Veneza, em janeiro de 1500, e sua biblioteca é adquirida exatamente por Alberto Pio. A gramática latina é revista e reimpressa por Aldo três vezes.

Seria errôneo, entretanto, acreditar que a gramática latina de Aldo torna-se de uso geral. Na realidade, permanece elitista e de nicho: conta quinze reimpressões até 1568, enquanto a gramática mais difundida da época alcança 279 edições (32 das quais na Itália). Trata-se do *Doctrinale Puerorum*, obra escrita no começo do século XIII pelo monge francês Alexandre Villedieu: ela já havia conhecido uma circulação extraordinária como manuscrito e, a partir de fins do Quatrocentos, torna-se também um best-seller da impressão. Só para dar um exemplo, em 1499, o município de Pistoia ordena ao professor público, que tem os próprios salários, que utilize o *Doctrinale* como texto básico para as suas lições.

Parece até que Aldo inspirou Teofilo Folengo das *Maccheronee*, que exprime desprezo pelas gramáticas, fazendo os protagonistas usá-las para cozinhar as salsichas: "Fecit [...] scartozzos ac subg prunis salcizza cosivit"[36]. O alvo das flechas é, precisamente, o vituperado *Doctrinale*, que Aldo desdenha e nunca imprimirá, embora as vendas fossem seguras e, portanto, publicá-lo teria constituído um ótimo negócio.

O traço característico dos exórdios de Aldo, seja como autor, seja como editor, é exatamente o de obter e fornecer instrumentos úteis à atividade de ensino. Ele dirige-se aos docentes para estimulá-los: "Os juristas, os filósofos, os governadores da cidade e também os príncipes, os líderes, os reis e ainda os monges, os sacerdotes, os bispos, os cardeais, os próprios sumos pontífices, todos aqueles que, em suma, conhecem, do mesmo modo, apenas as letras do alfabeto, foram durante algum tempo garotinhos sob a sua orientação, foram educados por vós, as vossas virtudes ou os vossos vícios beneficiaram ou prejudicaram os seus costumes"[37]. Os preceptores devem considerar-se "não só como guias e mestres dos jovens, mas também como pais"[38].

Curioso que, na terceira e última edição por ele organizada, a de 1514, Aldo manifeste todo o seu fervor religioso: nas primeiras oito cartas, imprime salmos e orações em preto e vermelho, como se usava nos livros litúrgicos; não é esse um caso único, porque Manuzio vale-se de orações como leitura também na gramática grega e pensa em fazer o mesmo na sempre abortada gramática hebraica.

De Aldo são tantas as coisas que não conhecemos – entre outras, como dissemos, por que transfere-se para Veneza e por que começa a trabalhar

---

[36] Merlin Cocai (Teofilo Folengo), *Le Maccheronee*, I, Alessandro Luzio (ed.), Bari [Italia], Gius. Laterza & Figli, 1911, p. 90 (Scrittori d'Italia).

[37] Aldo Manuzio, *apud* Natale Vacalebre (ed.), *Five Centuries Later. Aldus Manutius: Culture, Typography and Philology*, Firenze/Milano, Olschki-Biblioteca Ambrosiana, 2018.

[38] *Idem*.

como editor – e poucas as que, ao contrário, nos são conhecidas; entre estas últimas, cabe assinalar que nunca menciona a tipografia nas cartas escritas a Catarina Pio que chegaram até nós. Também é um aspecto que levanta interrogações deixadas sem resposta.

No início de sua permanência em Veneza, Aldo não faz nada de diferente com relação à profissão de professor que já desenvolvia em Carpi, além de tudo em uma corte. Também nesse caso, só podemos assinalar um indício: a presença na Laguna[39] de uma importante comunidade grega e de bibliotecas helênicas fundamentais. Vamos esclarecer, imediatamente, um equívoco várias vezes repetido no passado: a mais importante dessas coletâneas de manuscritos, aquela que vimos ter sido dada pelo cardeal Bessarione ao Estado veneziano, permanecerá inacessível a Aldo durante toda a sua estada na Dominante. Nesses anos, os livros que a compunham ainda não haviam sido retirados das 57 caixas nas quais foram embalados trinta anos antes, quando Bessarione, falecido em 1472, a fizera transferir para Veneza. Além disso, após a morte de Giorgio Valla, em 1500, ela fora confiada aos cuidados de Marcantonio Sabellico.

Aldo era amigo de Valla, e isso é testemunhado por uma passagem da gramática latina na qual elogia o príncipe humanista de Veneza: a frase está presente na edição de 1493, mas foi removida das subsequentes. Com Sabellico, ao contrário, não há relação alguma. Os dois se evitam e, pelo que se sabe, nunca se encontram, embora fosse impossível que ignorassem a existência e a presença recíprocas na cidade. Manuzio recusa-se a conhecer Sabellico, mas, ao mesmo tempo, evita qualquer polêmica, atitude inadmissível numa época que, ao contrário, alimentava-se de polêmicas. Basta dizer que, quando Giovanni Battista Egnazio quiser atacar Sabellico, deverá servir-se de uma prensa diversa da de seu amigo Aldo. Enfim, como ficou dito, a doação bessarionense é transferida fisicamente pelos dominicanos de San Zanipòlo.

A comunidade helênica de Veneza dessa época é formada por dois núcleos principais: os prófugos de Constantinopla, tomada pelos otomanos, em 1453, e os cretenses, súditos da Sereníssima. Cretenses que, descobrimo-lo graças a Aldo, gozavam de má fama: "Ainda hoje, muitos injuriam-nos, chamando-os, sem razão, de mentirosos e trapaceiros, a ponto que entendem o verbo 'faça-se de cretense' como sinônimo de 'mentir' e 'enganar', daqui nasceu o provérbio 'faça-se de cretense com os cretenses'"[40]. Algumas décadas mais tarde, principia a construção da igreja de São Jorge dos Gregos, ainda existente.

Muitos humanistas venezianos estudam o grego antigo e alguns, provavelmente, o falam, também aproveitando-se da presença de tantos gregos

---

39 Isto é, a Lagoa de Veneza, local que o autor utiliza a fim de se referir à própria Sereníssima (N. da R.).

40 Aldo Manuzio, "Aldo Romano Saúda Giovanni Calpurnio di Brescia", em Heródoto, *Historiae Libri* IX (em grego), Veneza, In Domo Aldi, set. 1502, in-fólio.

na cidade. Já encontramos Ermolao Barbaro, o qual reúne ao seu redor e em sua biblioteca um requintado círculo intelectual. Barbaro, aluno do humanista piemontês Giorgio Merula, é um culto filólogo que abre Veneza para a nova filologia que descende de Lorenzo Valla (a propósito de polêmicas: Merula desencadeia uma, violentíssima, contra Poliziano, por questões de plágio) e teoriza que para entender um autor deva-se conhecer-lhe toda a obra: Aldo se apropriará de tal princípio imprimindo o Aristóteles inteiro. Além disso, é o próprio Barbaro que induz Marin Sanudo a definir Aldo Manuzio como humanista.

Já mencionamos Giorgio Valla (talvez parente de Lorenzo, mas não o sabemos com certeza), docente na escola de Rialto, de orientação científica, enquanto Marco Musuro ensina na escola concorrente de São Marcos; daí resulta, portanto, que a Biblioteca de Valla seja enriquecida com obras matemáticas gregas, algumas das quais em exemplar único. Outra coleção notável de livros é a de Galeazzo Facino, chamado de Pôntico, que conta cerca de trezentas obras. Dirigindo-se ao patrício Daniele Renier, Aldo escreve: "Venha frequentemente à nossa casa para ver tudo o que foi impresso em latim, em grego e também em hebraico (você conhece muito bem esses três idiomas). Não digo, aliás, o quanto você me ajuda emprestando-me os seus códices gregos e latinos e incentivando-me a imprimir sobretudo aqueles textos que julga podem ser de máxima utilidade aos estudiosos"[41]; de qualquer forma, não é o único: entre os doutos são numerosos "aqueles que, por amor, ajudam-nos com o máximo empenho por meio de seus conselhos, seus livros e suas ações"[42]. Curiosa a referência ao hebraico: Manuzio, por certo, gostaria de imprimir nessa língua, mas não o fará, como veremos.

Em 1491, chegam a Veneza, Giovanni Pico della Mirandola e Angelo Poliziano. Não somos informados se Pico encontrou-se com Aldo, mas é muito provável, tendo em vista a amizade entre os dois; sabemos, ao contrário, que ele adoece e permanece encerrado no palácio do Duque de Ferrara, ou seja, o atual armazém dos turcos, que, na época da Sereníssima, ele usava para alojar os hóspedes estrangeiros ilustres. Poliziano, ao contrário, frequenta as livrarias e visita os amigos, entre os quais, Ermolao Barbaro e Bernardo Bembo, em seguida, finalmente, conhece Aldo pessoalmente.

Esse é o único encontro certo entre os dois humanistas, mais ou menos da mesma idade, que se escreviam há muito tempo, mas que provavelmente nunca se haviam visto de frente. Poliziano registra, em junho, o nome "Aldo Manuccio" entre os amigos com quem se encontra. Cabe sublinhar que o de Aldo é o único nome estranho à classe dirigente e um dos três únicos não patrícios visitados por Poliziano em Veneza. Tudo isso reflete, provavelmente,

---

41 "Aldo Manuzio Saúda Daniele Renier, Patrício Vêneto", em Tucídides, *Thucydides* (em grego), Veneza, In Domo Aldi, maio 1502, in-fólio.
42 *Idem*.

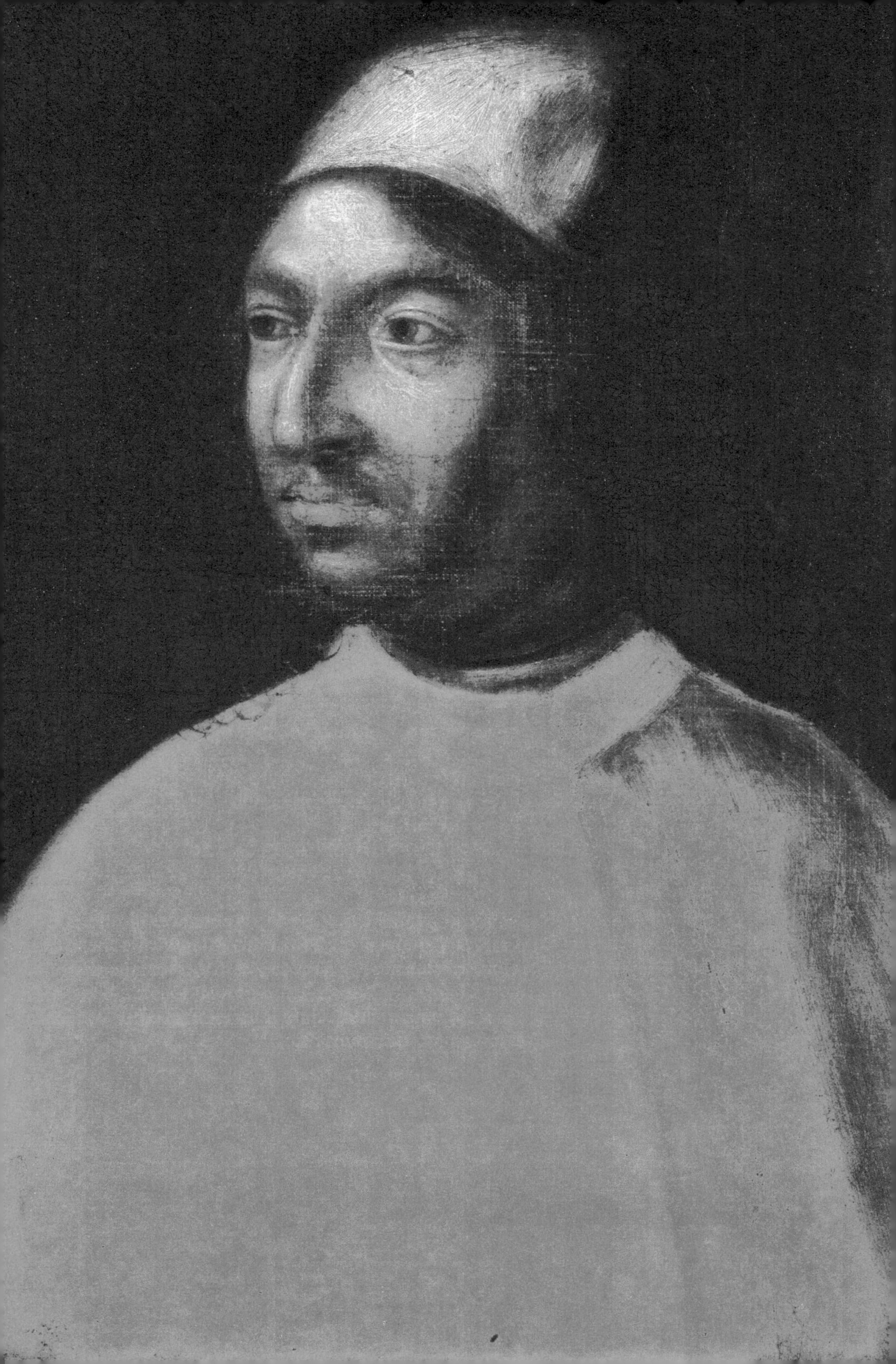

IN PRIMO LIBRO HABENTVR PRAECIPVA HAEC.

De grammaticæ partibus.
De generibus nominum.
De casuum terminatione.
De pronomine.
De Nomine.
De Inflexione nominum.
De Heteroclitis.

IN SECVNDO VERO, HAEC.

De uerbo.
De Inchoatiuis, & reliquis deriuatiuorum uerborum speciebus.
De Inflexione uerborum.
De præteritis, & supinis.
De aduerbio, & cæteris orationis partibus.

IN TERTIO, HAEC.

De constructione uerborum. Aduerbiorum localium. participiorum. Nominum.
De figuris dictionis duodecim, & constructionis octo.

IN QVARTO, HAEC.

De quantitate syllabarum.
De pedibus metrorum à bisyllabis usqʒ ad hexasyllabos. cxxiiii. græce & latine.
De uersu Hexametro. Pentametro. Iabico. Dimetro. Trimetro. Tetrametro. Iambico choliambo.
De carmine bucolico.
De hendecasyllabo sapphico, & phalæcio.
De Trochaico tetrametro catalectico.
De metro Sotadeo.
De metro Ithyphallico. Quædā hexametra ex Homero, & hexametra & Tetrametra ex Theocrito, & Iambica trimetra ex Euripide Aristophane. Mænandro Trochaica tetrametra ex Euripide. Aristophane. Phalæcia ex epigrāmatis. quæ quibus constēt pedibus, & quemadmodum scandantur accentibus breui ῠ, & longo ‾ ostensum est.

EIVSDEM OPVSCVLVM IN QVO HAEC.

De literis græcis & dipthõgis, & quemadmodum ad nos ueniãt.

Abbreuiationes, quibus frequenter græci utuntur.

Oratio dominica, & duplex Salutatio ad Virginem gloriosiss.

Symbolum Apostolorum.

Diui Ioannis Euangelistæ Euangelium.

Autea Carmina Pythagoræ.

Phocylidis Poema ad bene, beate´que uiuendum.

Omnia hæc cum interpretatione latina.

Introductio per breuis ad hebraicam linguam.

ALDVS P. MANVTIVS ROMANVS, LITE
RARII LVDI MAGISTRIS.
S. P. D.

Rudimenta grammatices latinæ linguæ à nobis olim composita, optimum factu existimaui, ad uos iuuētutis moderatores, & morum magistros legenda cõmittere, non qa putarē indigere uos lucubratiunculis nostris. Quanquam dicere solebat Plynius, nullũ esse librum tam malũ, qui non aliqua pte ꝑdesset, sed potius, ut siquid erratum fuerit (homines enim sumus) castigaretis, me´ꝗ de erratis omnibus amice admoneretis. Tum, ut quod fieri à uobis uelim, erudiēdis, instituendis´ꝗ pueris, quãdoquidem id illis ualde profuturum arbitrabar, uos rogarem. Primũ ut me mineritis oportere uos eorum, quos accepistis instituendos, sic satagere, ut simul & docti fiant, & sanctis imbuantur morib⁹. qa Quo semel est imbuta recens seruabit odorem testa diu. Atꝗ adeo à teneris assuescere multum est. nec solum rectores, magistros´ꝗ uos esse adolescentium, sed & parentes putetis. scitis eni illud. Qui præceptorē sancti uoluere parentis esse loco. Equidem bonos, malos'ue uos esse tantum referre existimo, ut ausim dicere bonorū, malorum'q omnium, quæ ubiq terrarum fiunt, uos esse potissimam causam. Nam iurisconsulti. philosophi. Rectores urbium. Principes, Duces'q, ac Reges, Necnō Monachi. Sacerdotes. Episcopi. Cardinales. ipsi'q summi Pontifices, & deniq quicuq uel solas literarum notas tenent, sub disciplina olī uestra fuere paruuli a' uobis instituti sunt. uirt' uestra, uitium'ue, uel profuit, aut nocuit morib'. tantū ualet longa consuetudo, ut si cum sancto diu uixeris, sanctus futurus sis, si cum peruerso, peruertaris. Siquidem (ut inquit Fabius) Leonides Alexādri pædagogus quibusdam eum uitiis imbuit, quæ robustū quoq & maximum regem ab illa institutione puerili sunt prosecuta. Quamobrem quantum boni & sancti præceptores ciuitatibus prosint, non facile dixerim, quantum item obsint praui, & uitio si, non queo dicere. Quare non possum non multū mirari nullam fere' puerorum patribus, & rectoribus urbiū in eligendis præceptorum moribus, esse curam. nō animaduertunt, quantum in de boni, mali'ue infundat in ciuitates. Nam quales sunt, qui instituunt, tales & qui instituuntur, uelint, nolint euadet longa die. Longa dies homini docuit parere Leones, Longa dies molli saxa peredit aqua. Videte igitur uos, qui & longo tempore, & assidue teneros, & simplices adolescetulorum animos instituitis, quantum & prodesse potestis, & obesse hominibus. Quod si quisquam est sic oblitus sui ipsius, ut agnos suæ cōmissos fidei ceu lupus deuoret, heu quanta illum pœna apud manes breui expectat. nam qui ita perniciosi sunt, ut non solum obsint, qd ipsi corrumpuntur, sed etiam quod corrumpunt, plus'q exēplo, quā peccato nocent, immatura morte, ne tantū obesse queant, ne mundum corrumpant, rapiuntur. Itaq enitendum pro uirib', ut & sanctos mores, & bonas literas simul edoceant adolescentuli. Quando alterum sine altero facere nullo mō licet. At si in altero peccandum foret, potior mihi ratio uiuendi honeste, quā uel optime discendi uideretur. Malo enim eos nullas scire literas ornatos moribus, quā omnia scire male moratos, malis'q similīs

limos esse dæmonib', qui etsi multa sciūt (nam id ideo illis indi tum est a' græcis nomē) sūt tū quā pessimi. Alterum, quod uos meminisse uelim, est, neq nisi doctissimo'q autho' ediscere cogatis adolescentulos. immo ne grāmaticas quidem regulas, nisi cōpendia quædā breuissima, quæ teneri facile memoria queant, laudo eos ediscere, sed tantū ut illas assidue, accurate'q legant, noīa'q & uerba declinare optime sciant. Nam dum lucubrationes nostras uel carmine, uel prosa oratione, etiā de arte, cōmendare memoriæ eos cogimus, erramus, (ut mihi qdem uidet') multis modis. Primū quod quæ summo labore ediscerint, dediscūt paucis diebus. qd ego & puer olim, & iuuenis, cōpositis etiā a me regulis, sum sæpe expertus. nam cū generum regulās, præteritorum'ue summa cura memoriæ mādassem, pbreui eas obliuiscebar. Idem cæteris quoq euenire existimo. Præterea difficulta te tum materiæ, tum styli, eo desperatioīs ueniunt, ut & scholas, & literas fugiāt, & studia, quæ amate nō dum possunt, maxime oderint. Tum eo ipso tēpore, quo nostra ediscunt, facilius, melius'q uel Ciceronis aliquid, uel Virgilii, aliorum'ue illustriū possent ediscere, olim & decori, & cōmodo illis nō mediocri futurȝ. Equidem puero mihi, cū Alexandri carmē de arte grammatica, præceptore cogēte, memoriæ mādabam, nō ita cōtigisse, plurimū doleo. Addite quod cū incultos, & barbaros discimus, tales, ac potius incultiores & ipsi euadimus. Solemus enim iis, quos imitamur, pleni'q esse deteriores. Quapropter optimos & statim & semp legēdos put at Quintilianus, atq eo'q candidissimū quenq, & maxime expolitum. Tum de Cicerone sic inquit. Cicero (ut mihi quidē uidet') & iucundus incipientib' quoq, & apertus est satis, nec pdesse tantū, sed etiā amari potest. tū (quēadmodū Plynius præcipit) ut quisq erit Ciceroni simillim'. Sed de genere hoc longa haberi posset oratio. Hæc uero attigim' nostro erga studiosos summo amore. quare uos etiā atq etiam rogo, ut boni, quicquid diximus, consulatis. Valete. Venetiis. Mense Octobri. M.D.VII.

Quoniam autē omnib' in reb' a' diuinis incipiendū est christiane'q a teneris institui pueros uolumus, hæc in primis ediscant.

a iii

lum. Nō erat ille lux, sed ut testimonium perhiberet de lumine. Erat lux uera, quæ illuminat omnem hominē uenientē in hūc mundū. In mundo erat, & mūdus per ipsum factus est, & mundus eū non cognouit. In propria uenit, & sui eū non receperūt. Quotquot autē receperunt eū dedit eis potestatē filios dei fieri, Iis qui credunt in nomine eius, qui non ex sanguinibus, neq ex uoluntate carnis, neq ex uoluntate uiri, sed ex deo nati sunt. ET VERBVM caro factū est, & habitauit in nobis. Et uidim' gloriam ei', gloria quasi unigeniti a' patre plenū gratiæ & Veritatis.

Psalmus alternis dicendus cum ad'altare sacrificaturus sacerdos accedit.

SACERDOS. Introibo ad altare dei. CLERICVS A d deū, q lætificat iuuentutē meā. S. Iudica me Deus, & discerne causam meā de gente nō sancta, ab hoīe iniquo & doloso eripe me. CL. Quia tu es deus meus, & fortitudo mea, quare me repulisti, & quare tristis incedo, dum affligit me inimicus? S. E mitte lucē tuā, & ueritatē tuā, ipsa me deduxerunt, & adduxerunt in montem sanctum tuum, & in tabernacula tua. CL. Et introibo ad Altare Dei, A d deum, qui lætificat iuuentutem meam.
S. Confitebor tibi in cithara deus deus meus, qre tristis es anima mea, & quare conturbas me? CL. S pera in Deo, quoniā adhuc confitebor illi salutare uultus mei, & deus meus. S. G loria patri & filio & spiritui sancto. CL. S icut erat in principio & nūc & semper, & in secula seculorum. CL. A men.
S. Confiteor Deo patri omnipotenti. beatæ Mariæ semper uirgini, & omnibus sanctis, & uobis fratres me grauiter, multifariam'q peccasse mea culpa. Ideo pcor immaculatā & semperuirginē Mariā, & oēs sanctos, & uos fratres orate p me. CL. M isereatur tui omnipotens deus, & dimissis omnibus peccatis tuis, perducat te ad uitā æternā. S. A men. CL. C onfiteor deo omnipotenti & beatæ Mariæ semperuirgini, & omnibus sanctis, & tibi pater me grauiter, multifariam'q peccasse mea culpa. Ideo precor immaculatā & sempuirginem Mariā & te pater orate pro me. S. M isereatur uestri omnipotens deus, & dimissis omnibus peccatis ue

stris, perducat uos ad uitam æternam. CL. A men. S. V eniam, & absolutionem, & remissionē peccato'q omniū det uobis oīpotens, & misericors dominus. CL. A men. S. D eus tu cōuersus uiuificabis nos. CL. E t plebs tua lætabit in te. S. O stēde nobis domine misericordiā tuā. CL. E t salutare tuum da nobis. S. D omine exaudi orationem meā. CL. E t clamor meus ad te ueniat. S. D ominus uobiscum. CL. E t cū spiritu tuo.

Cum itur cubitum, genibus flexis facto signo sanctissimæ crucis dicatur rex.

Benedicatur Deus trinus & unus.
Benedicatur Dominus noster Iesus Christus.
Benedicatur Virgo Maria mater Dei.
Deus propitius esto mihi peccatori.
Dignare domine nocte ista sine peccato nos custodire.
Domine Iesu Christe da mihi intellectum & doce me facere uoluntatem tuam. Item dicatur quinquies oratio dominica, & salutatio Angeli ad beatissimam uirginem, & semel Symbolum Apostolorum. Hinc Euangelium. In principio erat uerbū, & uerbum erat apud Deum. & cætera.

Cum surgitur cubitu, dicantur eadem omnia, nisi quod ubi dicitur nocte ista, dicatur die isto.

Ad benedicendam mensam. Ante prandium.

Benedicite. Oculi omnium in te sperant domine, & tu das escam illorum in tempore opportuno. Aperis tu manum tuam, & imples omne animal benedictione. G loria patri & filio, & spiritui sancto. S icut erat in principio & nunc & semp & in secula seculorum. Κύριε ἐλέησον. Χριστὲ ἐλέησον. Κύριε ἐλέησον. Pater noster, Et ne nos inducas intentationem. Sed libera nos amo. Amen. B enedic domine nos & tua dona, quæ de tua largitate sum' sumpturi per Christū dūm nostrū. Amē. I ube dne benedicere. M ensæ cœlestis participes faciat nos rex æternæ gloriæ. A men. D eus charitas est. & qui manet in charitate in Deo manet, & deus in eo.

a atenção do patriciado nos confrontos entre o humanismo e a novidade representada pela tipografia, interesse verificável ainda hoje graças à grande quantidade de incunábulos com os brasões das mais ilustres famílias venezianas, que se encontram nas bibliotecas e no mercado de antiguidades.

Passa um ulterior ano e, em 1492, a presença de Manuzio em Veneza nos é testemunhada por uma carta do bolonhês Urceo Codro, um dos não muitos humanistas italianos em condições de dominar fluentemente o grego antigo; Aldo lhe dedica uma edição em 1499. Disto, entende-se por que a Veneza do fim do século XV seja considerada uma "segunda Bizâncio"; não é ainda, contudo, o coração da impressão helênica, mas está prestes a tornar-se graças a Manuzio.

Nesse momento, Milão e Florença detêm o primado das tipografias em grego, e seria interessante entender por que Veneza as ultrapassou depois de haver estabelecido, como ficou dito, o recorde do primeiro livro impresso em grego, a *Batracomiomachia*, em 1486, ou seja, um poema pseudo-homérico cujo título significa A Guerra das Rãs e dos Ratos. Publica-o um certo Laonikos, um padre originário de Chania, na Ilha de Creta – Candia para os venezianos –, que trabalha com outro religioso, também cretense, Alexandros.

Este último imprime, em novembro do mesmo ano, o primeiro livro religioso em grego. Os caracteres tipográficos das duas obras são iguais, portanto pode-se deduzir que tenham saído da mesma tipografia e tenham tido, como modelo, antigos manuscritos litúrgicos. Os dois cretenses desaparecem depois de haverem impresso esses livros, tragados pelas brumas da história, assim como também desaparece a impressão grega em Veneza, à espera de que Aldo a traga de volta (veremos isso no capítulo que lhe será dedicado). De Alexandros sabemos apenas que se tornará bispo da diocese cretense de Arcádia.

De qualquer forma, em 1490, os doutos gregos que colaborarão com Aldo estão todos ainda em Florença e parece que não têm a menor intenção de sair de lá: nenhum deles podia prever que, dois anos mais tarde, Lorenzo, o Magnífico, estaria morto e que, em 1494, os Medici seriam esmagados pela revolução e por Savonarola. Portanto, não é inteiramente claro por que Aldo, em 1490, não se dirige a Florença em vez de Veneza: é o ano no qual o círculo que, na cidade toscana, gira em torno de Poliziano e Ficino atinge o ápice de atividade e prestígio. Além do mais, Costantino Lascaris (não parente de Giano) já havia impresso obras em grego, primeiro em Milão e depois em Florença, onde, em agosto de 1494, ele imprime uma antologia grega em caracteres exclusivamente maiúsculos. No mesmo ano, todavia, o rei francês Carlos VIII, invade a Itália, a situação deteriora-se e a tipografia florentina fecha em 1496, deixando, desse modo, o terreno livre a quem se pôs a imprimir em grego.

Tudo isso para dizer que, certamente, o helenismo pode ter sido um importante elemento capaz de atrair Manuzio a Veneza, mas, seguramente, não só ele, visto que Aldo, em uma carta a Poliziano, escreve que a Dominante é um "lugar mais semelhante a um mundo inteiro do que a uma cidade"[43].

A carreira do editor

Nos anos noventa do Quatrocentos, portanto, encontramos Aldo em Veneza, muito embora, como foi dito, não se conheçam com precisão quais as razões o levaram a transferir-se para lá e por que iniciou ali a sua atividade de editor.

Aldo Manuzio vive em Sant'Agostin, não longe dos Frari, quase certamente (o quase é meramente prudencial) não na casa que hoje uma lápide indica como a sua, mas sobre isso falaremos mais extensamente no último capítulo. Acredita-se que a tipografia aldina empregava entre seis e oito turcos, e quanto ao resto do pessoal – presumivelmente umas trinta pessoas – tudo o que nos chegou são dois nomes: Ilario da Parma, citado no testamento de 1506, e Federico da Ceresara. Sobre o primeiro, não temos maiores informações, o segundo reencontraremos logo adiante, por ter estado no centro de um incidente internacional que vale a Aldo uma indesejada temporada de uma semana numa "prisão tétrica e pestilenta"[44].

Com base no certificado de soltura, parece que a empresa alugou um depósito em Ca' Foscari, o maciço palácio gótico no Grande Canal, onde vivia a poderosa família que dera a Veneza o doge Francesco (hoje é sede da universidade). Dali os livros eram levados para vários pontos de venda, um número consistente chegava à oficina de Torresani sob o signo da Torre.

No documento estão presentes alguns nomes de livreiros que nada nos dizem, exceto um, Jordan von Dinslaken, um alemão que adquire livros em grande quantidade – cem cópias por edição – e, portanto, possivelmente poderia ser exatamente ele o comerciante alemão a quem Aldo criticou, em 1502, por vender as edições na Alemanha a preços inferiores com respeito àqueles dos venezianos. Pode ser que não foi a acusação aldina que causou problemas a Dinslaken: no mesmo ano, é o primeiro livreiro denunciado porque vende obras reformadas a Veneza, e parte dos seus estoques acaba sendo confiscada.

Manuzio afirma que manter a tipografia lhe custa duzentos ducados por mês, uma cifra considerável. Alguém tentou fazer as contas aproximadas e essa importância parece realista. Em 1503, ele afirma publicar mil cópias por mês, o que significa que o valor de um mês de trabalho era de 234 ducados. Em 1537, Nicolò Bernardo, procurador de São Marcos e vizinho de casa de Aldo, declara uma renda anual de 237 ducados provenientes de suas propriedades venezianas e de uma pequena quinta perto de Mestre. Assim, manter

---

43 "Aldo Manúzio Romano Saúda Marin Sanudo Leornardi Filio, Patrício Vêneto", em Angelo Poliziano, *Opera* (em latim), Veneza, In Aedibus Aldi Romani, jul. 1498, in-fólio.
44 Aldo Manuzio, "Ilustríssimo e Excelentíssimo Príncipe Francesco Gonzaga", em Armand Baschet (ed.), *Lettres et Documents 1495-1515*, Veneza, Aedibus Antonellianis, 1867, p. 34.

ativa a loja podia requerer em um mês despesas análogas à renda anual de um poderoso patrício: empenho considerável e, além do mais, os lucros não podiam ser muito altos para um sócio que controlava apenas os dez por cento do capital.

Perto de Sant'Agostin, a poucos minutos de distância, habitava um dos mais importantes amigos venezianos de Aldo: Marin Sanudo (a casa ainda existe, em fundações do Megio, milho em veneziano, porque na região havia um armazém de grãos). Estes pertenciam a uma família patrícia, posto que não das principais, mas possuía, como ficou dito, uma das maiores bibliotecas da cidade, que, em 1516, conta 2800 volumes e, vinte anos mais tarde, alcança o ápice de 6500 obras, número que a faz uma das maravilhas venezianas, conhecida até no exterior. Aldo a elogia: "Visitando a sua biblioteca, riquíssima de todos os gêneros de livros, pude ver os volumes que com engenho e doutrina você escreveu sobre magistrados de Veneza, sobre a vida dos doges, muitos dos quais participaram da fundação da cidade nos tempos atuais, e, ainda, as obras sobre a guerra gálica"[45].

Sanudo, entretanto, permanece sempre pobre e, nos últimos anos de sua existência, para sobreviver, é obrigado a vender grande parte de seus próprios textos clássicos, filosóficos e teológicos. O patrício diarista aspirava a ser nomeado historiógrafo oficial da República, mas o cargo lhe escapa por duas vezes e, em ambas as ocasiões, vai, ao contrário, para humanistas do círculo de Aldo: primeiro, Andrea Navagero, e, depois, Pietro Bembo, que se pode presumir fossem também amigos de Sanudo. A relação que o ligava ao diarista, de qualquer forma, não impede Manuzio de se recusar a publicar uma das obras do amigo, *La Spedizione di Carlo VIII*, que permaneceu no momento inédita e que precede de pouco o início da redação dos *Diários*, iniciada, como se viu, em 1496. Aldo, por outro lado, dedica a Sanudo a *Opera Omnia* de Poliziano, que imprime em 1498.

Em San Boldo, exatamente na estrada que da tipografia de Aldo conduz à casa de Sanudo, encontrava-se outra importantíssima biblioteca da Veneza de então, a de Bernardo Bembo, pai de Pietro e, contrariamente a Sanudo, patrício poderoso e de primeira grandeza. Bernardo é eleito diversas vezes embaixador, sendo, portanto, membro do Conselho dos Dez, e, em 1483, quando é reitor em Ravenna – na época veneziana –, encarrega Pietro Lombardo de esculpir o baixo-relevo que atualmente adorna o túmulo de Dante Alighieri. A Ca' Bembo de San Boldo desapareceu (costuma-se referir erroneamente como residência de Pietro a gótica Ca' Bembo, nas margens do Carbono, em Rialto). A biblioteca que ela abrigava, rica em livros impressos e códices latinos e gregos, possuía também manuscritos semelhantes, de pequenas dimensões, que inspirarão a Aldo os livros de bolso (mas veremos isso melhor em seguida). No começo dos anos 1490, quando não está fora de Veneza, devido a encargos

---

45 "Aldo Manúzio Romano Saúda Marin Sanudo Leornardi Filio, Patrício Vêneto", em Angelo Poliziano, *Opera* (em latim), Veneza, In Aedibus Aldi Romani, jul. 1498, in-fólio.

políticos, Bernardo frequenta, juntamente com os filhos Pietro e Carlo, o círculo dos amigos de Manuzio.

Numerosas tipografias venezianas encontram-se ao longo desse eixo viário que une a Ponte de Rialto à Praça São Marcos, Aldo, ao contrário, instala-se em uma posição descentralizada. Pode ser que para fazê-lo optar por Sant'Agostin tenha contribuído, ao menos em parte, a proximidade física das duas bibliotecas fundamentais de Sanudo e Bembo.

A livraria e a casa do editor transformam-se em ponto de reunião de estudiosos e literatos, não só os residentes em Veneza, mas também de passagem, que utilizam a hospitalidade de Aldo para ficar na cidade. Paolo Manuzio escreverá que seu pai "entreteve em sua casa, à sua custa, muitos homens doutos, aos quais, depois, vieram a fama e grandes honrarias"[46]. A história da cama do grecista inglês William Latimer insere-se provavelmente no âmbito da hospitalidade aldina: este, em 1498, escreve, de Pádua, a Manuzio, dizendo-lhe que o proprietário reclama a restituição do leito que lhe havia emprestado e que levara consigo quando era hóspede na residência de Sant'Agostin. Evidentemente, o havia deixado lá, e, da mesma maneira, evidentemente, era costume, na época, levar consigo a cama quando ia-se à casa de alguém.

Manuzio tem bem presentes as dificuldades financeiras às quais está indo de encontro: o caráter capitalista da indústria tipográfica é sublinhado pela contínua necessidade de dinheiro. Encontrar capital não é absolutamente nada simples, tanto assim que, no prefácio à sua primeira edição, ele escreve que as mãos dos ricos são afetadas pela artrite quando devem abrir-se para dar, enquanto mostram-se perfeitamente sadias para receber: não há nada, neste caso, de mais célere, de mais veloz. A eles se aplica o dito de Plauto: são como os polvos, tudo o que tocam gruda-se neles. No final, porém, as mãos vorazes dos ricos se abrem e Aldo obtém os meios para realizar o seu sonho.

A tipografia aldina começa a operar entre 1494 e 1495. Manuzio entra em sociedade com Andrea Torresani, seu futuro sogro, e com Pierfrancesco Barbarigo, personagem importante na Veneza daqueles anos, a quem, como havíamos visto, Aldo já conhecia – não apenas proprietário de fábricas de papel e, por isso, interessado na atividade tipográfica, mas também neto de Agostino, doge de 1486 a 1501.

Aldo Manuzio é professor de grego, portanto nada sabe da profissão de impressor; não é capaz de comprar resmas de papel, contratar trabalhadores, supervisionar os impressores: precisa de um impressor que o instrua. Torresani é uma das estrelas mais brilhantes no firmamento dos impressores presentes em Veneza naquele período. Se, por um lado, Aldo mantém com ele as relações intelectuais que lhe faltavam, por outro, Andrea transmite a Aldo os conhecimentos técnicos do mundo da tipografia veneziana, no qual era ativo há mais de quinze anos. Nem tudo, porém, fia-se à perfeição: o próprio Manuzio declara,

---

46 Anton Francesco Doni, *I Marmi*, I, Pietro Fanfani (ed.), Firenze, Barbèra, 1863, p. 232, 2 vols.

em 1503, ter tido que registrar, nos anos precedentes, quatro greves dos seus operários e dos seus dependentes; deplora que os trabalhadores tenham "conspirado contra mim em minha casa, incitados pela mãe de todos os males, a avidez: mas, com a ajuda de Deus, eu os destruí a um ponto que, agora, arrependem-se a fundo da sua traição"[47]. Não conhecemos, todavia, sobre outras contendas salariais na oficina tipográfica aldina.

Andrea Torresani, nascido no Mantovano, em Asola – veneziana por submissão, desde 1440 –, havia transferido-se para a Dominante, em 1470, e trabalhara com Nicolas Jenson, o tipógrafo francês que se destaca após a morte do alemão Giovanni da Spira e que, por alguns aspectos, antecipa Aldo. Depois da morte de Jenson, em 1480, Torressani lhe adquire tanto os caracteres, quanto as relações com os banqueiros Agostini, que o haviam financiado.

Andrea é um tipógrafo importante: é a ele que Marcantonio Sabellico confia, em 1487, a impressão das *Histórias*, obra da qual, no ano anterior, havia obtido o primeiro *copyright* da história. Andrea é empreendedor: em 1493, publica um breviário em glagolítico, ou seja, com os caracteres dos eslavos da Dalmácia, precursores do cirílico. É ainda astuto, de qualquer forma, e, de fato, continua a manter a sua segurança imprimindo obras jurídicas e textos religiosos que lhe asseguram boas receitas em dinheiro vivo. É provável que farejou o negócio financeiro na ideia de Aldo de começar a imprimir em grego e se tenha, portanto, dedicado à empresa; muito provavelmente, ao contrário, não era capaz de apreciar o seu valor cultural.

Pierfrancesco Barbarigo é sócio em 50%, Andrea Torresani, em 40%, e Aldo Manuzio, em 10%. A sociedade de Andrea com Aldo, entretanto, é apenas parcial, não envolvendo o resto da atividade de impressão na Torre[48]. A Manuzio é confiada a seleção das obras a publicar, porque Torresani provavelmente não está em condições de realizar escolhas eruditas e reserva-se ao controle dos aspectos técnicos e econômicos da empresa. Manuzio, ao contrário, pelo que sabemos, não tinha a faculdade de tomar decisões em questões de preços, visto que, em 1499, envia ao secretário florentino Adriano Marcelli um livro de presente, desculpando-se por não poder conceder um desconto sobre os remanescentes volumes que haviam sido comprados.

O fato um tanto paradoxal é que, quando Manuzio começa a imprimir, inicia também a desagregar-se o mundo intelectual que o havia formado: Ermolao Barbaro morre em junho de 1493, Angelo Poliziano falece em setembro de 1492 e, dois meses depois, exatamente quando os franceses estão entrando em Florença, desaparece também o primeiro protetor de Aldo, Pico della Mirandola; Marsilio Ficino, todavia, sobrevive o suficiente para ver a edição aldina de algumas das suas traduções, mas também morre em outubro de 1499.

---

47 Cf. Roberto Calasso, *Come Ordinare una Biblioteca*, Adelphi, Milano 2020.
48 Referência à torre da Basílica de São Marcos (N. da R.).

A estreia das prensas aldinas ocorre em fevereiro de 1495, com uma gramática grega: os *Erotemata* de Costantino Lascaris, o humanista bizantino que fora mestre de Pietro Bembo. Nada sabemos dos preparativos, que devem, por força das circunstâncias, ter sido longos e laboriosos; presume-se que foram necessários, ao menos, seis meses para preparar a edição. No prefácio da obra, encontram-se alguns elementos daquela que se pode, de certo modo, definir como a linha editorial de Aldo: "Resolvemos, de fato, dedicar toda a vida em benefício da humanidade. Deus é testemunha de que a nada mais aspiro senão a ser útil aos homens"[49]. Manuzio exprime o terror da guerra e da dispersão do conhecimento "neste vale de lágrimas repleto de infelicidade"[50].

Toda a carreira do editor bassianense desenvolve-se em um período assaz turbulento: começa em 1494, ano da invasão de Carlos VIII e do início da Guerra da Itália, e termina com a sua morte, um ano antes da Paz de Noyon (agosto de 1516), ou seja, do fim da Guerra de Cambrai, que quase varrera a Sereníssima República de Veneza do mapa geográfico. "Justamente no ano em que a Itália começou a ser assolada pela guerra, empreendi esta dificílima atividade de imprimir livros para me tornar útil aos estudiosos"[51], escreve Aldo, que também reivindica o valor da cultura em uma época atormentada pelas "guerras pavorosas [...] que devastam toda a Itália e, em breve, parece que irão abalar o mundo inteiro nos seus alicerces"[52]. Acontecimentos que têm consequências diretas no mundo dos livros: "Não será talvez verdade que, na Itália de nossos tempos, vimos dispersar-se, em poucos anos, grandes bibliotecas ricas de bons livros? Não vemos bibliotecas fechadas não se sabe por que infortúnio e deixadas à mercê de cupins e baratas?"[53]

Em um dos seus raros prefácios escritos em vernáculo, aquele à Santa Catarina, insurge-se "contra os tétricos malefícios e os horrendos crimes que se cometem hoje no mundo"[54] e, em seguida, afirma que "tudo vai muito mal para os enfermos, quando os próprios médicos estão doentes. [...] oh mundo ignóbil, oh tempos amaldiçoados, as faces dos homens não são mais faces, mas caras petrificadas"[55].

---

49 "Aldo Manuzio Romano Saúda os Estudiosos", em Constantino Lascaris, *Erotemata* (em grego e latim), Veneza, Litteris ac Impensis Aldi Manucii Romani, fev. 1494-5, mar. 1495, in-4.

50 *Idem*.

51 Aldo Manuzio, "Aldo Romano Saúda Giovanni Taberio di Brescia", em Stefano di Bisanzio, *De Urbibus* (em grego e latim), Veneza, Apud Aldum Romanum, jan. 1502, in-fólio.

52 "Aldo Manuzio Romano Saúda os Estudiosos", em Constantino Lascaris, *Erotemata* (em grego e latim), Veneza, Litteris ac Impensis Aldi Manucii Romani, fev. 1494-5, mar. 1495, in-4.

53 "Aldo Manuzio Saúda Demetrio Calcondila, Homem Ilustre", em Eurípides, *Tragoediae* (em grego), Veneza, Apud Aldum, fev. 1503, in-fólio.

54 Aldo Manuzio, "Ao Reverendíssimo Monsenhor D. Francesco de Piccollomini da Siena, Diacono Cardinal Intitulado de S. Eustaquio, Aldo Manuzio Romano Supplice se Ricomanda", em Santa Catarina da Siena, *Epistole Devotissime* (em vernáculo), Veneza, In Casa de Aldo Manutio Romano, set. 1500, in-fólio.

55 *Idem*.

Manuzio, todavia, não abandona "a esperança de tempos melhores, graças aos muitos bons livros que serão publicados e dos quais esperamos que toda barbárie seja varrida de uma vez por todas"[56]. Expressa os seus votos: "Invejosos, ignorantes e bárbaros [...] se afligem, se insultam, levantam obstáculos quando e quanto querem: bons tempos virão, eles virão"[57]; ou ainda: "Temos vivido tempos tumultuosos e tristes, tempos nos quais é mais comum o uso das armas do que o dos livros; e, todavia, eu nunca me darei paz enquanto não tiver fornecido um abundante estoque de bons livros"[58]; e, finalmente: "Se manuseassem mais os livros que as armas, não se veriam tantos crimes e tantos malefícios, tanta brutalidade, tanta luxúria insípida"[59].

Pode-se também acrescentar que, à frente da chegada dos exércitos estrangeiros, o humanismo da época impregna-se de um caráter nacionalista, compraz-se na reencontrada romanidade contraposta à barbárie transalpina. Resta a consciência, ou a esperança, de que fazer circular ideias e conhecimentos possa constituir uma poderosa barreira às armas.

A dedicação exclusiva, nos primeiros anos de sua atividade, à impressão de livros em grego permite a Manuzio pairar sobre os acontecimentos políticos e bélicos que assolam a Península. Aldo considera a crise que se instalou na Itália como uma crise geral da Europa, e não o tranquiliza, em absoluto, a momentânea segurança de Veneza, que, no entanto, está prestes a afundar. Daí se segue que o conhecimento da literatura grega é uma "necessidade"[60] para os jovens e para os adultos.

Eis, pois, que o editor dedica-se "a ser sempre benéfico para os homens"[61] e, embora tenha podido aspirar a uma vida serena e tranquila, optou, ao contrário, por uma vida "operosa e cheia de fadiga: porque os seres humanos nasceram não para gozar de prazeres indignos de um homem honesto e culto, mas para trabalhar e se fatigar"[62]. Com efeito, Aldo trabalhará em ritmos muito intensos, a um certo ponto afirmará que não tem nem mesmo tempo para comer e aliviar o intestino, quando os que estão ao seu redor o pressionam: "Os tipógrafos esperam aquilo que estou preparando e, além disso, me incitam a ser importuno e vilão; por isso não me arrisco sequer a assoar o

---

56 "Aldo Manuzio Saúda Alberto Pio, Príncipe de Carpi", em Aristóteles, *Organon* (em grego), Veneza, Dexteritate Aldi Manucii Romani, mar. 1495, in-fólio.
57 "Aldo Manúzio Saúda os Estudiosos", em Giovanni Crastone, *Dictionarium Graeco-Latinum* (em grego e latim), Veneza, In Aedibus Aldi Manutii Romani, dez. 1497, in-fólio.
58 "Aldo Manuzio Saúda Alberto Pio, Príncipe de Carpi", em Aristóteles, *Organon* (em grego), Veneza, Dexteritate Aldi Manucii Romani, mar. 1495, in-fólio.
59 "Aldo Manuzio De Bassiano, Romano, Saúda Alberto Pio, Príncipe Ilustríssimo", em Aristóteles, *Opera* (em grego), Veneza, In Domo Aldi Manutii, nov. 1497, in-fólio.
60 Scipione Forteguerri, "Estatuto da Nova Academia", em Aldo Manuzio, *Lettere Prefatorie a Edizioni Greche*, Claudio Bevegni (org.), Milano, Adelphi, 2017.
61 "Aldo Manuzio Romano Saúda os Estudiosos", em Constantino Lascaris, *Erotemata* (em grego e latim), Veneza, Litteris ac Impensis Aldi Manucii Romani, fev. 1494-5, mar. 1495, in-4.
62 *Idem*.

Hæc uero oīa ferē ēt scribuntur a Galeno & libro quartodecio artis curatiuæ, & pluribus aliis ī locis de anthrace. sæpissime enī ubi Galenus scribit anthracē rasis igne sacrū, uel psī cū interpretatur, q̄q̄ ut, etiā antea admonuimus, arabes & passim medici iuniores, qui arabū doctrinā sequuntur, aliud p anthracē, aliud p ignem sacrū uel psicum itelligant, atq; ideo ēt prunā ab anthrace distinguant, cū tamē anthrax uerbū græcum significet latinæ carbonē, uel prunā, ut Auicennæ iterpres dicere maluit Cur uero Auicēna, atq; rasis anthracē, de quo Galenus loq̄turnō mó prunā, uel ignem persicū, sed ēt herisipilā aliquando noīarint, nescirem aliā reddere rationē, nisi quā ēt superius multoȝ, qui ī Auicēnæ libris iueniuntur erroȝ assignaui, malas. s. græcoȝ auctoȝ ī linguā arabicā translatiões, in q̄bus non mó herbaȝ, sed etiā morboȝ noīa plærunq; diuersa notantur, unde sicuti eadē herba sæpius apud Auicēnā sub uariis noībus scripta, ita idem morbus diuersimode nūcupatus repitur. Possem multaȝ herbaȝ, in quibus hic error accidit apud Auicennā exempla proferre, sed unū tantū uitādæ prolixitatis gratia hoc ī loco cōmemorasse sufficiet. In uolubili herba, de qua ēt ē facta mētio supius iter medicamēta, quæ in curatiōe formicæ scribit Auicēna. Hæc siq̄dē herba aliquādo in littera. C. cussos pro cissos. i. hedera nominatur. aliquādo in littera. u. uolubilis maior, &. tunc quoq; pro hædera sumitur. oēs. n. quæ uolubili magnæ ab Auicenna tribuuntur proprietates, ut q̄ lac eius abradit pilos, & interficit pediculos, & q̄ folia eius recentia cōueniētia sunt ulceribus magnis, & q̄ consolidāt decocta in uino:& ex eis emplastrū factū suppositū adustioni ignis & proprie cū ceroto, & q̄ distillatur succus eius in aurem dolorosam, & confert ulceribus antiquis in ea & quod iuuet spleneticos cum aceto, hæc ciquam omnia hederæ a Galeno assignantur. Quod si quis mihi hoc ī loco obiiciat nullo mó posse uolubilē pro hedera apud Auicennā itelligi, quoniā idē Auicēna inq̄t uolubilē magnā suo lacte abradere pilos, & pediculos interficere: & aquā eius esse solutiuam cū tamē hedera nō habeat lac, neq; soluēdi, sed adstringendi potius ut de ea scribit Galenus potestatē, facilis ē

Auicēnā atq; rasim anthracē apud Galenū aliquādo noīare ignem psicū aliquādo herīsipilam.

Volubilis herba.

...us iponutur, est (ut arbitror) obseruada, quonia[m]
...ib[us] purgatio[n]es, ita neq; unctiones profunt, q[uod] tu[m]
...attinet modu[m] in eo seruado duo[rum] præcipue aph[orismorum]
...cu[n]da pticula scribu[n]tur ab Hippocrate debemus
...uo[rum] alter corrupta corpora qua[n]to magis nutriu[n]-
...di pronu[n]tiat. alter uero & hoc ipsum i[n]sinuat, & p[ra]-
...ta ab i[n]tegris dignoscere docet, ubi.n.fauces ægr[i]
...ula nascuntur in corpore co[n]sidera[n]da esse excre[menta]
...si.n.biliosa fuerint idicio su[n]t corpus male se h[ab]ére
...posse corpus sine piculo ali[menti]. Qualia et debea[n]t es[se]
...tur alime[n]ta ex iis, quæ supra diximus constare arb[itror]
...quæ humores minime malos, aut ad putresce[n]du[m]
...ta generare, quæ deniq; causis morbu[m] facie[n]tibus
...habea[n]t natura[m], Hæc su[n]t, quæ de morbi gallici cura[tione]
..., breuiterq; pertra[n]seo forte altero uolumine latiu[s]
...i hác prima[m] nostra[m] co[n]te[m]platione[m] grata[m] fuisse leger[e]
...ero. Ta[n]tu[m] tame[n] abest, ut quæ uel ad alio[rum] opinio[nes]
...e, uel ad propriæ opinionis scripsi corroboratio[nem]
...a[rum] héri uelim, ut ultro o[mn]is medicæ artis professo[res]
...oge[n]me in meis scriptis dilige[n]ter examine[n]t, corr[igant]
...uat, paratum quæ me male fuisse opinatu[m] demo[nstrent]
...philosophum decet, retractare.

Venetiis, In domo Aldi Manutii. Mense Iunio. M.iii.D.

nariz"⁶³. Não basta: "Fatigo-me por vocês dia e noite, para além das minhas forças"⁶⁴ e sublinha que não poderia agir de outro modo: "Desprezarei a fadiga, embora possa viver constantemente no bem-estar e em paz"⁶⁵; mas não há por que preocupar-se: "Embora eu esteja carregado de fadigas, sinto, todavia, uma alegria extraordinária no suportá-las. [...] não havendo temor de qualquer empresa, nem de qualquer despesa, por quão grande seja"⁶⁶.

O tema da fadiga retorna em uma citação naturalista que enfatiza a capacidade de prejudicar a si mesmo: "'O tordo caga o mal para si mesmo', e Plauto o diz mais educadamente: 'O pássaro mata-se a si mesmo' (diz-se, com efeito, que o visgo é produzido apenas pelo ventre dos pássaros, sobretudo pelos pombos e pelos tordos)"⁶⁷ – naquele tempo, de fato, acreditava-se que esses pássaros morriam expelindo o visgo pelo próprio intestino. Em todo caso, para lá das fantasiosas crenças da época, o editor especifica: "Gerei em mim um mal com as minhas mãos, criei para mim mesmo fastios sem fim, fadigas sem fim"⁶⁸.

Manuzio, como já observamos, é um editor consumado: intelectual refinado, sim, mas também empresário sagaz, e, desde a sua primeira edição, ele sublinha a importância do aspecto econômico da empresa. Envolve-se com os "nobres jovens que estudam as belas-letras"⁶⁹, convidando-os a comprar "sem hesitar o fruto das nossas fadigas", graças ao qual os rapazes aprendem "os fundamentos das letras gregas", mas, ao mesmo tempo, "aumentam o meu empenho em publicar outras obras muito mais importantes e meritórias do que essa"⁷⁰. Na edição seguinte, o *Hero e Leandro* de Museo Grammatico, publicada no mesmo ano de 1495, Aldo retorna ao mesmo conceito: "Tome este panfleto: não é grátis, porém dê-me a justa compensação a fim de que eu mesmo possa fornecer-lhe todas as melhores obras escritas pelos gregos"⁷¹, e, depois, acrescenta: "Se você me ajudar eu ajudo, porque não posso imprimir se não dispuser de uma boa quantia de dinheiro"⁷². No dicionário greco-latino de Crastone (1497), apela aos estudiosos: "É vosso dever – se desejais que o vosso Aldo leve

---

63 "Aldo Manuzio Saúda o Leitor", em Constantino Lascaris, *De Octo Partibus Orationis* (em grego e latim), Veneza, Apud Aldum, out. 1512, in-4.

64 "Aldo Manuzio de Bassiano, Romano, Saúda Alberto Pio, Príncipe Ilustríssimo", em Aristóteles, *Opera* (em grego), Veneza, In Domo Aldi Manutii, nov. 1497, in-fólio.

65 *Idem.*

66 Aldo Manuzio, "Aldo Romano Saúda Giovanni Taberio di Brescia", em Stefano de Bizâncio, *De Urbibus* (em latim), Veneza, Apud Aldum Romanum, jan. 1502, in-fólio.

67 "Aldo Manuzio Saúda o Leitor", em Constantino Lascaris, *De Octo Partibus Orationis* (em grego e latim), Veneza, Apud Aldum, out. 1512, in-4.

68 "Aldo Manuzio De Bassiano, Romano, Saúda todos os Estudiosos", em Aldo Manuzio e Urbano Bolzanio (eds.), *Thesaurus Cornucopiae et Horti Adonis* (em greco e latim), Veneza, In Domo Aldi Romani, ago. 1496, in-fólio.

69 "Aldo Manuzio Romano Saúda os Estudiosos", em Constantino Lascaris, *Erotemata* (em grego e latim), Veneza, Litteris ac Impensis Aldi Manucii Romani, fev. 1494-5, mar. 1495, in-4.

70 *Idem.*

71 Aldo Manuzio, "Aldo Romano Saúda os Estudiosos", em Museo Grammatico, *Héro et Léandre* (em grego), Aldo Manuzio e Marco Musuro (eds.), Veneza, Aldou tou Filellinos kai Romaiou, [1495?], in-4.

72 *Idem.*

ajuda mais agilmente a vós e à declinante cultura, com os recursos da imprensa – comprar os nossos livros à sua custa. E não queirais economizar: se assim fizerdes, poderemos fornecer-vos todos aqueles livros em pouco tempo"[73].

A edição de Museo é acompanhado de um outro livrete in-quarto de apenas dez folhas (vinte páginas): a *Galeomyomachia*, batalha em versos dos gatos e dos ratos, editada pelo padre uniata cretense Aristobulo Apostolio. Seu pai, Michele, fora discípulo e amigo de Bessarione, mas, em 1498, a colaboração com Aldo interrompe-se por um litígio sobre questões de dinheiro. Apostolio, com o nome de Arsenio, se tornará arcebispo de Monemvasia, localidade do Peloponeso que os venezianos chamavam de Malvasia e que dá nome ao vinho homônimo: que dali era importado em grande quantidade.

No primeiro quinquênio de atividade, Manuzio imprime quase exclusivamente obras gregas, com algumas exceções somente. Enquanto isso, como já se aludiu, há um declínio do primado florentino na impressão em grego: em 1488, o ateniense Demetrio Calcondila publicara Homero e outras obras clássicas, porém, três anos mais tarde, ele troca a cidade toscana por Milão, onde continua a imprimir, publicando ainda uma gramática da qual é autor. As convulsões provocadas pela república de Girolamo Savonarola, proclamada em 1494, dão o golpe de misericórdia na impressão em grego em Florença.

Enfrentaremos, no próximo capítulo, os acontecimentos dos gregos aldinos. Aqui, nos ocuparemos do resto. Já vimos que, no catálogo de 1498, estão presentes apenas duas obras latinas: as de Pietro Bembo e Angelo Poliziano. É possível que a riquíssima família Bembo tenha participado nas despesas editoriais, assim como é provável que o mesmo tenha ocorrido com três autores, todos médicos, das obras latinas não incluídas no catálogo. É concebível que tenham sido publicadas sob encomenda, e, justamente por esse motivo, Aldo não as havia incluído no catálogo, suscitando ainda outras motivações, de caráter mais pessoal, que podem ter convencido Manuzio a imprimi-las.

148-151
78-79

Alessandro Benedetti leciona medicina em Pádua e, em 1494, participa da batalha de Fornovo, na qualidade de médico-chefe do exército veneziano. Escreve os *Diaria de Bello Carolino*, obra a meio caminho entre a reconstrução histórica e a reportagem jornalística, e Aldo a publica dois anos depois. Benedetti era proprietário de uma abastecida biblioteca científica, muito conhecida, visto haver sido visitada por Costantino Lascaris e ter sido útil a Manuzio, por encontrar nove textos para publicar. Além disso, Benedetti ajuda Aldo a entender melhor as partes nas quais Aristóteles disserta sobre medicina. É possível, então, que o "imprima-se" do editor tenha sido motivado por uma série de considerações mais amplas do que simples investimento de dinheiro.

Um pouco diferente parece ter sido a história do tratado *De Gradibus Medicinarum* de Lorenzo Maiolo, impresso por Manuzio em 1497 e antecedido

106

---

[73] "Aldo Manúzio Saúda os Estudiosos", em Giovanni Crastone, *Dictionarium Graeco-Latinum* (em grego e latim), Veneza, In Aedibus Aldi Manutii Romani, dez. 1497, in-fólio.

uacillantis exempla, consilia q; admirabilia, & cõsiliorum inopinatos
euentus, graueseq; pro tempore sententias, & plenam ubique dignitatis,
plenam suauitatis orationem, copiosam uidelicet quandam ad instru
endos mores supellectilem, & ceu speculum humanitatis, in quod in
spicere omnis uita, unde ea capere, atq; haurire documenta queat, per
quæ uel publicis, uel priuatis rationibus consulatur. Quæ sane nostræ
fuerunt partes, tentauimus profecto, utinamq; etiam effecerimus, uti
omnia ex fide responderent, ne inepta peregrinitas, ne græculæ usq; fi
guræ, nisi siquæ iam pro receptis habentur, latinam quasi pollueret ca
stitatem, ut eadem propemodum esset linguæ utriusq; perspicuitas, eæ
demq; munditiæ, idem utrobique sensus, atque indoles, nulla uocum
       morosi-
      tas, nulla an
      xietas. Tu quã
     do nobis aliquod
     ceu signum ex arce
    ista tui pontificatus ad
    bene sperandum sustulisti
   perge obsecro Sanctissime pa
   ter, perge inquã, fouere atque illu
   strare bonas artes, quæ se se pedibus
   istis sanctissimis aduoluunt sup
    plices, numénque tuum ad
    uersus rudem inscitiam, te
    trámque barbariam im
    plorãt, ut à quo pax
    italiæ, atque adeo
    terrarũ orbi re
    stituta é, et ab
    eodẽ pacis
    alũnæ lfæ.
    ab iniuria sci
    licet, atque
    indignita
    te uin-
    dicen
    tur

HERODIANI HISTORIAE DE IMPERIO POST
MARCVM VEL DE SVIS TEMPORIBVS
LIBER PRIMVS E GRAECO TRA
LATVS ANGELO POLITIANO
INTERPRETE AD INNO
CENTIVM.VIII.PONTI
FICEM MAXIMVM
PROOEMIVM.

VIRES ANTIQVAS POSTERIS PRO
diderunt, ueterémq; historiæ memoriam renouare
literis studuerunt, ei magna ex parte, dum famam
eruditionis affectant, noménque suum conantur
ab iniuria obliuionis asserere, minus sane multam
in ueri peruestigatione, quam in exornanda, com
ponendáq; oratione industriam posuerunt, rati scilicet, neq; siquid in
rebus à suo sæculo remotissimis falsi proderetur, posse refelli, & se tamẽ
suauitate narrationis amplissimum laboris, ingeniiq; sui fructum per
cepturos. Alii uero priuatis inimicitiis, tyrannorúmq; odio prouecti,
aut in laudes principum, ciuitatum, priuatoru'mq; hominum immo
dicis assentationibus effusi, tenues per se res, atq; humiles scribendi ta
men artificio, longe supra ueri fidem sustulerũt. Ego uero contra, non
quidem acceptam ab aliis, aut incognitam, aut testibus egentem histori
am, sed eorum, qui legent sensibus adhuc memoriæq; inhærentem, sũ
ma uel fide, uel diligentia collectam, conscribendam suscepi, sperans
haud iniucundam fore posteritati, earum rerum notitiam, quæ multæ
sanè atq; magnæ haud ita longo tempore acciderũt. Nam siquis ab Au
gusto usq; principe omnem ætatem complectatur animo cum scilicet
romanorum potentia ad unius est arbitrium deuoluta, ne annis qui
dem illis circiter ducentis (Tot.n. ferme ad Marci tempora numerant)
aut imperiorum tam diuersas successiones reperiet, aut bellorum uel ci
uilium uel externorũ tam uarios casus, atq; euẽtus, ĩ tot excitas gentes,
tot urbes nostras barbara'sque expugnatas, ptẽrea terræmotus & pesti
lentias, uitas quoque principũ, & tyrãnorũ adeo nouas, atq; inauditas
ut nulla iis apud ueteres, cõsimilia exẽpla, aut certe q̃ paucissima iue
niantur, quorũ alii diuturnã, alii breui potẽtiã, obtinuerũt, nonnulli

L iii

Herodiani

atq; in soporem prolapsus, cum id ex labore accidisse opinaretur, quieti se tradidit. Electus autem, & Martia recedere omnes confestim, & suam quenq; domum reuerti iubent, ne somni indigum Commodum expergefacerent. Id autem alias quoq; ex ebrietate nimia facere consueuerat, nam cum uel balneis, uel epulis operam daret, nullum scilicet habebat præstitutum quieti tempus. Etenim aliæ ex aliis uoluptates, eæq; inter se maxime diuersæ, seruire sibi hominem etiam inuitum quocunq; tempore subigebant. Pauxillum igitur cum requiesset, ac iam se ad stomachum & aluum ueneni uis insinuasset oborta uertigine, uomitus & quidem affatim consecutus est, siue ipso cibo, quem largiter ante sumpsisset, multáque meri potione uirus expellente, seu quoniam principibus mos est, antequam cibum capiant medicamento uti, quo uenena prohibeantur. Cæterum cum multum euomuisset, ueriti illi ne ueneo quoq; omni eiecto colligeret sese, atq; una omnes cœdi impararet, persuaserunt magna mercede Narcisso cuidam audaci strenuóque adulescenti, ut ipsum in cubiculo strangularet. Hunc finem uitæ Commodus habuit, tredecim annos post parentis obitum imperio administrato, unus omnium ante se imperatorum nobilissimus omniumq; eius ætatis hominum formosissimus.

Quod si dicendum de fortitudine quoque est,
ne in hoc quidem cuiq; præsertim destinandis ictibus concessurus. Sed tamen totam uitæ rationem
studiis (ut dictum est)
fœdissimis cõ
tamina-
uit.

LIBER SECVNDVS.

O CCISO Commodo quemadmodum superiore uolumine demõstrauimus. Cum cælare factum interfectores, & aulicas excubias fallere uellent, uili quodam stragulo inuolutum, constrinctúmq; corpusculum, ac duobus exploratæ fidei famulis impositum, ædibus exportandum, ueluti aliquid superuacuum ex cubiculi supellectile curauerunt. Qui autem exportabant, per medios euasere custodes, partim ebrios, dormitantésq;, ac manu languida tenentes hastilia, partim etiam sopores eo q;, quæ ad se parum pertinere arbitrabantur, ita corpus principis furtim elatum, ac per noctem uehiculo impositum, in Aristeu miserunt. Lætus autem, & Electus, Martiáq; quid agendum foret diu deliberato, tandem decernunt, ita de eius morte rumores serere, quasi repente in apoplexiam incidisset, qđ facile de illo creditum iri existimabant, quem constabat identidem solitum immoderatis epulis saginari. Sed ante omnia tamen uisum est aliquem prouectum ætate, ac modestum hominem deligere ad imperium, per quem & ipsi incolumes forent, & omnes à sæua immoderatáq; tyrannide respirarent. Igitur diu consultato neminem sic idoneum inuenerunt, ut Pertinacem. Erat autem Pertinax genere italus, domi, belliq; rebus gestis clarus, multísque insignis tropæis, quæ aduersum germanos, atq; orientales barbaros erexerat, unúsq; erat reliquus è grauissimis illis, quos pater Commodo amicos reliquisset, cuiq; plurimum ex omnibus sociis ducibúsq; detulerat. tutus hactenus, uel grauitatem ipsam uerito, uel ob paupertatem hominis dissimulante Commodo. Siquidem id quoq; illius laudibus accedebat, q cum plurima omnium administrasset, tamen erat omnium pauperrimus. Hunc igitur Pertinacem nocte intempesta sopitis omnibus, Lætus, atq; Electus cum paucis eiusdem factionis adeunt, & cum ianuam occlusam offendissent, ianitorem excitarunt, qui ubi adaperuit, militésq;, & Lætum præfectum adesse uidit, perterritus, atq; expauefactus Pertinaci renunciat. Is admitti illico iubet, euentura mox inquiens, quæ sibi ad eam diem mala præsagiuerat. Tanta porro fuit animi constantia, ut ne lecto quidem se mouerit, aut habitum oris demutauerit, sed ingressis Læto, atque Electo, qumauis ad se occidendum missos crederet, pleno audaciæ uultu, minimeq; pallenti, iam pridem inquit. hunc exitum uitæ singulis etiam noctibus sperabã, qui ex omnibus pa

por uma apresentação na qual ele elogia o conteúdo da obra, mas guarda distância em relação ao estilo. A linguagem dos médicos lhe parece tosca, ligada à tradição do ensino e longe do refinado estilo humanista. Como já Benedetti, tanto Maiolo quanto Nicolò da Lonigo (Leoniceno), localidade do Vicentino, haviam ajudado Aldo a interpretar as passagens médicas de Aristóteles. Deste último, no mesmo ano de 1497, Aldo publica o *Libellus de Epidemia Quam Vulgo Morbum Gallicum Vocant* de Lonigo; o autor gratifica-o com um caloroso elogio nas páginas desse libelo. Tanto o veronês Benedetti quanto o vicentino Leoniceno descrevem uma nova doença surgida, pela primeira vez, na Itália, na esteira das tropas francesas: a sífilis, por isso mesmo chamada de mal francês ou morbo gaulês. No ano seguinte, Manuzio publica um novo tratado de Nicolò da Lonigo, *De Tiro seu Vipera*, que se ocupa dos venenos das cobras.

Já nas suas primeiras edições, Manuzio introduz uma inovação muito importante: a impressão em duas colunas por página, retomando o aspecto dos antigos manuscritos; antes dele, todos os livros eram paginados em uma única coluna. Aldo é muito atencioso para com o leitor, quer certificar-se de que tudo seja claro. Por isso, a edição de César traz uma lista das localidades da antiga Gália, ladeadas com o nome francês moderno equivalente; as obras latinas sobre agricultura se fecham com uma tabela que explica como calcular a duração exata de uma hora romana em cada mês do ano; o manuscrito de Horácio é revisado com base num minucioso conhecimento métrico.

Em 1498, Manuzio publica a oração de Johannes Reuchlin, embaixador imperial junto ao papa. A trajetória que conduzira a Roma o diplomata alemão era uma questão muito espinhosa na Alemanha. Uma disputa havia dividido o Eleitor palatino do Reno e a abadia beneditina de Wissenburg, na Alsácia (hoje na França), e provocara a excomunhão do Príncipe Eleitor. O representante imperial empenha-se em defendê-lo e, como de costume, a oração é publicada. Porém, obras de circunstância de um gênero similar haviam sido publicadas em Roma, e o interesse em um país de terceira ordem como a Itália só podia ser limitado. Embora, nesse caso, se tratasse de uma disputa de alto nível, publicada por um editor de primeira ordem, não se podia decerto contar com um sucesso editorial. Se Manuzio aceita imprimir a oração, certamente não o faz pensando em lucro; é possível, ao contrário, que o editor já esteja tentando obter benemerências junto à corte imperial para poder transferir à Alemanha a sua academia, uma questão que veremos mais adiante e que, de qualquer forma, não chegará a um bom termo.

No ano seguinte, chega à Laguna o embaixador do rei da França, Accurse Maynier, com o objetivo de aperfeiçoar a aliança que teria levado Veneza e Paris à divisão do Ducado de Milão, em 1499. Maynier trava amizade com Aldo, e o poeta Amaseo o homenageia numa composição de ocasião, sobre as próximas fortunas militares dos exércitos aliados francês e italiano. Manuzio a imprime e, em Paris, conserva-se uma esplêndida cópia desse opúsculo, impressa em pergaminho e decorada com as flores de lis da França, o leão de São Marcos e as chaves de São Pedro.

Em 10 de maio de 1498, entretanto, o senado veneziano admite que a peste está grassando na cidade. Uma epidemia não muito grave, que passa quase sem deixar vestígio, mas também Aldo acaba sendo contagiado e adoece. Obviamente, ele é acometido pelo terror, faz o voto de tomar a ordem religiosa caso seja curado. Cura-se rapidamente e logo arrepende-se do voto feito, em 6 de dezembro do mesmo ano solicita, e obtém, a dispensa. Com o fim de assegurá-la, inventa uma desculpa de pretexto: o de ser pobre e ter como único meio de sustento o próprio trabalho de impressor.

Na verdade, ambos os argumentos eram risíveis: Manuzio não era, de fato, pobre assim, e teria podido muito bem ganhar a vida ensinando, como já ocorrera no passado. Seja como for, em 11 de agosto de 1499, chega a dispensa, mas o papa Alexandre VI escreve ao patriarca Tomaso Donà a fim de vigiar as edições aldinas. Evidentemente, corria o boato de que Aldo estava ligado a ambientes de duvidosa ortodoxia. E como reage o editor? Publica um livro – o *Hypnerotomachia Poliphili* – considerado blasfemo e obsceno, no qual ostenta-se a primeira imagem de um membro masculino ereto na história da edição. Essa não era exatamente a melhor maneira de agradar às hierarquias eclesiásticas e agradecer-lhes por haver concedido a dispensa. Para remediar, no ano seguinte, ele imprime as *Epístolas* de Santa Catarina de Siena; essas duas obras são tão importantes que merecem um tratamento particular e a elas voltaremos em seguida.

130-135, 143

Até este ponto, tudo caminhou segundo os planos preestabelecidos, mas, agora, a atividade editorial de Aldo se desacelera. É provável que, na base dessa pausa, não só esteja a morte de Pierfrancesco Barbarigo, em 1499, mas também o fato de seus herdeiros não estarem mais dispostos a financiar outras edições gregas: elas se vendem, é certo, mas muito lentamente (no catálogo de 1513, estarão presentes edições, desse período, reduzidas de um terço). Em 1499, Manuzio publica uma obra claramente destinada a dar lucro: *Cornucopiae*, de Niccolò Perotti, um repertório filológico latino que alcançara diversas edições e reimpressões. Com as receitas desse livro, Aldo está em condições de financiar duas edições em grego, uma das quais é o Dioscórides, ou seja, a obra que está na base de toda a moderna farmacopeia.

54

Os herdeiros de Barbarigo – e, talvez, também Torresani, quem sabe – impõem uma nova linha editorial: Aldo deve conformar-se, porém mostra-se, uma vez mais, genial, transformando aquilo que deveria ser um remedeio em um programa cultural de elevado conteúdo.

Além disso, nesses anos, Veneza está abalada pelas derrotas militares sofridas ante os otomanos e pela perda de Corona e Modena, duas praças tão importantes que os venezianos as chamam de "os olhos do Peloponeso". Na época, esses acontecimentos, assim como as pestes, eram considerados punições divinas e, por isso, a cidade é percorrida por uma onda penitencial à qual

Aldo, homem muito piedoso, provavelmente não se mostra estranho. Poderia também ser devida a isso a opção, em 1500, de publicar Santa Catarina. Nesse mesmo ano, Manuzio imprime apenas uma outra edição: um poema de Lucrécio. Em todo caso, o editor está preparando-se para dar o grande salto à frente, de 1501: a impressão de livros de formato pequeno em caracteres itálicos, uma novidade que ainda sobrevive em nossos dias e merece um capítulo específico. De todo modo, entre 1501 e 1503, são interrompidas as edições gregas, sinal da profunda mudança em andamento.

Seguem-se as edições dos clássicos in-octavo, mas, ainda, há espaço para algo mais: em outubro de 1502, Aldo publica um curioso livrete de apenas oito folhas in-octavo: *La Vita et Sito de Zychi Chiamati Ciarcassi*, do viajante e comerciante genovês Giorgio Interiano. Consiste em um retrato vivaz da população caucasiana dos circassianos, definidos com o nome classicizante de *zichi*. É a quinta obra em vernáculo que sai das prensas aldinas, depois de *Polifilo*, Santa Catarina, Petrarca e Dante; trata-se de um texto que qualquer um poderia publicar, mas o editor explica no prefácio que Interiano fora amigo de Poliziano e o é de Marco Musuro e Daniele Clario (reencontraremos este último mais adiante).

Sempre em 1502, no fim do verão, Giovanni Pontano, o mais importante representante do humanismo napolitano, envia suas obras a Manuzio a fim de que as imprima. Aldo é um entusiasta dessas obras, prepara-lhes uma edição e mostra-se pronto a publicar qualquer outro trabalho seu. Pontano, que já tem 73 anos, prepara uma cópia de seus próprios versos, que, porém, perde-se durante a viagem. Prepara, então, um ulterior manuscrito, que, todavia, desaparece por um ano inteiro, porque o mensageiro encarregado de levá-la adoeceu e morreu em Pádua, no verão de 1503. Pontano também vem a falecer em setembro de 1503. Dois anos depois, Manuzio imprime as obras remanescentes que Pontano lhe havia enviado e que haviam sido recuperadas. Todavia, sai uma edição também em Nápoles, publicada por Pietro Summonte. O caso é muito longo e intricado, com uma série de acusações e réplicas, por cartas, entre Veneza e Nápoles.

O que, todavia, interessa-nos ressaltar é o comportamento incorreto de Manuzio nesta ocasião: ele antecipa a edição em um mês para ter a honra da *editio princeps* (a saber, a primeira edição impressa de uma obra anteriormente manuscrita). Ato que decerto não o honra, mas que – de forma assaz surpreendente – não deteriora as relações entre os dois editores: permanecerão, em todo o caso, cordiais. O livro difunde aplamente a obra de Pontano e, ainda, conhece um sucesso indiscutível, visto que, em 1513, imprime-se uma nova edição aumentada.

O casamento

No início de 1505, Aldo se casa. A mulher é Maria Torresani, filha de vinte anos de Andrea, seu sócio. A diferença de idade entre os cônjuges é notável – trinta anos, se não mais –, porém o casamento parece feliz: Maria dá à luz cinco filhos, três homens, Manuzio (ou Marco), Antonio e Paolo, e duas mulheres, Alda e Letizia. Caberá a Paolo receber a herança do pai.

Entretanto, grandes mudanças estão à vista: na primeira metade do ano, Aldo imprime a primeira edição dos *Asolani*, a obra de Pietro Bembo que celebra Catarina Corner, ex-rainha de Chipre, que se tornou senhora de Asolo. Nesse ponto, após dez anos de atividade, o editor fecha a tipografia de Sant'Agostin para ir morar perto do sogro, em San Paterniano, onde trabalhará durante mais uma década.

Aldo possui uma rede consolidada de conhecidos entre as pessoas cultas de metade da Europa, como demonstram as cartas em latim, que lhe chegam de todas as partes, conservadas na Biblioteca Ambrosiana de Milão. Da segunda tipografia de Manuzio, não restaram vestígios porque toda a área, compreendendo a Igreja de San Paterniano e um campanário pentagonal do século x, único no mundo, foi demolida, em 1869, para dar lugar à sede da Caixa de Poupança de Veneza e ao monumento a Daniele Manin, a qual, hoje, dá nome ao local.

Em Milão

Aldo Manuzio vive uma espécie de ano sabático: ao longo de 1506, não imprime nada; em vez disso, demite os seus colaboradores e afasta-se de Veneza, em busca de "obras escritas à mão"[74]. Viaja primeiro a Milão e depois a Cremona e Asola, junto com sua esposa e, evidentemente, com os parentes do sogro. No momento de partir, redige o primeiro dos três testamentos que chegaram até nós. Está conservado no Arquivo dos Frades (assim como o terceiro, o segundo encontra-se em Ferrara). Datado de 27 de março de 1506, lavrado pelo notário Francesco Dal Pozzo, "esse testamento, escrito com minha mão"[75], em vulgata italiana, apresenta no verso três selos com a âncora e o delfim (um deles foi arrancado). O documento, de página e meia, é escrito por Aldo na sua bela caligrafia "regular e inclinada que lembra o seu célebre itálico tipográfico"[76], observa Tiziana Plebani, que, como bibliotecária da Marciana, estudou por longo tempo os textos de Aldo. Evidentemente, viajar nessa época era visto como ocasião de tantos perigos que tornava oportuno redigir o testamento. Manuzio estabelece deixar "todos os meus livros gregos escritos à mão" a Alberto Pio e "o resto dos meus livros" ao neto.

No dia seguinte, Aldo e Andrea firmam um documento legal no qual unem as propriedades e os bens: Manuzio, agora, é sócio na proporção de

---

74 Aldo Manuzio, "Ilustríssimo Príncipe", em Armand Baschet (ed.), *Lettres et Documents 1495-1515*, Veneza, Aedibus Antonellianis, 1867, p. 30.

75 Testamento consignado por Giovannin Francesco Dal Pozzo, o primeiro de três escritos por Aldo Manuzio, registrado como "Testamenti, b. 765.2", encontra-se, hoje, no Archivio di Stato em Veneza (N. da R.).

76 Tiziani Plebani, "Perché Semo Certi che chi Nasce Debbe Morire: Aldo di Fronte alla Morte. I Testamenti como Fonte", *Aldo Manuzio. La Costruzione del Mito*, Venezia, Marsilio, 2016, p. 39.

I. IO·PONTANI NENIAE·

NVTRIX SOMNVM INVITAT·

Omne ueni, tibi Luciolus blanditur ocellis,
Somne ueni, uenias, blandule somne ueni·
Luciolus tibi dulce cœcinit· somne
   optime, somne
Somne ueni, uenias, blandule somne ueni·
Luciolus uocat in thalamos te somnule somne
Somnule dulcicule, blandule somnicule·
Ad cunas te Luciolus uocat, huc age somne
Somne ueni ad cunas, somne age, somne ueni·
Ad cubitum te Luciolus uocat, eia age somne
Eia age somne ueni, somnule blande ueni·
Luciolus te ad puluinum uocat, innit ocellis·
Somne ueni, uenias, eia age somne ueni·
Luciolus te ad complexum uocat, innuit ipse,
Innuit, en uenias, en modo somne ueni·
Venisti bone somne, boni pater alme soporis·
Qui curas hominum, corporaq; ægra leuas·

NVTRIX cum tribus sororibus infantu=
lo uagienti blanditur·

Ne uagi, ne blande puer, ne paruule uagi·
Blanda uocat blandum Lucia Luciolum·
Ne uagi ne lachrymulis corrumpe misellis
Turgidulosq; oculos, turgidulasq; genas·

NENIAE

Ecce tibi balbo ore sonat, blæso ore susurrat
Eugenia, et dulceis garrit in aure iocos·
Ecce tibi inflectens molleis Aurelia uoces,
Fabellas bellas, carmina bella canit·
Ne uagi mellite puer, tibi Luscula ludit,
Gestit & ad cunas blanda Catella tuas·
Curtiolus tibi sussultans, en se erigit, en se
Iactitat, en teneri cruscula lambit heri·
An lingis lasciue genas, ah Curtule Curti
Ipsa tibi irascetur Curtule Curtiole·
Tu ne genas, tu ne ora, meus est puer improbe Curti
Luciolus meus est improbe Curtiole·
Improbe an ne audes, ah risit Lucius, ah si
Iecit in amplexus Lucius ipse meos,
En pectus formose tuum, mihi dulcia iunge
Oscula, et in solito molle quiesce sinu·
Has ego Luciolo mammas, hæc ubera seruo
Dextra mama tua est, ipsa sinistra mea est,
Singultit sed Luciolus, mutare licebit·
Ipsa sinistra tua est, dextera mamma mea est·
Vtraq; sed potius tua sit, iam desine flere·
Desine dextra tua est, mamma sinistra tua est·
Risit Luciolus, mammasq; utrasq; momordit·
Tu ne meas mammas credule, tu ne meas?
Iam sæuit quod dico meas, ne candide sæui,
Hæc, atq; illa tua est, utraq; mamma tua est·
Nunc Luci nunc sugge ambas, ne quis malus illas
Auferat, & clauso scite recœnde sinu·
Ora q;s aut q;s labra mihi linguáq; momordit,
Lucius improbulus, Lucius ille malus,

---

atq; fortunasq; uirûm, ac decreta deorum
osse fuit, superûmq; aditus intrare repostos
imantem, & cæcas reserantem in fata latebras
rgo agedû nymphæ Sebethides, eia age nymphæ
t myrto tumulum ornate, atq; incingite lauru,
urpureamq; adhibete rosam, atq; effundite nardû
anentem Dea, frondentem Dea iunge et oliuam,
uæ pacem Dea conalias, hic ocia, pacemq;
taliæ peperit feßæ, uiolentaq; bella
ustulit, immersitq; cato, atq; in ualle maligna
bdidit, et duplici religauit uincta catena
roscripsitq; erebo, portisq; inclusit ahenis,
iaq; hesperias iussit regnare per urbes·

ALD·LECTORI· S·

Non ab re uisum fuit, si quæ Pontanus ipse in prin
pio libri Meteororum manu sua scripta paucis ante
ebus, q̃ è uita discederet, ad me misit, imprimenda
oc loco curarem· Ea uero sunt·
   Liber hic Meteororum fuerat ante Vraniæ libros
riptus, uerum prius, quam ederetur, furto fuit ob li
orem subreptus· Itaq; absoluta Vrania· Autor il=
m refecit, et tanquam instaurauit, addiditq; Vra=
iæ Libris·

IOANNIS IOVIANI PONTA=
NI AD LVCIVM FRANCI=
SCVM FILIVM METEO
RORVM LIBER·

Hinc ego, quæ nubes causæ, quis
   spiritus auras
Sollicitet, quæ uis agitet liquida
   æquora ponti
Expediam, & salsæ doceam sa=
   por unde lacunæ·
Quid densas cogat nebulas, densumq; relaxet
Aëra, cum læto descendit plurimus imbri,
Aut abit in rorem, aut crepitanti grandine tectis
Dissilit, aut uasto cœlum quatit omne fragore,
Vnde et præcipites liquidum per inane ferantur
Siue faces, rutili ue angues, aut ignea lampas,
Quiq; micant ue, cadunt ue corusci è nubibus ignes,
Aut cœlo quæ impulsa ruunt uulcania tela·
Seu qui per dirum miseris mortalibus omen
Spargit sanguineos flammato uertice crines·
Ille quidem morbosq; ferens, inopinaq; bella
Vnde etiam tanto spirant cum murmure uenti
Aëra per uacuum, & pelago dominentur aperto,
Nunc altis in spelunas tellure sub ima
Inclusi, superas quatiant cum mœnibus Vrbes·
Atq; hinc digrediens fonteis, quæq; amne citato
Flumina diuersis erumpunt partibus orbis,
Vndarumq; uagos latebroso è pumice ductus,
Et quæ sint liquidis memorabo exordia lymphis·

ro; che ne glioscuri abissi tra le misere turbe de danna
ti è uno fra glialtri, a cui pende sopral capo un sasso
grossissimo ritenuto da sottilissimo filo. Questi al sasso
risguardando, et della caduta sgomentandosi, sta conti=
nouamente in questa pena. Tale de gl'infelici amanti
è lo stato: equali sempre de loro possibili danni stando
in pensiero, quasi con la graue ruina delle loro sciagu=
re sopral capo, e miseri uiuono in eterna paura: et nō
so che per lo continouo il tristo cuore dicendo loro ta=
citamente gli sollecita; et tormentagli seco stesso ad o=
gni hora qualche male indouinando. Percio che quale
è quello amante; che de gli sdegni della sua donna in
ogni tempo non tema? o che ella forse ad alcuno altro il
suo amore non doni? o che per alcun modo (che mille
sempre ne sono) non gli sia tolta a suoi amorosi piace=
ri la uia? Egli certamente non mi si lascia credere,
che huomo alcuno uiua; ilquale amādo (comunq; il suo
stato si stia) mille uolte il giorno non sia sollecito; mil=
le uolte non senta paura. Et che poi di queste sollecitu=
dini, hassene altro danno, che il temere? Certo si; et
non uno, ma infiniti: che questa istessa tema et pauento
sono di molti altri mali seme et radice. Percio che per
riparare alle ruine, che lasciate in pendente crediamo
che possano cadendo affogare et stritolare la nostra fe=
licita; molti torti puntegli con glialtrui danni, o forse
con l'altrui morti, cerchiamo di sottoporre a lor casi.
Vcise il suo cugino, che dalla lunga guerra ritornaua,
il fiero Egisto temendo non per la sua uenuta rouinas=
sono e suoi piaceri. Vcise similmente l'impazzito Ore
ste il suo; et dinanzi a glialtari de gl'Iddii nel mezzo
de sacrificanti sacerdoti lo fe cadere; perche in pie rima
nesse l'amore, che egli alla cugina portaua. A me me
desimo incresce o Donne l'andarmi tanto tra cotante mi
serie rauolgendo. Pure se io u'ho a dimostrare, quale
sia questo Amore; che è da Gismondo et dalle sue fan
ciulle lodato, come buono; è huopo, che io con la tela
delle

20%, os restantes 80% pertencem ao sogro. A "fraternidade" entre os dois será desfeita e renovada várias vezes, a última delas em 1514.

Em Milão, Aldo encontra os humanistas mais notáveis da cidade: Jacopo Antiquari, em primeiro lugar, já secretário de Ludovico, o Mouro, e protonotário apostólico; após a conquista francesa de 1490, Antiquari abandona todos os cargos públicos, mas permanece em termos cordiais com a nova administração, visto que, em 1509, pronunciará a oração em louvor de Luís XII, rei da França, vitorioso contra os venezianos em Agnadello. Depois, Aldo conhece também Jean Grolier, tesoureiro do rei da França, bibliófilo e colecionador de obras aldinas, além do já citado Jeffroy Charles, presidente do senado de Milão. Na cidade lombarda, Manuzio é hóspede de Matteo Bandello, que o cita na Novela XV: "Visto haverdes sido o primeiro a imprimir livros em ambas as línguas, você beneficiou os estudiosos maravilhosamente, e os beneficiou não somente com a beleza e polidez dos caracteres e a correção desses livros, mas também com a entrega de todos os bons autores de que dispõe. E, para isso, não poupastes nem dinheiro nem fadiga, o que em verdade demonstra a grandeza e a bondade de vossa alma"[77].

A prisão em Mântua

Durante o retorno da Lombardia em direção à Sereníssima, em julho de 1506, Aldo transita pelo território do Marquesado de Mântua e torna-se vítima de um desagradável equívoco de identidade, que o leva por alguns dias a "um lugar infame, para grande vergonha minha, sendo totalmente inocente"[78], ou seja, à citada "prisão tenebrosa e pestilenta"[79] de Casalromano, perto de Cannetto, à beira do rio Oglio. A extensa correspondência relativa a esse caso está conservada no Arquivo de Mântua.

Para compreender o episódio, é preciso dar um salto indireto de três anos, quando, em setembro de 1503, Aldo Manuzio escreve uma carta a Isabella d'Este Gonzaga, pedindo-lhe que perdoe aquele Federico da Ceresara que vimos trabalhar com ele na tipografia de Sant'Agostin. Este, "já faz dois anos"[80], havia matado o irmão durante uma briga "pela divisão de seus bens" e, em consequência, a mãe Giovanna ficara sozinha e não tinha ninguém para cuidar dela. Aldo pede à marquesa "que lhe seja perdoado esse delito para que ele possa viver e morrer"[81] junto com a mãe. O perdão chega, com efeito, no período

---

[77] Matteo Bandello, "Bandello ao Doutíssimo Aldo Pio Manuzio Romano", em "Novela XV", *Le Novelle*, I, Lucca, Busdrago, 1554.

[78] Aldo Manuzio, "Ilustríssimo e Excelentíssimo Digníssimo Francesco Gonzaga", em Armand Baschet (ed.), *Lettres et Documents 1495-1515*, Veneza, Aedibus Antonellianis, 1867, p. 34.

[79] *Idem, ibidem*.

[80] Ado Manuzio, "Ilustríssima e Excelentíssima Isabela Este e de Gonzaga", em Armand Baschet (ed.), *Lettres et Documents 1495-1515*, Veneza, Aedibus Antonellianis, 1867, p. 13.

[81] *Idem, ibidem*.

natalino, e, em 3 de janeiro, Manuzio escreve uma carta para agradecer a Isabella. Tudo bem, portanto, mas, no verão de 1504, Federico da Ceresara volta a ser encarcerado porque o perdão foi invalidado sob a motivação de que fora concedido pela marquesa sem o conhecimento do marido Francisco II Gonzaga. Aldo escreve uma vez mais a Isabella, pedindo-lhe para resolver a situação que, evidentemente, deveria ser, de algum modo, facilitada: o editor bassianense, com efeito, no verão de 1506, cavalga pelo território mantuano acompanhado de Federico, definido como seu "familiar".

A primeira carta que Manuzio endereça da prisão de Casalromano, ao marquês Francesco, é datada de 17 de julho. Contam-se três delas ao todo, e são interessantes, entre outros aspectos, por também constituírem a primeira ocasião na qual Aldo se assina "Pio". Antes, jamais usara o nome do Príncipe de Carpi, que lhe havia sido concedido já há alguns anos, e assinava-se apenas "Aldo Romano". Além disso, a grafia parece perturbada e apressada. As missivas anteriores, destinadas à marquesa, mostram uma escrita miúda, ordenada, precisa. Esta, ao contrário – como também a quarta, que escreverá de Asola, uma vez libertado – apresentam um traço muito mais dilatado e desordenado e, com toda a evidência, denunciam, mesmo a meio milênio de distância, a alteração e o desconforto de quem as tinha escrito à mão.

Manuzio explica a Gonzaga que estava passando por Casalromano quando os guardas do marquês o detiveram. Federico, que tinha virado para cima a gola de seu manto, sabendo que estava banido e temendo ser reconhecido, escapa – "fugiu atirando fora o meu manto e outras coisas minhas"[82] – e depois chega ao rio que separa o Mantovano da veneziana Asola, abandona o cavalo e ultrapassa o curso de água a nado, pondo-se, de tal modo, a salvo no território da Seríssima. Aldo conclui a carta pedindo para ser solto e que lhe sejam restituídos todos os bens sequestrados.

Da correspondência entre o marquês e os próprios guardas de fronteira, emergem novas particularidades: o caso, na realidade, originou-se de uma coincidência infeliz. Em 15 de julho, Francisco II avisara que estavam por transitar naquela região uns tais de Pompeo e Bastiano, ordenando prendê-los. No dia seguinte, Giovanni Pietro Moraro, oficial da fronteira, vê passar dois homens e, julgando que eram os procurados, os detém e os interroga.

"Disseram que iam para Veneza"[83], relata ele, "e que eram venezianos, e respondemos que o seu falar não era veneziano"[84] – de fato, o sotaque de Manuzio devia ser laciano e não vêneto – e o funcionário observa, também, que o homem não tinha tampouco o sotaque mantuano e, por isso, infere que não estava dizendo a verdade. Nesse ponto, os guardas agarram as rédeas das montarias,

---

[82] Aldo Manuzio, "Ilustríssimo e Excelentíssimo Príncipe Francesco de Gonzaga", em Armand Baschet (ed.), *Lettres et Documents 1495-1515*, Veneza, Aedibus Antonellianis, 1867, p. 27.

[83] Giovanni Pietro Moraro, "Digníssimo de Francesco de Gonzaga", em Armand Baschet (ed.), *Lettres et Documents 1495-1515*, Veneza, Aedibus Antonellianis, 1867, p. 85.

[84] Idem, ibidem.

intimando os dois homens a descobrirem o rosto. Mas Federico "apeia do cavalo e foge"[85], escreve Aldo na segunda carta, datada de 18 de julho. Portanto – é de novo Moraro a escrever– "rapidamente saltamos para o cavalo e lhe demos caça até a fronteira de Asula"[86], a pessoa que, ao contrário, eles pegaram disse chamar-se Aldo Romano e ser conhecida do marquês.

Porém, a situação não se resolveu tão depressa quanto Manuzio havia esperado, e, em 20 de julho – já na prisão há quatro dias – ele escreve de novo a Francisco II Gonzaga afirmando "ser completamente inocente"[87] e continuar sendo seu "mui fiel servidor", e acrescenta ainda um pedido: não ser transferido para Mântua, porque "por ser suspeito de peste" teria de esperar "quarenta dias" antes de entrar em Veneza, o que "seria um grande incômodo".

Divaguemos: a referência aos quarenta dias de isolamento sanitário é muito interessante. Nessa época, a palavra "quarentena" ainda não era utilizada com o significado sanitário atual – só entrará em uso no final do Quinhentos, e, na Sereníssima, ainda se falava de "contumácia". Esta menção da carta aldina, portanto, permite retroceder entre o fim e o início do século a passagem dos quarenta dias da acepção litúrgica[88] àquela sanitária. Aldo pede que o mandem, em vez disso, para Canneto, onde a peste não campeia. No mesmo dia, Nicolò Priuli, reitor veneziano de Asola, intercede junto ao marquês escrevendo-lhe que Aldo Romano é homem "de comprovada virtude"[89] e, portanto, solicita que o soltem "com as mencionadas coisas e dinheiro seus"[90].

Quem resolverá definitivamente a situação será, contudo, Jeffroy Charles. Quis o acaso que, justamente naqueles dias, o presidente do senado de Milão estivesse indo para Mântua, na qualidade de embaixador do rei da França, com uma escolta de "trinta cavalos e infantaria"[91]. É ele quem prende Aldo, que, nesse meio tempo, foi transferido para a prefeitura de Canneto. Em 22 de julho, Francisco II ordena ao prefeito que entregue Aldo "com toda a sua roupa, dinheiro, livros e cavalos"[92] ao "senhor presidente de Milão"[93]. O próprio Aldo irá recontar o desenvolvimento dos fatos na dedicatória feita a Charles nas *Odes* de Horácio (1509).

---

85 Aldo Manuzio, "Ilustríssimo Príncipe Francesco Gonzaga", em Armand Baschet (ed.), *Lettres et Documents 1495-1515*, Veneza, Aedibus Antonellianis, 1867, p. 30.

86 Giovanni Pietro Moraro, "Digníssimo de Francesco de Gonzaga", em Armand Baschet (ed.), *Lettres et Documents 1495-1515*, Veneza, Aedibus Antonellianis, 1867, p. 85.

87 Aldo Manuzio, "Ilustríssimo e Excelentíssimo Príncipe Francesco Gonzaga", em Armand Baschet (ed.), *Lettres et Documents 1495-1515*, Veneza, Aedibus Antonellianis, 1867, p. 31.

88 O autor refere-se à "Quaresma" (N. da R.).

89 Nicolò Priuli, "Ilustríssimo e Excelentíssimo", em Armand Baschet (ed.), *Lettres et Documents 1495-1515*, Veneza, Aedibus Antonellianis, 1867, p. 86.

90 *Idem, ibidem*.

91 Jeffroy Charles, "Caríssimo", em Armand Baschet (ed.), *Lettres et Documents 1495-1515*, Veneza, Aedibus Antonellianis, 1867, p. 88.

92 Francisco II, "Caríssimo", em Armand Baschet (ed.), *Lettres et Documents 1495-1515*, Veneza, Aedibus Antonellianis, 1867, p. 87.

93 *Idem, ibidem*.

Acidente resolvido, portanto. Três dias depois, em 25, Manuzio escreve ao Senhor de Mântua para lhe agradecer: "Não sou homem de praticar qualquer ato ilícito ou suspeito"[94]. A carta do editor cruza-se com a do marquês; no mesmo dia, com efeito, Francisco II Gonzaga se desculpa com Aldo: "Lamento que uma pessoa com a vossa alta qualidade e excelente virtude tenha sido o primeiro com quem os guardas depararam"[95]. Tudo termina à mesa, e Aldo revela, com ironia, uma curiosa inversão de papéis. O mesmo magistrado que o convocara na primeira noite de detenção, "cercado por cem homens armados", agora serve os hóspedes em pé, assume o papel de mestre de cerimônias, durante a ceia, e, por fim, lhe pede desculpas por havê-lo tratado de maneira tão desumana.

O retorno a Veneza

Manuzio regressou à Dominante em 1507 e retomou sua atividade como editor na gráfica do sogro. Em 28 de outubro, Erasmo escreveu-lhe, anunciando que estaria em Veneza a fim de pedir-lhe para imprimir sua tradução em latim de Eurípides, porque só os belos caracteres aldinos lograriam garantir-lhe a imortalidade. Aliás, a fecunda relação de Erasmo com Aldo merece uma discussão à parte.

Em 11 de agosto de 1508, Manuzio participa de um dos eventos que marcaram a vida cultural de Veneza no início do século XVI: a aula inaugural do ano letivo da Escola di Rialto, realizada por Fra Luca Pacioli, na Igreja de San Bartolomeo. O franciscano Pacioli, natural de Borgo Sansepolcro, no Aretino, é um dos matemáticos mais importantes do Renascimento italiano. Sua *Summa de Arithmetica*, publicada em Veneza em 1494, é a obra que ajuda a difundir, por exemplo, o conhecimento da partida dobrada[96], que será chamado de "método veneziano", exatamente em virtude do local onde o livro foi impresso.

Quinhentas pessoas assistiram ao discurso de abertura, ou seja, toda a Veneza que conta, juntamente com os estrangeiros mais importantes. O próprio Pacioli, nos *Elementa* de Euclides, que saíram em 1509, relaciona noventa e cinco nomes de participantes, evidentemente os mais conhecidos. Entre eles figura também Aldo Manuzio. Interessante notar a quase total ausência da comunidade dos impressores naquela que é a incontestável capital editorial da Europa. Além de Manuzio, está registrado apenas Ottaviano Petrucci, o primeiro editor de música. O sogro de Aldo, Andrea Torresani, está ausente, assim como todos os demais (naturalmente, alguns deles poderiam estar entre os 405 não nomeados). Por outro lado, os amigos de Manuzio estão presentes: Bernardo Bembo (mas não seu filho Pietro, que naqueles dias se encontrava

---

94 Aldo Manuzio, "Ilustríssimo e Excelentíssimo Digníssimo Francesco Gonzaga", em Armand Baschet (ed.), *op. cit.*, p. 33.
95 Francisco II, "Senhor Aldo", em Armand Baschet (ed.), *Lettres et Documents 1495-1515*, Veneza, Aedibus Antonellianis, 1867, p. 35.
96 Método de organização de dados utilizado em contabilidade financeira (N. da R.).

longe de Veneza); Giovanni Battista Egnazio, colaborador da casa editora e, após a morte de Aldo, professor de seu filho Paolo; Ambrogio Leone, de Nola, que começa na colaborar com Aldo, depois de se mudar para Veneza, em 1507 – Erasmo (que não é mencionado, não se sabe se por estar ausente ou porque, na época, fosse ainda tão pouco famoso a ponto de ser desconhecido de Pacioli) o definirá nos *Adagia* como "filósofo excepcional". Na plateia, estava também o tabelião Dal Pozzo, aquele que, dois anos antes, vimos elaborar o testamento de Manuzio.

De novo à Ferrara

Nuvens negras se adensam sob o céu de Veneza. Em 10 de dezembro de 1508, em Cambrai, na França, forma-se a primeira coalizão europeia de grande poderio contra outra. É mais simples dizer quem não está nela: Inglaterra. A intenção dos coligados de Cambrai é varrer a Sereníssima dos mapas geográficos (chegarão perto, mas esse não é assunto deste livro). Em 1509, os venezianos sofrem duas catastróficas derrotas, uma por terra, em Agnadello (14 de maio), e uma na água, em Polesella (22 de dezembro). Após a ruptura de maio, Aldo vai para Ferrara com a família para se colocar sob a proteção do duque Afonso I d'Este e, sobretudo, de sua esposa, Lucrécia Bórgia. Andrea Torresani permanece na tipografia de San Paterniano: se tivessem prevalecido os venezianos, teriam podido fazer valer os seus direitos de propriedade, se houvessem vencido os coligados, Aldo teria podido pedir o suporte de Alberto Pio, que estivera presente em Cambrai na qualidade de conselheiro de Luís XII.

Tudo isso, obviamente, não podia ser feito por Veneza. Também o intervalo nas dedicatórias feitas a Alberto Pio, entre 1505 e 1512, podiam ser úteis para alçar Andrea à condição de proprietário único da tipografia. Astúcia não estéril, vista a opinião que naqueles anos circulava em Veneza acerca do Senhor de Carpi: suas cartas "nunca dizem a verdade"[97], e um homem culto e soberbo "pode fazer muito mal"[98], escreve, em maio de 1510, Marin Sanudo. Um mês antes, Pio dirigira-se a Roma, na qualidade de embaixador de Luís XII, e os venezianos tinham advertido o papa para "não ir na conversa do senhor Alberto di Carpi"[99].

As opiniões mudam, no entanto, tanto como as alianças, e, em 1511, o Príncipe Alberto vem a Veneza, como representante do imperador – agora inimigo da França –, e outro cronista, Girolamo Priuli, o descreve, neste ponto, como "homem muito astuto e de grande ensino e muita sabedoria". Alberto, que se encontra hospedado, às custas da Senhoria, no Convento dos Dominicanos dei Santi Giovanni e Paolo, deve deter-se em Veneza para aguardar a resposta do

---

[97] Marin Sanudo, *I Diarii*, x, Federico Stefani, Guclielmo Berchet e Nicolò Barozzi (eds.), Veneza, Spese Degli Editori, 1879, p. 238.

[98] *Idem, ibidem*.

[99] *Idem*, p. 169.

imperador. Manuzio, convém lembrar, não está na cidade, não obstante o príncipe despende o seu tempo em inumeráveis visitas; vai também à casa de Marin Sanudo, acompanhado por aquele Marco Musuro, já mencionado, que, entre 1499 e 1503, estivera em Carpi como professor de grego e bibliotecário na corte dos Pio. Alberto deixa, na casa de Andrea Torresani, algumas preciosas tapeçarias, hoje perdidas, provenientes do seu palácio já expropriado pelos franceses.

Voltemos, agora, aos dias de guerra. Aldo está em Ferrara, quando, em 22 de dezembro de 1509, a frota veneziana é derrotada esmagadoramente no Pó pelas artilharias dos Este. Cinco dias mais tarde, em 27, o duque Afonso, à frente de um cortejo triunfal, atira cerca de sessenta bandeiras venezianas aos pés da consorte Lucrécia, que, aliás, Manuzio irá definir como "divina"[100] em uma dedicatória alguns anos mais tarde. As bandeiras com o leão de São Marcos são arrastadas na poeira até a catedral de Ferrara, onde permanecem expostas por vários séculos. Nada mais espontâneo do que se indagar o que pensaria Manuzio nesses momentos: até poucos meses antes, estava em Veneza, a cidade que lhe dera fama e opulência, enquanto, agora, a vê derrotada e humilhada. Qualquer coisa que tenha sentido, em todo caso, não restou nenhum testemunho.

Aldo, ainda, está em Ferrara, quando, em 12 de março de 1510, Lionello Pio o convida a transferir-se para o Castelo de Novi, onde já se encontra Giovanni Pico, que fora obrigado a sair de Mirandola em razão da guerra. Manuzio, porém, declina do convite, embora seu sogro concordasse em retomar a atividade editorial, mesmo longe de Veneza.

Em 1511, o editor dirige-se a Bolonha e a Siena, onde encontra Erasmo, e, um ano depois, retorna à Laguna.

Veneza outra vez

Manuzio regressa à Dominante em 1512, quando a situação política e militar ainda não é clara. No ano seguinte, em 1513, os inimigos da Sereníssima estarão novamente nas "salsas ribeiras", ou seja, nas margens da Laguna. Dessa vez, os imperiais espanhóis tentam de novo bombardear a cidade montando bombardas e canhões à beira da Laguna, mas, para sorte de Veneza, as artilharias quinhentistas não têm grande alcance. A recuperação é selada por edições gregas de alto nível e pela continuação da coleção in-octavo dos clássicos latinos. Por outro lado, por causa da guerra, muitos literatos saem de Pádua (ocupada pelos imperiais) para buscar refúgio em Veneza. Por exemplo, Marco Musuro, que edita Platão e os retóricos gregos.

Neste ponto, é oportuno aludir a uma questão religiosa. Aldo permanece sempre firme na fé e atento aos preceitos da Igreja, como bom filho do seu

---

[100] Aldo Manuzio, "À Madona Lucrécia Este de Bórgia, Duquesa Ilustríssima de Ferrara", em Pietro Bembo, *Gli Asolani* (em vernáculo), Veneza, Nelle Case d'Aldo Romano, mar. 1505, in-4.

tempo. A Reforma protestante chegaria dali a poucos anos, embora Manuzio não tenha sabido a tempo das teses de Martinho Lutero, colocadas na porta da Catedral de Wittenberg, em 1517, ou seja, dois anos após a sua morte.

No entanto, parece improvável que, vista a sua profunda amizade, Erasmo e Aldo nunca tenham discutido sobre questões religiosas. Erasmo não adere à Reforma, mas suas críticas à Igreja Católica o tornam célebre entre os protestantes e farão com que suas obras, e em particular o *Elogio da Loucura*, sejam inseridas no *Index Librorum Prohibitorum*, desde a primeira edição, de 1559.

Aldo se coloca na corrente de renovação e reforma da Igreja, instigado, certamente, pelo grupo dos humanistas venezianos, entre os quais se destacavam os camaldolenses Tommaso (Paolo) Giustiniani e Vincenzo (Pietro) Querini, e, de maneira mais geral, os jovens patrícios do chamado "círculo de Murano", que buscava na oração e na meditação um refúgio contra os dramáticos acontecimentos políticos contemporâneos, com vistas à salvação individual. Os dois religiosos são autores do *Libellus ad Leonem x*, no qual são ilustradas algumas propostas para resolver os males da Igreja e, quando transferem-se para o eremitério de Camaldoli, levam consigo uma rica biblioteca de edições aldinas.

Alguns estudiosos, no passado, tentaram investigar e aprofundar o tema da adesão de Manuzio a posições religiosas heterodoxas, sobretudo no tocante à ligação entre a questão linguística, a difusão do "bom vernáculo"[101] e a promoção de modelos de espiritualidade alheios à tradição. Não é dúbio que existisse um nexo entre língua e renovação religiosa, tanto é verdade que a Igreja Católica proíbe a Bíblia em vernáculo, com o fim de manter a interpretação do texto sagrado em seu próprio âmbito e no daqueles que conhecem o idioma eclesiástico, a saber, o latim. No entanto, se Aldo havia, conscientemente ou não, promovido a utilização do vernáculo para difundir interpretações religiosas alheias à ortodoxia romana, permanece uma das questões ainda em aberto.

O certo é que, em vinte anos de carreira de editor, Aldo Manuzio, o Velho, publicou 132 edições: 73 clássicos (34 em latim, 39 em grego), oito em vernáculo italiano, vinte obras contemporâneas em latim e dezoito manuais escolásticos (doze em grego); o restante é constituído por panfletos e edições menores. Das 49 *editio princeps* em grego publicadas por todos os editores, Aldo imprime trinta; de todas as primeiras edições, 33 são *in-octavo*. À parte o período bélico de 1506-1512, no qual publica apenas onze títulos, a média que consegue manter é de onze livros por ano, ou seja, quase um por mês, numa época em que a composição se fazia pegando-se os caracteres das caixas com pinças, exatamente como ocorria até poucas décadas antes. Presume-se que ele tenha impresso, ao todo, cerca de 120 mil cópias. O número das folhas impressas em grego alcança 4212, mais que o dobro das 1807 impressas em latim; só os cinco volumes de Aristóteles perfazem 1792 folhas (nas bibliotecas

---

[101] Erasmo da Rotterdam, *Opulentia Sordida e Altri Scritti Attorno ad Aldo Manuzio*, Lodovica Braida (ed.), Venezia, Marsilio, 2014.

italianas foram localizados 1339 exemplares aldinos). Muitas edições latinas eram consideradas um complemento do programa grego, por exemplo, boa parte dos autores de astronomia publicados em 1499 é constituída por traduções em latim de originais gregos. Quando Aldo solicita privilégios ao senado veneziano, o faz somente para as edições em grego.

Agora é o momento de ver esta celebrada impressão aldina em grego.

ARISTÓTELES E OS CLÁSSICOS GREGOS

capítulo 4

A linha editorial de Aldo Manuzio, pelo menos no início, reflete o seu programa de professor de grego: fornecer aos alunos os textos necessários para a aprendizagem e, embora o conhecimento da língua seja insuficiente, disponibilizar também os livros que permitem aprendê-la, a saber, as gramáticas.

Com efeito, a última parte do século XV registra um novo interesse pelo grego clássico: "Neste nosso tempo, já quase todos, recusando a barbárie, rendem-se a aprender o grego não menos que o latim"[102]*, observa Manuzio, em um prefácio; e, em outro,* acrescenta: "A despeito da guerra e até em meio às armas, aquelas letras que, por tantos séculos, definharam sepultadas no esquecimento retornaram à luz, [...] as letras gregas são estudadas com a mais intensa paixão não só pelos adolescentes e pelos jovens, mas também pelos mais idosos"[103].

Não surpreende, portanto, que Aldo cavalgue na onda e que o seu primeiro livro como editor seja, como vimos, uma gramática grega: os *Erotemata* de Constantino Lascaris. No prefácio, ele escreve: o fato de a gramática ter se tornado "prelúdio aos fetiches e às grandes despesas e preparativos, que fazemos pela impressão de todo tipo de livros gregos, deve-se ao grande número daqueles que aspiram a aprender as letras gregas. [...] Por nossa iniciativa, adicionamos a tradução latina ao lado do texto grego, na suposição de que isso seria não pouco oportuno e útil para aqueles que iniciam a aprendizagem do grego. [...] Muito em breve [...] para os eruditos e os doutos, serão impressas todas as obras melhores dos gregos"[104]; e conclui com uma verdadeira proclamação: "Não transcorramos a vida no ócio como animais, dando vazão à voracidade, à indolência e a todos os outros vícios"[105].

Uma é muito pouco: a gramática grega de Lascaris sai em fevereiro e, dez meses depois, em dezembro, Aldo publica uma segunda, a de Teodoro Gaza, natural de Salônica. Falta, contudo, e isso não deixa de surpreender, uma gramática grega aldina. Enquanto o vimos escrever e publicar uma gramática latina no início de sua carreira de editor, a gramática grega só será lançada postumamente, em 1515; é editada por seu amigo e parceiro Marco Musuro, que observa que Aldo, moribundo, confiara sua última "criatura" exatamente a ele (o manuscrito sobreviveu, conservado em Milão, na Biblioteca Ambrosiana).

Da gramática de Teodoro Gaza existe uma cópia, na biblioteca do Príncipe de Soragna, a trinta quilômetros de Parma, que traz anotações à pena, muito provavelmente feitas pelo próprio Aldo. As notas são atribuídas a ele com boa margem de certeza porque, por um lado, conhecemos o seu hábito de escrever as correções na margem dos textos já impressos, com vistas a uma eventual reimpressão; por outro, a escrita é muito semelhante à do manuscrito da Ambrosiana, que é, sem dúvida alguma, aldino.

Em 1498, sai uma nova gramática grega[106], escrita pelo franciscano bellunense Urbano Dalle Fosse, mais tarde conhecido como Bolzanio. Trata-se não só da primeira gramática escrita originariamente em latim e não traduzida do

---

102 Aldo Manuzio, "Aldo Pio Manuzio Romano Saúda Marco Musuro Cretense, Professor de Letras Gregas na Cidade de Pádua", *Rhetores Graeci*, II (em grego e latim), Veneza, In Aedibus Aldi, mar. 1509, in-4.
103 "Aldo Manuzi Romano Saúda Giovanni Taberio di Brescia", em Stefano di Bisanzio, *De Urbibus* (em grego e latim), Veneza, Apud Aldum Romanum, jan. 1502, in-fólio.
104 "Aldo Manuzio Romano Saúda os Estudiosos", em Constantino Lascaris, *Erotemata* (em grego e latim), Veneza, Litteris ac Impensis Aldi Manucii Romani, fev. 1494-1498, mar. 1495, in-4.
105 *Idem*.
106 Urbano Bolzanio, *Institutiones Graecae Grammatices* (em grego e latim), Veneza, In Aedibus Aldi Manutii Romani, jan. 1498, in-4.

grego, mas também da primeira compilada não por um grego, mas por um humanista italiano. A obra registra um grande sucesso, a ponto de perfazer 21 edições no Quinhentos (doze na Itália e nove no exterior), embora fique em segundo lugar, atrás da de Gaza. Frei Urbano realiza, nos anos setenta do Quatrocentos, uma longa viagem até o Sinai e passa por Atenas, onde fica impressionado com o Partenon (mas faz um pouco de confusão quando o define como um admirável templo "dos romanos"). Transcreve epígrafes gregas e romanas e, também, hieróglifos egípcios, confessando, porém, não haver conseguido decifrá-los. Na viagem de volta, detém-se em Messina, para assistir às lições de grego de Constantino Lascaris. Chega a Veneza em 1490 e colabora com Manuzio na revisão dos textos. "Muitas coisas acrescentei, muitíssimas alterei"[107], escreve Aldo, "às vezes com a ajuda do ótimo frade franciscano Urbano"[108].

O religioso torna-se um personagem muito conhecido, e uma lápide colocada em sua memória é lida por poucos, mas vista por muitos: encontra-se à esquerda de uma porta lateral da basílica dos frades franciscanos. À direita, está gravada aquela dedicada ao neto Pietro Valeriano, ou seja, aquele que o rebatizara Bolzanio, muito melhor conservada, além disso, em comparação com a do tio, desgastada e quase ilegível.

"Os jovens são não apenas exortados, mas também obrigados a recopiar por si mesmos, de próprio punho, os livros que estudam"[109], afirma Aldo, e eis que então, juntamente com os textos que ensinam a ler, chegam também aqueles para ler. Já vimos que Manuzio não é o primeiro a imprimir em grego, mas é o primeiro não grego a imprimir clássicos gregos para outros não gregos. Nem todas as suas edições têm a Itália como mercado principal: algumas destinam-se explicitamente aos gregos que vivem em sua terra de origem.

Em fevereiro de 1496, Manuzio imprime uma coletânea de autores, incluído um Teócrito, que é impresso pela primeira vez. O livro é dedicado ao seu mestre de grego, Battista Guarino (e, desse modo, ficamos sabendo quem é ele: mais uma vez, dedicatórias e prefácios são indispensáveis para reconstruir a vida de Aldo e a rede de relações da intensa vida cultural do período), enquanto a carta-prefácio contém uma espécie de instruções de uso: "Se encontrar passagens adulteradas (e as há, de fato, não posso negar) [...] não as impute a mim, mas aos manuscritos; não me comprometo, de fato, a emendar os textos [...] ([...] são tão lacunosos e deturpados que nem mesmo quem os escreveu, se voltasse à vida, seria capaz de saná-los), mas sim a empregar todos os meus esforços para imprimi-los mais corretos do que no próprio manuscrito"[110]. E ainda:

---

107 "Aldo Manuzio de Bassiano, Romano, Saúda todos os Estudiosos", Aldo Manuzio e Urbano Bolzanio (orgs.), *Thesaurus Cornucopiae et Horti Adonis* (em grego e latim), Veneza, In Domo Aldi Romani, ago. 1496, in-fólio.

108 *Idem*.

109 "Aldo Manuzio Romano Saúda Andrea Navagero, Patrício Vêneto", em Píndaro, *Olympia, Pythia, Nemea, Isthmia* (em grego e latim), Veneza, In Aedibus Aldi et Andreae Asulani Soceri, jan. 1513, in-8.

110 "Aldo Manuzio Romano Saúda Battista Guarino, seu Mestre", em Teócrito e Hesíodo, *Ecoglae* (em grego e latim), Veneza, Characteribus ac Studio Aldi Manucii Romani, fev. 1496, in-fólio.

βοῶμεν. ῷμεν.	βοῆτε. ᾶτε.	βοῶσι. ῶσι.

ⓅαΌ.ά ἐὰν βεβοήκω. βεβοήκῃς. βεβοήκῃ.
πα. βεβοήκητον. βεβοήκητον.
βεβοήκωμεν. βεβοήκητε. βεβοήκωσι.

ⓅαΌ.ά ἐὰν βοήσω. βοήσῃς. βοήσῃ.
βοήσητον. βοήσητον.
βοήσωμεν. βοήσητε. βοήσωσι.

Ἀπαρέμφατα ἐνεργητικά.

Ἐνεςὼς βοᾶν. fit a tertia persona præteriti impfecti secū-
ἡ Πα Ͻ. dū ueteres grāmaticos, ut ἐβόαε. ἐβόα. βοᾶν. nec
subscribitur ī ut dictum est. καὶ ὁμοίως βοῆρ. si-
cut πειρῆν.

ⓅαϽ ἡ πα. βεβοηκέναι. **ⓅαΌ ά.** βοῆσαι. **Ⓜε ά.** βοήσειν

Μετοχαὶ ἐνεργητικαί.

Ἐνεςὼς ἡ πα Ͻ. Ὁ βοάων. ῶν. ἡ βοάουσα. ῶσα. τὸ βοάον. ῶν.
πα Ͻ πα. Ὁ βεβοηκώς. ἡ βεβοηκυῖα. τὸ βεβοηκός.
ⓅαΌ ά. Ὁ βοήσας. ἡ βοήσασα. τὸ βοῆσαν.
Ⓜε ά. Ὁ βοήσων. ἡ βοήσουσα. τὸ βοῆσον.

Ὁριστικὰ παθητικά

Ἐνεςὼς Βοάομαι. ῶμαι. βοάη. ᾷ. βοάεται. ᾶτε.
βοάομεθον. ῶμεθον. βοάεθον. ᾶθον. βοάεθον. ᾶθον.
βοαόμεθα. ώμεθα. βοάεθε. ᾶθε. βοάονται. ῶνται.

πα Ͻ. ἐβοαόμην. ώμην. ἐβοάου. ῶ. ἐβοάετο. ᾶτο.
ἐβοαόμεθον. ώμεθον. ἐβοάεθον. ᾶθον. ἐβοαέθην. ᾶθην.
ἐβοαόμεθα. ώμεθα. ἐβοάεθε. ᾶθε. ἐβοάοντο. ῶντο.

πα Ͻ. βεβόημαι. βεβόησαι. βεβόηται.
βεβοήμεθον. βεβόησθον. βεβόησθον.

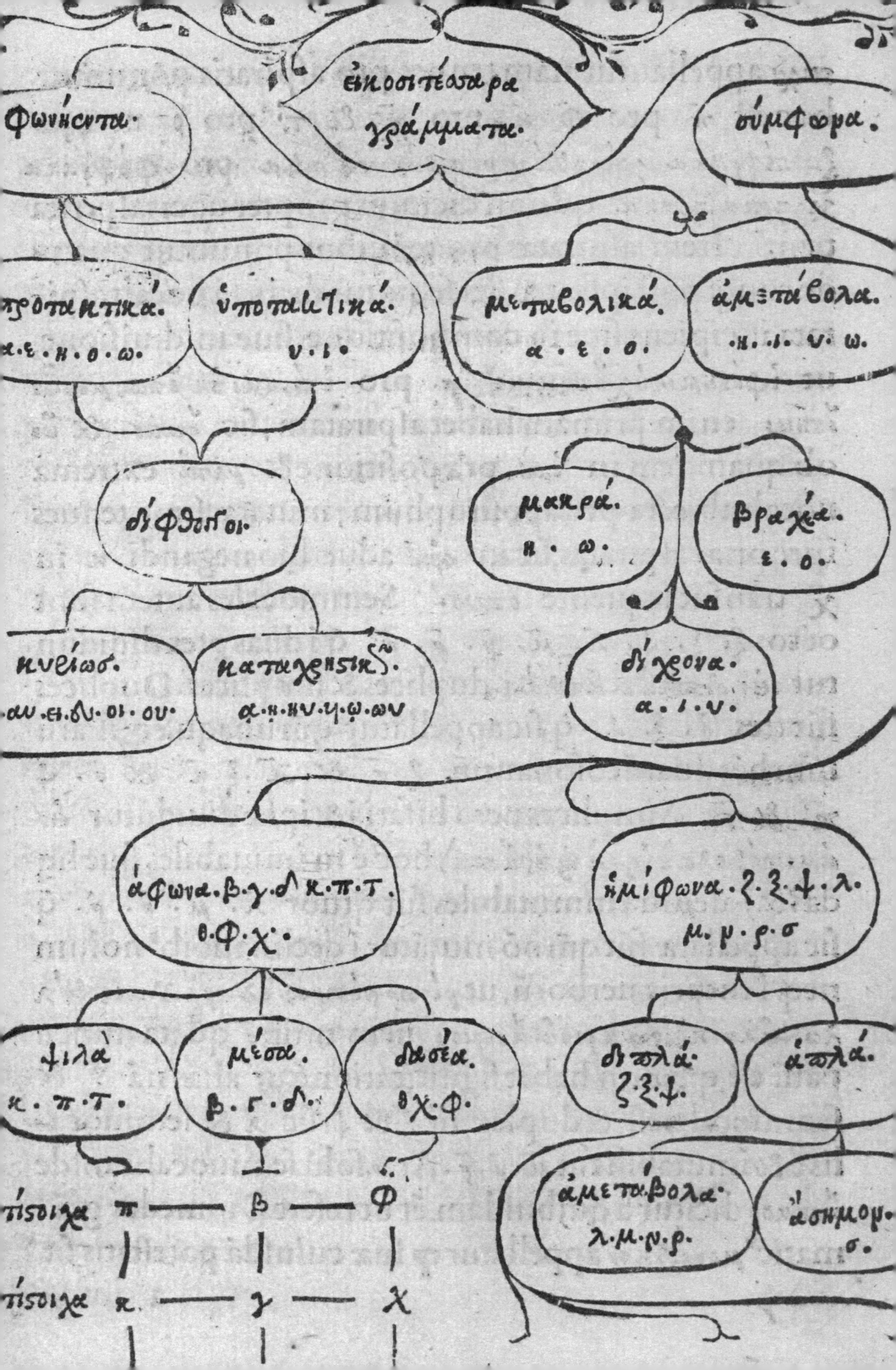

```
                    εἴκοσιτέσσαρα
  φωνήεντα.         γράμματα.              σύμφωνα.


προτακτικά.   ὑποτακτικά.        μεταβολικά.    ἀμετάβολα.
α.ε.η.ο.ω.    υ.ι.                α.ε.ο.         η.ι.υ.ω.


         δίφθογγοι.              μακρά.      βραχέα.
                                  η.ω.        ε.ο.

                                       δίχρονα.
   κυρίως.       καταχρηστικῶς.         α.ι.υ.
  αυ.ει.ευ.οι.ου.  α.η.ηυ.ωυ.ω.ου


       ἄφωνα. β.γ.δ.κ.π.τ.       ἡμίφωνα. ζ.ξ.ψ.λ.
              θ.φ.χ.                      μ.ν.ρ.σ.


ψιλά.      μέσα.     δασέα.       διπλᾶ.     ἁπλᾶ.
κ.π.τ.     β.γ.δ.    θ.χ.φ.       ζ.ξ.ψ.

                                 ἀμετάβολα.   ἄσημον.
                                  λ.μ.ν.ρ.      σ.

τίσυζυγα  π —— β —— φ

τίσυζυγα  κ —— γ —— χ
```

"Peço-lhes [...] que não me culpem, mas sim, se quiserem, as obras das quais são extraídas. [...] A culpa, de fato, deve ser atribuída às falhas dos códices, e não a mim: nada é mais adulterado do que textos gramaticais, nos quais tudo é fragmentado, nada é totalmente completo, nada íntegro"[111]. E, em seguida, acrescenta: "Trabalhei com grande empenho, tanto ao procurar os melhores códices antigos, ainda buscando mais cópias do mesmo escrito, quanto ao cotejar e corrigir os exemplares, que, depois, eram consignados aos impressores para serem desmembrados"[112], e então: "Nesta árdua e trabalhosa atividade, todas as coisas são feitas por nós com o máximo cuidado"[113].

A concorrência

As iniciativas aldinas obtêm, evidentemente, um razoável sucesso, tanto assim que, em 1499, os concorrentes entram em ação: após um trabalho que durou seis anos, dois cretenses, Zaccaria Caliergi (Calergi para os venezianos) e Nicolò Blasto (ou Vlastos), inauguram uma tipografia em grego: em 8 de julho, sai a primeira edição do *Etymologicum Magnum*, vocabulário compilado em Constantinopla, em torno do século XII. Trata-se de um enorme *in-fólio* de 224 páginas, superior, pela elegância tipográfica, a qualquer livro grego publicado por Manuzio. O capital necessário à empresa é colocado à disposição por Anna Notarà, filha do grão-duque bizantino, morto pelo sultão, no momento da Queda de Constantinopla, em 1453. Anna, membro influente e venerado da comunidade grega veneziana, não perde a ocasião para defender a herança daquele mundo que a conquista otomana estava varrendo. O principal consulente é, todavia, um cretense, a saber, aquele Marco Musuro que, como vimos, acabará trabalhando com Aldo.

Nessa operação, algumas particularidades são esquecidas: seguramente, Caliergi e Blasto são concorrentes da tipografia aldina, mas *Etymologicum Magnum* é o título latino que Aldo havia usado ao prenunciar a publicação. Um plágio? Ou seria uma espécie de acordo de desistência? Pode ser. Depois disso os dois candienses publicam outras obras que haviam sido prometidas por Manuzio: os comentários aristotélicos de Simplício e Amônio e um Galeno. Pareceria uma grosseria, para além de uma operação comercial, e não é tudo, dado que eles recorrem às mesmas fontes aldinas para encontrar os textos, como o médico humanista Nicolò Leoniceno, que nesse período achava-se em Ferrara.

---

111 "Aldo Manuzio de Bassiano, Romano, Saúda todos os Estudiosos", em Aldo Manuzio e Urbano Bolzanio (eds.), *Thesaurus Cornucopiae et Horti Adonis* (em grego e latim), Veneza, In Domo Aldi Romani, ago. 1496, in-fólio.

112 "Aldo Manuzio de Bassiano, Romano, Saúda Alberto Pio, Príncipe de Carpi", em Aristóteles, *Opera* (em grego), Veneza, In Domo Aldi Manutii, fev. 1497, in-fólio.

113 "Aldo Manuzio de Bassiano, Romano, Saúda Alberto Pio, Príncipe Ilustríssimo", em Aristóteles, *Opera* (em grego), Veneza, In Domo Aldi Manutii, jun. 1497, in-fólio.

Tudo parecia fornecer motivações mais que suficientes para um pouco de fogos de artifício, talvez no tribunal; Aldo jamais recua quando se trata de defender os próprios interesses ante uma magistratura. Em vez disso, não há conflitos particulares entre os editores, pelo contrário, Musuro passa tranquilamente de um a outro, e Aldo fica com pelo menos uma parte dos livros não vendidos pelos concorrentes. Não sabemos se houve acordos, amizades, entendimentos explícitos ou tácitos, mas, no estágio de nossos conhecimentos, podemos afirmar que não houve nem sequer o seu contrário.

As poucas edições publicadas de Caliergi e Blasto são muito bonitas e requintadas, mas o nome de Caliergi desaparece quase de repente e a atividade tipográfica interrompe-se por inteiro, já em outubro de 1500, com Galeno. É provável que a tipografia estaria envolvida na falência do banco de Lippo (maio de 1499): um dos mais importantes credores era justamente Nicolò Blasto. Evidentemente, ele consegue prosseguir por algum tempo, mas depois joga a toalha.

Os investimentos da sociedade de Aldo, ao contrário, estão seguros no banco de Mafio Agostini, um dos dois que sobreviveram às falências bancárias em cadeia de 1499-1500. Seja como for, são anos duríssimos, aqueles: em 1500, as tipografias venezianas, que, já em 1499, haviam-se reduzido a 36 contra as 150-200 de algumas décadas antes, em 1500, caem para 27. Caliergi tenta outra vez sozinho, em 1509, mas também não é uma escolha feliz: trata-se do ano de Agnadello e, portanto, precisa de novo interromper a empresa, agora em caráter definitivo.

Os manuscritos redescobertos

Aldo e seus colaboradores estão sempre na caça frenética a códices de qualidade. Um bom fornecedor é Giano Lascaris, que havia sido enviado à Grécia por Lorenzo de Medici: o Senhor de Florença o dotara de uma bolsa suficiente para procurar manuscritos interessantes, e Giano não o decepcionaria, descobrindo pérolas raras nos mosteiros dos Montes Atos. De Viena, Johannes Spiesshaymer, chamado Cuspiniano, professor de retórica e medicina, indica para Manuzio um códice onde constam escritos de Valério Máximo desconhecidos em outros lugares. O editor bassianense lhe agradece no prefácio: "Esse seu favor, Cuspiniano, foi muito mais bem-vindo do que se me tivesse enviado como presente uma grande quantidade de ouro e gemas, visto que tais substâncias gastam-se, consomem-se, dispersam-se, ali onde aquele, [...] em virtude do dom divino da impressão, permanece eterno tanto em quem o faz como em quem o recebe"[114].

Manuzio, quando consegue, busca ter mais manuscritos do que a própria obra, de modo a poder cotejá-los entre si e chegar a uma versão, quanto o mais possível, filologicamente correta. Renuncia até a publicar uma obra de

---

[114] Aldo Manuzio, "Prefácio", em Valério Máximo, *Dictorum et Factorum Memorabilium Libri Novem* (em latim), Veneza, In Aedibus Aldi, out. 1502, in-8 (Separata).

Xenofonte dado que, explica, "não possuindo o mínimo de três códices, adiei o projeto para outra ocasião"[115]. Podem ocorrer também graves acidentes, como no caso do bergamasco Francesco Vittori, "filósofo e médico cultíssimo"[116] cuja casa "foi atingida por um incêndio tão repentino e veloz que tanto os comentários de que lhe falei, quanto a sua biblioteca inteira – cheia dos melhores livros em ambas as línguas –, foram, desgraçadamente, destruídos pelas chamas"[117].

Às vezes, felizmente, as coisas melhoram e a busca dos manuscritos é bem-sucedida, como quando, em 1499, ele escreve triunfante sobre um códice encontrado na Romênia, que "retorna à Itália íntegro e completo desde a terra dos Getas, [...] o texto que circulava antes, de fato, era totalmente desfigurado e mutilado, quase pela metade"[118]; se, ao contrário, não se pode encontrar outra coisa, "é melhor alguma coisa do que nada"[119].

Manuzio, em todo caso, apela para a colaboração dos leitores: se um texto "é publicado muitos o corrigirão, ao menos com o passar do tempo"[120], ou seja, a difusão favorece a correção. Importa ter em mente o público de então: pessoas muito cultas e, portanto, ainda à altura de fazer observações filológicas. Em todo caso, sua visão "aberta" e compartilhada do saber é decididamente moderna. De toda forma, conclui o editor, "é uma empresa verdadeiramente difícil, estudiosos das belas-letras, imprimir livros latinos corretamente, e, ainda mais difícil, imprimir livros gregos de modo preciso, dificílimo é imprimir sem erros tanto uns como outros nestes tempos difíceis"[121]. Para sublinhar a última, mencionamos a complicada situação política da época.

Manuzio é o primeiro a imprimir sistematicamente em grego e, também, o primeiro a ter um programa editorial definido em relação ao grego: publicar todos os clássicos no original. Em cinco anos, ele imprime até dezesseis textos gregos, mais do que saíram das prensas em toda Itália, antes dele. Poderia lucrar facilmente publicando livros religiosos em grego para as igrejas cristãs do Levante otomano: seria um ótimo negócio do ponto de vista econômico, mas, ao contrário, ele não se aventura, em absoluto, na impressão de textos litúrgicos.

---

115 "Aldo Manuzio Saúda Daniele Renier, Patrício Vêneto", em Tucídides, *Thucydides* (em grego), Veneza, In Domo Aldi, maio 1502, in-fólio.

116 Aldo Manuzio, "Aldo Pio Manuzio Saúda Alberto Pio Príncipe de Carpi e os Embaixadores de Sua Majestade Imperial do Sumo Pontífice", em Alessandro di Afrodisia, *In Topica Aristotelis Commentarii* (em grego e latim), Veneza, In Aedibus Aldi et Andreae Soceri, set. 1513, in-fólio.

117 *Idem*.

118 "Aldo Manuzio Romano Saúda Guido da Montefeltro", em Giulio Firmico Materno, *Astronomi Veteres* (em grego e latim), Veneza, In Aedibus Aldi, out. 1499, in-fólio.

119 "Aldo Manuzio Romano Saúda Battista Guarino, seu Mestre", em Teócrito e Hesíodo, *Ecoglae* (em grego e latim), Veneza, Characteribus ac Studio Aldi Manucii Romani, fev. 1496, in-fólio.

120 *Idem*.

121 "Aldo Manuzio de Bassiano, Romano, Saúda todos os Estudiosos", em Aldo Manuzio e Urbano Bolzanio (eds.), *Thesaurus Cornucopiae et Horti Adonis* (em grego e latim), Veneza, In Domo Aldi Romani, ago. 1496, in-fólio.

Aristóteles

Manuzio resolve dedicar-se, imediatamente, a um projeto ambicioso e monumental: imprimir tudo de Aristóteles. Para conhecer a fundo o filósofo, diz Aldo, é preciso lê-lo no original. Por conseguinte, empenha-se em fornecer os meios a todos os leitores: em novembro de 1495, sai o primeiro volume, um *in-fólio* de 234 páginas. Pela primeira vez, uma obra é publicada subdividida em vários volumes, e essa mudança antecipa a revolução nas prateleiras, quando os livros serão colocados em pé e não horizontalmente, como se usava na época, tornando muito dificultosa a consulta dos que ficavam embaixo. Provavelmente, não é um acaso que, justamente naqueles anos, na Universidade de Pádua, as lições sejam dadas utilizando-se os originais gregos e não as traduções latinas, graças também à nomeação de Leonico Tomeo, em 1497, e, de fato, Aldo agradece a alguns doutos ligados às universidades de Pádua e Ferrara por sua ajuda. Manuzio recebe uma carta de ninguém menos que Ludovico Ariosto, na qual este lhe relata o profundo interesse pelos seus textos entre os estudantes da Universidade de Ferrara.

A primeira edição de Aristóteles, em 1025 cópias, esgota-se em poucos anos. Seguiram-se outros quatro volumes, até junho de 1498, ao todo, 3800 páginas em grego, num esforço editorial ingente sob todos os pontos de vista, incluindo a necessidade de usar mais prensas ao mesmo tempo. Ao término da empresa, Aldo terá impresso em grego mais páginas do que quantas saíram desde a invenção da imprensa até aquele momento. As dedicatórias dos cinco volumes da obra de Aristóteles a Alberto Pio dão a entender que houve uma participação financeira do Príncipe de Carpi. Aldo escreve: "Nas tuas mãos, ilustre príncipe, Aristóteles, que é desde sempre o príncipe dos autores gregos"[122], e presenteia Alberto com uma preciosa cópia do primeiro volume, impresso em pergaminho e encadernada em Veneza. Essa cópia, vendida pelo cardeal Rodolfo Pio, neto de Alberto, ao embaixador espanhol na Santa Sé, Diego Hurtado de Mendoza, encontra-se, hoje, no Escorial de Madrid.

A ideia de publicar Aristóteles, na íntegra e no original, sem cortes no texto e sem as traduções que muitas vezes eram incorretas e, portanto, enganosas, já havia sido expressa em 1484, por Ermolao Barbaro. Aldo a concretiza, exceção feita à *Retórica* e à *Poética*, por não terem sido encontrados os códices dessas duas obras.

No segundo volume, Aldo enfatiza os esforços feitos para obter bons manuscritos e lembra a colaboração do médico e humanista Thomas Linacre e, também, do já citado Gabriele Braccio di Brisighella. Aldo define Linacre como "um inglês muito versado em latim e grego" e lhe agradece no prefácio do segundo volume das obras aristotélicas; em seguida, o presenteará com um exemplar completo dos cinco volumes de Aristóteles impresso em pergaminho,

---

[122] "Aldo Manuzio Saúda Alberto Pio, Príncipe de Carpi", em Aristóteles, *Organon* (em grego), Veneza, Dexteritate Aldi Manucii Romani, mar. 1495, in-fólio.

um extraordinário tesouro que se encontra, hoje, no New College de Oxford. A série completa dos volumes aristotélicos é avaliada em onze ducados de ouro, um preço elevadíssimo, como observam muitos comentaristas autorizados, desde o grecista bolonhês Urceo Codro – que, além disso, aumenta a dose, lançando responsabilidade também aos erros de impressão – até o próprio Erasmo. Quando escreve o prefácio a uma edição de Aristóteles publicada em Basileia (1531), ele afirma que os volumes de Aldo são muito caros e, por isso mesmo, dificilmente acessíveis fora da Itália.

Em junho de 1498, Manuzio termina a edição das obras de Aristóteles, mas, já em meados de julho, sai a primeira impressão de Aristófanes, organizada pelo já mencionado Marco Musuro. Este afirma que a obra constitui o guia perfeito para o dialeto ático coloquial. O livro é dedicado a Daniele Clario, de Parma, que, de 1498 a 1510, leciona em Ragusa, na Dalmácia, e é o agente para a impressão aldina na Grécia (na época, parte do Império Otomano). As relações com Aldo continuam sendo de grande e recíproca consideração, até 1510, quando elas se desgastam porque o editor acusa o amigo concessionário de haver vendido alguns livros que tinha apenas em depósito. Na carreira de editor de Manuzio, registram-se outros casos análogos, indício da já citada litigiosidade em matéria de dinheiro.

De todo modo, na dedicatória, Aldo escreve: "Muitos afortunados me pagam [...] aqueles que [...] aprendem o grego. [...] Muito facilmente, com a ajuda da língua grega, tornaram-se peritos em filosofia, progenitora de todas as disciplinas mais nobres"[123], numa espécie de vingança contra as traduções em latim que eram utilizadas até aquele momento.

Cabe ressaltar que, no segundo volume das obras do filósofo Aristóteles, foi publicado também um trabalho sobre o seu aluno Teofrasto. Não foi por acaso que Aldo imprimiu Platão só muito tarde: em 1513. Sem adentrar demais na história do pensamento, para entender essas escolhas é necessário referir-nos à ideia de filosofia grega, que estava no auge por essa época.

Ajuda-nos um afresco famosíssimo: *A Escola de Atenas*, pintado por Rafael, entre 1509 e 1511. Platão tem na mão o *Timeu* e indica o céu com um dedo, Aristóteles tem a *Ética a Nicômaco* e mostra a terra com a mão aberta. De Platão, na Idade Média, só conhecia-se o *Timeu*; suas demais obras são traduzidas em latim, justamente, durante o humanismo. Ele era considerado o filósofo do transcendente, da metafísica (do que vai além do estado físico), e é por isso que Rafael o faz apontar para o céu – deixemos claro que esta leitura é, em grande parte, devedora do neoplatonismo de origem romana e bizantina, mas isso não nos interessa aqui.

Aristóteles, ao contrário, é, na Idade Média, o "mestre de todos os que sabem", como escreve Dante, é a razão que se une à fé. É conhecido apenas

---

[123] "Aldo Manuzio Romano Saúda Daniele Clario di Parma", em Aristófanes, *Comoediae Novem* (em grego), Marco Musuro (ed.), Veneza, Apud Aldum, jul. 1498, in-fólio.

como autor da *Metafísica*, da *Física* e das obras de lógica, através de traduções latinas, não raro passadas pelo síríaco antes e pelo árabe depois, e chegadas ao latim, somente, nos séculos XII-XIII. Essas traduções latinas, tardias e espúrias, o orientam para a transcendência com o fim de harmonizá-lo com Platão e de transformar, de certo modo, a dupla de filósofos em uma espécie de precursores do cristianismo.

O humanismo, como ficou dito, redescobre tanto Platão quanto o Aristóteles moral e autor da *Poética* e da *Retórica* (que, como vimos, Manuzio não inclui nos cinco volumes aristotélicos porque estava privado dos códices: irá imprimi-los em 1508). O que, pelo contrário, mais atrai Aldo, nesse momento, são as obras científicas aristotélicas, ou seja, os tratados de história natural. O editor está convencido, e o escreve nas introduções a Aristóteles e Aristófanes, de que é necessário recorrer às fontes gregas não só para a literatura, mas também, e sobretudo, para a filosofia, a ciência e a matemática. As obras científicas, escreve Manuzio na carta-prefácio às *Comédias* de Aristófanes, "são desfigurada e adulteradas, lacunares e desordenadas, para não dizer que são transpostas para a língua latina de maneira bárbara e insensata"[124], e é aqui que, em seguida, ele acrescenta: "Será necessário que, tendo descoberto os cereais, abandonemos as bolotas e nos alimentemos daqueles"[125], para significar que, uma vez descobertos os bons textos originais, serão abandonados os que foram desnaturados por uma tradução ruim.

Aristóteles é apresentado como o filósofo que teria permitido o acesso ao saber científico dos antigos. Aldo não só repropõe o texto original na língua em que foi escrito, como ainda contrapõe a interpretação dos antigos gregos à moderna, árabe e cristã. A reorientação dos estudos aristotélicos sobre escritos de filosofia da natureza do mestre grego – juntamente com a redescoberta do ceticismo e das obras de Sexto Empírico por parte dos humanistas franceses – lança os alicerces para o nascimento do pensamento científico moderno. Coisa que não teria podido ocorrer partindo-se do Aristóteles latino, que vários impressores venezianos e paduanos publicavam naqueles anos. Sobre estas bases, compreende-se melhor o ambiente que acolherá Galileu Galilei em Pádua, pouco mais de um século depois.

Se, antes, o primado fora de Platão, Manuzio inverte a hierarquia e, em vez de conciliar os dois filósofos da Antiguidade, os contrapõe e faz seguir-se à publicação de Aristóteles também a dos seus comentadores. Ao Platão da transcendência opõe o Aristóteles da imanência, ou seja, o Aristóteles que mostra a terra, e se com este quase inicia a sua carreira de editor, com o outro quase a encerra.

---

124 "Aldo Manuzio Romano Saúda Daniele Clario di Parma", em Aristófanes, *Comoediae Novem* (em grego), Marco Musuro (ed.), Veneza, Apud Aldum, jul. 1498, in-fólio.
125 *Idem.*

syllogismis paucioribus indigentem postposuit
pluribus indiget, ut appareat necessarius. nam e
m habet affirmatiuam uniuersalem sola minoris
erfectibilem postposuit ei qui eandem pro min
tamen conuersione indiget & maioris & conclu
terea Alexander Aristotelis ordinem mutauit.
ammaticus putat Aristotelem animaduertisse fig
prietatem. ut minor sit affirmatiua quam, qui habu
em cæteris non habentibus, præferatur præcipue
e perficitur. Et ob causam hac puto quintum m
ertiæ, qui non conuersione sed deductione ad
test monstrari, concludere modo ultimo ante p
ioris conuersione in prima figura potest esse per
is enim modi omnes possint deductione ad ir
nstrari non quidem semper deducendo ad op
nque præmissæ ut patebit experienti nec semper
em figuram cum utriusque oppositum per de
impossibile possit monstrari ut patet ex libro pr
inter modos quibus imperfecti ad perfectos r
conuersio obtinet principatum. est enim perfe
ione ad impossibile ac etiam expositione qua
modis particularibus figuræ tertiæ usus est. Et mo
i per cõuersionem probari non possunt, sed per
ad impossibile duo sunt alter seruata maiore cu
conclusionis pro minori infert oppositum eius
t minor & hic erat secundæ figuræ ultimus, alter

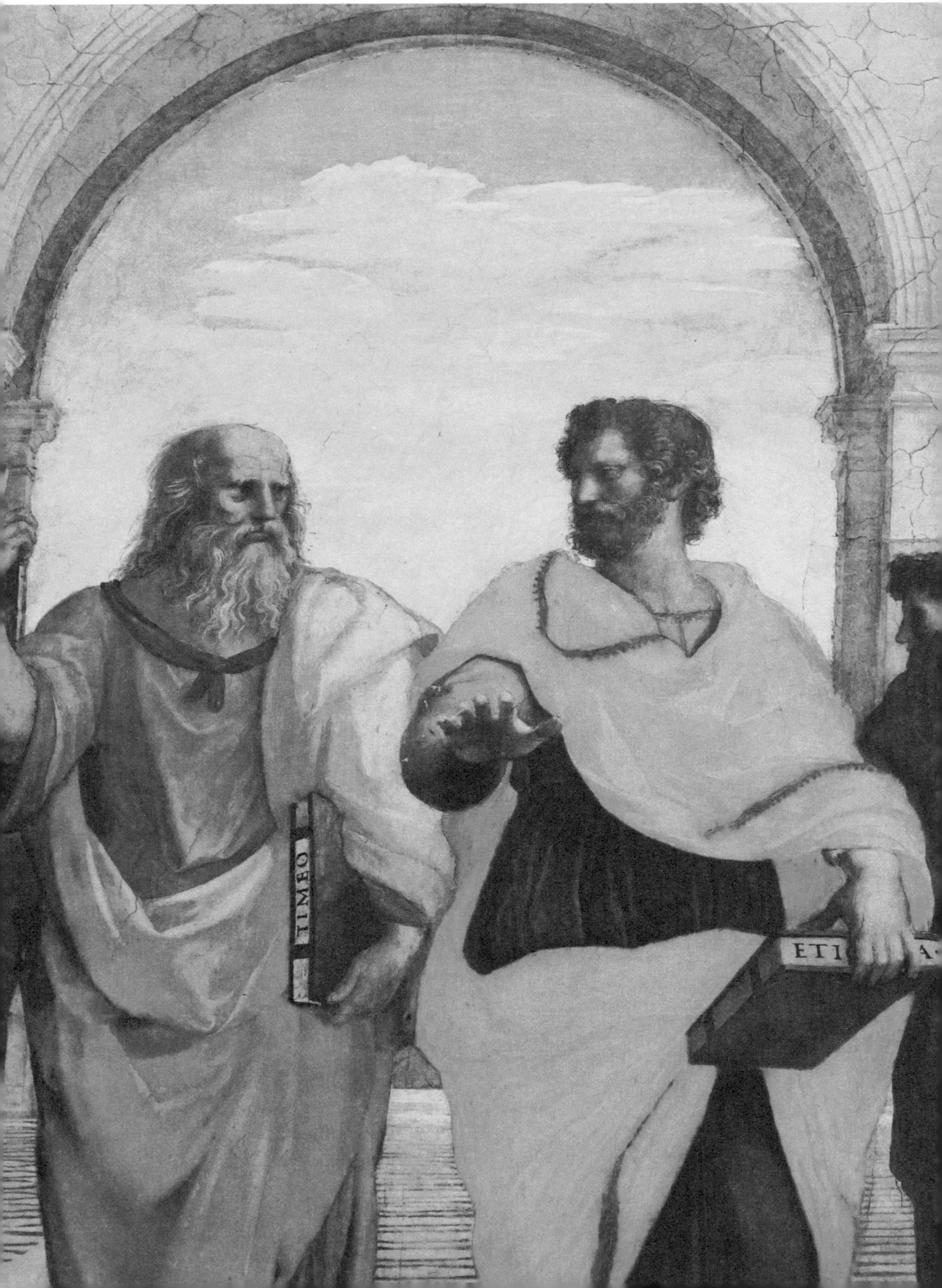
TIMEO
ETIC A

Paginação e caracteres

Muitas vezes, os livros gregos de Aldo apresentam o texto latino ao lado do grego. Não esqueçamos nunca que o fim de Manuzio é didático e, portanto, justapor a versão latina pode ajudar quem ainda não possui um conhecimento aprofundado da língua helênica. "Acrescentamos, então, por nossa própria iniciativa, a tradução latina ao lado do texto grego, julgando que isso tornará o tratado mais prático e útil para quem começa a aprender o grego"[126], escreve Aldo, "em benefício dos principiantes e de quantos não estão familiarizados com as letras gregas"[127].

Justamente por esse motivo, a paginação era extremamente cuidadosa: os textos deviam espelhar-se linha a linha, mas também terminar juntos no fim da página. "Assegure-se de que uma página latina tenha sempre ao lado uma página grega"[128], especifica, "para favorecer os principiantes nas letras gregas, os quais consideram útil ter a tradução latina ao lado do texto grego, de tal modo que correspondam página a página e linha a linha"[129]. Tudo isso, obviamente, ajuda o aluno e lhe permite não perder tempo procurando e tentando individualizar as correspondências. A paginação torna-se, assim, um instrumento didático, e também essa característica nos parece de uma surpreendente modernidade. Alguns textos impressos, tanto em latim quanto em grego, eram paginados de maneira a poderem ser adquiridos e compartilhados em ambas as línguas ou em apenas uma só delas.

Naturalmente, para imprimir servem os caracteres, e Aldo utiliza tudo o que de melhor estava disponível na Veneza de 1494: fundamental é a colaboração com o ourives bolonhês Francesco Griffo (falaremos dele de modo mais extenso no capítulo 6). Seus caracteres gregos, segundo os estudos mais recentes, são uma fiel reprodução do itálico grego do escriba Emanuele Rusotas, que trabalhara em Veneza e em Vicenza. A última série tipográfica, realizada em 1502, leva em conta, pelo contrário, a grafia simples e clara do próprio Manuzio, mas não será muito apreciada pelas gerações seguintes. A aspiração dos tipógrafos da época era que os livros impressos fossem confundidos com os manuscritos; não por acaso, Aldo, na solicitação que faz ao senado veneziano de 1502, para obter o privilégio, isto é, o monopólio sobre o emprego dos caracteres helênicos, anuncia que as suas "letras gregas"[130] têm "ligaturas que se parecem com cálamo"[131],

---

[126] "Aldo Manuzio Romano Saúda os Estudiosos", em Constantino Lascaris, *Erotemata* (em grego e latim), Veneza, Litteris ac Impensis Aldi Manucii Romani, fev. 1494-5, mar. 1495, in-4.

[127] *Idem*.

[128] "Aldo Manuzio Saúda o Leitor", em Constantino Lascaris, *De Octo Partibus Orationis* (em grego e latim), Veneza, Apud Aldum, out. 1512, in-4.

[129] Aldo Manuzio, "Aldo Saúda o Leitor", em Esopo, *Vita et Fabellae* (em grego e latim), Veneza, Apud Aldum, out. 1505, in-fólio.

[130] Cf. Antoine-Augustin Renouard (éd.), *Annales de l'Imprimerie des Alde, ou Histoire des Trois Manuce et de leurs Éditions*, III, 3. éd., Paris, Giulio Renouard, 1825, p. 283.

[131] *Idem, ibidem*.

bonitas e legíveis como se tivessem saído da pena de um humanista. Essa exigência desaparece gradualmente à medida que se desenrola a história da impressão.

Francesco Griffo realiza quatro séries de caracteres gregos, e trata-se de um trabalho extremamente delicado e complexo: entre sinais gráficos (acentos e diacríticos) e ligaturas, há cerca de 339 tipos diferentes para cada série; isso equivale a dizer que as 24 letras do alfabeto grego aparecem em cerca de 75 formas diferentes. Significa isso, como intui-se facilmente, que daí resultam textos de difícil leitura. O próprio Aldo o percebe, visto que em duas páginas dos *Erotemata* publica uma espécie de guia para explicar os exemplos mais complicados de ligaturas, abreviações e combinações.

Aos olhos de um leitor dos nossos dias, os caracteres aldinos são difíceis, e, de fato, houve quem os criticasse severamente: "Sua impressão era insignificante, e seus caracteres de má qualidade", escreveu Curt F. Bühler, bibliotecário americano e perito em livros antigos, falecido em 1985. A helenista Laura Pepe, docente da Universidade Estatal de Milão, observa: "É verdade que o grego de Manuzio parece, à primeira vista, confuso, desordenado e de difícil leitura, embora mais tarde se tenha reconhecido que um breve treinamento torna as suas letras facilmente reconhecíveis. Não é necessária, decerto, a mesma competência específica requerida, ao contrário, por inscrições e papiros antigos".

O conceito de legibilidade, em todo caso, não é absoluto; é filho da época e da moda: quando, nos anos trinta do Quinhentos, Guillaume Pellicier, embaixador francês na Sereníssima, envia à Biblioteca Real duzentos textos gregos comprados em Veneza, a bela cópia da *Antologia Grega* de Lascaris, impressa com os seus – aos nossos olhos – legibilíssimos caracteres, ela é, ao contrário, separada do resto e colocada no grupo dos "livros vetustos", que não podem ser facilmente decifrados devido aos tipos de estilo antigo. Evidentemente, na percepção de um leitor dos séculos XV-XVI, a legibilidade dos caracteres gregos itálicos era complicada demais em relação ao entendimento de um nosso contemporâneo. A clareza está nos olhos de quem lê: Aldo procura adequar o seu próprio estilo tipográfico aos seus leitores, e o consegue; Lascaris tenta ir contra a corrente, e fracassa.

A academia

As histórias da impressão em grego e da utilização da língua helênica entrelaçam-se com as da Neocademia, a Academia aldina. E, aqui, nos encontramos diante de um enigma. Vimos já que essa instituição está no espírito de Aldo desde os dias de Carpi, mas não se entende bem a que grau de existência efetiva ela chegou, suposto que tenha chegado mesmo a existir e não seja tratada, ao contrário, como uma simples brincadeira transcrita em uma alegre noitada entre amigos.

No texto das tragédias de Sófocles de 1502, aparece, pela primeira vez, a redação "na Academia de Aldo Romano"[132] e não "na casa de Aldo", e até 1504, em alguns livros, aparece, como lugar de impressão, a indicação "In Aldi Academia" ou então "ex Neacademia nostra"[133]. Os estudiosos, contudo, estão de pleno acordo ao considerar que se tratava, mais que qualquer outra coisa, de uma enunciação de valor ideal e propagandista, e não de um verdadeiro corpo organizado. Se tivesse realmente existido, a Academia Aldina teria sido a quinta instituição desse gênero na Itália, depois da Neoplatônica de Cosimo de Medici, em Florença, das duas de Roma e a de Nápoles. Os acadêmicos deviam poder falar entre si em grego, como já ocorria no fórum romano do cardeal Bessarione.

A história aconteceu por acaso, quando, durante a restauração da ligatura de um volume conservado na Biblioteca Vaticana, ressurgiu um Estatuto da Academia Aldina; em 1803, Jacopo Morelli, bibliotecário da Marciana, chegou a imprimi-lo. "Foi decidido unanimemente por nós três – Aldo Romano, Giovanni da Creta [Giovanni Gregoropulo] e como terceiro eu, Scipione Carteromaco [Scipione Forteguerri] – estabelecer a norma de que não é lícito conversar entre nós senão em língua grega"[134], principia o estatuto. O escrito tem um cunho muito lúdico e, com efeito, não se compreende se encontrou alguma aplicação prática.

Sempre que os membros da Academia conversam em uma língua outra que não o grego, devem pagar uma multa para um fundo comum: "O réu deve pagar imediatamente a soma devida, e não adiar para o dia seguinte ou para outro dia: se não pagar, a multa será dobrada"[135]. Depois, quando a soma tiver alcançado um valor "suficiente para cobrir as despesas de um banquete, ela é consignada a Aldo como patrão da casa e ele, com esse dinheiro, deve tratar-nos suntuosamente no festim: não como costuma fazer com os tipógrafos, mas como convém a homens que aspiram à Nova Academia"[136].

Ao banquete podem comparecer apenas pessoas em condição, por sua vez, de falar a língua helênica. Quanto aos acadêmicos, aventaram-se mil hipóteses sobre quais seriam eles, incluindo o próprio Erasmo, mas a verdade é que, não sabendo se realmente existiu, não sabemos quem fez ou não parte dela, salvo os nomes explicitamente indicados. Em 1502, Aldo nos informa sobre uma reunião íntima em sua casa: "Nesta fria estação hibernal estávamos sentados em semicírculo junto à lareira junto com os nossos neoacadêmicos"[137].

---

[132] Aldo Manuzio, "Aldo Romano Saúda Giovanni Lascaris, Homem Ilustre e Doutíssimo", em Sófocles, *Tragoediae Septem* (em grego), Veneza, In Aldi Romani Academia, ago. 1502, in-8.

[133] Ulpiano, *Commentarioli* (em grego), Veneza, In Aldi Neacademia, out. 1503, in-fólio.

[134] Scipione Forteguerri, "Estatuto da Nova Academia", em Aldo Manuzio, *Lettere Prefatorie a Edizioni Greche*, Claudio Bevegni (org.), Milano, Adelphi, 2017.

[135] *Idem*.

[136] *Idem*.

[137] Aldo Manuzio, "Aldo Romano Saúda Giovanni Lascaris, Homem Ilustre e Doutíssimo", em Sófocles, *Tragoediae Septem* (em grego), Veneza, In Aldi Romani Academia, ago. 1502, in-8.

De qualquer modo, esses momentos de convívio entre amigos não estavam necessariamente ligados à atividade acadêmica.

Entre os fundadores, vamos encontrar Giovanni Gregoropulo, um copista cretense que havia colaborado com Zaccaria Caliergi e que, agora, trabalha com Aldo como revisor de provas. Há, aqui, uma história pessoal muito particular, porque o seu irmão Manuele havia sido banido de Candia, devido a um homicídio, e se refugiara na Ilha de Scarpanto (Cárpatos), na época feudo dos venezianos Corner. Para obter a revogação do banimento era preciso dispor de uma quantia em dinheiro suficiente para garantir o perdão dos parentes. Assim, em 1494, Giovanni decide transferir-se para Veneza com o escopo de amealhar a importância necessária. "Prefiro morrer ou passar uma vida no exílio a voltar de mãos vazias", afirma ele, e, por dez anos, não faz outra coisa senão transcrever documentos com a finalidade de levantar o dinheiro.

Um dos requisitos exigidos para fazer parte da Neoacademia era a correta pronúncia do grego; não sabemos muita coisa do grego falado por Manuzio, mas é possível que havia nele uma influência do sotaque ático. Poderia, pois, constituir uma espécie de reação o fato de que, anos depois, Erasmo, um dos frequentadores do grupo, tenha promovido uma nova pronúncia – chamada erasmiana –, induzindo a abandonar a inflexão em uso na Constantinopla da época e codificando, ao contrário, o modo de pronunciar o grego antigo, que utilizamos ainda hoje.

Curioso que, ao menos em um caso, a língua torne-se um obstáculo à difusão de um livro: Aldo publica Píndaro em formato de bolso, obviamente sem notas dos comentadores (*scolî*), mas esse fato torna-o dificilmente compreensível, na medida em que o texto é escrito em um dialeto diverso do ático ou do jônico, aos quais estavam habituados os leitores daquele tempo. Quando, em 1515, Zaccaria Caliergi volta a imprimir em Roma, com o apoio do papa Leão X, publica justamente Píndaro, com os *scolî* à margem e a fruição das *Odes* fica muito mais fácil. Manuzio confiava demasiado no conhecimento do grego por parte dos intelectuais, que muitas vezes não estavam à altura de enfrentar os textos clássicos sem a ajuda das notas de comentário.

A partir daquele 1502, o objetivo final de constituir a Academia continua presente na correspondência aldina que chegou até nós: cita-se, também, uma carta de Leonardo Loredan, eleito doge nesse mesmo ano. Certamente, Manuzio acalenta a ideia de fazer financiar a instituição pelo imperador Maximiliano I de Habsburgo e, portanto, de transferir a sua tipografia para uma região alemã. Fazem-se projetos concretos, tanto assim que não tardam a ser levadas em consideração as cidades de Insbruck, Viena, Wiener Neustadt e Augusta. O próprio Maximiliano era um autor dotado de cultura enciclopédica e pensava em confiar às mãos de seus excelentes impressores alemães toda a biblioteca de 130 livros por ele escritos (obras históricas, genealógicas, autobiográficas e técnicas). Na medida em que se inspirava na história romano-imperial, Maximiliano estava impregnado de

ΣΟΦΟΚΛΕΟΥΣ

οδ' μὴ χαῖρ' Ἀτρείδη κέρδεσιν τοῖς μὴ καλοῖς.
αγα τὸν τοι τύραννον ἀσεβεῖν ὐ ῥᾴδιον.
οδ' ἀλλ' εὖ λέγουσι τοῖς φίλοις, τιμᾶς νέμειν.
αγα κλύειν τὸν ἐσθλὸν ἄνδρα χρὴ τῶν ἐν τέλει.
οδ' παῦσαι· κρατεῖς τοι τῶν φίλων νικώμενος.
αγα μέμνησ' ὁποίῳ φωτὶ τὴν χάριν δίδως;
οδ' ὅδ' ἐχθρὸς ἁνήρ, ἀλλὰ γενναῖός ποτ' ἦν.
αγα τί ποτε ποιήσεις; ἐχθρὸν ὦδ' αἰδῇ νέκυν;
οδ' νικᾷ γὰρ ἁρετή με τῆς ἔχθρας πολύ.
αγα τοιοίδε μέντοι φῶτες ἔμπληκτοι βροτῶν.
οδ' ἦ κάρτα πολλοὶ νῦν φίλοι, καῦθις πικροί.
αγα τοιούσδ' ἐπαινεῖς δῆτα σὺ κτᾶσθαι φίλους;
οδ' σκληρὰν ἐπαινεῖν ὐ φιλῶ ψυχὴν ἐγώ.
αγα ἡμᾶς σὺ δειλοὺς τῇδε θ' ἡμέρᾳ φανεῖς.
οδ' ἄνδρας μὲν οὖν Ἕλλησι πᾶσιν ἐνδίκους.
αγα ἄνωγας οὖν με τὸν νεκρὸν θάπτειν ἐᾶν;
οδ' ἔγωγε· καὶ γὰρ αὐτὸς ἐνθάδ' ἵξομαι.
αγα ἦ πάνθ' ὅμοια πᾶς ἀνὴρ αὑτῷ πονεῖ.
οδ' τῷ γὰρ με μᾶλλον εἰκὸς ἢ 'μαυτῷ πονεῖν;
αγα σὸν ἄρα τοὔργον, ὐκ ἐμὸν κεκλήσεται.
οδ' ὡς ἂν ποιήσῃς, πανταχοῦ χρηστός γ' ἔσῃ.
αγα ἀλλ' εὖ γε μέντοι τοῦτ' ἐπίστασ', ὡς ἐγὼ
σοὶ μὲν νέμοιμ' ἂν τῆσδε καὶ μείζω χάριν,
οὗτος δὲ κἀκεῖ κἀνθάδ' ὢν ἔμοιγ' ὁμῶς
ἔχθιστος ἔσται. σοὶ δὲ δρᾶν ἔξεσθ' ἃ χρή.
χο ὅστις σ' Ὀδυσσεῦ μὴ λέγῃ γνώμῃ σοφὸν
φῦναι τοιοῦτον ὄντα, μῶρός ἐστ' ἀνήρ.
οδ' καὶ νῦν γε Τεύκρῳ τἀπὸ τοῦδ' ἀγγέλλομαι,
ὅσον τότ' ἐχθρὸς ἦν, τοσόνδ' εἶναι φίλος.
καὶ τὸν θανόντα τόνδε συνθάπτειν θέλω,
καὶ ξυμ

ΑΙΑΣ

βοὴν Ἀτρειδῶν τῷδ' ἐπ' ἀλκίμῳ νεκρῷ.
αγα ἦ γὰρ κλύοντες ἐσμὲν αἰσχίστους λόγους
ἄναξ Ὀδυσσεῦ τοῦδ' ὑπ' ἀνδρὸς ἀρτίως;
οδ' ποίους; ἐγὼ γὰρ ἀνδρὶ συγγνώμην ἔχω
κλύοντι φλαῦρα, συμβαλεῖν ἔπη κακά.
τεῦ ἤκουσεν αἰσχρά· δρῶν γὰρ ἦν τοιαῦτά με.
οδ' τί γάρ σ' ἔδρασεν, ὥστε καὶ βλάβην ἔχειν;
αγα οὔ φησ' ἐάσειν τόνδε τὸν νεκρὸν ταφῆς
ἄμοιρον, ἀλλὰ πρὸς βίαν θάψειν ἐμοῦ.
οδ' ἔξεστιν οὖν εἰπόντι τἀληθῆ φίλῳ,
σοὶ μηδὲν ἦσσον ἢ πάρος ξυνηρετεῖν;
αγα εἴπ'· ἦ γὰρ εἴην ὐκ ἂν εὖ φρονῶν, ἐπεὶ
φίλον σ' ἐγὼ μέγιστον Ἀργείων νέμω.
οδ' ἄκουέ νυν. τὸν ἄνδρα τόνδε πρὸς θεῶν
μὴ τλῇς ἄθαπτον ὧδ' ἀναλγήτως βαλεῖν.
μηδ' ἡ βία σε μηδαμῶς νικησάτω
τοσόνδε μισεῖν, ὥστε τὴν δίκην πατεῖν.
κἀμοὶ γὰρ ἦν ποθ' οὗτος ἔχθιστος στρατοῦ,
ἐξ οὗ 'κράτησα τῶν Ἀχιλλείων ὅπλων.
ἀλλ' αὐτὸν ἔμπας ὄντ' ἐγὼ τοιόνδ' ἐμοὶ,
ὔκουν ἀτιμάσαιμ' ἄν, ὥστε μὴ λέγειν
ἕν' ἄνδρ' ἰδεῖν ἄριστον Ἀργείων, ὅσοι
Τροίαν ἀφικόμεσθα, πλὴν Ἀχιλλέως.
ὥστ' ὐκ ἂν ἐνδίκως γ' ἀτιμάζοιτό σοι.
ὐ γὰρ τι τοῦτον, ἀλλὰ τοὺς θεῶν νόμους
φθείροις ἄν. ἄνδρα δ' ὐ δίκαιον, εἰ θάνοι,
βλάπτειν τὸν ἐσθλόν, ὐδ' ἐὰν μισῶν κυρῇς.
αγα σὺ ταῦτ' Ὀδυσσεῦ τοῦδ' ὑπερμαχεῖς ἐμοί;
οδ' ἔγωγ'· ἐμίσουν δ', ἡνίκ' ἦν μισεῖν καλόν.
αγα ὐ γὰρ θανόντι καὶ προσεμβῆναί σε χρή;

ΣΟΦΟΚΛΕΟΥΣ

φθίνουσα δ' ἀγέλαις βουνόμοις, τόκοισί τε
ἀγόνοις γυναικῶν· ἐν δ' ὁ πυρφόρος θεὸς
σκήψας ἐλαύνει λοιμὸς ἔχθιστος πόλιν,
ὑφ' οὗ κενοῦται δῶμα Καδμεῖον· μέλας
δ' Ἅιδης στεναγμοῖς καὶ γόοις πλουτίζεται.
θεοῖσι μέν νυν ὐκ ἰσούμενός σ' ἐγώ,
ὐδ' οἵδε παῖδες, ἑζόμεσθ' ἐφέστιοι,
ἀνδρῶν δὲ πρῶτον ἔν τε συμφοραῖς βίου
κρίνοντες, ἔν τε δαιμόνων ξυναλλαγαῖς·
ὅς γ' ἐξέλυσας ἄστυ Καδμείων μολών,
σκληρᾶς ἀοιδοῦ δασμόν, ὃν παρείχομεν.
καὶ ταῦθ' ὑφ' ἡμῶν ὐδὲν ἐξειδὼς πλέον,
ὐδ' ἐνδιδαχθείς· ἀλλὰ προσθήκῃ θεοῦ
λέγῃ, νομίζῃ θ' ἡμῖν ὀρθῶσαι βίον.
νῦν τ' ὦ κράτιστον πᾶσιν Οἰδίπου κάρα,
ἱκετεύομέν σε πάντες οἵδε πρόστροποι,
ἀλκήν τιν' εὑρεῖν ἡμίν, εἴτε του θεῶν
φήμην ἀκούσας, εἴτ' ἀπ' ἀνδρὸς οἶσθά που·
ὡς τοῖσιν ἐμπείροισι καὶ τὰς ξυμφορὰς
ζώσας ὁρῶ μάλιστα τῶν βουλευμάτων.
ἴθ' ὦ βροτῶν ἄριστ', ἀνόρθωσον πόλιν.
ἴθ', εὐλαβήθηθ', ὡς σὲ νῦν μὲν ἥδε γῆ,
σωτῆρα κλῄζει τῆς πάρος προθυμίας.

ΣΟΦΟΚΛΕΟΥΣ ΟΙΔΙΠΟΥΣ ΤΥΡΑΝΝΟΣ.

ὦ τέκνα Κάδμου τοῦ πάλαι νέα
τροφή,
τίνας ποθ' ἕδρας τάσδε
ξετε
ἱκτηρίοις κλάδοισιν ἐξεστεμμένοι;
πόλις δ' ὁμοῦ μὲν θυμιαμάτων γέμει,
ὁμοῦ δὲ παιάνων τε, καὶ στεναγμάτων·
ἁγὼ δικαιῶν μὴ παρ' ἀγγέλων τέκνα,
ἄλλων ἀκούειν, αὐτὸς ὦδ' ἐλήλυθα,
ὁ πᾶσι κλεινὸς Οἰδίπους καλούμενος.
ἀλλ' ὦ γεραιέ, φράζ', ἐπεὶ πρέπων ἔφυς
πρὸ τῶνδε φωνεῖν, τίνι τρόπῳ καθέστατε,
δείσαντες, ἢ στέρξαντες; ὡς θέλοντος ἂν
ἐμοῦ προσαρκεῖν πᾶν· δυσάλγητος γὰρ ἂν
εἴην, τοιάνδε μὴ ὐ κατοικτίρων ἕδραν.
ἀλλ' ὦ κρατύνων Οἰδίπους χώρας ἐμῆς,
ὁρᾷς μὲν ἡμᾶς ἡλίκοι προσήμεθα
βωμοῖσι τοῖς σοῖς· οἱ μὲν, ὐδέπω μακρὰν
πτέσθαι σθένοντες· οἱ δὲ, σὺν γήρᾳ βαρεῖς
ἱερεῖς· ἐγὼ μὲν, Ζηνός· οἱδὲ τ' ἠϊθέων

Venetijs in aedib. Aldi, et Andreæ Asulani
Soceri, Mense Ianuario M.D.XIII.

ΝΕΜΕΑ

κύσαι ἔπ' ὄσσι· ταῦτα
δὲ τεὶς τετράκις τ' ἀμφιπολεῖν
ἀπορία τελέθει τέκνοι-
σιν ἅτε μαψυλάκας διὸς κόρινθος.

ΔΕΙΝΙΑι. Υ.Ω. ΜΕΓΑ. ΣΤΑ-
ΔΙΕΙ. ΜΕΛΟΣ ή.

Στροφή.

ὦ ρα πότνια. κάρυξ
ἀφροδίτας ἀμβροσίων φιλοτάτ-
ἅτε πρθενίοισι παίσωντ' ἐφίζοι-
σα βλεφάροις, τὸν μὲν, ἀμβρόαις ἀνάγκας
χερσὶ βαστάζεις, ἕτερον δ' ἑτέραις.
ἀγαπατὰ δὲ καιροῦ μὴ πλαναθέν-
τα, πρὸς ἔργον ἕκαστον
τῶν ἀρειόνων ἐρώ-

cultura cavalheiresca e, por isso, favorecia o humanismo e se cercava de humanistas.

A um certo ponto, portanto, Manuzio parece bem perto de transferir-se para a Alemanha, mas depois tudo interrompe-se e não se faz mais nada. Ele tinha começado a voltar-se para Maximiliano já em 1503, por meio do citado Cuspiniano e de Johann Kollauer (Giovanni Collaurio), secretário do imperador. Este lhe responde de Dillingen para dizer-lhe que nada se fará, mas a história não termina aí. Um ano depois, numa carta dedicatória, Aldo lhe agradece: "Você fez muito por mim junto ao imperador Maximiliano, com o objetivo de fundar uma Academia".

Pouco tempo depois, em 8 de setembro de 1505 (a carta está conservada na Ambrosiana de Milão), Manuzio escreve uma vez mais para lhe lembrar que já se passaram três meses desde quando lhe havia consignado uma carta que pleiteava a constituição da Academia "sob a sombra e o favor" de Maximiliano. Transcorrem outros meses e Jacob Spiegel, secretário de Pietro Bonomo, bispo de Trieste, numa longa carta datada de 27 de fevereiro de 1506, escreve a Aldo dizendo-lhe que deve comparecer à corte do imperador Maximiliano e, por isso, não se esquecerá de lhe falar. Todavia, nada acontecerá.

O já citado Matteo Bandello, na dedicatória a Aldo da Novela XV do Livro I, augura que o amigo poderá ter finalmente a sua Academia: "Praza a Deus que possais obter aquilo que existe em outros lugares, para que vejamos nos nossos dias uma academia capaz de manter as belas-letras gregas e latinas na Itália, que agora florescem com toda a perfeição possível. Ela tornará o vosso nome eterno, por haverdes sido o primeiro a imprimir livros em uma e outra língua, beneficiando maravilhosamente os estudiosos"[138]; e, depois, ainda: "Mas se, como se espera, a instituição da Academia acontecer, terão as línguas latina, grega e vernácula o seu frescor, e as artes liberais recobrarão a sua antiga majestade"[139].

Como as negociações com o imperador não se concretizam, em 1507, Manuzio volta-se para a corte pontifícia. Em 14 de abril desse ano, Carteromaco escreve-lhe de Roma: "Falei com vários cardeais sobre a Academia"[140]. Mais uma vez, porém, nada acontece, e, por fim, a guerra entre a Liga de Cambrai e Veneza afasta qualquer perspectiva de sucesso. Evidentemente, Aldo torna a olhar para além dos Alpes, porque no texto da terceira edição da gramática latina (1508) ele substitui "irei a Roma e servirei ao papa" por "irei à Alemanha e servirei ao imperador Maximiliano". Nesse mesmo ano, chega Erasmo e a palavra academia torna-se uma brincadeira de família: o editor a pronuncia com voz entrocortada e estridente, deixando entender que ficaria velho antes de vê-la realizada.

---

[138] Matteo Bandello, "Bandello ao Doutíssimo Aldo Pio Manuzio Romano", em "Novela XV", *Le Novelle*, I, Lucca, Busdrago, 1554.
[139] *Idem*.
[140] Carteromaco, "Aldo Pio Manuzio Romano, Restaurador e Conservador de Boa Literatura", em Giuseppe Campori (ed.), *Scrittori Iitaliani del Secolo XVI*, Bologna, Galtano Romagnoli, 1877, p. 173.

O programa da Academia permanece vivo, mesmo no período em que Aldo refugia-se em Ferrara e fica longe da Dominante. Em 3 de junho de 1510, o humanista e impressor bolonhês Giovanni Fruticeno escreve: "Aldo esteve aqui e discursamos sobre a academia". De novo, porém, tudo continua parado e, por consequência, Manuzio volta-se para aquela que parece ser a sua última esperança: Lucrécia Bórgia.

O momento é mal escolhido: Ferrara encontra-se sob a ameaça dos franceses, é difícil pensá-la, agora, como sede de estudos pacíficos. No segundo testamento[141], aquele elaborado na cidade estense, Manuzio escreve para orar a Deus a fim de que possa "enviar ao executor a academia que desejo fazer". Poucos meses depois, em setembro de 1513, em meio ao entusiasmo pela eleição de um Medici para papa, ele dedica Platão a Leão X. Falaremos desse fato mais extensamente um pouco mais adiante, mas, aqui, ele nos interessa por outro motivo: é a última vez em que Aldo menciona a academia. A um certo ponto, escreve que ele e alguns amigos "apaixonados pelas belas-letras" resolveram dedicar a obra ao novo pontífice "na esperança de que isso possa trazer um benefício extraordinário para a academia, que há tantos anos temos em gestação"[142]. Pode-se perguntar se o silêncio que se seguiu ao seu apelo é um fator que determina Aldo a abandonar o "Romano" na assinatura; não temos ideia disso, mas a coincidência cronológica é justamente essa. Manuzio, portanto, morrerá sem ver realizado o seu sonho.

Se escapa-nos o grau de concretude da Academia, é certo, todavia, que o editor funciona como polo de atração de um numeroso grupo de humanistas helenistas ou helenizantes: são eles gregos expatriados (Marco Musuro, Giustino Decadio e Demetrio Ducas), italianos (Andrea Navagero, Giorgio Valla) e estrangeiros (o flamengo Erasmo, o alemão Johannes Reuchlin, o inglês Thomas Linacre). Forma-se uma comunidade de autores e colaboradores que fornecem as suas competências à casa editora e, ao mesmo tempo, trazem fama e honras pelas publicações que saem das prensas aldinas. Erasmo fica surpreso com a capacidade de Manuzio de conseguir acolher à sua volta sábios de tão variada procedência, unidos pelo sonho humanista de restaurar os textos da Antiguidade.

O retorno aos gregos

O acúmulo de livros não vendidos e a provável intervenção dos sócios tinham obrigado Aldo, como vimos, a publicar obras de venda mais fácil em línguas mais difundidas em relação ao grego antigo, ou seja, o latim e o vernáculo. Trata-se, porém, de um compromisso, e não de um abandono do programa

---

[141] Testamento consignado por Simone Gillini, o segundo de três escritos por Aldo Manuzio, registrado como "Cod. Cl. II, n. 361a", encontra-se, hoje, na Biblioteca Comunale Ariostea, em Ferrara (N. da R.).

[142] Aldo Manuzio, "Súplica de Aldo Pio Manuzio a Leão X, Sumo Pontífice, pelo Papa Cristiano e Pelo Bem das Letras", em Platão, *Omnia Platonis Opera* (em grego e latim), Veneza, In Aedibus Aldi et Andreae Soceri, set. 1513, in-fólio.

inicial. Um ano depois do lançamento dos livros de bolso, o sonho humanista se revigora. Em 1502, saem as obras dos historiadores Tucídides e Heródoto e as tragédias de Sófocles, seguidas, em 1503, das de Eurípides e das obras de Amônio. É particularmente significativo que, não só para Sófocles e Eurípides, mas também para os poemas homéricos, Aldo tenha decidido usar o mesmo formato pequeno dos outros poetas latinos e vernáculos.

Muito curioso é o caso do Filóstrato de 1502, uma obra que não lhe agrada em absoluto. Hoje, um editor, diante de um livro indesejado, não teria dúvidas: iria recusá-lo. Aldo, ao contrário, o publica, e, ao mesmo tempo, o desanca, criticando-o asperamente na dedicatória a Zanobi Acciaiuoli, frade dominicano e insigne humanista. "Não me lembro de haver lido nada de pior e de menos merecedor de atenção"[143], escreve, e depois especifica que se trata de um "insípido acúmulo de absurdos"[144] e acrescenta que está descontente com a precedente tradução "porque não só muitas vezes é tosca mas é também infiel"[145]. Todavia, junto com o veneno fornece também o antídoto, sob a forma da refutação de Eusébio. Nos nossos dias, isso pareceria um modo bastante estranho de editar uma obra.

Em 1508, Aldo assegura a colaboração de Demetrio Ducas, que mais tarde figurará entre os maiores artífices, na Espanha, da grandiosa obra coletiva encomendada pelo cardeal Ximénez, a *Bíblia Complutense*. Ducas cuida dos oradores gregos e de Plutarco para interromper a parceria com Manuzio no ano seguinte, na vigília da Batalha de Agnadello.

A Guerra de Cambrai impõe uma nova pausa, agora de três anos, e a atividade só recomeça nos últimos meses de 1512, com a terceira edição da gramática de Lascaris e a primeira edição dos *Erotemata* de Manuele Crisolora, com dedicatória ao príncipe César de Aragão. Uma vez mais, Aldo adequa-se às mudanças políticas: há uma nova reversão de alianças e, agora, a Sereníssima está de novo ao lado da Espanha contra a França.

Dos prelos aldinos saem majoritariamente os clássicos latinos, embora não faltem os gregos, como as Odes de Píndaro; mas, sobretudo, em setembro de 1513, providencia-se a publicação da primeira edição impressa de Platão, que acabamos de ver. A dedicatória é endereçada a Leão x, Giovanni de Medici: "Encontramos um soberano, um pastor, um pai segundo as nossas expectativas e de quem tínhamos imensa necessidade nestes tempos cheios de infortúnios"[146]. Aldo auspicia que se inaugure uma nova época de prosperidade na qual o pontífice possa recolocar "ordem nas coisas da religião cristã" e reformar

---

143 Aldo Manuzio, "Aldo Pio Manuzio Romano Saúda Zanobi Forentino, da Ordem dos Pregadores", em Flávio Filóstrato, *De Vita Apollonii Tyanei Libri Octo* (em latim), Veneza, fev. 1502-1503, in-fólio.
144 *Idem*.
145 *Idem*.
146 Aldo Manuzio, "Súplica de Aldo Pio Manuzio ao Leão x, Sumo Pontífice, pelo Papa Cristiano e Pelo Bem das Letras", em Platão, *Omnia Platonis Opera* (em grego e latim), Veneza, In Aedibus Aldi et Andreae Soceri, set. 1513, in-fólio.

"os costumes dos homens de todo o mundo". De sua parte, o editor põe ordem na obra de Platão, que "depois de haver circulado por muitos séculos desmembrado em várias partes, agora, reunidas diligentemente tais partes em um único corpo, está disponível na sua inteireza por cuidado nosso"[147].

Manuzio destaca o papel do papa humanista, filho de Lorenzo, o Magnífico: "Nem menor glória está reservada a ti, beatíssimo padre, porque dás novo impulso às belas-letras, porque propicias todos os melhores livros aos estudiosos [...] porque difundes as belas-artes e as disciplinas liberais"[148]. É exatamente aqui que Aldo desculpa-se pelos erros "ao ponto de que, se pudesse, eliminaria cada erro a peso de ouro" e se compara a Sísifo: "Em verdade, parece-me que sou um novo Sísifo, já que, continuando a rolar aquela rocha, ainda não consegui levá-la ao cimo da montanha; a outros, ao contrário – e é gente culta – pareço um novo Hércules, porque – jamais cedendo aos males, nem sucumbindo às fadigas – terei já ajudado, sozinho, a causa das letras, mais do que aqueles que, todos juntos, laboraram nisso por muitos séculos. E pelas minhas muitas fadigas me amam a ponto de me atordoarem com elogios, ora dirigidos diretamente a mim, ora expressos em acuradas epístolas"[149]; e, por fim, afirma que a obra de difusão do cristianismo devia caminhar passo a passo com a capacidade do papa de assegurar para si a "glória" de "restaurar as belas-letras"[150] e de "propiciar todos os melhores livros aos estudiosos, seja aos de hoje, seja aos dos anos vindouros"[151].

Aldo inaugurou a sua carreira de editor com uma obra linguística em grego, uma gramática, e encerrou-a, em 1514, com outra obra linguística grega. Uma das últimas edições que imprime é um dicionário, o *Lexicon* de Hesíquio de Alexandria. Trata-se do mais amplo e completo léxico grego legado pela Antiguidade, compilado por volta do século v d. C., contendo citações de autores e variantes dialetais das palavras. Essa obra testemunha o nunca interrompido interesse de Aldo pela língua. Manuzio queria difundir o grego clássico, mas interessavam-lhe também as variantes dialetais e, aqui, ele faz uma interessante comparação com o nascente italiano. Já, antes, havia traçado um paralelo entre a língua literária grega, que se formara mediante a contribuição de vários dialetos, e a italiana, também dividida em variedades dialetais. Estamos nos anos de Pietro Bembo e, como já foi mencionado, quanto o trabalho linguístico de Manuzio influenciou o de Bembo é um tema ainda todo por aprofundar.

A composição impressa do *Lexicon* de Hesíquio se fez com base em um códice quatrocentista de propriedade do douto mantuano Giacomo Bardellone. Assim, escreve Aldo, agradecendo a Bardellone "em nosso nome e no dos

---

147 *Idem.*
148 *Idem.*
149 *Idem.*
150 *Idem.*
151 *Idem.*

igitur philosophantibus quidem:ut diuina, humana'q recte nouerint: his uero : quos secundo gradu bonos enumeraui:sufficientem uictū præbent : ne quando necessariorum inopia copulsi,iniusti quidpiam perpetrare cogantur.Censeo igitur o rex litigantium uitam quasi in libra suspensam diligenter inquiri oportere:& quæ inuenta fuerint:accurate examinare. neq enim arbitror deos alteri quidem terrā ablaturos fuisse:nisi esset uitiis inquinatus : alteri uero quæ sub terra erant dedisse:nisi uenditore melior esset.Postridie igitur litigatores ambo ad tribunal uenere:& uenditor quidem:ut multorum testimonia probabant: uir erat superbus : contumeliosus:& sacrorum contemptorique te restribus diis sacrificare necesse est. Alter , ut fama ferebat mitis erat:& iustus:& sanctissimus deorū cultor. Victor igitur Apollonii sententia ex iudicio discessit:qui bonus erat : tanq a diis immortalibus eiusmodi bonis donatus . Post[q] igitur hoc pacto iudicium redditum est:ueniens ad regē Apollonius.Hodie inquit tertia dies est:ex quo me tibi hospitem rex fecisti:oportet igitur uestras leges sequētem abs te discedere. At enim lex te non dum urget inquit rex: quoniam post meridiem aduenisti Gaudeo inquit Apollonius hospitali munere:cq uideris mei causa legem subtilius interpretari.Certe inquit rex:nametsi legem soluere liceret:libenter tui causa facerem . Verum hoc mihi dicas uelim inquit Apollonium camelos:quibus uecti estis Babylone adduxeritis.Illinc inquit Apollonius: nā a Vardane illos accepimus. An igitur inquit rex putas illos ulterius uos posse portare:cum tantū itineris iam secerint.Subticuit Apollonius. Sed ipsum interpellans Damis non dū inquit animaduertit hic uir:quantū peregrinationis supersit:nec ad quas gentes posthac aduēturi simus: Sed ubiq te & Vardanem inuenturū sperans:quasi ludū arbitratur ad indos penetrare : propterea non palam:ut se habeant cameli fatetur,sunt enim tam male dispositi:ut ipsos propemodū magis nos ferre cogamur:q illi nos portare possit.itaq nobis mutare eos necesse est. nā si in desertis indiæ defecerint:nos etiam illic considere necesse est:uultures lupos'q a camelis abigent:est a nobis uero cū defecerimus nemo,abiget . Ego igitur inquit rex huic malo remediū afferam: & camelos.4. uobis dabo:tot enim ,ut arbitror:nobis est opus. Satrapam uero:qui apud indum imperat:alios.4. quos adduxisti:retro mittere Babylonem iubebo . est aūt in india camelorū armentum qui toto corpore albi sunt. Ducem uero inquit Damis nonne dabis o rex:immo uero ducem cū camelo:& quicquid uiatici opus est:liberissime dabo. Scribā insuper ad Iarcham sapientum principem:ut Apollonium nihilo se inferiorem iucunde suscipiat:& uos iuxta tanq uiros

ΒΙΟΥ ΑΠΟΛ·

[Greek text]

ΦΙΛΟΣΤΡΑΤΟΥ ΕΙΣ ΤΟΝ ΑΠΟΛΛΩΝΙΟΥ ΤΟΥ ΤΥΑΝΕΩΣ
ΒΙΩΝ ΤΩΝ ΕΙΣ ΟΚΤΩ ΤΟ ΔΕΥΤΕΡΟΝ·

PHILOSTRATI DE VITA APOLLONII TYANEI LIBER TERTIVS.

De Hyphaside flumine:& piscibus in eo pauonibus nomine.de oleo naturæ mirabili:de Asinis syluestribus unicornibus.de q̃ poculo ex iis cornibus admirãdæ uirtutis. hinc de muliere nigra faciem, cætera candida.De Cinnamomo in Caucasi radicibus.de arbore ferente piper& simili:cur que earum carne leones uescantur:nec non ut in colligendo pipere simiæ decipiantur. Caput Primum.

E HYPHASIDE VEROQVANTVS INDICAM
terrã pcurrat:quid q̃ circa ipsum admirabile sit: iam dicemus. Huius fluminis fontes:in agro scatent:iestq̃ fluuius ipse a principio statĩ nauigabilis:paululum uero procedens nauibus inuius est. Petræ nanq̃ superiore ex parte acutæ:atq̃ inter se densæ sub aqua latētes ab alueo p̃minent:q̃bus aqua illisa:& in se cõuersa inauigabilem fluuiũ reddit. Latitudine uero Istrum adæquat:qui Europæ fluminũ maximus habetur.in eius ripis arbores nascuntur similes iis:quæ penes Istrum crescunt:a quibus unguentum distillat:quo in nuptiis indi perungi consueuere:tanti q̃ ab illis existimatur:ut nisi tali unguento peruncti nubentes fuerint: imperfectæ nuptiæ:& Veneri nequaquam gratæ putentur.Veneri quoq̃ dicatum esse ferunt Nemus fluminis ripis adiacēs.Pisces etiã,quos pauones appellãt:in hoc dũtaxat flumine oriri phibēt. Vocant autē eosdē:quo & aues noīc:qa ipsis ēt cœruleæ sunt cristæ:squamæ aũt uersicolores: cauda uero aurea:in quãcũq̃ uoluerit parte uersatilis. Est p̃terea in eodē flumi e bellua albo uermi similis:ex qua capta oleũ fit ad usũ ignis accõmodatũ:iq̃ nisi ultro cõtineri possit. Capitur autē regi tantũmodo eiusmodi bellua:qua ille dirutẽdo r̃e mœniũ cã utit̃. nã ubi muros eiusmodi

ΦΙΛΟΣΤΡΑΤΟΥ ΕΙΣ ΤΟΝ ΑΠΟΛΛΩΝΙΟΥ ΤΟΥ ΤΥΑΝΕΩΣ ΒΙΟΝ

ΒΙΒΛΙΟΝ ΤΡΙΤΟΝ.

Περὶ τοῦ Ὑφάσιδος, καὶ ὁπόσον τῆς Ἰνδικῆς διήκει, καὶ ὃ, τι περὶ αὐτὸν θαῦμα, τάδε χρὴ γινώσκειν. Αἱ πηγαὶ τοῦ ποταμοῦ τούτου, βλύζουσι μὲν ἐκ πεδίου τοιουτοτρόπου, ἀλλ᾽ ὅτι προσιόντων δε, καὶ ναυσὶν ἤδη ἀγραί εἰσιν ἄκραι, ὧν αἱ ταῖσδε παραλλάξ ὑπανίσχουσι τοῦ ὕδατος, περὶ ἃς αἱ δίναις τε τὸ ῥεῦμα λῃστεύεται, καὶ τοῖσι τὸν ποταμὸν ἄπλους. ὥρος δὲ αὐτῷ, κατὰ τὸν Ἴστρον. ποταμῶν δὲ οὗτος δοκεῖ μέγιστος, ὁπόσοι ἐν Εὐρώπῃ ῥέουσι. δένδρα δὲ οἱ προσόμοια φύει περὶ τὰς ὄχθας, καί τι καὶ μύρον ἐκ τῶν δένδρων, ὃ ποιοῦνται οἱ Ἰνδοὶ γαμικὸν χρίσμα, κἢν μὴ τῷ μύρῳ τούτῳ ῥάνωσι τοὺς νυμφίους οἱ ξυνιόντες ἐς τὸν γάμον, ἀτελὴς δοκεῖ, καὶ οὐκ ἐς χάριν τῇ Ἀφροδίτῃ ξυναρμοσθεὶς. ἀνεῖσθαι δὲ τῇ θεῷ ταύτῃ λέγουσιν αὐτῷ τε περὶ τῷ ποταμῷ ἄλσος, ᾧ τοῖς ἴχθυσι τοὺς ταὼς, οὓς μόνου τοῦ ὕδατος ποταμοῦ ἰδεῖν. ταπείλωνται αὐ τοῖς ὁμωνύμοις τοῦ ὄρνιθος, ἐπεὶ κυανοῖ μὲν αὐτοῖς οἱ λόφοι, στικτὰ δὲ καὶ φολιδωτὰ χρυσῷ δὲ τὰ οὐραῖα, καὶ ἀνίσχει, ὁπότε βούλοιντο, οἰακιζόμενα. ἔστι δὲ θηρίον ἐν τῷ ποταμῷ τούτῳ σκώληκι, ἀπεικασμένος λευκῷ· τοῦτο δ᾽ οἱ τήκοντες, ἔλαιον ποιοῦνται, πῦρ δὲ ἄρα τοῦ ἐλαίου τούτου ἐκδίδοται, ᾧ στέγει αὐδῶ, ἀλλὰ ὑέλου· οὐδὲ ἁλίσκεται δ᾽, τῷ βασιλεῖ μόνῳ τὸ θηρίον τοῦτο πρὸς τειχῶν ἅλωσιν. ἐπειδὴ γὰρ τῶν ἐπάλξεων ἅψηται ἡ πιμελὴ, πῦρ ἀνακαλεῖται κρεῖττον σβεστηρίων, ὁπόσα ἀνθρώποις πρὸς τὰ πυρφόρα εὕρηται. καὶ τοὺς ὄνους δὲ τοὺς ἀγρίους ἐκ τοῖς ἕλεσι τούτοις ἁλίσκεσθαί φασιν· εἶναι δὲ τοῖς θηρίοις τούτοις ἐπὶ μετώπῳ κέρας, ᾧ ταυρηδόν τε, ᾐοὐκ ἀγεννῶς μάχεται. καὶ ἀποφαίνειν τοὺς Ἰνδοὺς ἐκπώματα τὸ κέρας τοῦτο, οὐ γὰρ οὔτε νοσῆσαι τὴν ἡμέραν ἐκείνην ὁ ἀπ᾽ αὐτοῦ πιὼν, οὔτε ἂν τρωθεὶς ἀλγῆσαι, πυρός τε διεξελθεῖν ἄν, ᾐ μηδ᾽ ἂν φαρμάκοις ἁλῶναι, ὅτι ἰσθ᾽ κακῷ πίεται. βασιλέων δὲ ἐκ πωμα ἔστι, καὶ βασιλεῖ μόνῳ ἀνεῖται τοῦ θήρα. ἀπολλώνιος δὲ μὴ θηρίον ἰδαρακέναι φασί, καὶ βασιλέως δὲ τῆς φύσεως· ἐρομένου δὲ αὐτὸν τοῦ δαμίδος εἰ τὸν λόγον τὸν περὶ τοῦ ἐκπώματος προσδέχεται, προσδέχομαι ἔφη, ἰὼ ἀθάνατον μάθω τὸν βασιλέα τῶν δεῦρο Ἰνδῶν ὄντα. τι γὰρ ἐμοί γε, καὶ τῷ δεῖνι ὁρίζεται τόπα ἄβοσον, καὶ οὕτως ὑγιὲς, πῶς οὐ χρὴ μᾶλλον εἶκός αὐτὸν τε ἐκχεῖν ἐπ᾽ ἑαυτῷ τούτου ὁσημέραι, καὶ πίνειν ἄχρι τοῦ κάρατος τούτου μέχρι κραιπαλᾷν, οὐ γὰρ διαβαλεῖ τις ἅμα τούτῳ μεθύων. οὕτω δὲ καὶ γυναῖκα φασὶν ἀπετυπηκέναι, τὰ μὲν ἐκ κεφαλῆς ἐς μαζοὺς, μέλαιν· τὰ δὲ μαζῶν ἐς πόδας, λευκὴν πᾶντα, καὶ αὐτὴν μὲν ὡς δεῖμα φυγεῖν· τὸν δὲ Ἀπολλώνιον ξυνάψαι τε τῷ γυναικὶ τὴν χεῖρα, καὶ ξυνιδόντα, ὅτι ἱεροῦται αἱ παρὰ τῇ Ἀφροδίτῃ δὲ οἱ τοιαύτη πᾶσί τοι τῇ Ἰνδῷ γυνὴ ποικίλη, καθάπερ ὁ Ἆπις Αἰγυπτίοις. ὁ τοίνυν φασὶν ὑπὲρ βαλεῖς τὲ καυκάσου τὸ κατατείνειν ἐς τὴν ἐρυθρὰν θάλασσαν, ἔστι δ᾽ αὐτῷ ξυωορίαις ὀλκαῖσι κάρ᾽ αρωμάτων. τοὺς μὲν γὰρ ἐν προέσιν τοῦ ὄρους, τὸ κιτάμωμον φέρει, προσεοίκεσι δὲ αὐτῷ νέοις κλήμασι· βάσανος δὲ τοῦ ἀρώματος, ἡ αἲξ ἔνθ᾽ κιννάμωμον γάρ τις αἰγὶ ὀρέξῃ, κνυζήσεται πρὸς τὴν χεῖρα, καθάπερ κύων· ἀπιόντι θ᾽, ὁμαρτήσει, καὶ εἰκός τε αὐτῆς ἐξέσεσαι· κἂν ὁ αἰπόλος ἀπάγη, ὀρυκτότα κατὰ τὸν λωτοῦ ἀρωμάτων· οἱ τοῖς κερμωίοις τοῦ ὄρους, λιβανωτοῦ τε ὕλαι πυκναί, καὶ πολλὰ ἔθη ἕτερα· καὶ τὰ πέπερα δὲ τῶν πιτύκες, ἐν τοῖς πρόποισι τοῦ ὄρους οἱ Ἰνδοὶ γομίζοντες, οἱ πίτακες ῥυθμιζον τοὺς λωτοὺς αὐ τῶν ἐρυκοῦσι κυσὶ τε,

λεύουσαν τὼ πάλαι φίλω μνπείσδα τὸ κρἢτις φασικαὶ πα πείσδε, ἕξει τὸ κỳ θρέ
ψει. καὶ ζῆσ δὴ ν τέλος ἀδ ἔιν τῆσ ἐπιθυμίασ τῦ τοιούτου ἀνδρός.   τοῦτο μὲν δς
παντάπασί γε.   Οὐκοῦν ιδ ἐπὼ, ουδέ γε τοιόνδε γίγνονται ι λία. κỳ πρὶν ἄρ
χειν πρᾴων μ̅ δις αδ ξωωδινὴν κόλαξιν ἑαυτων ξωιόντες κỳ πᾶν ἐδί μοιϛ ὑπηρετεν,
ἠ̓ ἐὰν διτι δέωνται, αυτοι υποπισόντες, πάντα τὰ σήματα τολμῶντες ποιεν ὡς οἰ-
κεοι. διαπραξάμενοι δε ὰ λότελοι.   καὶ σφόδρα γε.   Ἐν παντὶ ἄρα τῷ βίῳ
ζῶσι φίλοι μὲν οὐδέ ποτε οὐδενι. ἀει δε του διαζώντες ἢ δυλούοντες ἀλλω, ἐλευθει
ασ δε καὶ φιλίασ ἀληθοῦς, τυραννικὴ φύσις ἀει ἄγευστος.   Πάνυ μὲν ούν.   ἆρ
οῦν οὐκ ὀρθῶς ἀδ τοὺς τοιούτους ἀπίστους καλοῦμεν;   πῶς δ' ού.   καὶ μὴν ἀδί-
κους γε ὡς οἷόν τε μάλιστα. ἐπὲρ ὀρθῶς ἐν ζῖς πρόϐεν ὡμολογήσαμεν πδὶ δικαιοσύ
νης οἷόν ἐστιν.   ἀλλα μὴν Π̅ δς, ὀρθῶς γε.   κεφαλαιωσώμεθα ζίνυν ιδ ἐγώ
νν κάκιστον. ἔστι δέ που, δἷον ὄναρ διήλθομεν ὃς ἂν ὕπαρ τοιοῦτος ἢ.   Πάνυ μὲν ούν.

Οὐκοῦν οὗτος γίγνεται ὃς ἂν τυραννικώτατος φύσει ὢν μοναρχήσει, καὶ ὅσω ἂν
πλείω χρόνον ἐν τυραννίδι βιῶ, τοσούτω μάλλον τοιούτος.   ἀνάγκη ἐφη δεξάμενος
τὸν λόγον ὁ γλαύκων.   ἆρ οὖν ιδ Π̅ ἐτω ὃς ἂν φαίνεται, πονηρότατος, καὶ ἀθλιώ-
τατος φανεται, καὶ ὃς αδ πλεςον χρόνον καὶ μάλιστα τυραννεύση, μάλιστά τε καὶ
πλεςον χρόνον τοιούτος γεγονὼς τῇ ἀληθεία. τοῖς δε σπολλοῖς σπολλὰ δοκει.   ἀνάγκη
ἐφη ταῦτά γου ούτως ἔχειν.   ἀλλ ὅτι οὖν ιδ Π̅ ὃς γε τυραννικὸς κατὰ τὴν τυραννουμένην πόλιν ἂν ἔχη ὁμοιότητι. δημοκρατικὸς δε κατὰ τὴν δημοκρατουμένην, καὶ
οἱ ἄλλοι ούτω.   τί μὴν.   Οὐκοῦν, ὅ, τι πόλις πρὸς πόλιν ἀρετῇ καὶ ευδαιμο-
νία, ζῶτο ἀνὴρ πρὸς ἄνδρα;   πῶς γὰρ ού.   Τί ούν ἄρα ἡ τυραννουμένη πόλις
πρὸς βασιλευομένην οἷαν το πρῶτον διήλθομεν.   πᾶν τὠνάντιον ἐφη ἡ μὲν γαρ ἀ-
ρείστη.ἡ δὲ, κακίστη.   Οὐκ ἐρήσομαι ἔιπον ὁπότεραν λέγεις. δήλον γαρ. ἀλλ' ευδαιμο
νίασ αδ καὶ ἀθλιότη πος ὡσαύτως, ἢ ἄλλως κρίνεις, καὶ μὴ ἐκπληϐώμεθα πρὸς τὸν
τύραννον ἕνα ὄντα βλέποντες. μὴ δ' ει τινὲς ὀλίγοι πδι ἐκεῖνον, ἀλλ' ὡς χρὴ ὅλην τὴν
πόλιν ἐισελϐόντες ϐεάσεαθαι, καταδύντες ἐις ἅπασαν, καὶ ἰδόντες, οὕτω δόξαν ἀπο
φαινόμεθα.   ἀλλ' ὀρθῶς ἐφη προκαλῇ, καὶ δῆλον παντὶ ὅτι τυραννουμένης μὲν,
οὐκ ἔστιν ἀθλιωτέρα. βασιλευομένης δέ, οὐκ ευδαιμονεστέρα.   ἆρ οὖν ιδ ἐτω καὶ
πδι τῶν ἀνδρῶν τὰ αυτα ταῦ τα παρακαλούμενος ὀρθῶς ἂν προκαλοίμην; ἀξιῶν
κρίνειν πει αυτῶν ἐκεῖνον ὃς ἂν δύνηται τῇ διανοία εἰς ἀνδρὸς ἢϑος ἐνδὺς διιδεν κỳ
μὴ καϑά περ παῖς ἔξωϐεν ὁρῶν ἐκπλήττεται ζπὸ τῆς τῶν τυραννικῶν προςάσεως
ἣν πρὸς τοὺς ἔξω σχηματίζεται. ἀλλ' ἱκανὸς διορά. ἐι οὖν οἰοίμην δεν ἐκεῖνν πάντας
ἡμᾶς ἀκούεν, τῦ δυνατῦ μὲν κρῖναι. ξυνωκηκὸς δε ἐν τῷ αὐτῷ, καὶ παραγεγονότος
ἐν τε ταῖς κατ' οἰκίαν πράξεσιν ὡς πρὸς ἑκάςους τοὺς οἰκείους ἔχει, ἐν οἷς μάλιστά τις
γυμνὸς ἂν ὀφϑείη τῆς τραγικῆς σκευῆς, καὶ ἐν τοῖς αὖ δημοσίοις κινδυνοῖς, κỳ ταῦτα
πάντα ἰδόντα, κελεύοιμεν ἐξαγέλλεν πῶς ἔχει ευδαιμονίασ καὶ ἀθλιότη πος ὁ τύ
ραννος, πρὸς τοὺς ἄλλους.   ὀρϑότατ' ἂν ἐφη καὶ ταῦτα προκαλοῖο.   βούλει ούν
ιδ ἐτω προσποιησώμεϑα ἡμεῖς ἐῖναι τῶν δυνατῶν ἂν κρίναι, καὶ ἤδη εν τυχόντων ἰ
τοιούτοις. ἵνα ἔχωμεν ὅςτις ἀποκρινεῖται ἃ ἐρωτῶμεν;   πάνυ γε.   Ἴϑι δή μοι ἔφην
ὧδε σκόπει τὴν ὁμοιότητα ἀναμιμνησκόμενος τῆς τε πόλεως καὶ τῦ ἀνδρός. ἵπο καϑ'
ἕκαςον ἐν μέρει ἀϑρῶν τὰ παϑήματα ἑκατέρου λέγε.   τὰ ποῖα ἐφη.   πρῶτον μὲν
ιδ Π̅ ἐτω ὡς πόλιν ειπεν, ἐλευϑέραν ἢ δούλην τὴν τυραννουμένην ἐρεῖς.   τίς δ' ου τ' ἐφη
μάλιστα δούλην.   καὶ μὴν ὀρᾷς γε ἐν αυτῇ δεσπότας κỳ ἐλευϑέρους.   ὁρῶ ἐφη. σμι
κρόν γε τι ζῦτο. τὸ δὲ ὅλονὡς ἔπος ἐιπεν ἐν αυτῇ κỳ τὸ ἐπιεικέςατον, ἀτίμως τε καὶ ἀ
ϑλίως δούλον.   Ει ούν ἔιπον ὅμοιος ἀνὴρ τῇ πόλει, ου καὶ ἐν εκείνῳ ἀνάγκη τὴν αὐτὴν
τάξιν ενεῖναι, καὶ πολλῆς μὲν δουλείασ τε καὶ ἀνελευϑερίασ γέμειν τὴν ψυχὴν αὐ
τοῦ, καὶ ταῦτα αυτῆς τὰ μέρη δουλεύειν ἅπερ ἦν ἐπιεικέςατα. σμικρὸν δε καὶ τὸ μο
χϑηρότατον καὶ μανικώτατον διαυζειν.   ἀνάγκη ἐφη.   Τί ούν δούλην, ἢ ἐλευϑέ
ραν τὴν

ΠΟΛΙΤΕΙΩΝ, Θ.

ραν τὴν τοιαύτην φήσεις ἦ ψυχήν. δῆλον δή που ἔφη. οὐκοῦν ἥ γε αὖ δούλη καὶ τυραννουμένη πόλις, ἥκιστα ποιεῖ ἃ βούλεται. πολύ γε. καὶ ἡ τυραννουμένη ἄρα ψυχή, ἥκιστα ποιήσει ἃ ἂν βουληθῇ ὡς περὶ ὅλης εἰπεῖν ψυχῆς· ὑπὸ δὲ οἴστρου ἀεὶ ἑλκομένη βίᾳ, ταραχῆς καὶ μεταμελείας μεστὴ ἔσται. πῶς δ' οὔ. πλουσίαν δὲ ἢ πενομένην ἀνάγκη τὴν τυραννουμένην πόλιν ᾖ. πενομένην. καὶ ψυχὴν ἄρα τυραννικήν, πενιχρὰν καὶ ἄπληστον ἀνάγκη ἀεὶ εἶναι. οὕτως ἦν δ' ὅς. τί δὲ; φόβου γέμειν ἆρ' οὐκ ἐξ ἀνάγκης τήν γε τοιαύτην πόλιν, τόν, τε τοιοῦτον ἄνδρα; πολύ γε. ὀδυρμὰς δὲ καὶ στεναγμοὺς καὶ θρήνους καὶ ἀλγηδόνας οἴει ἔν τινι ἄλλῃ πλέους εὑρήσειν; οὐδαμῶς. ἐν ἀνδρὶ δὲ ἡγῇ τὰ τοιαῦτα ἐν ἄλλῳ τινὶ πλείω ἦ, ἢ ἐν τῷ μαινομένῳ ὑπ' ἐπιθυμιῶν τε καὶ ἐρώτων τούτῳ τῷ τυραννικῷ; πῶς γὰρ ἄν ἔφη. εἰς πάντα δὴ οἶμαι ταῦτά τε καὶ ἅμα τοιαῦτα ἀποβλέψας, τήν γε πόλιν, τῶν πόλεων ἀθλιωτάτην ἔκρινας. οὐκοῦν ὀρθῶς ἔφη. καὶ μάλα ἦν δ' ἐγώ. ἀλλὰ περὶ τοῦ ἀνδρὸς αὖ τοῦ τυραννικοῦ, τί λέγεις ἐς ταῦτα ἀποβλέπων. μακρῷ ἔφη ἀθλιώτατον ᾖ τῶν ἄλλων ἁπάντων. τοῦτο ἦν δ' ἐγώ, οὐκέτ' ὀρθῶς λέγεις. πῶς δ' ὅς. οὔπω ἔφην οἶμαι οὗτος ἔστιν ὁ τοιοῦτος μάλιστα. ἀλλὰ τίς μήν. ὅδε ἴσως σοι ἔτι δόξει ᾖ τούτου ἀθλιώτερος, τίς; ὅς ἂν ἦν δ' ἐγώ τυραννικὸς ὤν, μὴ ἰδιώτην βίον καταβιῷ· ἀλλὰ δυστυχὴς ᾖ καὶ αὐτῷ ὑπό τινος συμφορᾶς ἐκποριοθῇ ὥστε τυραννεῖν γενέσθαι. τεκμαίρομαί σε ἔφη ἐκ τῶν προειρημένων ἀληθῆ λέγειν; ναὶ ἦν δ' ἐγώ. ἀλλὰ οὐκ οἴεσθαι χρὴ τὰ τοιαῦτα· ἀλλ' εὖ μάλα τῷ τοιούτῳ λόγῳ σκοπεῖν, περὶ γάρ τοι τοῦ μεγίστου ἡ σκέψις, ἀγαθοῦ τε βίου καὶ κακοῦ. ὀρθότατα ἦν δ' ὅς. σκόπει δὴ ἄρα εἰ λέγω. δοκεῖ γάρ μοι δεῖν ἐννοῆσαι ἐκ τῶνδε περὶ αὐτοῦ σκοπούντας. ἐκ τίνων. ἐξ ἑνὸς ἑκάστου τῶν ἰδιωτῶν, ὅσοι πλούσιοι ἐν πόλεσιν ἀνδράποδα πολλὰ κέκτηνται. οὗτοι γὰρ τοῦτό γε προσόμοιοι ἔχουσι τοῖς τυράννοις τὸ πολλῶν ἄρχειν· διαφέρει δὲ τὸ ἐκείνων πλῆθος. διαφέρει γάρ. οἶσθα οὖν ὅτι οὗτοι ἀδεῶς ἔχουσι καὶ οὐ φοβοῦνται τοὺς οἰκέτας. τί δ' ἂν φοβοῖντο. οὐδέν· εἶπον· ἀλλὰ τὸ αἴτιον ἐννοεῖς; ναί. ὅτι γε πᾶσα ἡ πόλις ἑνὶ ἑκάστῳ βοηθεῖ τῶν ἰδιωτῶν. καλῶς ἦν δ' ἐγώ λέγεις. τί δέ; εἴ τις θεῶν ἄνδρα ἕνα ὅτῳ ἔστιν ἀνδράποδα πεντήκοντα ἢ καὶ πλείω ἄρας ἐκ τῆς πόλεως αὐτόν τε καὶ γυναῖκα καὶ παῖδας, θείη εἰς ἐρημίαν μετὰ τῆς ἄλλης οὐσίας τε καὶ τῶν οἰκετῶν, ὅπου αὐτῷ μηδεὶς τῶν ἐλευθέρων μέλλοι βοηθήσειν, ἐν ποίῳ ἄν τινι καὶ ὁπόσῳ φόβῳ οἴει αὐτὸν γενέσθαι αὐτῷ περί τε αὑτοῦ καὶ παίδων καὶ γυναικός, μὴ ἀπόλοιντο ὑπὸ τῶν οἰκετῶν. ἐν παντὶ ἦν δ' ὃς ἔγωγε. οὐκοῦν ἀναγκάζοιτο ἄν τινας ἤδη θωπεύειν αὐτῶν τῶν δούλων, καὶ ὑπισχνεῖσθαι πολλὰ, καὶ ἐλευθεροῦν οὐδὲν δεόμενος, καὶ κόλαξ αὐτὸς ἂν θεραπόντων ἀναφανείη. πολλὴ ἀνάγκη ἔφη αὐτῷ, ἢ ἀπολωλέναι. τί δὲ καὶ ἄλλους ἦν δ' ἐγώ ὁ θεὸς κύκλῳ κατοικήσειε γείτονας πολλοὺς αὐτῷ, οἳ μὴ ἀνέχοιντο εἴ τις ἄλλος ἄλλου δεσπόζειν ἀξιοῖ, ἀλλ' εἴ πού τινα τοιοῦτον λαμβάνοιεν, ταῖς ἐσχάταις τιμωροῖντο τιμωρίαις, ἔτι ἂν ἔφη οἶμαι μᾶλλον ἐν παντὶ κακοῦ εἴη, κύκλῳ φρουρούμενος ὑπὸ πάντων πολεμίων. ἆρ' οὖν οὐκ ἐν τοιούτῳ μὲν δεσμωτηρίῳ δέδεται ὁ τύραννος, φύσει ὢν οἷον διεληλύθαμεν. πολλῶν καὶ παντοδαπῶν φόβων καὶ ἐρώτων μεστός. λίχνῳ δὲ ὄντι αὐτῷ τὴν ψυχὴν, μόνῳ τῶν ἐν τῇ πόλει, οὔτε ἀποδημῆσαι ἔξεστιν οὐδαμόσε οὔτε θεωρῆσαι, ὅσων δὴ καὶ οἱ ἄλλοι ἐλεύθεροι ἐπιθυμηταί εἰσι. καταδεδυκὼς δὲ ἐν τῇ οἰκίᾳ τὰ πολλὰ ὡς γυνὴ ζῇ· φθονῶν, καὶ τοῖς ἄλλοις πολίταις ἐάν τις ἔξω ἀποδημῇ καί τι ἀγαθὸν ὁρᾷ. πάντα πᾶσι μὴν ἔφη. οὐκοῦν τοῖς τοιούτοις κακοῖς πλείω καρποῦται ὁ ἀνήρ, ὃς ἂν κακῶς ἐν ἑαυτῷ πολιτευόμενος, ὃν νῦν δὴ σὺ ἀθλιώτατον ἔκρινας τὸν τυραννικὸν ὡς μὴ ἰδιώτης καταβιῷ· ἀλλ' ἀναγκασθῇ ὑπό τινος τύχης τυραννεῦσαι, καὶ ἑαυτοῦ ὢν ἀκράτωρ ἄλλων ἐπιχειρήσῃ ἄρχειν, ὥσπερ τις κάμνοντι σώματι καὶ ἀκράτορι ἑαυτοῦ, μὴ ἰδιωτεύων, ἀλλ' ἀγωνιζόμενος πρὸς ἄλλα σώματα, καὶ μαχόμενος ἀναγκάζοι τὸ διάγειν τὸν βίον. παντάπασιν ἔφη ὁμοιότατά τε καὶ ἀληθέστατα λέγεις ὦ Σώκρατες. οὐκοῦν ἦν δ' ἐγώ ὦ φίλε Γλαύκων, παντελῶς τὸ πάθος ἄθλιον. καὶ τοῦ ὑπὸ σοῦ

estudiosos que usarão este volume"[152]: "Uma vez que você pensou ser o único a possuí-lo (e talvez seja verdade: ninguém, com efeito, por quanto o sei, jamais ouviu falar que exista outro exemplar), você o enviou para que me fosse entregue para impressão aos nossos tipógrafos, sem esperar nada mais em troca – dada a sua generosidade, dado o seu amor por todos os homens de letras – senão que ele se tornasse um bem comum de todos os estudiosos, inclusive dos que estão por vir. E não se comporta como alguns consumidos pela inveja, os quais – pretendendo ser os únicos eruditos do mundo – negam aos outros os bons livros: você, ao contrário, deseja que todos sejam o mais possível semelhantes a você [...] coloca generosamente à disposição de todos a sua biblioteca, repleta de bons livros"[153].

Não foram encontrados outros manuscritos dessa obra, e esse códice único utilizado por Aldo está, hoje, conservado na Marciana. É formado por 440 páginas sobre as quais estão bem visíveis os sinais da atividade desenvolvida. Manuzio informa-nos que a edição impressa foi organizada "com rigor" por "Musuro, meu parceiro, o qual, embora tenha trabalhado com rapidez, tornou o texto 'melhor do que o pai' [citação da *Odisseia*], já que emendou muitas passagens adulteradas do manuscrito"[154]. E, de fato, as correções feitas por Musuro estão todas lá e também existem numerosas manchas e respingos de tinta, seja tipográfica, seja do tipo usado para escrever, e aqui e ali ainda se observam algumas impressões digitais.

O que nos pode parecer estranho é que, quando lhe foi restituído o códice, Bardellone não reclamou das condições em que o devolviam – cheio de correções, manchas e marcas, que, decerto, não podia haver antes de entrar na tipografia aldina. Um estudioso aventou a hipótese de que, nessa época, usar um códice para efetuar a sua edição impressa podia ser considerado um enriquecimento do próprio manuscrito. Seja como for, nos nossos dias, um documento devolvido ao proprietário cheio de anotações e rasuras seria considerado irremediavelmente arruinado.

Antes de morrer, Manuzio estava trabalhando em uma gramática grega, a sua primeira, que, como dissemos, foi publicada postumamente por Marco Musuro.

Para além de qualquer outra consideração, o sonho humanista de Aldo teve um mérito indiscutível: o de preservar obras gregas que, de outro modo, poderiam ter-se perdido. O haver feito sair de seus prelos centenas, se não milhares, de exemplares de uma única obra significou colocá-la a salvo para sempre. "Meu desejo, de fato, está acabado: hoje, todos oferecem espontaneamente os seus manuscritos gregos e os enviam aos livreiros para que os

---

[152] Aldo Manuzio, "Prefácio de Aldo Pio Manuzio ao *Dicionário* de Hesíquio, Dedicado a Giacomo Bardellone", em Hesíquio, *Dictionarium* (em grego e latim), Veneza, In Aedibus Aldi et Andreae Soceri, ago. 1514, in-fólio.

[153] *Idem.*

[154] *Idem.*

vendam; muitos são enviados também a mim. Se alguém está arrependido, que se enforque"[155], observa o editor. Um conceito, o do conhecimento compartilhado graças às potencialidades da impressão, que é retomado, tempos depois, pelo humanista e grecista florentino Pier Vettori, em carta ao Grão--Duque Cosimo I de Medici: "Esta biblioteca será, de fato, muito mais bem--vinda e prenhe de frutos se não ficar fechada entre paredes e puder difundir-se rapidamente por todas as terras não de todo incultas, com o que estará sempre livre de qualquer tipo de perigo"[156].

De alguns textos – acabamos de ver o caso do *Lexicon* de Hesíquio – existia uma única cópia manuscrita; perdida esta, desapareceria também a obra. Assim, se parte das obras clássicas helênicas chegaram até nós, devemo-lo também à ideia visionária de Aldo e à obstinação com a qual continuou a imprimir composições gregas, mesmo tendo de desafiar a adversidade do mercado. Outra boa razão para lhe ser grato ainda hoje.

Em todo caso, o monopólio aldino da impressão em grego chega ao fim: em 1514, Bernardo Giunti começa a publicar em grego, em Florença, enquanto os ex-colaboradores de Manuzio, Demetrio Ducas e Girolamo Aleandro, têm tipografia grega na França e Espanha. Os livros que imprimem são, na maior parte, reedições de obras já publicadas anteriormente.

Se devemos ao intuito cultural e à capacidade empreendedora de Aldo tantas obras da Antiguidade clássica que chegaram até nós, devemos reconhecer-lhe também o mérito indiscutível de haver impresso o livro mais belo do mundo. É o que veremos no próximo capítulo.

---

[155] "Aldo Manuzio de Bassiano, Romano, Saúda todos os Estudiosos", em Aldo Manuzio e Urbano Bolzanio (eds.), *Thesaurus Cornucopiae et Horti Adonis* (em grego e latim), Veneza, In Domo Aldi Romani, ago. 1496, in-fólio.

[156] Cf. Davide Baldi, "Aldo Manuzio, La Suda e l'Ordine Alfabetico", *Medioevo Greco. Rivista di Storia e Filologia Bizantina*, n. 16, 2016, pp. 15-24.

capítulo 5 O *HYPNEROTOMACHIA POLIPHILI*, OU DA BELEZA

Não devem ser muitos, na história da edição, os livros impressos que alcançaram mais fortuna com os artistas do que com os literatos. O **Hypnerotomachia Poliphili**, lançado em dezembro de 1499, é um desses livros. O motivo, já o diremos: trata-se de uma autêntica obra de arte, na qual os méritos do gravador passaram ao primeiro plano em relação aos do autor. Alguém escreveu que o **Polifilo**, como também é chamado, é um daqueles livros que pagaram o preço de serem ilustrados bem demais e, por isso, foi muito guardado e pouco lido. Ainda que nos ocupássemos apenas do texto e não das imagens, foi, muito mais vezes, levado em consideração o desenho e a qualidade dos caracteres com que foi composto em vez daquilo que o autor escreveu.

George Painter, responsável pelos incunábulos no British Museum (além de biógrafo de Marcel Proust), considerava esse livro um marco notável da história da editoração: "A Bíblia das 42 linhas de Gutenberg, de 1455, e o *Hypnerotomachia Poliphili*, de 1499, evitam dois extremos opostos do período dos incunábulos, com uma preeminência igual e contrária: a sóbria e austera Bíblia de Gutenberg, alemã, gótica, cristã e medieval; o fulgurante e luxuoso *Hypnerotomachia*, italiano, clássico, pagão e renascentista. As duas obras-primas supremas da arte da impressão ocupam os polos opostos do desejo humano de busca"[157].

É um pouco paradoxal que o livro mais famoso de Aldo, a obra que é unanimemente considerada hoje o livro mais belo, ao menos do Renascimento, se não mesmo de todos os tempos, foi pouco amada por Manuzio. Aldo não sentia aquele volume como "seu" porque lhe fora comissionado. Cinco anos depois, ele nos fará saber, ao contrário, na edição de Demóstenes, que considerava "o livro mais belo entre quantos imprimimos até aqui em latim e grego"[158] por seus "belíssimos caracteres"[159] e pela "roupagem exterior assaz decorativa"[160]. Avaliações muito diferentes das nossas, como se vê.

Quem lhe encomendara o *Polifilo* fora Leonardo Crasso (ou Grasso, ou Grassi), fidalgo veronês, formado em jurisprudência e, em seguida, protonotário apostólico que dedica a primeira edição do *Hypnerotomachia Poliphili* a Guidubaldo da Montefeltro, Duque de Urbino, tanto para lhe agradecer, quanto para pôr bem em evidência qual era o público a quem o produto se destinava: aquela elite intelectual habituada a considerar os livros como objetos de luxo.

Guidubaldo não apenas herdara de seu pai Federico o título nobiliário, mas também uma das mais opulentas bibliotecas do renascimento. O duque é um culto humanista capaz de falar grego fluentemente "e de se poder valer não menos da língua materna", escreve a respeito dele Baldassare Castiglione, o autor de *O Cortesão*, ambientado justamente na corte de Urbino. O protagonista dos diálogos do livro é uma mulher, Elisabetta Gonzaga, também cultíssima e apaixonada por textos astrológicos antigos, a ponto de fazer-se retratar por Rafael com um prendedor de cabelo em forma de escorpião.

Crasso considera os leitores pertencentes à corte do duque fundamentais para o sucesso da publicação: "Assim será lido pelos muitos outros que souberem já ter sido ele lido por vós", observa na dedicatória. Afirma, ainda,

---

[157] Helen Barolini, *Aldus and His Dream Book*, New York, Italica Press, 1992, p. 6.
[158] Aldo Manuzio, "Aldo Pio Manuzio Romano Saúda Daniele Clario di Parma", em Demóstenes, *Orationes* (em grego e latim), In Aedibus Aldi, nov. 1504, in-fólio.
[159] *Idem*.
[160] *Idem*.

que os livros impressos lançados pela loja aldina não tinham nada a invejar aos manuscritos, a ponto de poderem figurar sem desdouro na biblioteca do duque de Urbino, e que – em sintonia com Aldo – a língua falada diariamente, isto é, o vernáculo, está em grau de exprimir igualmente os mais elevados conceitos, até então considerados prerrogativa das línguas clássicas.

Crasso representa a perfeita síntese daquilo que Aldo, em seguida, aprenderia a temer: o literato diletante que deseja publicar sua própria obra. Ele a oferece também em duas versões, diferentes, mas inter-relacionadas. A segunda, mais breve e simples em comparação com a outra, mantém uma certa ligação com a realidade: a protagonista Polia fala sobre sua cidade, Treviso, e de sua família, os Lelli, assim como da origem do amor provado por ela de Polifilo, o protagonista masculino. A mulher é acometida pela peste, faz voto de castidade e, por isso, depois de curada, rejeita as ofertas de Polifilo, que cai em catalepsia, como morto.

A versão impressa, a mais complexa, é privada das ligações com a realidade. Polifilo percorre o caminho catártico da dor à alegria através de um mundo fantástico de caráter arqueológico, com pirâmides, obeliscos, templos em ruína e altares desabados, entre os quais aparece Polia, como uma ninfa que guia o amante à iluminação extrema, à beira da fonte de Vênus. "Perversão linguística e literária"[161]: assim foi definida a obra, cheia de perífrases eruditas e de verbosos exotismos.

Resta entender por que Aldo imprimiu um livro que jamais amará. Provavelmente, os motivos são mais de um único. O irmão de Leonardo, Bernardino Crasso, estava em contato com o médico Alessandro Benedetti: vimos que, dois anos antes, Aldo havia publicado o relatório da campanha francesa na Itália.

O *Hypnerotomachia Poliphili* chega ao editor apoiada por amigos literatos, que Aldo não quer ofender, e acompanhada por várias centenas de ducados, que ele não pode permitir-se recusar. É provável que Manuzio conheça pessoalmente o autor, porque as ilustrações são tão ligadas ao texto que deixa pressupor uma colaboração estreita entre o escritor, o ilustrador e o editor.

Polifilo é uma obra onírica de cunho claramente dantesco: uma viagem que principia numa selva – não escura, mas *máxima* –, uma floresta apavorante e cheia de obstáculos: animais, palácios, bosques, prados, fontes e ninfas. Após haver superado provas e obstáculos, o percurso culmina no encontro do amor, Polia, uma espécie de Beatriz. Obscura é, de todo modo, a linguagem: uma mescla de italiano, latim e grego, com acréscimos aqui e ali de hebraico, caldeu, árabe e invenções do autor, uma espécie de prosa humanista levada aos extremos. Uma linguagem iniciática, concebida a fim de que ninguém, exceção feita aos eruditos, logre penetrar a essência de seus ensinamentos.

Eis o exórdio da obra: "Polifilo incomincia la sua Hypnerotomachia ad descrivere et lhora, et il tempo quando apparve in somno di ritrovarsi in quieta

---

[161] Cf. Maria Eleonora Cucurnia, *Le Innovazioni Editoriali di Aldo Manuzio*, Roma, Oblique, 2009.

et silente plagia"[162]. *Hypnerotomachia* é o conjunto de três palavras gregas que significam sonho [hypnos], amor [eros] e luta [makhē]; Polifilo, o protagonista, sonha com a bela Polia e para alcançá-la deve superar uma série de provas iniciáticas. A mulher esconde-se em uma selva onde encontra, e lê, numerosas lápides da idade clássica. O homem desperta do sonho de amor em Treviso, numa sexta-feira, primeiro de maio de 1467, dia que, na época, era dedicado aos apaixonados. "Et per anni riverticuli agli idi di Maio cum prisce et solene cerimonie, tuti quelli che ad amore affabile indulgendo davano opera, cusì homini quali femine, in questo loco [...] convenivano"[163].

Claro que uma prosa desse gênero não facilitava o acesso à obra; obviamente, a dificuldade era intencional: como dissemos, o texto era concebido de tal modo que apenas os eruditos pudessem compreendê-lo a fundo. As imagens e os símbolos foram concebidos, pelo menos em parte, para facilitar a inteligibilidade de um texto deliberadamente árduo: não se limitam a ilustrá-lo, mas o integram. Uma espécie de efeito desejado, de desafio ao leitor, compensado pelo prazer do aparato iconográfico.

As belíssimas gravuras

Xilografia e composição são os dois fatores que transformam o livro em uma obra de arte. O texto é disposto em colunas, em pirâmides invertidas, únicas ou aos pares, em taças ou em outras formas fantasiosas, em condições de assegurar um efeito estético original e nunca experimentado anteriormente. A composição das páginas torna-se uma espécie de aplicação à tipografia dos modelos matemáticos e geométricos da divina proporção, que justamente nesse período é definida por Luca Pacioli, o frade matemático que havíamos encontrado e encontraremos ainda.

São 172 gravuras, tão belas que chegam a ser atribuídas a artistas do calibre de Giovanni Bellini ou Andrea Mantegna. Hoje, porém, os estudiosos são quase unânimes em considerá-las obras do geógrafo e gravador paduano Benedetto Bordon. Este pertence a uma modesta família de alfaiates e barbeiros e, após a morte da mãe, em 1492, transfere-se para Veneza. Ali se põe a administrar uma frequentada loja situada no mercado central de San Zulian, no percurso que de São Marcos conduz a Rialto. Dois anos mais tarde, ele é encarregado de realizar a xilografia para ilustrar as *Histórias* de Heródoto, editadas por Lorenzo Valla.

Pessoa cultíssima, Bordon fala fluentemente o latim, frequenta os círculos humanistas de Veneza e desposa a irmã de um miniaturista com a qual

---

162 Francesco Colonna, *Hypnerotomachia Poliphili* (em vernáculo), In Aedibus Aldi Manutii, Accuratissime, dez. 1499, in-fólio [Trad. brasileira.: *A Batalha de Amor em Sonho de Polifilo*, trad. Cláudio Giordano, São Paulo, Imprensa Oficial, 1999].

163 *Idem*.

põe no mundo cinco filhos. Naqueles anos, está ocorrendo uma mudança de época: os miniaturistas, que antes embelezavam os manuscritos, agora se transformam em desenhistas de xilografias para que as novas ilustrações impressas substituam, lenta mas inexoravelmente, as velhas miniaturas. Os clientes mais ricos e pretensiosos ainda mandam iluminar algum livro impresso, mas trata-se apenas de uma espécie de canto do cisne. Benedetto torna-se, em Veneza, o mais importante ilustrador de livros da sua geração. É ele que executa os desenhos, mas quem realiza materialmente as gravações na madeira é o entalhador Jakob von Strassburg (Jacopo da Strasburgo).

Se a atribuição das gravações foi objeto de discussão, é certa, ao contrário, a contribuição de Benedetto Bordon para a história da edição geográfica: em setembro de 1508, ele solicita um privilégio para um "mapa-múndi em forma redonda", ou seja, não apenas a primeira projeção esférica documentada impressa na Itália, mas também a primeira a mostrar todos os graus de longitude e latitude. Em 1528, ele é o primeiro a imprimir um ilhário, ou seja, um atlas apenas de ilhas. Esse livro registra outra particularidade: a de usar, pela primeira vez, o nome "Terra del Laboratore" para aquela região da América do Norte que ficará conhecida com o nome de Labrador.

As ilustrações do *Polifilo* não foram gravadas, de qualquer forma, todas pela mesma mão, já que mostram notáveis variações de estilo; algumas são autênticas obras de arte; outras, valiosos produtos de artesanato. Muitas das gravações apresentam um conteúdo decididamente erótico: há uma clara prevalência de figuras femininas, quase sempre vestidas com túnicas apertadas sob as quais espreitam os mamilos.

Uma dessas xilografias mostra, pela primeira vez na história da impressão, um órgão sexual: um membro masculino na representação de Príapo "cum tutti gli sui decenti e propriati insigni"[164]. Poder-se-ia também não entender bem o texto, mas seguramente não é necessária grande imaginação vendo Príapo no altar com o falo ereto, tendo aos seus pés um grupo de fiéis exultantes e o sangue do vitelo sacrificado que se esparge diante da ara. É provável que a maior parte dos católicos obedientes aos desejos eclesiásticos tenha simplesmente julgado a obra como uma obscena orgia pagã.

Dois anos antes, o patriarca de Veneza, Tomaso Donà, havia pedido para censurar, ameaçando de excomunhão, a edição das *Metamorfoses* de Ovídio, publicada pelos Giunta: deviam, segundo ele, ser enegrecidos os genitais "das mulheres nuas, das divindades fálicas e outras imundícies". Algo do mesmo gênero ocorre com o *Polifilo*: na cópia conservada na Biblioteca Vaticana, o detalhe do falo foi cuidadosamente borrado com tinta, com o objetivo de eliminá-lo. Na realidade, a julgar pelas características do entintamento, parece que foi o próprio Manuzio a imprimir um certo número de cópias enegrecidas, talvez exatamente para evitar e contornar a censura.

164 *Idem.*

TRIVMPHVS

ce ligatura alla fistula tubale, Gli altri dui cū ueterrimi cornitibici concordi ciascuno & cum gli instrumenti delle Equitante nymphe.

Sotto lequale triūphale seiughe era laxide nel meditullo, Nelqle gli rotali radii erano infixi, deliniamento Balustico, graciliscenti seposa negli mucronati labii cum uno pomulo alla circunferentia. Elquale Polo era di finissimo & ponderoso oro, repudiante el rodicabile erugine, & lo'incédioso Vulcano, della uirtute & pace exitiale ueneno. Summamente dagli festigianti celebrato, cum moderate, & repentine riuolutiōe intorno saltanti, cum solemnissimi plausi, cum gli habiti cincti di fasceole uolitante, Et le sedente sopra gli trahenti centauri. La Sancta cagione, & diuino mysterio, inuoce cōsone & carmini cancionali cum extrema exultatione amorosamente lauda
uano.

✶✶
✶

PRIMVS

EL SEQVENTE triumpho nõ meno miraueglioso del primo. Im
pero che egli hauea le quatro uolubile rote tutte,& gli radii,& il meditul
lo defusco achate,di candide uenule uagamente uaricato. Ne tale certa
mente gesto e re Pyrrho cum le noue Muse & Apolline in medio pulsan
te dalla natura impresso.

Laxide & la forma del dicto q̃le el primo, ma le tabelle erão di cyaneo
Saphyro orientale, atomato de scintillule doro, alla magica gratissimo,
& longe acceptissimo a cupidine nella sinistra mano.

Nella tabella dextra mirai exscalpto una insigne Matrõa che
dui oui hauea parturito, in uno cubile regio colloca
ta, di uno mirabile pallacio, Cum obstetrice stu
pefacte, & multe altre matrone & astante
Nymphe Degli quali usciua de
uno una flammula, & delal-
tro ouo due spectatissi
me stelle.
* *
*

sipunculo per ilquale emanaua laqua della fontana per artificio perpe-
tua in la subiecta concha.
   Nel Patore dunque di questo uaso prominaua uno pretiosissimo móticulo, mirabilmente congesto di innumere gemme globose pressamente
una ad laltra coaceruate, cum inæquale, o uero rude deformatura, lepidis-
simamente il móticulo scrupeo rendeuano, cú coruscatióe di uarii fulge-
tri di colore, cum proportionata eminétia . Nel uertice, o uero cacumine
di questo monticulo, nasceua uno arbusculo di mali punici, di tronco, o
uero stipite & di rami, & similmente tutto questo composito di oro prælu-
cente. Le foglie appositie di scintilláte Smaragdo. Gli fructi alla grandu-
dine naturale dispersamente collocati, cum il sidio doro ischiantati larga-
mente, & in loco degli grani ardeuano nitidissimi rubini, sopra omni pa-
ragonio nitidissimi di crassitudine sabacea. Poscia lo ingenioso fabro di
questa inextimabile factura & copioso essendo del suo discorso
imaginario haueua discriminato, in loco di Cico gli grani cum
tenuissima bractea argentea . Oltra di questo & ragioneuolmente haueua ficto & alcuni altri mali crepati, ma di
granelatura immaturi, oue haueua cóposito cum im-
probo exquisito di crassi unione di candore orientа-
le. Ancora solertemente haueua finéto gli balau-
sti facti di perfecto coralio in calici pieni di api-
ci doro. Vltra di questo fora della sum-
mitate del fistulatamente uacuo stipite
usciua uno uersatile & libero stylo, il cardine imo delqua-
le, era fixo in uno ca-
po peronato, o ue-
ramente firma-
to sopra il medio
dellaxide. & ascendeua
per il peruio & instobato trunco.

Ilquale stylo fermamente infixo uno conspicuo uaso di Topacio su-
steniua, di antiquaria forma, la corpulentia ima delquale era lata, cum tu-
midule scindule cincto nella apertura mirificamente di una coronicetta,
sotto laquale era una fasciola claustrata dunaltra subiecta. Nellaqlle ligatura, in quatro æquale diuisione, appacti erano qtro alati capituli di pue-
rulo cú qtro stilláti sipunculi negli labri. Da poscia il residuosi acumina-
ua dua táto, qto la ima corpulétia in una obturatióe sopra lorificio di una

Logistica etiam quiui me
dixe. Poliphile, Questi hiera
glyphi io so che tu non linten-
di. Ma fano molto al propo-
sito, a cui tende alle tre porte.
Et pero in monumento delli
transeunti opportunissime sono collocati. El circulo dice.
Mediú tenuere beati. Laltro.
Velocitatem sedendo. Tardi-
tatem tempera surgendo. Ho
ra nella mente tua discussaméте
te rumina.
   Elquale ponte poscia era
cum moderato prono, dimó-
strante la solerte disquisitione,
& larte & lo ígegno del perspi-
cacissimo artifice & iuentore,
colaudaua i esso la æterna so-
liditate, Laquale non e cogni-
ta dagli cæcucienti moderni,
& pseudoarchitecti, sen cia lit-
teratura, mensura & arte, fucando, & di picture, & di liniaméti operiendo
xta per omni modo il fabricato inconcinno & difforme. Ilquale era tu-
di marmoro Hymetio uenustissimo.
   Hauendo nui el ponte transfecto, ambulauamo sotto per le fresche um-
re, di uario garrito di auicule suauemééte celebrate. Ad uno saxoso & co-
co loco, oue gli excelsi & ardui móti se attolleuano, peruenissimo. Et din-
di poscia cotiguo ad una abrupta & inuia, & salebrosa mótagna, Tuta derosa & piena di hernia scabricie. Alta fino ne laere, appen-
dice fina delumbata, & nuda de omni uirentia, & mon-
ti adryi circunquaque. Et quiui erano intersca-
pte le tre randiscule porte, rudemente ex-
cauate nel niuo saxo, Opera anti-
qria, & oltra il credere ueter-
rima in magna asperu

Sopra qualúque delle quale, di charactere Ionico, Romano, Hebræo,
& Arabo, uidi el titulo che la Diua Regina Eleuterilyda haueami prædi-
cto & pronosticato, che io ritrouerei. La porta dextra haueua sculpta que-
sta parola. THEODOXIA. Sopra della sinistra qsto dicto. COSMO-
DOXIA. Et la tertia haueua notato cusi. EROTOTROPHOS.
Da poscia che nui quiui applicassimo imediate, le Damigelle comite

TRIVMPHVS

Sopra de questo superbo & Triumphale uectabulo, uidi uno bian
chissimo Cycno, negli amorosi amplexi duna inclyta Nympha filiola
de Theseo, dincredibile belleçia formata, & cum el diuino rostro obscu
lantise, demisse le ale, tegeua le parte denudate della igenua Hera, Et cũ
diuini & uoluptici oblectamenti istauano delectabilmente iucundissi
mi ambi connexi, Et el diuino Olore tra le delicate & niuee coxe collo
cato. Laquale commodamente sedeua sopra dui Puluini di panno do
ro, exquisitamente di mollicula lanugine tomentati, cum tutti gli sum
ptuosi & ornanti correlarii opportuni. Et ella induta de uesta Nympha
le subtile, de serico bianchissimo cum trama doro texto præluccente
Agli loci competenti elegante ornato de petre pretiose.
Sencia defecto de qualunque cosa che ad incremen
to di dilecto uenustamente concorre. Summa
mente agli intuenti conspicuo & dele
ctabile. Cum tutte le parte che
al primo fue descripto
di laude & plau
so.
*

SECVNDVS

EL TERTIO cæleste triumpho seguiua cum quat
di Chrysolitho æthiopico scintule doro flammigiante
quale la seta del Asello gli maligni dæmonii fuga, Alla
to, cum tutto quello c'b di sopra di rote e dicto. Dapose
ambito per el modo compacte sopra narrato, erano di
pia Cyprico, cum potere negli lumi cælesti, el suo gestã
nare dona, di sanguinee guttule punctulato.
Offeriua tale historiato insculpto la tabella dextra. V
gia maiestate isigne, Oraua in uno sacro templo el diuo
lo che della formosissima fiola deueua seguire. Senten
ctione sua per ella del regno. Et ne per alcuno fusse
una munita structura di una excelsa torre, Et in
soléne custodia la fece inclaustrare. Nella
le ella cessabonda assedédo, cum ex
cessiuo solatio, nel uirgi
neo sino gutte do
ro stillare
uede
ua.
*

Et ecco che ad nui, una donna grãdæua se psentoe, di aspecto cœlibe,
Laquale fora di una craticea casuncula cum fumido tecto & parieti fu
migati per la pusilla porta egressa (Laquale sopra se haueua notato PYLV
RANIA) ueniua cum pudico matronato, in solitario loco collocata la
sua ædicula, & i una opaca rupe & cariosa di nudo & friabile saxo, Lace
ra, squallida, macilenta, poueru, Cum gliochii ad terra defixi, Theude il
suo nome. Et seco haueua sei contubernale & indiuidue uernule ministra
te, assai deiectamente uestite & obese. Dellequale una nominauasi Parthe
nia. La seconda Edosia, & una Hypocolinia. La quarta Pinotidia. Et ad
presso eglieraTapinosa, la ultima Ptochina. La quale ueneranda matro
na cum il dextro brachio nudo, lalto Olympo monstraua.

Habitaua allingresso di una strata scrupea, di progresso difficile, di spi
ni & sente impedita. Il loco apparédo scabroso & dispiaceuole, cum il cœ
lo pluuio & turbato, & cum nubila caligine infuscata, & arctissimo calle

Dique Logistica animaduertendo, che io al primo ituito tale cosa ab
horriua, quasi mœsta dixemi. Poliphile, Questo calle si nõ allultimo si co
gnosce, & cusi questa ueneráda & sancta donna Thelemia argutula præ

Ecco sencia præstolatióe sue patefacta, & itromessi, Se fece ad nui u
Matrona chrysaora cum gliochii atroci & nellaspecto prompta, uibra
te cũ la leuata sua spatha in mano & prælucéte. In medio della quale, u
corolla doro, & uno ramo di palmula itrauersato suspesa pendeua, Cu
brachii Herculei & da fatica, cum acto magnanimo, Cum il uétre tenu
bucca picola, humeri robusti, Nel uolto cum demonstratione di non te
rirse di qualunqua factione ardua & difficile, ma di feroce & gigantec a
mo. Et il suo nõiatiuo era Euclelia, Et dixene nobile giouenette & &
quiose uenerabilmente comitata. Il nome della prima Merimnasia, De
la secunda, Epitide. Dellaltra, Ergasilea. La quarta era chiamata, Anecte
Et Statia nominauasi laquinta. La ultima era uocata Olistea. Il loco & f
to mi parea essere molto laborioso. Per questo auidutasi Logistica pron
pta icomicioe cũ Dorio mõ, & tono di cátare tolta la lyra di mano di '
lemia, & sonando suauemente a dire. O Poliphile nõ ti rencresca in qu
sto loco uirilmente agonizare. Perche sublata & ammota la fatica, rima
il bene. Tanto fue uehemente il suo canto, che gia consentiua cum qual
adolescentule cohabitare, quantunque lo habituato di fatica appari

quale cosa, principiai poscia ragioneuolmente
ienuto nella uastissima Hercynia silua. Et quiui
uli de nocente fere, & cauernicole de noxii anima
percio cum maximo terriculo dubitaua, di esser
& sencia auederme dilaniato da setoso & dentato
mo, ouero da furente, & famato Vro, Ouero da
iendi lupi incursanti miseramente dimembrabo
rne mie. Dicio dubitãdo ispagurito, Iui propos
pigredine) piu non dimorare, & de trouare exito
pericoli, & de solicitare gli gia sospesi & disordi

VLTITVDINE DEGLI AMANTI GI
DIVE AMOROSE PVELLE LA NYMP
FACVNDAMENTE DECHIARA, C
COME DAGLI DII AMATE. ET GLI

Em uma outra ilustração, vê-se um sátiro de membro pontiagudo prestes a penetrar uma ninfa. Algumas gravuras são cômicas, como aquela na qual os elefantes transformam-se em formigas e as formigas em elefantes; outras têm um caráter solene, como, por exemplo, o obelisco de três faces que trazem imagens e inscrições que ligam a trindade às três partes do tempo. Outras, ainda, são rébus visuais, como a jovem meio sentada e meio erguida que apoia firmemente um pé no chão, enquanto levanta o outro no ar: do lado do pé fixado no chão, segura na mão um par de asas, enquanto, do lado do pé levantado no ar, há uma tartaruga. A inscrição informa-nos que a moça ergue-se do lado da tartaruga para contrabalançar a lentidão do animal e, ao mesmo tempo, permanece sentada do lado das asas para contrabalançar a sua velocidade: quem lê é convidado a fazer o mesmo.

Essa tortuosa e complicada representação visa expressar a união dos contrários e, para fazê-lo, utiliza uma contraposição extravagante com o escopo de induzir quem a esteja observando a fixá-la na mente. Entre as imagens do volume, repetem-se continuamente templos, cúpulas, ruínas, obeliscos, lápides, vasos, estandartes. Na ilustração de um "anfiteatro [...] de incrível, inusitada e inaudita estrutura" é identificado o Coliseu.

Se foi tão complicado individualizar o suposto autor das gravações, para os historiadores da arte foi muito mais simples entender o seu impacto sobre os artistas da época, uma influência que foi extremamente notável sobre tantos, de Bramante a Carracci, de Giorgione a Ticiano.

Não sabemos se houve repercussões diretas no tocante ao editor, devido à obscenidade da obra. É provável que lhe tenham sido úteis as numerosas relações em alto nível que havia entretecido. É igualmente possível que tanto a obscuridade do texto, por um lado, quanto o elevado custo do livro, por outro, tenham afastado os compradores habituais dos romances em vernáculo e mantido baixas as vendas. Podemos presumir que as *Epístolas* de Santa Catarina de Siena, compostas na mesma época do *Polifilo* e lançadas nove meses depois, tenham sido, de algum modo, utilizadas por Aldo também como ato reparatório, para reconstruir com as autoridades eclesiásticas uma respeitabilidade abalada pela obscenidade do *Hypnerotomachia Poliphili*.

Festina lente

São parecidos os elementos que distinguem o livro e o tornam importante sob diferentes aspectos. Entre estes, também é fato que, pela primeira vez, são impressos tanto o lema clássico *festina tarde* ("apresse-se lentamente", que se transformará em *lente* com Erasmo), quanto a âncora com o delfim enrolado na haste, destinados a se tornarem o símbolo da edição aldina, com o *Poetae Christiani Veteres*, impresso em 1502. Na capa desse nosso livro pode-se admirar-lhe a beleza. Além disso, a de Aldo não é a única marca tipográfica que se inspira nas gravuras do *Hypnerotomachia Poliphili*.

Até recentemente, supunha-se que o lema latino estivesse gravado em uma moeda de prata do imperador Vespasiano, dada de presente a Manuzio por Pietro Bembo. Este pretendia expressar o conceito de que é melhor agir com cautela e sem cometer os erros de quem é demasiado audaz e seguro de si. Os estudos efetuados por ocasião dos quinhentos anos da morte do editor bassianense, em 2015, verificaram que nenhuma moeda romana traz gravado esse lema. Ele é encontrado, ao contrário, na versão grega σπεῦδε βραδέως [speûde bradéōs], na dedicatória a Marin Sanudo das obras de Poliziano. Aldo poderia ter deparado com o *Festina lente* em latim ao ler Suetônio ou Aulo Gélio, mas não está claro o lugar do qual, na realidade, o havia, primeiro, aprendido e, depois, tomado emprestado. De todo modo, deve ter-lhe agradado muito, visto que só as xilografias do *Hypnerotomachia* apresentam mais de oitenta variantes do lema.

O que, pelo contrário, aparece na moeda é a âncora com o delfim, que no *Polifilo* apresenta-se reclinada e não em pé, como ocorrerá na marca editorial. O emblema reflete, em forma gráfica, o significado da máxima latina: o instrumento naval simboliza a cautela, o animal marinho a velocidade. Mas atenção: como ficou dito, no livro é utilizada a versão *festina tarde*, e será Erasmo, nove anos depois, a substituir *tarde* por *lente*. Eis a passagem em que aparecem a descrição do símbolo e o lema: "Uma âncora sobre cuja haste enrola-se um delfim. E a interpretação que lhes dei foi [...]: Semper festina tarde"[165]. A representação do delfim também variará com o tempo: em uma versão ele mostra dentes pontiagudos, em outra agita as barbatanas.

Tudo isso reflete o empenho editorial de Manuzio, a saber, que deve fazer de tudo para ser acurado e rápido na mesma conjuntura. E, quando o acusam de ser lento e de postergar indefinidamente os livros prometidos aos leitores, Aldo responde que tem "sempre aqueles companheiros [...] o delfim e a âncora: de fato, embora procrastinando, publicamos muitos livros e o fazemos com uma continuidade regular"[166]. De qualquer forma, fica bem claro que "se, às vezes, não prosseguimos com o vigor do início, isso ocorre por alguma razão válida, ou pelo fato de estarmos organizando algo mais importante com o fim de contribuir mais eficazmente para os progressos das belas-letras e para salvar os autores antigos da degradação e das trevas"[167].

Caberá a Erasmo imortalizar a marca aldina quando, em 1508, escreve: "A âncora representa a lentidão enquanto segura o navio e, ligando-o, o mantém firme. O delfim, ao contrário, visto não existir outro animal mais veloz ou mais ágil na corrida, indica a velocidade. E, se bem refletirmos, rendem esta

---

[165] Erasmo de Rotterdam, "Festina Lente", em *Adagiorum Chiliades Quatuor, Centuriaeque Totidem* (em grego e latim), Veneza, In Aedibus Aldi, set. 1508, in-fólio.

[166] "Aldo Manuzio Romano Saúda Guido da Montefeltro", em Giulio Firmico Materno, *Astronomi Veteres* (em grego e latim), Veneza, In Aedibus Aldi, out. 1499, in-fólio.

[167] Aristóteles *et al.*, *Rhetores Antiqui Graeci*, I (em grego e latim), Veneza, In Aedibus Aldi, nov. 1508, in-fólio.

expressão: 'Apressa-te lentamente'"[168], e, depois, acrescenta que esse lema "chegou agora como terceiro herdeiro a Aldo Manuzio Romano e, certamente, penso, não sem o consentimento e o desígnio dos deuses"[169].

A identidade de Francesco Colonna

Entre os diversos mistérios que caracterizam esse livro, sobressai, no entanto, aquele, fundamental, referente ao autor. Não contém nenhuma assinatura, e até o nome do editor só se revela na última página de errata. "In aedibus Aldi Manutii accuratissime", com o advérbio num superlativo que parece quase uma advertência, uma tomada de distância: fiz o máximo porque tudo saiu o melhor possível; se alguma coisa continuar a não funcionar, a culpa não é minha.

A assinatura, uma assinatura, está escondida em uma espécie de rébus: unindo entre si as letras iniciais dos 38 capítulos, obtém-se uma frase que contém o nome de Francesco Colonna. Enigma resolvido, portanto? De modo algum. Neste ponto, abre-se a questão sobre quem este Francesco Colonna era, e, ainda hoje, não há unanimidade quanto à identificação. Naqueles anos, havia dois Colonna em Veneza, ambos chamavam-se Francesco e ambos poderiam ter sido os autores do *Polifilo*: um príncipe da família romana homônima e um frade dominicano do Convento dei Santi Giovanni e Paolo.

Digamos, desde já, que hoje a tese majoritária é a que supõe tenha sido o romance escrito pelo frade, mas a outra conjetura continua a ter os seus bravos defensores. A favor da hipótese principesca há a presença, no livro, de símbolos heráldicos e brasões que pouco têm a ver com um religioso, assim como vários outros indícios, entre os quais o fato de Bernardino, irmão de Leonardo, haver desposado Francesca dell'Anguillara, filha de Catarina Colonna – a irmã de Francesco –, que vivia no Vêneto. Além do mais, na edição francesa de 1546, está escrito que o acróstico indica "um fidalgo culto, de ilustre família".

Fazendo pender a balança para o lado do frade, há o fato de a história ser ambientada em Treviso, em 1467, e de frei Colonna ser originário exatamente de Treviso. Polia apresenta-se como Lucrezia Lelli: os Lelli eram uma poderosa família proprietária de terras agrícolas entre Pádua e Treviso, e Teodoro Lelli era bispo de Treviso durante a peste de 1464. O supramencionado Bernardino Crasso é também, de 1498 a 1500, guardião-mor da grande escola de São Marcos, construída ao lado do Convento Domenicano dei Santi Giovanni e Paolo (hoje estão fazem parte do Hospital Público), daí o irmão do financiador poderia ter sido o intermediário quer de um, quer de outro dos Colonna.

---

168 Erasmo de Rotterdam, "Festina Lente", em *Adagiorum Chiliades Quatuor, Centuriaeque Totidem* (em grego e latim), Veneza, In Aedibus Aldi, set. 1508, in-fólio.
169 *Idem*.

Sabemos seguramente, ademais, que nessa época tinha sido publicado um livro do Colonna frade. Temos certeza disso porque, em 5 de junho de 1501 – ou seja, exato um ano e meio após a publicação do *Hypnerotomachia Poliphili* – o mestre-geral dos dominicanos, Vincenzo Bandello, ordena a frei Francesco que restitua o dinheiro gasto pelo padre provincial em seu nome para a impressão de um livro. Devia tratar-se de uma quantia considerável, a ponto de incomodar o próprio mestre-geral da Ordem. Sabemos, entretanto, que as vendas do *Polifilo* acham-se estagnadas, de fato, em 16 de fevereiro de 1509, Leonardo Crasso solicita que lhe seja renovado por mais dez anos o privilégio de impressão e venda porque, "devido aos tempos e aos distúrbios da guerra [...] quase todos estão encalhados e por eles gastei uma centena de ducados". Deduz-se que, dez anos após a impressão, ainda existem numerosas cópias armazenadas, e tudo indica que a Guerra de Cambrai (dali a três meses ocorreria a fragorosa derrota veneziana de Agnadello) não ajuda a vendê-las.

É possível, então, que Francesco Colonna tenha solicitado um empréstimo à Ordem, a fim de pagar a dívida com as receitas advindas das vendas, que, na realidade, porém, devem ter ficado muito abaixo das expectativas. Nada prova, todavia, que a dívida contraída se devesse à publicação do *Polifilo* e, por outro lado, afigura-se que Leonardo Crasso cobriu inteiramente as despesas, razão pela qual o frade não teria nenhum motivo para solicitar um empréstimo a fim de que Manuzio imprimisse um livro já pago. Se aquele dinheiro serviu para publicar exatamente o *Hypnerotomachia Polipili* ou alguma outra obra, não podemos exatamente sabê-lo.

Frei Francesco é uma figura cheia de sombras: tinha sido, em muitas ocasiões, convocado pelas autoridades máximas da Ordem Dominicana e, uma vez, fora expulso também de Veneza sob acusações gravíssimas. Em 1516, já com mais de oitenta anos, envolve-se em mais um escândalo: acusa alguns dos seus superiores de sodomia e, depois, retrata-se, mas, por sua vez, é acusado de ter seduzido uma jovem. De novo banido de Veneza, consegue, mais uma vez, regressar, tornando-se uma espécie de lenda, tanto que, quando morre, aos 94 anos, em 1527, Matteo Bandello imortaliza os seus delitos em uma novela.

A questão sobre quem seja o verdadeiro autor do livro mais belo do mundo está destinada a não se revolver tão cedo.

Um mito que perdura no tempo
Ainda que Aldo não o amasse, o *Polifilo* torna-se rapidamente um objeto de desejo. Em 1507, Albrecht Dürer adquire uma cópia por um ducado, preço elevado, mas não exagerado, dado que ainda outros grandes *in-fólio*s tinham um custo equivalente (hoje, o exemplar encontra-se na Staatsbibliothek de Monaco di Baviera).

O dedicatário do romance, Guidubaldo da Urbino, possui, obviamente, uma cópia dele, e esse volume vai parar nas mãos de Baldassare Castiglione, que, em 1503, encontra-se na corte urbiniana. O *Polifilo*, provavelmente, não agrada a Castiglione e, com efeito, ele o desanca no *Cortegiano*, o grande *best-seller* do século XVI (o veremos no penúltimo capítulo), que começa a esboçar em 1507. O parecer de Castiglione é que a linguagem rebuscada e artificial faz com que uma hora de semelhante conversação pareça durar mil anos. No entanto, também é obrigado a admitir que a obscura linguagem do livro, apesar de tudo, entrou de certa forma no uso comum: "Conheci alguns que, escrevendo e falando de mulheres, usam palavras de Polifilo".

A fortuna do livro, na Itália, é modesta: após a edição de 1499, apenas uma segunda é impressa, em 1545, com as xilografias originais. Já na França, ao contrário, a edição é dotada de uma nova e magnífica série de gravuras e alcança grande sucesso: François Rabelais o cita ao descrever jardins e templos no *Gargântua e Pantagruel*, cujo terceiro livro sai em 1546, mesmo ano da tradução francesa do *Hypnerotomachia*, que, em seguida, emplaca oito edições até 1883. A primeira edição inglesa é de 1592, com o título *The Strife of Love in a Dream* (*O Conflito do Amor em um Sonho*).

Apostolo Zeno, o veneziano que, a partir de 1718, torna-se poeta cesáreo na corte de Viena, estigmatiza-o impiedosamente: "Esse sonho de Polifilo foi o pretexto para o de muitos outros, exatamente como em uma apresentação teatral o bocejo de um faz os outros bocejarem"; entre esses outros é justamente Zeno o primeiro a sugerir que o Francesco Colonna autor do livro possa ser o frade dominicano.

A fama que, em todo caso, ela alcança permite à obra galgar os séculos. Um exemplo? James Joyce fala dela no *Finnegans Wake*[170]: "A jetsam litterage of convolvuli of times lost or strayed, of lands derelict and of tongues laggin too" ("Os destroços delituosos de convólvulos de tempos dispersos ou perdidos, de terras abandonadas e de idiomas que ficaram para trás"[171]). Um que fez da interpretação dos sonhos a razão de ser do seu ofício, o psicanalista Carl Jung, em 1925, lê o *Polifilo* na edição francesa.

Estima-se que tenha chegado aos nossos dias mais da metade da primeira tiragem do *Hypnerotomachia Poliphili*, a saber, cerca de trezentas cópias, cadastradas em bibliotecas públicas, coleções particulares e transitadas por mercados de antiquários. Um livro tão excepcional só pode custar muito caro: em abril de 2013, a casa de leilões londrina Christie's vendeu uma cópia por quase 316 mil dólares americanos.

---

[170] James Joyce, *Finnegans Wake*, London, Faber and Faber, 1939 [Trad. brasileira: *Finnegans Wake, Finnicius Revém*, 2. ed., trad. Donald Schüler, São Paulo, Ateliê Editorial, 2022].

[171] James Joyce, *Finnegans Wake, Finnicius Revém*, 2. ed., trad. Donald Schüler, São Paulo, Ateliê Editorial, 2022, p. 445.

O *Polifilo* na arte

Os historiadores da arte constataram uma verdadeira correspondência de concepção e sentimento entre a visão erótica expressa no texto de Francesco Colonna e a imagem impressa nas pinturas de Ticiano Veccelio. A primeira tem por assunto o triunfo do amor no sonho; a segunda, graças às cores e aos pincéis, transfigura em realidade o mesmo triunfo do amor antes apenas sonhado. O quadro *Amor Sacro e Amor Profano* (pintado por Ticiano em 1515, hoje na Galeria Borghese, em Roma) fornece uma espécie de interpretação em pílulas de tudo o que foi contado no *Hypnerotomachia*. A loira de cabelos compridos ondulados espelha exatamente a ninfa encontrada em sonho por Polifilo, pelos "mamilos estritamente de cordão de ouro cingidos". Em outro quadro de Ticiano, é representado um bucrânio, ou crânio de boi que, no *Polifilo*, apoiado a uma âncora reclinada, simboliza a paciência.

Antonio Foscari, professor de História da Arquitetura em Veneza, estudioso de Palladio e da arquitetura renascentista veneziana, vê na cúspide do Campanário de São Marcos, retratado por Ticiano no retábulo *Gozzi de Ancona*, uma projeção do obelisco do *Polifilo*. O quadro em questão é a *Madonna in Gloria con i Santi Francesco e Biagio*, encomendada a Ticiano, em 1520, pelo comerciante ragusiano Alvise Gozzi. O quadro simboliza o triângulo mercantil do Adriático: encontra-se em Ancona (nessa época, na igreja franciscana, hoje, na Pinacoteca Civica), não só São Brás é o patrono de Ragusa e também o protetor das viagens e dos mercadores, mas também a cidade representada é Veneza.

Foscari afirma que a cúspide da Torre de São Marcos (assim chamava-se então, cabendo lembrar que sua construção, na origem, era uma torre-farol) simboliza um obelisco, como o que Bordon gravou e Aldo imprimiu em seu livro mais famoso. Os anos são os mesmos: a torre havia sido danificada, antes, por um terremoto ocorrido no ano de 1489 e, mais tarde, por um incêndio, em 1511, razão pela qual decidiu-se dotá-la de uma cúspide piramidal, que antes não havia, e os trabalhos concluíram-se em 1513. O aparecimento, no cenário urbano veneziano, dessa até então singular construção é celebrado com um rito absolutamente pagão, ou seja, derramando-se do alto leite e vinho sobre a praça situada por debaixo dela. A única concessão ao conformismo religioso, explica Foscari, foi a substituição da Fortuna anterior pelo anjo, mas, por um lado, a Fortuna não emigra para muito longe, simplesmente transpõe o Grande Canal para terminar na extremidade da Alfândega; e, por outro, o anjo gira sobre si mesmo, obedecendo às variações da direção dos ventos, mutáveis como a Fortuna.

Se os vínculos entre as gravuras do livro e Ticiano são evidentes e aceitos, mais evanescentes parecem ser as relações com Giorgione, mas é possível, conquanto não provado, que o pintor de Castelfranco tirou das gravações do *Polifilo* a imagem da mulher nua adormecida retratada em sua *Vênus*, hoje em Dresden. Poderia, também, ter-se inspirado na Vênus que amamenta

Cupido no sepulcro de Adão, no *Polifilo*, para pintar a mulher nua que amamenta, representada na *Tempestade*, o quadro mais famoso da história da arte veneziana, atualmente exposto na Academia de Belas Artes de Veneza[172].

Se o *Hypnerotomachia Poliphili* pôde influenciar toda uma época de obras-primas da arte, é chegado o momento de nos dedicarmos ao livro que mudou para sempre os caracteres de impressão.

---

[172] Também conhecida apenas como "Accademia" (N. da R.).

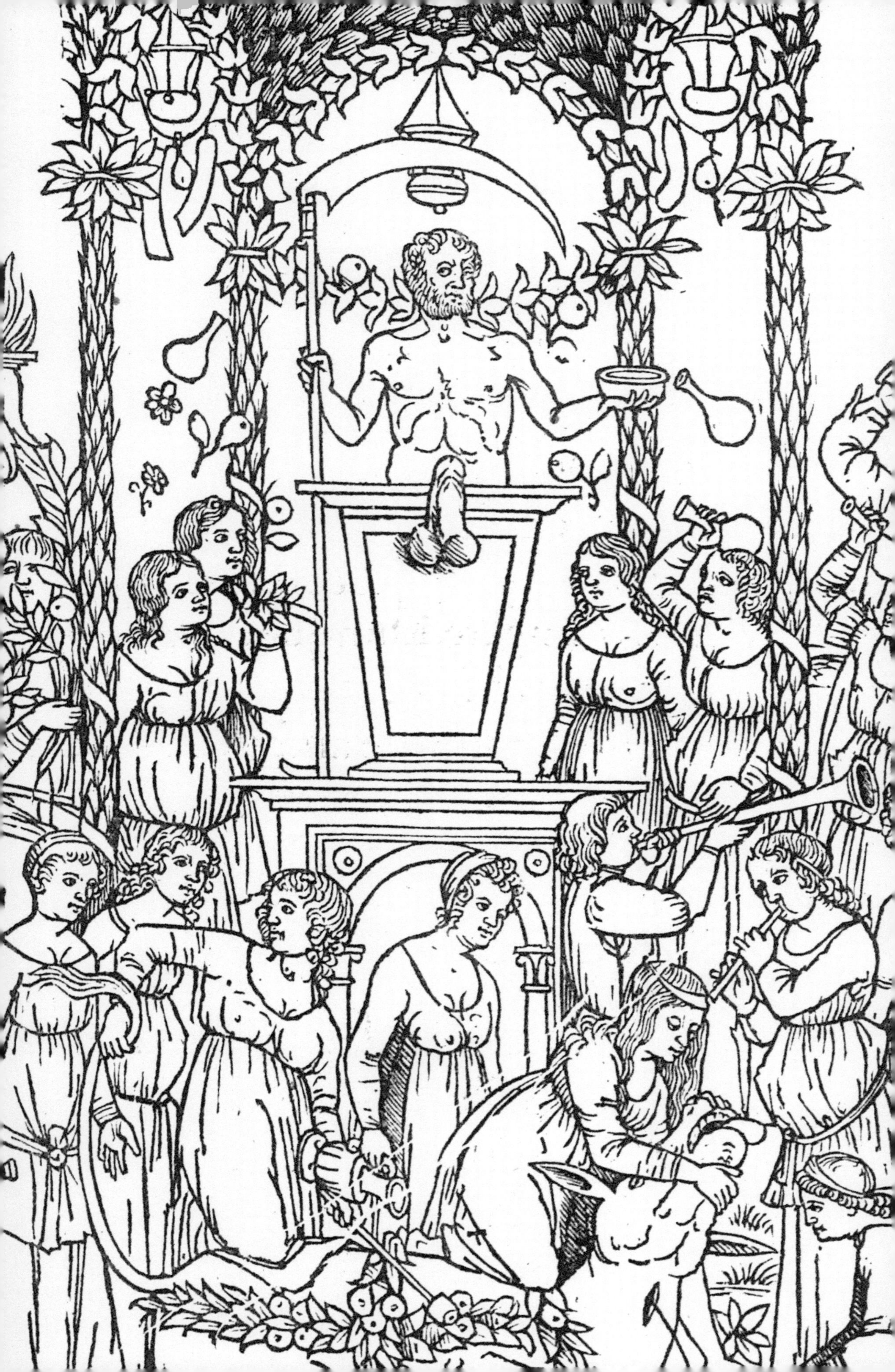

O *DE AETNA* E O NASCIMENTO DO TIPO

capítulo 6

Pode suceder que um livro passe à história não pelo seu conteúdo literário, mas pelo caractere tipográfico com que foi impresso. Não que isso aconteça com frequência, na verdade, não acontece quase nunca, mas este é exatamente o caso do **De Aetna**, *um livrete de viagem de sessenta páginas, publicado em fevereiro de 1496, no qual Pietro Bembo descreve – como é evidente pelo título – uma subida ao Etna. Se não tivesse influenciado o mundo da impressão, desde então até os nossos dias, esse pequenino volume teria, provavelmente, passado despercebido.*

Aldo Manuzio oferece-nos uma página arejada, com amplos espaços em branco ao redor do texto, obtendo um efeito de grande harmonia com a proporção entre altura e largura do espelho de escrita (1,64), que se aproxima da divina proporção da parte dourada da página (1,61). Não é isso, porém, o que torna o *De Aetna* uma obra realmente interessante aos olhos de Aldo, que, decerto, não podia prever o impacto daqueles caracteres nos séculos vindouros. Nem por isso deixa de ser, todavia, um trabalho encomendado pelo pai do autor, o rico, poderoso e culto Bernardo Bembo, um homem a quem não se pode dizer não, mesmo ao custo de interromper a impressão em grego, para publicar o primeiro trabalho em latim.

Em todo caso, o interesse manifesto de Manuzio por essa obra é apenas marginal. Resolve publicá-la, sobretudo, porque tem um débito de gratidão para com o jovem Bembo: tinham sido Pietro e seu amigo Angelo Gabriel, como ele um patrício, que trouxeram de Messina uma nova versão da gramática de Constantino Lascaris, revista pessoalmente pelo autor. Bembo e Gabriel haviam estudado grego com Lascaris, na cidade siciliana que Aldo define como "uma nova Atenas para todos os estudiosos das letras gregas"[173].

O filho de Bernardo é um intelectual muito nobre, mas ainda lhe falta alguma coisa para tornar-se o personagem influente que haverá de ser. Evidentemente, Pietro realizara uma excursão ao topo do Etna e, em seguida, escrevera um pequeno tratado em latim, no qual descreve uma erupção: uma espécie de pequena obra precursora da vulcanologia. Por certo, Aldo deve ter ficado impressionado com o interesse naturalista do escrito, mas, da mesma forma, certamente não bastava serem seus amigos para terem uma obra publicada.

Francesco Griffo da Bologna

Para imprimir, Manuzio tem necessidade de alguém que lhe grave os punções mediante os quais serão obtidos os caracteres. Os punções são feitos de aço, que antes é cinzelado à mão para se obter o glifo e, sucessivamente, temperado e endurecido. Com o punção, bate-se a matriz de cobre, imprimindo a forma do caractere dentro do molde, onde, a seguir, é vertida a liga de chumbo, estanho e antimônio fundidos. Uma vez condensado o metal, está pronto o caractere que servirá materialmente para compor a página e imprimir o texto.

Gravar os punções requer grande habilidade: o aço é muito duro, não perdoa o menor erro e, além disso, a letra ou a ligatura são cinzeladas ao contrário, porque, uma vez impressos no papel, o caractere ou o sinal tornam-se retos. Um conjunto de caracteres resistia, geralmente, por 100-150

---

[173] "Aldo Manuzio Saúda o Leitor", em Constantino Lascaris, *De Octo Partibus Orationis* (em grego e latim), Veneza, Apud Aldum, out. 1512, in-4.

impressões, depois, as letras de chumbo começavam a alongar-se e deviam ser refeitas. É fácil entender a delicadeza desse trabalho e, também, o seu custo: obter os caracteres era, de longe, a parte mais cara do processo de impressão.

Aldo precisa de um gravador e, por isso, volta-se para o melhor que, naquele momento, havia em Veneza: o bolonhês Francesco Griffo, já então ourives e gravador de duas séries de caracteres, até aquele momento insuperáveis por sua forma e beleza, utilizadas por Nicolas Jenson. O caractere romano do impressor francês constitui o ponto de referência para todos os outros tipógrafos venezianos, e não apenas isso. Aldo elogia o gravador, afirmando que os caracteres, primeiro, os gregos e, depois, os latinos, utilizados pelas suas edições "foram forjados pelas mãos dedáleas de Francesco da Bologna".

Griffo era mais ou menos coetâneo de Manuzio: nascido em Bolonha, por volta de 1450, tinha aprendido o ofício de ourives com o pai, Cesare, e, depois, dedicara-se à gravação de punções para caracteres tipográficos. Naqueles anos, a impressão era um setor em grande expansão, e numerosos são os ourives que abandonam as joias para dedicar-se a essa nova atividade. Griffo trabalha, inicialmente, em Bolonha, com o tipógrafo Benedetto Faelli e, depois, entre 1474 e 1480, transfere-se para Pádua, onde grava as duas séries de caracteres para Jenson. Em 1480, vai para Veneza, onde teria constituído e administrado um estabelecimento especializado na fundição de caracteres. Ele realiza para Aldo quatro séries de tipos gregos, cinco de caracteres romanos e – é o primeiro a fazê-lo – um itálico a que chama *littera cancelleresca*[174], protagonista da revolução que examinaremos daqui a pouco. Importa, igualmente, acrescentar uma série de caracteres hebraicos, que, no entanto, só são utilizados para provas tipográficas. Tempos depois, quando já não estará em Veneza, Griffo, provavelmente, grava uma série de caracteres árabes para o impressor forliano Gregorio De Gregori.

Finalmente, a 25 anos de distância do primeiro caractere romano de Jenson, alguém lança o desafio e produz um novo caractere capaz de suplantá-lo. Aliás, os punções, os caracteres e as matrizes de Jenson, logo após a sua morte (1480), são comprados por Andrea Torresani, futuro sócio e sogro de Aldo, e, assim, de certo modo, o círculo se fecha. Os amigos de Aldo são incansáveis estudiosos de epigrafia latina, e suas cópias das inscrições clássicas influenciam, sem dúvida, a escolha dos caracteres por parte de Manuzio.

Griffo deve ser um profissional rigoroso e exigente – alguém o definirá como "fanático" –, tanto assim que, para o primeiro conjunto de caracteres gregos aldinos, como vimos, ele grava mais de trezentos caracteres entre letras, ligaturas e sinais. Sem entrar muito em detalhes – imprescindíveis apenas para os "fanáticos" do setor –, podemos dizer que Francesco da Bologna foi o introdutor da modernidade na época: as letras de Griffo tornam-se familiares,

---

[174] Letra chanceleresca (N. da T.).

PETRI BEMBI DE AETNA AD ANGELVM CHABRIELEM LIBER.

Factum a nobis pueris est, et quidem sedulo Angele; quod meminisse te certo scio; ut fructus studiorum nostrorum, quos ferebat illa aetas nó tam maturos, q̃ uberes, semper tibi aliquos promeremus: nam siue dolebas aliquid, siue gaudebas; quae duo sunt tenerorum animorum maxime propriae affectiones; continuo habebas aliquid a me, quod legeres, uel gratulationis, uel consolationis; imbecillum tu quidem illud, et tenue; sicuti nascentia omnia, et incipientia; sed tamen quod esset satis amplum futurum argumentum amoris summi erga te mei. Verum postea, q̃ annis crescentibus et studia, et iudicium increuere; nósq; totos tradidimus graecis magistris erudiendos; remissiores paulatim facti sumus ad scribendum, ac iam etiam minus quotidie audentiores.

A

faq;,quas pueri miserimus ad te lucubra
ones nostras, numerare aliquas possu-
us; quas adolescentes, non possumus:
uo in consilio nobis diutius permanen
um esse non puto: nam ut interdum nó
qui moderati hominis est; sic semper
lere cum eo, quem diligas, perignaui:
eq; Hercule; si in officio permansimus
 prima aetate; debemus nunc, tanq̃
exercitati histriones, in secundo, aut
rtio actu corruisse. praesertim cum
emulatio tuorum studiorum Angele
os non excitare modo languentes possit,
d etiam incendere;quippe, qui multa,
 praeclara habuimus a te semper, habe
úsq; quotidie et consuetudinis nostrae
stimonia, et doctrinae tuae. Quare si
uti pueri scriptiunculas nostras, quasi la
tentis ingenii acerbitatem, detulimus
d te; sic nunc deinceps etiam ad te adole
centiae nostrae primos foetus deferemus;
on quo me ipse plus ames: nam iam id

fieri posse uix puto: s
bemus inter nos: neq
rem fuisse ulli quenq
Sed de his et diximus
saepe dicemus:núc au
quotidie ferè accidit p
et tu reuersi sumus;ut
is interrogaremus ab
est illa nos satis dilige
ea tandem molestia ca
hi eum sermonem
cum Bernardo paren
diebus, q̃ rediissemu
di essent ii, qui nos c
de Aetna postularent
quo uterq; nostrum
ná cum essemus in N
(ut solebat) ante atri
contulisset;accessi ad
meridianas horas die
sum^9 inter nos, ferè is
orationé utriusq; no

Ego uero exiſtimabam páter errauiſſe me ſic etiam nimis diu. B. P. Non eſt ita: ſed, ne nunc tandem erremus; perge de ignibus, ut propoſuiſti: uerum autem, quid tu haeres? B. F. Pergam equidem, ut iubes: ſed ſcin, quam in ſalebram inciderim? B. P. Nihil profecto minus. B. F. Dum tibi ad ignes feſtino, eam Aetnae partem, quae nobis una reſtabat de tribus (ſic enim partiri ſoleo); et qua ſine ad ignes ipſos perueniri non poteſt; penè omiſeram ſuboblitus: ita Aetnam, quaſi Chimaeram, caecideramus; et tanquam ream, capite mulctaueramus imprudentes: ſed agam nunc tutius; ac de utroq; ſimul loquar. Superior itaq; montis pars (nam iam de iis, quae infra ſunt, diximus) uſq; ad ſummum cacumen nuda uariam faciem praeoſtendit: nam alibi ſemiherboſi tractus ſunt interſurgentibus tophis, qui etiam in pedemontana regione paſſim uiſuntur: alibi per ſumma ora exundans incendium ſaxis fluentibus totas plagas inoccupauit; alibi arenarum campi magnam in longitudinem, et latitudinem extenduntur. In ſupremo crateres duo ſunt, quorum alterum, qui minus altiſſimus eſt, ipſi uidimus in putei rotunditatem anguſtum, emiſſis ue luti gemina ſponda hinc inde ſaxis ſulfureo uirore fumigantibus: hunc lapidea planities ambitu anguſto circuntenet; quo ut primum inſcendimus, ſulfureis ſtatim nebulis, et ſuburenti fumo, ueluti e fornace, percuſſi ora penè retulimus gradum: mox increſcente audacia, qua uentus perflabat, paulatim ingreſſi craterem ipſum tetigimus manu. Effundebatur inde, ſicuti ex camino, fumus non intermiſſa exhalatione: is tamen etiam ſciſſa per longa in

partim tardantibus arenis; et cliuus ſtatim etiam quoquóuerſus impendebat. is uniuerſi corporis uertex ſummus eſt; et tanq in urbem arx domina, ſic ille in montem prominatur. ab eius inſcenſu detinuere nos potentiſſima uis uentorum, et exhalantes fumi: itaq; tibi de illo referre quidem aliud nihil poſſum; niſi tibi ea uis recenſeri, quae ab Vrbano monacho accepimus poſtea, Meſſanae cum eſſet, homo ille quidem ueriſſimus, atq; harum rerum cupientiſſimus ſciſcitator: is enim paucos antè nos dies per ſummam tranquillitatem totum uerticem perluſtrarat. B. P. Immo uero cupio: noui enim ego illum, atq; amo, quod te non latet; quo mihi futura ſunt haec omnia illius etiam teſtimonio gratiora. B. F. Aiebat ille igitur (quando ea tibi narrari poſtulas; quibus tamen ego tam accedo ut credam, q̃ omnino ſi perſpexiſ ſem) uerticem illum eſſe ab ingenti cratere occupatum ambitu circiter quatuor ſtadiorum; eúmq; non uſq; in imum deſcendere eodem hiatu; ſed aluum ſibi intus paulatim aſtringere eátenus, quoad in medio centro ad euomenda montis incrementa ſatis amplo ore foraminatur: tum eſſe in ſumma montis corona paruum tramitem, ubi pedes firmentur; ex eo ſi quis declinauerit, aut in craterem obrui, aut monte deturbari: ſtetiſſe tamen ſe ibi tam diu, quo bárathrum exploraret: eructaſſe tum montem magno ſtrepore incendia caliginoſa, et perurentes petras ſupra os, quantum ſagitta quis mitteret, uel eò amplius, inſurgentes: atq; eum, ue luti corpus uiuens, non perflaſſe ſemper; ſed emiſſa ſemel anima ceſſaſſe diutule, du reſpiraret: tum ſe copiam intuendi habuiſſe, quae uellet: mox eiectaſſe iterum, atq; iterum pari interuallo uſquequaq;

C ii

interea ingemere intus cauernas auditas; intremere etiam tonitruis montem ſub pedibus magno; et formidoloſo iis, qui aderant, horrore: ex quo illud mirum uidetur; q̃ qui tum ſtrepitus per tranquillitatem ſentiebantur, eorum a nobis nihil auditum ſit in tanta ferocia uentorum. B. P. Illud uero nec uideatur fili, neq; planè ipſum eſt mirum: conſtat enim (quemadmodum ſcriptores tradidere) ſimul cum uentis Aetnae animam immutari: et quo flante fumos tantum, et caligines exhalet, eo ponente modo puras, modo craſſiores flammas emittere pro ſurgentium uentorum qualitate: aliquando etiam effundi torrentes ignium uaria exundatione pro, ut intra montis uiſcera pinguia, uel exilia incrementa ſunt: quae cum ita ſe habeant, illud etiam poſſe fieri quis eſt, qui neget, leniſſima unius uenti aura eos ſtrepitus intra montem excitari, qui uel furente altero non queat? non enim q̃ perflet quis; ſed q̃ intret in montem, quamq; ſe in cauernas illius, inq; uiſcera inſinuet, eſt ſpectandum. B. F. Intra montem igitur tu, tanq intra pectus animam, ſic accipi ab Aetna uentos putas; quibus illa modo ſpirat leniter, modo uehementius incitatur? B. P. Sanè quidem: niſi tamen ueriora illa ſunt, quae de Typhóeo, déq; Encelado poetarum fabuloſitas concinnauit. B. F. Veriſſima illa quidem fabella eſt: ſed perge tu mihi; atq; etiam páter huius incendii cauſas redde, ſi placet: nam ex incolis quidem inuentus eſt nemo; qui ea nobis paulo ueriuſ explicaret. B. P. Pergam, ut libet: ſed non prius id faciam; q̃ mihi dixeris quómodo illud ſit, quod tu ueriſſimam fabellam dixiſti.
B. F. Quia ſanè ea demum ueriſſime fabula eſt; quae nihil habet

C iii

tos homines facerent sola ipsa per sese
aéq; opis externae non egerent? ea neq
oi posse cuiq;, nec aetate senescere, nec
orte interire? caetera omnia manca es-
labilia, momentanea: quae quoniam
tuna, et casu regerentur; tanto esse
gis quenq;, quantum illa contemn
, uel diuitem, uel etiam sapientem
imos nostros ex aetherea sede in han
poris labem profectos ea lege, ut a
m ipsam purgati aliquando reuer
entur, quae hic essent, despicere; a
 se intendere, quo properarent: m
o, quem ista quandoq; docuisses; ni
nihi uillam reliqueris, syluámq; pl
orum; putas tibi esse succensurum
n est ita mi pater: ne putes. B. P
on puto. B. F. Neq; me tam deme
 existimes uelim. B. P. Nō existimo

são proporcionadas, enquanto as de Jenson não passam de expressões do seu tempo, do humanismo, e, por isso, parecem longe de nós. Só para dar um exemplo, o ponto de Jenson é um losango, o de Griffo é redondo; os dois ilhós do "g" são equilibrados, o tirete do "e" é horizontal e não oblíquo, as maiúsculas são menores, de modo a tornar mais harmônico o conjunto do texto. Griffo, como humanista, estudara as inscrições romanas da idade clássica, enquanto Jenson inspirara-se nas formas caligráficas medievais que o haviam precedido. Nenhum de nós, profanos, se dá conta dessa diferença, porém o que se torna evidente para todos é uma composição homogênea, definitivamente bela, que nos faz reconhecer prontamente um texto impresso como algo a que estamos habituados.

O primeiro a dar a Griffo o que é de Griffo foi um tipógrafo alemão originário de Weimar, Hans Mardersteig – vamos reencontrá-lo daqui a pouco, porque ele se torna amigo de Stanley Morison e, por isso, desempenha um papel importante na elaboração do Times New Roman –, que, em 1926, transfere-se para Verona, onde imprime para Arnoldo Mondadori a *Opera Omnia* de Gabriele D'Annunzio (49 volumes, 209 cópias gravadas à mão em papel e onze, em pergaminho, 2501 à máquina, perfazendo nove anos de trabalho). Escreve Mardersteig, em um artigo sobre caracteres de Aldo: "Griffo foi um artista verdadeiramente eleito, um verdadeiro gênio, que, até hoje, cunhou a forma mais definitiva do caractere romano de impressão, tipos gregos de rara beleza, o primeiro itálico que ele próprio aperfeiçoou, maiúsculas, em certo sentido, incomparáveis no conjunto e na medida com as respectivas letras minúsculas"[175].

O itálico aldino, facilmente reconhecível graças às maiúsculas retas, é particularmente apreciado pelos impressores do século XVI, por sua elegância, e torna-se o protótipo mesmo do renascimento italiano e da modernidade.

Tudo claro, não? Sem Francesco Griffo, Aldo Manuzio jamais viria a ser o Aldo que conhecemos. Resta, porém, uma incógnita: até que ponto o editor influiu no gravador? Griffo era um artista, mas é muito provável que não tenha feito tudo sozinho: parece inverossímil que Manuzio tenha ficado num canto a ler os clássicos, aguardando pacientemente que o bolonhês gravasse-lhe os caracteres. Pelo contrário, é muito plausível uma estreita colaboração entre os dois, uma troca de opiniões e sugestões. Não por acaso, alguém identificou semelhanças entre a escrita grega de Aldo, visível no manuscrito conservado na Ambrosiana, e os caracteres gregos realizados por Francesco. No entanto, tudo isso são hipóteses: a verdade é que não sabemos quanta farinha provém do saco de um e quanta do de outro.

---

[175] Giovanni Mardersteig, "Aldo Manuzio e i Caratteri di Francesco Griffo da Bologna", *Studi di Bibliografia e di Storia in Onore di T. De Marinis*, III, Verona, Valdonega, 1964, p. 105.

O legado presente

Depois de ter gravado os caracteres para o *De Aetna* –, com os quais Aldo imprime, também, os *Diaria de Bello Carolino*, de Alessandro Benedetti, e, em 1498, a *Opera Omnia* de Poliziano –, Francesco grava uma nova série para imprimir o livro belíssimo por antonomásia, o *Hypnerotomachia Poliphili*, e não há dúvida de que a elegância do texto contribuiu também para a harmonia dos tipos.

78-79
130-135, 143

Deve-se fazer um esclarecimento: enquanto a fonte redonda de Jenson recebe uma notável resposta, o mesmo não sucede com a do *De Aetna*. É preciso esperar 35 anos e mudar-se para Paris para que ele torne-se o modelo originário dos alfabetos europeus dos séculos seguintes e alguém o retome, mas esse alguém é ninguém menos que Claude Garamond, o mais célebre e influente dentre os gravadores franceses de caracteres. Naqueles anos, a França está permeada de admiração pelo renascimento italiano, e Garamond é, de fato, o mais famoso, mas não o único, gravador parisiense que se inspirou no *De Aetna*.

O francês reincide também nos erros cometidos por Griffo, por exemplo, a falta de uma serifa no "G" e no "M" maiúsculos, que ele corrigirá nas séries seguintes. Stanley Morison, que encontraremos logo mais, comenta: "Garamond [...] nada mais fez que copiar, em diversos corpos, o caractere de Francesco da Bologna; e foi ele que recebeu todas as honras"[176]. A partir de 1540, Garamond abastece as mais importantes tipografias europeias. Morre em 1561, mas o seu redondo romano difunde-se em todo o continente e influencia a tipografia até o final do Setecentos, quando começam a prevalecer os tipos do parisiense Firmin Didot e do saluzzense, porém ativo em Parma, Giambattista Bodoni.

A fortuna do redondo aldino, porém, não acaba aqui. Voltemos àquele Mardersteig que encontramos há pouco. Nasce, em 1892, em Weimar, a cidade onde viveram Friedrich Schiller e Johann Wolfgang Goethe. Estuda em Bonn e em Viena, diploma-se em Jena, é exonerado do serviço militar devido a uma tuberculose contraída quando rapazinho, o que lhe permite evitar as trincheiras da Grande Guerra. Sempre devido à saúde precária, em 1922, ele transfere-se para Montagnola, no cantão de Ticino, onde implanta uma tipografia manual, a Officina Bodoni, a mais longeva do século XX, que, em 54 anos de atividade, imprime cerca de duzentos títulos além de D'Anunzio. Consegue, superando enormes dificuldades, obter doze séries de matrizes originais de Giambattista Bodoni, conservadas no Museu de Parma. As edições de Mardersteig tornam-se muito apreciadas e conhecidas entre os apaixonados da tipografia, e o alemão começa a corresponder-se com um deles, o britânico Stanley Morison. Os dois encontram-se pessoalmente, mas Morison vai trabalhar para a Monotype Corporation; conforme mencionado, em 1926, Hans Mardersteig vence o concurso organizado pela Mondadori para imprimir D'Anunzio e logo transfere-se para fora de Verona, em Reginetta di Valdonega. Quando adquirir a cidadania

---

[176] Stanley Morison, *Early Italian Writing-Books. Renaissance to Baroque*, Verona / London, Valdonega / The British Library, 1990.

italiana, adotará o nome de Giovanni (a tipografia Valdonega, por acaso, existe ainda em nossos dias).

Eis-nos em 1926, um ano central na história da tipografia e do legado aldino. É o ano em que Morison, retomando o *De Aetna*, lança a fonte Monotype Bembo 270, mais conhecida como Bembo, e passa a ditar o estilo editorial do Novecentos: esse tipo, com o qual imprimiu-se o livro que você está lendo e que se encontra também no seu computador, foi digitalizada em 1990. Morison, contudo, não está totalmente satisfeito: as letras são por demais rígidas e regulares, e é difícil projetar um itálico para ladeá-lo; ele remediará isso três anos depois. Havia encontrado uma cópia do *De Aetna* de Bembo, em meados dos anos 1920 (calcula-se que dele se conservaram 32 exemplares nas bibliotecas públicas e dez manuscritos em bibliotecas particulares), e estudara a fundo os caracteres.

Mardersteig, porém, quer gravar um novo caractere e Morison o aconselha a inspirar-se em Francesco Griffo. O alemão examina um *De Aetna* emprestado por um amigo bibliógrafo e percebe que, ali, estão presentes diversas variantes das letras utilizadas com mais frequência: prática muito comum no Quatrocentos, quando queria-se imitar a escrita manual. Mas nunca se havia feito um uso tão amplo das variantes: a letra "e" representa cinco delas, o "a" três; é provável que as variantes tenham sido executadas para aumentar a semelhança com os livros manuscritos, nos quais o escriba podia usar as mesmas letras de modo ligeiramente diverso. De todo modo, Mardersteig acha difícil diferenciar o seu novo tipo do Bembo, e, com efeito, são-lhe necessários dez anos para chegar ao resultado final: o caractere, denominado Griffo, é empregado pela primeira vez em 1939 e é quase uma cópia conforme ao original, enquanto o Bembo de Morison diferencia-se dele, mas isso é explicável pelo fato de que este último trabalhava para o mercado, e o outro para si mesmo.

Nesse meio tempo, ou seja, em 1932, Morison cria o caractere que iria marcar a tipografia até os tempos atuais: o Times New Roman. Ele havia sido encomendado, um ano antes, pelo jornal *The Times* (daí o seu nome), embora alguns estudos recentes atribuam sua paternidade ao arquiteto naval e piloto bostoniano William Starling Burgess. O caractere herdeiro do redondo veneziano de Griffo e Manuzio, intermediado pelo francês Christophe Plantin, que, até 1576, trabalha em Antuérpia, torna-se também o mais difundido e utilizado em todo o mundo.

O próprio Morison declara que o seu novo caractere é "intolerante e estreito, médio e puritano", e não "largo e aberto, generoso e amplo". Ele aposta na praticidade, na economia de espaço e dinheiro, com a garantia de que, em cada folha, concentre-se o máximo de palavras possível. Estas, porém, não devem parecer achatadas e sacrificadas, mas arejadas: o objetivo é conjugar economicidade e legibilidade. Outro detalhe: na época, *The Times*, talvez o jornal mais importante do mundo, é impresso em papel grosso e branco, e não fino e acinzentado, como os outros jornais; por esse motivo o Times New Roman é pouco usado pelos outros jornais, mas muito, muitíssimo, para livros e revistas. O *Times* muda tudo isso, depois de quatro décadas. No início dos anos 1990, a Microsoft escolhe o Times New Roman como caractere-padrão para o sistema operativo Windows. Direto da Renascença para os dias atuais.

O itálico

Até aqui, falamos dos redondos romanos aldinos, que ainda hoje influenciam a tipografia. A grande novidade, porém, a maior inovação de Griffo e Manuzio, é o itálico, o caractere graças ao qual, como se observou, a técnica tipográfica torna-se instrumento de harmonia e elegância; Matteo Bandello ainda ressalta "a beleza e polidez dos caracteres"[177] aldinos. Foram Griffo e Manuzio que o inventaram e, também nesse caso, não é fácil distinguir quanto o seu desenvolvimento deveu-se à criatividade de Aldo e quanto à habilidade de Francesco. É certo, em todo caso, que, quando o bolonhês vai embora de Veneza, em 1502 – e a causa desencadeante é justamente um privilégio sobre o itálico –, a oficina veneziana não mais disporá de nove séries de caracteres, mas continuará a usar apenas os antigos.

Já se afirmou que a aspiração máxima de um tipógrafo renascentista era equiparar o texto impresso ao texto manuscrito: Johannes Gutenberg imprime a Bíblia em gótico porque, em 1455, era assim que se escrevia em Mainz. Dez anos mais tarde, quando imprimem o primeiro livro na Itália, o *De Oratore* de Cícero, no Mosteiro Beneditino de Subiaco, os alemães Arnold Pannartz e Conrad Sweinheim utilizam uma fonte que se chama exatamente "romana": na Itália, escrevia-se diversamente em relação à Alemanha.

Para redigir os documentos, utilizava-se uma grafia ainda diferente, chamada chanceleresca, porque era própria das chancelarias. Naturalmente, também os secretários do Palácio Ducal, em Veneza, escreviam desse modo. Aldo Manuzio decide transferir esse tipo de escrita para a impressão, e Francesco Griffo concretiza a ideia: assim nasce o itálico. Não conhecemos bem a gênese dessa inovação: principia em 1500, com as *Epistole* de Santa Catarina de Siena, uma espécie de prova geral, o ajuste fino da arma secreta – como escreveu Carlo Dionisotti, talvez o maior estudioso de Manuzio – que, dali a pouco, lhe teria permitido subverter todo o campo editorial, sendo essa provavelmente a maior fortuna das inovações aldinas.

Na única gravação do volume, a santa segura na mão direita um livro no qual aparece a frase "Jesu dolce Jesu amore" e, na esquerda, um coração com a palavra "Jesus": as primeiras palavras em itálico jamais impressas. Algumas pequenas particularidades, diferenças com relação aos caracteres utilizados em seguida (por exemplo, o "i" tem o pingo deslocado), permitem pensar que essa era uma espécie de prova. A escolha da primeira palavra impressa em itálico,

---

[177] Matteo Bandello, "Bandello ao Doutíssimo Aldo Pio Manuzio Romano", em "Novela xv", *Le Novelle*, I, Lucca, Busdrago, 1554.

também, não parece casual: Jesus, cujo nome "é bom começar / todas as coisas que hão de ser feitas", como recomendava um provérbio da época. No ano seguinte (1501), o primeiro livro aldino de de bolso, o Virgílio, é impresso naquele itálico que se tornará o caractere comum a todos os livros *in-octavo*, quer em latim, quer em vernáculo (veremos isso com mais detalhes no próximo capítulo). Como quer que seja, Aldo declara-se satisfeito por serem os seus itálicos, grego e latino, tão belos quanto qualquer escrita manual.

O itálico conta com 150 punções, um conjunto modesto se comparado ao mais que o dobro do número de punções utilizados para o itálico grego. Na época, ao contrário de hoje, esse estilo costumava ser considerado mais legível do que o redondo, e, de fato, já não o usamos para compor textos inteiros, mas apenas para citações, títulos, cabeçalhos, palavras estrangeiras, para realçar algumas passagens no interior de uma página em redondo. Com efeito, é exatamente no prefácio do Virgílio que Aldo indica Francesco da Bologna como gravador de letras latinas; enquanto dois anos depois, quando já se encontra em Fano, Gershon (Gerolamo) Soncino o define como "nobre escultor" de letras latinas, gregas e hebraicas. Interessante a referência ao hebraico, visto que Soncino – veremos isso alguns capítulos adiante – é o mais importante gravador em hebraico da época.

Até algum tempo atrás, os estudiosos de Aldo eram bastante concordes em considerar que o emprego do itálico permitiu a Manuzio economizar papel. Na época, esse produto incidia em cinquenta por cento do custo final de um livro e, por isso, qualquer economia só podia ser bem-vinda. Para fazer uma comparação, o custo industrial de um volume semelhante ao que você está lendo girava, embora com muita aproximação, em torno de um euro, porém com variáveis que dependiam, em primeiro lugar, da tiragem e, depois, da qualidade tanto do papel quanto da encadernação. Seja como for, estamos longe de saber o quanto o papel incidia sobre o produto final há meio milênio.

O itálico é um caractere mais compacto em relação ao redondo e, por isso, o texto ocupa menos espaço, como qualquer um pode constatar convertendo em itálico um texto em redondo no seu computador. Manuzio, por outro lado, era um empresário muito atento ao aspecto financeiro de seu trabalho e, como ficou dito, considerava decisivo o fator economia na sua opção por imprimir em itálico. Hoje, ao contrário, essa opinião não é muito aceita, tal como a de que os livros de bolso eram econômicos. A comparação dos preços das folhas simples permitiu estabelecer que os livros pequenos eram, na realidade, caros e, por isso, aos que optavam por imprimi-los pouco, interessava economizar no papel. Além disso, se fosse esse realmente o objetivo, era possível atingi-lo mais facilmente reduzindo os espaços em branco e compondo o texto aproximando-o mais do final da folha, como faziam vários outros tipógrafos. Os livros de Aldo, ao contrário, são sempre arejados, com margens elegantes e largas, muito espaço em branco, como diria um tipógrafo de hoje: uma opção editorial que nem sempre chegou aos nossos dias porque muitos

RANSIIT AD SPONSVM TRIBVS EXORNATA CORONIS

iesu dolce iesu amore

Dulce signum charitatis
Dum amator castitatis,
Cor mutat in Virgine.

iesus

COR MVNDVM CREA IN ME DEVS

SANCTA CATHARINA DE SENIS.

desses volumes foram aparados, ao longo dos séculos, pelos diferentes encadernadores e, assim, perdeu-se o arejamento original.

Griffo vai embora

Depois de imprimir os primeiros livros em formato pequeno, Francesco Griffo deixa Veneza, provavelmente por discordar do privilégio que Manuzio solicitara em 27 de março de 1501, por uma "letra itálica e chanceleresca de suma beleza, jamais vista antes"; em outubro de 1502, o senado o concede para as "letras chanceleresca sive itálicas latinas belíssimas que parecem escritas à mão". Trata-se de uma novidade absoluta, porque, antes, protegia-se o texto, mas nunca os caracteres e o formato.

O gravador bolonhês não tira daí, porém, nenhum proveito econômico; antes, ao contrário, a proteção comercial impedia-o de utilizar seus próprios caracteres com outros editores dentro das fronteiras da República. Por isso ele foi embora, abandonando a realização da Bíblia Poliglota da qual resta-nos hoje uma prova tipográfica em latim, grego e hebraico.

Rompida a colaboração com Manuzio, Griffo trabalha com alguns dos mais importantes impressores do seu tempo. Antes de tudo, em Fano, nas Marcas, com Gershom Soncino. Este – originário precisamente de Soncino, perto de Cremona – é quem, mais que qualquer outro, contribui para difundir a impressão hebraica na Itália; a sua é a única família de tipógrafos judeus entre o fim do Quatrocentos e o primeiro quartel do Quinhentos. Além disso, é ele o primeiro a imprimir, em 1494, enquanto encontra-se em Brescia, a chamada Bíblia de Berlim, ou seja, o exemplar que Martinho Lutero utiliza para traduzir o texto sagrado em alemão e deflagrar, assim, a Reforma (ela ainda existe, conservada em Berlim, daí o seu nome).

Soncino encontra-se em Veneza no final de 1502, e é possível que ele e Griffo tenham ido juntos a Fano, nas Marcas, onde publicam uma edição de Petrarca (uma garantia para os editores de então: Petrarca é um dos *best-sellers* do Quinhentos). Sempre nas Marcas, mas em Fossombrone, o ourives bolonhês colabora com Ottaviano Petrucci, o primeiro a utilizar os caracteres móveis para imprimir música: havia feito isso em Veneza, em 1501, incidentalmente o mesmo ano em que Aldo começava a estampar os livros de bolso em itálico. É de todo possível que Griffo e Petrucci se conhecessem na Dominante e, assim, quando o segundo regressa ao seu país natal, está trabalhando com o ex-ourives de Manuzio. De novo em Fossombrone, Griffo trabalha para o pesarense Bernardino Stagnino, que também havia transitado por Veneza, e talvez tenha gravado os caracteres itálicos de Filippo Giunta (ou Giunti) em Florença. Expirado o privilégio de dez anos, ele executa os itálicos também para outros impressores venezianos.

Regressa a Bolonha, em 1516, para trabalhar como editor e, ali, grava um itálico menor do que todos os outros, para imprimir um *Canzioniere* de Petrarca em formato diminuto (11 x 5,5 cm). No prefácio ele recrimina: "Tendo primeiro fabricado os caracteres gregos e latinos para Aldo Manuzio Romano, graças aos quais ele não apenas amealhou grandes riquezas, mas adquiriu um nome imortal na posteridade, criei uma nova forma itálica"[178]. No espaço de um ano, publica outros cinco volumes, todos no mesmo formato minúsculo e, então, para. Dele não se têm mais notícias: desaparece, presumivelmente condenado em 1518, por matar o seu genro Cristoforo com uma barra de metal (um punção?). Mas não termina aqui a história dos seus caracteres, e, não por acaso, em inglês, a letra cursiva chama-se *italic*, para sublinhar a sua origem.

Sem itálico não existe livro de bolso: eis, a seguir, um relato do modo como difunde-se o livro pequeno, em íntima simbiose com o novo caractere criado por Griffo.

---

[178] Francesco Griffo, "Francesco Saúda os Leitores de Bolonha", em Francesco Petrarca, *Canzoniere et Thiomphi*, Bolonha, Tommaso Sclarici dal Gambaro, 1516.

VIRGÍLIO, PETRARCA E A CRIAÇÃO DO *BEST-SELLER*

capítulo 7

*Antes de Aldo, os livros eram grossos, pesados e difíceis de transportar. Os volumosos **in-fólios** eram apoiados em um púlpito e declamados em pé, em voz alta: pense no monge que lê para os confrades no refeitório. Além do mais, embora, às vezes, fossem volumes de formato menor, mesmo se livros in-quarto, com a folha dobrada duas vezes, em lugar de uma como nos **in-fólios**, as páginas eram todas iguais entre si porque o texto não era interrompido por sinais. Como não havia o frontispício, para saber o que o volume continha, era preciso ler as primeiras linhas, impressas em um* corpo maior que o restante. Os nomes do autor e do editor, quando os havia, encontravam-se no fim, na última página. De fato, para ser mais preciso, na última folha, porque as folhas ou papéis não eram numerados em ambas as páginas, antes que Aldo introduzisse essa inovação.

Pense agora no formato que Manuzio conduz ao sucesso: livros pequenos, quinze centímetros de altura, leves, práticos (não por acaso, Aldo os chama de enquirídios, manuais, porque estão à mão; no catálogo de 1503, ele os define como "liberi portatiles in formam enchiridii"[179]). Para nós, são os livros de bolso, na época eram definidos como portáteis.

Tal é a verdadeira, grande revolução que começa em 1501, em Veneza: tornar a leitura mais fácil, prazerosa, simples. Agora não é mais o leitor que deve ir ao livro – grande e intransportável –, mas é o livro que segue o leitor: a leitura pode ser interrompida durante uma pausa e, por conseguinte, lido em silêncio. Aldo deixa bem claro e redondo, nas cartas dedicatórias, a chave para entrar no seu mundo: as obras são "impressas em formato mínimo, a fim de que, com mais facilidade, todos possam tê-lo em mãos e lê-lo"[180] e "para que possam acompanhar o leitor mais confortavelmente nas suas viagens, por mais longas que sejam"[181]. Nenhum dos livros que imprimira antes de 1501, apesar de sua elegância e beleza, deixava presumir essa reviravolta.

Aldo, além disso, abandona a tradicional paginação em duas colunas por página e a substitui por um texto em coluna única, sinal de uma decidida ruptura com a tradição gótica, que denota a vontade de retornar à simplicidade dos códices mais antigos.

O livro de bolso

1501 é, pois, o ano do livro de bolso. Na tipografia de Aldo, tem início um formato destinado a alcançar um sucesso plurissecular, tanto assim que o usamos ainda em nossos dias. Manuzio cria um livro totalmente novo, cuja forma tipográfica, harmoniosa e requintada vai influenciar a produção livreira nos tempos vindouros. Atenção: Aldo não inventou o livro *in-octavo*, mas apenas tornou a propô-lo para os clássicos e o fez tornar-se um clássico. Para explicar o seu uso, ele também criou um neologismo latino que exprime, em substância, a possibilidade de o leitor levar consigo para os tribunais os textos, com a finalidade de os ler, e não de estudá-los. Nunca nos cansaremos de enfatizar a coragem mais uma vez demonstrada por Aldo: ele poderia, muito bem, ter continuado a levar uma vida sossegada de preceptor, mas, em vez disso, decide trabalhar como editor. As vendas das edições saídas das suas prensas, nos primeiros cinco a seis

---

[179] Cf. Antoine-Augustin Renouard (éd.), *Annales de l'Imprimerie des Alde, ou Histoire des Trois Manuce et de Leurs Éditions*, III, 3. éd., Paris, Giulio Renouard, 1825, p. 254.

[180] Aldo Manuzio, "Aldo Scipione Carte Romacho Suo", em Juvenal, *Iuvenalis, Persius* (em latim), Veneza, In Aedibus Aldi, ago. 1501, in-8.

[181] *Idem*.

anos de atividade, evidentemente, ficam estagnadas e, por isso, ele volta a se questionar, começando a publicar obras em formato pequeno.

Aquele formato pequeno já havia sido utilizado para imprimir os livros que os eclesiásticos costumavam levar consigo, mas sua fruição era circunscrita ao âmbito religioso; ademais, o sócio e futuro sogro de Aldo, Andrea Torresani, é um dos tipógrafos que publicam esse tipo de obras. Ao que se conta, Aldo, contudo, não se teria inspirado no modelo devocional, mas sim nos manuscritos de pequeno formato existentes na Biblioteca de Bernardo Bembo, que ele tão bem conhecia. "O formato de bolso desse pequeno volume foi por nós encontrado na tua biblioteca, ou melhor, na do teu muito amável genitor Bernardo: o qual, para ser preciso, ainda poucos dias antes desta minha carta, a meu pedido, colocou-me imediatamente à disposição alguns livrinhos nesse mesmo formato: tal é a admirável cortesia desse velho venerando, já octogenário"[182], escreve Aldo numa dedicatória a Pietro Bembo.

Para obter livros de proporções análogas, Aldo encomenda a uma fábrica de papel – até agora não identificada – um papel com dimensões particulares, como o demonstra o exemplar não recortado do Eurípides de 1503, conservado na Pierpont Morgan's Library de Nova York. Essa cópia do segundo volume do Eurípides, não aparada pelo encadernador, forneceu a medida (35 x 42 cm, aproximadamente) da folha usada para a impressão de cada um dos fascículos do livro. Por isso, aventou-se a hipótese de que, para os aldinos *in-octavo*, Aldo mandou a fábrica de papéis de Toscolano Maderno preparar um papel de dimensões especiais, mais estreito e mais alto do que o papel mezena tradicional e, por isso, denominado pelos estudiosos "mezena estreito". Manuzio muda para sempre a forma dos livros pequenos, que, ainda hoje, utilizam as medidas por ele escolhidas e asseguram às suas edições uma roupagem gráfica elegante e rigorosa, tanto nos caracteres quanto na paginação do texto.

O sucesso da iniciativa é testemunhado, ainda, pelas elevadas tiragens: mil cópias, que, às vezes, podem dobrar ou triplicar. O recorde de Aldo é constituído pelas três mil cópias de Catulo, um autor que gozava de grande popularidade nessa época. As tiragens, na era dos incunábulos, chegavam a quinhentas cópias, mas podiam ser ainda mais baixas. Isso basta para se ter uma ideia do alcance da revolução, antes que Manuzio começasse a imprimir, os livros *in-octavo* perfaziam 5% do total; em 1540, 25 anos depois de sua morte, eles haviam chegado a 51% dos volumes produzidos.

O livro de bolso aldino é encadernado em fio duplo com o itálico aldino: um não existiria sem o outro. No primeiro livro da série, o Virgílio de 1501, Aldo estabelece uma espécie de compromisso programático: "Temos o

---

[182] Aldo Manuzio, "Aldo Pio Manuzio ao seu Compadre Pietro Bembo, Secretário do Sumo Pontífice Leão x", em Virgílio, *Virgilius* (em latim), Veneza, In Aedibus Aldi et Andreae Soceri, out. 1514, in-8.

VERGILIVS.

AENE. V.
Hic uiridem Aeneas frondenti ex ilice
Constituit signum nautis pater, unde re
Scirent, et longos ubi circumflectere curs
Tum loca sorte legunt, ipsiq; in puppibu
Ductores longe effulgent, ostroq; decori
Cætera populea uelatur fronde iuuentu
Nudatosq; humeros oleo perfusa nitescit
Considunt transtris, intentaq; brachia
Intenti expectant signum, exultantiaq;
Corda pauor pulsans, laudumq; arrec
Inde ubi clara dedit sonitum tuba, finil
Haud mora, prosiluere suis, ferit æthera
Nauticus, adductis spumant freta uersa
Infindunt pariter sulcos, totumq; dehisc
Conuulsum remis, rostrisq; stridentibu
Non tam præcipites, biiugo certamine ca
Corripuere, ruuntq; effusi carcere curr
Non sic immissis aurigæ undantia lora
Concussere iugis, pronique in uerbera pen
Tum plausu, fremituq; uirum, studiisq;
Consonat omne nemus, uocemq; inclusa
Littora, pulsati colles clamore resultant
Effugit ante alios, primusq; elabitur una
Turbam inter, fremitumq; Gyas, quẽ de
Consequitur melior remis, sed pondere
Tarda tenet, post hos æquo discrimine P
Centaurusq; locum tendunt superare pr
Et nunc Pistris abit, nunc uictam prætem
Centaurus, nunc una ambæ, iunctisq; fe
Frontibus, et longe sulcant uada salsa ca

LIB. V

Iamq́; propinquabant scopulo, metamq́; tenebant,
Cum princeps, medioq́; Gyas in gurgite uictor
Rectorem nauis compellat uoce Meneten,
Quo tantum mihi dexter abis? huc dirige cursum,
Littus ama, et leuas stringat sine palmula cautes,
Altum alii teneant, dixit, sed cæca Menetes
Saxa timens, proram pelagi detorquet ad undas,
Quo diuersus abis? iterum pete saxa Menete
Cum clamore Gyas reuocabat, et ecce Cloanthum
Respicit instantem tergo, et propiora tenentem.
Ille inter nauemq́; Gyæ, scopulosq́; sonantes
Radit iter leuum interior, subitusq́; priorem
Præterit, et metis tenet æquora tuta relictis.
Tum uero exarsit iuueni dolor ossibus ingens,
Nec lachrymis caruere genæ, segnemq́; Meneten
Oblitus, decorisq́; sui, sociumq́; salutis,
In mare præcipitem puppi deturbat ab alta,
Ipse gubernaclo rector subit, ipse magister,
Hortaturq́; uiros, clauumq́; ad littora torquet.
At grauis, ut fundo uix tandem redditus imo est
Iam senior, madidáq́; fluens in ueste Menetes
Summa petit scopuli, siccáq́; in rupe resedit.
Illum et labentem Teucri, et risere natantem,
Et salsos rident reuomentem pectore fluctus.
Hic læta extremis spes est accensa duobus,
Sergesto, Mnestheiq́; Gyam superare morantem,
Sergestus capit ante locum, scopuloq́; propinquat,
Nec tota tamen ille prior præeunte carina.
Parte prior, partem rostro premit æmula Pistris.
At media socios incædens naue per ipsos

GEOR.

Læta magis pressis manabunt flumina
Nec minus interea barbas, incanaq́; m
Cinyphii tondent hirci, setasq́; comante
Vsum in castrorum, et miseris uelamin
Pascuntur uero syluas, et summa Lycæ
Horrentesq́; rubos, et amantes ardua
Atq́; ipsæ memores redeunt in tecta, suo
Ducunt, et grauido superant uix ubere
Ergo omni studio glaciem, uentosq́; niue
Quo minus est illis curæ mortalis egesta
Auertes, uictumq́; feres, et uirgea lætus
Pabula, nec tota claudes fœnilia bruma
At uero zephyris cum læta uocantibus
In saltus utrunq́; gregem, atq́; in pascua
Luciferi primo cum sydere frigida rur.
Carpamus, dum mane nouum, dum gr
Et ros in tenera pecori gratissimus herb
Inde ubi quarta sitim cœli collegerit ho
Et cantu querulæ rumpent arbusta cica
Ad puteos, aut alta greges ad stagna iub
Currentem ilignis potare canalibus unc
Æstibus ac mediis umbrosam exquirer
Sicubi magna Iouis antiquo robore que
Ingentes tendat ramos, aut sicubi ni gru
Ilicibus crebris sacra nemus accubet u
Tum tenues dare rursus aquas, et pascer
Solis ad occasum, cum frigidus aëra V e
Temperat, et saltus reficit iam roscida lu
Littoráq́; Halcyonen resonant, et Acha
Quid tibi pastores Libyæ, quid pascua
Pros

AENE.

um armus, ipsumq́; iubent decernere ferro,
regnum Italiæ, et primos sibi poscat honores.
rauat hæc sæuus Drances, solumq́; uocari
atur, solum posci in certamina Turnum.
ta simul contra uariis sententia dictis
Turno, et magnum reginæ nomen obumbrat.
ta uirum meritis sustentat fama trophæis.
inter motus medio flagrante tumultu,
super mœsti magna Diomedis ab urbe
ti responsa ferunt, nihil omnibus actum
torum impensis operum, nil dona, nec aurum,
magnas ualuisse preces, alia arma Latinis
erenda, aut pacem Troiano ab rege petendum.
icit ingenti luctu rex ipse Latinus,
lem Aeneam manifesto numine ferri
monet ira deum, tumuliq́; ante ora recentes.
 concilium magnum, primosq́; suorum
perio accitos alta intra limina cogit.
 conuenere, fluuntq́; ad regia plenis
ta uiis, sedet in mediis rex maximus æuo,
rimus sceptris haud læta fronte Latinus,
 hic legatos Aetola ex urbe remissos,
e referant, fari iubet, et responsa reposcit
line cuncta suo, tunc facta silentia linguis,

LIB. XI

Postquam introgressi, et coràm data copia fandi,
Munera præferimus, nomen, patriamq́; docemus,
Qui bellum intulerint, quæ causa attraxerit Arpos,
Auditis ille hæc placido sic reddidit ore,
O fortunatæ gentes Saturnia regna,
Antiqui Ausonii, quæ uos fortuna quietos
Sollicitat? suadetq́; ignota lacessere bella?
Quicunq́; Iliacos ferro uiolauimus agros,
(Mitto ea, quæ muris bellando exhausta sub altis,
Quos Simois premit ille uiros) infanda per orbem
Supplicia, et scelerum pœnas expendimus omnes,
Vel priamo miseranda manus, scit triste Mineruæ
Sydus, et Euboicæ cautes, ultorq́; Caphareus.
Militia ex illa diuersum ad littus adacti
Atreides, Protei Menelaus adusq́; columnas
Exulat, Aetnæos uidit Cyclopas Vlysses.
Regna Neoptolemi referam? uersosq́; penates
Idomenei? Libycoue habitantes littore Locros?
Ipse Mycenæus magnorum ductor Achiuum
Coniugis infandæ prima intra limina dextra
Oppetit, deuicta Asia subsedit adulter.
Inuidisse deos, patriis ut redditus oris,
Coniugium optatum, et pulchram Calidona uidere
Nunc etiam horribili uisu portenta sequuntur,

projeto de publicar, em seguida, com idênticos caracteres, todos os autores mais importantes"[183].

Nesse momento, entretanto, algumas sobrancelhas levantam-se diante do novo percurso aldino: os estudiosos mostram-se perplexos com a novidade. Interessa-lhes apenas as edições gregas para as quais Aldo continuava sendo a única fonte. Em 1501, Lascaris desaprova a "transmigração"[184] de Manuzio "da Grécia para a Itália" motivada pelo "ganho" que é uma "coisa indecente para ser o primeiro propósito *ad homo docto*"[185]. Angelo Gabriel pede-lhe a publicação de Demóstenes, e Scipione Forteguerri escreve de Roma expressando sua ansiedade pela interrupção das publicações em grego. Temores infundados, em todo caso, porque Aldo reduz, mas não abandona o grego clássico.

A leitura como prazer

O livro pequeno cria uma verdadeira mudança de época: altera o modo de ler e varia a motivação que conduz à leitura. Antes do livro de bolso aldino, os livros eram lidos, sobretudo, para fins de instrução ou por trabalho. Entre os que tinham necessidade de aprender pelos livros havia, sem dúvida, os alunos das escolas e das universidades, mas também os que pertenciam a algumas categorias profissionais, como os homens de leis (os livros de direito eram tanto os mais caros quanto os que garantiam as melhores receitas para os impressores), os médicos e também os cozinheiros, dada a difusão dos livros de receitas. Os usuários dos livros para fins de trabalho eram, sobretudo, os religiosos: ler preces e passagens litúrgicas era (e ainda é) uma das atividades do homem da Igreja; mas pensemos também no citado monge que lê em voz alta no refeitório enquanto os confrades comem, nos frades dominicanos que examinam os livros para verificar a sua ortodoxia e, conforme o caso, censurá-los, ou nos prelados da Sagrada Congregação, da romana e universal Inquisição, que redigem o *Index Librorum Prohibitorum*.

Lia-se pouco por lazer, por passatempo. O livro pequeno, ao contrário, permite este tipo de abordagem: empregar o tempo livre na leitura. Não é uma dedução *a posteriori*, é o próprio Aldo a destacá-la. Acompanha um Horácio, destinado ao seu amigo Marin Sanudo, com a especificação de que "com a pequenez das suas dimensões te convidará à leitura nos momentos em que puderes repousar dos gabinetes públicos"[186]. Envia um livro de bolso a Bartolomeo d'Alviano, segundo comandante das tropas venezianas, afirmando que o

---

[183] Aldo Manuzio, "Aldo Saúda Todos os Estudantes", em Virgílio, *Vergilius* (em latim), Veneza, Ex Aedibus Aldi Romani, abr. 1501, in-8.

[184] Jean Lascaris, "Ao Grande Manuzio Romano, Homem mais Honrado e Habilidoso em Todas as Línguas", em Pierre de Nolhac, *Les correspondants d'Alde Manuce*, Rome, Imprimerie Vaticane, 1888, p. 27.

[185] *Idem, ibidem*.

[186] Aldo Manuzio, "Aldo Romano Saúda Marin Sanudo, Patrício Vêneto Leonardo Filho", em Horácio, *Horatius* (em latim), Veneza, Apud Aldum Romanum, mar. 1501, in-8.

poderá ler nos intervalos das campanhas militares. Sigismund Thurzó, secretário do rei da Hungria, escreve-lhe agradecendo pela facilidade com a qual podia subtrair ao seu trabalho alguns minutos de relaxamento, durante uma cansativa jornada no tribunal. Nicolau Maquiavel não menciona explicitamente os aldinos (1513), mas o livro pequeno que ele lê durante uma caçada só podia ser uma edição veneziana ou a imitação florentina dos Giunta.

O efeito colateral, como ficou dito, que também continua vivo nos nossos dias, é o nascimento da leitura silenciosa: o livrinho, que se tem na mão, não é declamado em voz alta, ao contrário, é lido na intimidade e, por consequência, em silêncio.

Mas, acima de tudo, lê-se por prazer. Aldo cria, de fato, uma necessidade: a necessidade de ler. Nesse sentido vale a comparação – de outro modo arriscada – entre o homem do passado e o do presente. Steve Jobs não apenas inventou um objeto, gerou a necessidade desse objeto. Antes dele, ninguém tinha necessidade de um *smartphone*, simplesmente porque o *smartphone* não existia; hoje, já não podemos viver sem ele. Antes de Aldo, quase ninguém lia por passatempo, porque não havia o objeto capaz de permiti-lo: o livro pequeno para levar consigo. Hoje, lemos como Manuzio nos ensinou. Passaram-se quinhentos anos e, ainda, usamos um objeto que Aldo nos pôs na mão e o utilizamos do modo como ele próprio sugeriu. A força demolidora da inovação aldina viajou no tempo e não se sabe até quando o fará. Poderá mudar o suporte – de papel ao eletrônico –, mas o prazer de ler que Aldo nos legou permanecerá.

O objeto do desejo

O formato pequeno contém o texto puro, sem comentário, e, em relação aos textos gregos anteriores, Manuzio muda a linha editorial: não mais publicar textos inéditos, mas, na maior parte dos casos, obras já editadas nos grandes formatos e com todo o aparato crítico. O objetivo de Aldo é multiplicar a sua difusão, objetivo que é alcançado plenamente, como já foi mencionado. De certo modo, Manuzio se inspira na "portabilidade" do livro pequeno utilizado pelos religiosos: homens da Igreja que perambulavam de mosteiro em mosteiro, homens cultos que se deslocavam de uma corte para outra.

O editor pretende publicar uma série de acuradas edições de textos poéticos (em seguida, também em prosa) de autores latinos, gregos e vernáculos, destinadas à leitura por prazer da clientela instruída e sofisticada. Desse modo, cria um novo público, formado não mais por professores, estudantes e religiosos, mas por fidalgos cultos, por damas letradas, pela elite italiana e europeia, por pessoas que gostam de viver bem, cercar-se de coisas belas e caras e distinguir-se da massa informe dos pobres e dos incultos. Hoje, alguns o definiriam como radical chique.

O sucesso extraordinário deveu-se à elegância e ao formato dos livros, e não, certamente, ao preço. Manuzio, de fato, dá vida à série editorial, muito embora, para disso ter-se a explicação formal, faça-se necessário aguardar Giolito de' Ferrari, que é o primeiro a utilizar o termo "guirlanda", na época (1562), sinônimo de "série".

As cartas que Aldo recebe demonstram o reconhecimento de embaixadores, cortesãos e mulheres da alta sociedade.

Os livros de bolso aldinos tornam-se moda, tanto que o quadro atribuído a Giorgione, *Retrato de Homem com Livro Verde*, imortaliza uma pessoa de elevada linhagem, que, enquanto está de pé, tem na mão, sem esforço, um livro aberto, reconhecível como um aldino *in-octavo*. Salta aos olhos a diferença em relação ao retrato executado por Pedro Berruguete, em 1475, de Federico da Montefeltro, tendo ao lado o pequeno Guidubaldo. O Duque de Urbino é representado sentado numa cadeira alta, enquanto lê um grande volume *in--fólio*, segurando-o com ambas as mãos e apoiando-se na borda superior de uma espécie de balaustrada de madeira. Aqui, nesses dois quadros, é possível apreender visualmente a revolução aldina: antes de Manuzio, os volumes são grandes, pesados e leem-se sentado; depois, transformam-se em objetos pequenos e leves, que se pode segurar na mão, mesmo estando de pé.

Além disso, tornam-se elegantes objetos do desejo, e o próprio Aldo oferece alguns deles, impressos em pergaminho, a Isabella d'Este Gonzaga, na carta escrita de próprio punho, em 23 de maio de 1505: "Recebi uma carta de vossa senhoria na qual dizeis querer todas as minhas pequenas obras em pergaminho. Tenho apenas estas, Marcial, Catulo, Tibulo, Propércio e Petrarca não encadernados, e Horácio, e Juvenal, e Pérsio encadernados e miniaturizados. Envio-vos estes"[187]. Quatro dias depois, 27 de maio, a marquesa responde: "Dar-me-ias um prazer especial se me mandasses um volume de cada uma de todas essas pequenas obras que me escreveste ter em pergaminho, encadernadas ou não"[188], confirmando o fato de que da oficina aldina saíam não apenas volumes destinados a decorar, mas também, pelo menos em alguns casos, livros que podiam ser elegantemente encadernados e miniaturizados. O já citado secretário do bispo de Trieste, Jacob Spiegel, escreve a Manuzio, elogiando-lhe as encadernações executadas com perfeição ("pulchre ligati").

Pelo que os estudiosos conseguiram apurar, Aldo não dispunha de encadernadores e miniaturistas próprios, mas confiava a execução desses trabalhos a oficinas externas, escolhidas entre as melhores da cidade (na biblioteca veneziana de San Francesco della Vigna, conserva-se uma encadernação original aldina de 1514). Alguns dos preciosos volumes em pergaminho, entre 1501 e 1503, foram miniaturizados por Benedetto Bordon, ou seja, o suposto gravador das ilustrações do *Polifilo*. Sua atividade, evidentemente, continua, porque, em

---

[187] *Apud* "Notizie di Isabella Estense", em Carlo d'Arco, *Archivio Storico Italiano*, II, Firenze, Petro Vieusseux, 1845, p. 110.

[188] Isabella d'Este, "Senhor Aldo", em Armand Baschet (ed.), *Lettres et Documents 1495-1515*, Veneza, Aedibus Antonellianis, 1867, p. 23.

uma carta de Pádua de 1515, Andrea Navagero lamenta-se com Giovanni Battista Ramusio pelo alto custo das miniaturas de "Benetto" em um aldino de bolso.

O pergaminho, como já ocorria com os volumes grandes, é usado no lugar do papel, também, para imprimir algum exemplar de luxo em formato pequeno, de modo a poder satisfazer à clientela mais exigente. Provavelmente, as cópias em pergaminho não estavam vinculadas a pedidos específicos, mas sempre se imprimia alguma para ser vendida a quem quisesse destacar-se: algumas obras aldinas em pergaminho que chegaram até nós trazem os brasões das famílias mais ricas e ilustres de Veneza – Pisani, Mocenigo, Barbarigo, Zorzi – e encontram-se, hoje, em prestigiosas bibliotecas estrangeiras; essas tiragens limitadas eram muito procuradas pelos colecionadores no fim do século XVIII.

As cópias em pergaminho deviam ter preços altos, altíssimos, a ponto de suscitar perplexidade até naqueles para quem não era problema gastar dinheiro para ter os seus objetos de desejo. Tal é, de novo, o caso de Isabella d'Este Gonzaga: a Marquesa de Pádua restitui a Manuzio alguns volumes impressos em pergaminho porque os cortesãos lhe dizem que valem a metade do valor cobrado por Aldo. "Os quatro volumes de livros em pergaminho que me enviaste custam, na opinião de todos, o dobro do preço que valem. Nós os devolvemos ao teu mensageiro, o qual não negou ser verdade, mas desculpou-se dizendo que seus companheiros não queriam perdê-los"[189], escreve-lhe a fidalga; interessante que o agente tenha atribuído a responsabilidade dos preços altos aos sócios de Aldo.

Até aqui, nada de particularmente novo: o pergaminho era muito mais caro do que o papel e, por isso, as cópias tiradas com esse material constituíam um requinte para a gente rica. Manuzio não era, decerto, o único tipógrafo que recorria a tal artifício para satisfazer ao desejo de distinção dos clientes mais endinheirados. No entanto, o que ele faz em maio de 1514, ou seja, nove meses antes de morrer, é mais um autêntico rasgo de gênio, dessa vez de *marketing*, na carreira de um editor em quem os rasgos de gênio se sucedem uns aos outros: pela primeira vez na história da edição, ele imprime algumas cópias em papel azul. Esse papel tem o mesmo custo que o branco, mas permite obter exemplares distintos e em quantidade reduzida, características que permitem vendê-los a um preço mais elevado. As cópias em papel azul não implicam custos adicionais, mas permitem maiores ganhos. Não só, quatro meses mais tarde ele imprime uma pequena parte da tiragem em papel real: outro elemento de distinção, visto que este é maior, mais liso e fino, até cinco vezes mais caro do que o papel normal. A raridade editorial, portanto, não deve estar forçosamente ligada ao caríssimo pergaminho.

No Quatrocentos, o papel azul era usado normalmente por muitos artistas, sobretudo venezianos, para esboçar os seus trabalhos; o próprio Albrecht

---

[189] Isabella d'Este, "Senhor Aldo", em Francesco Novati e Rodolfo Renier (orgs.), *Giornale Storico della Letteratura Italiana*, XXXIII, Torino, Ermanno Loescher, 1899, p. 20.

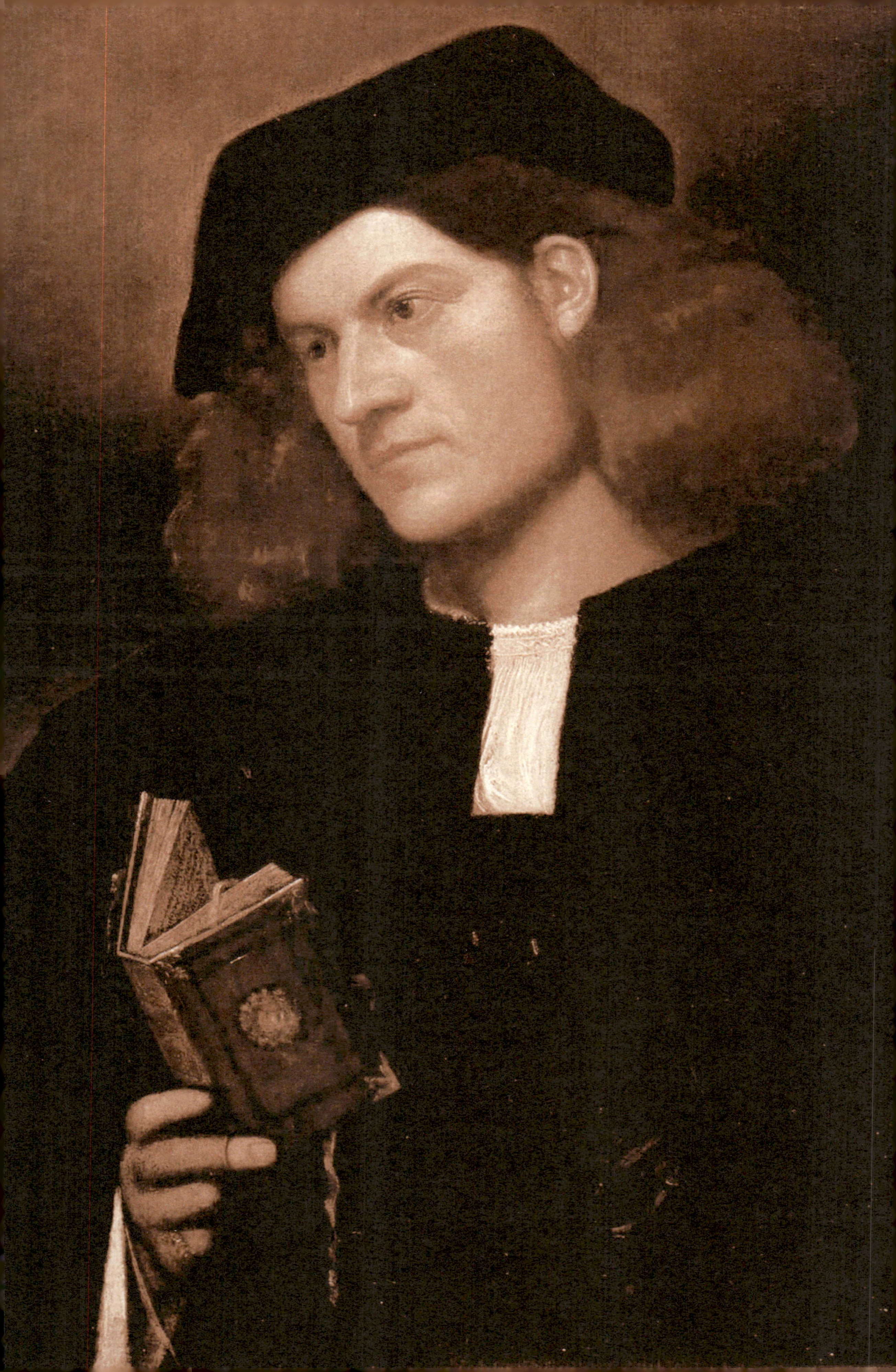

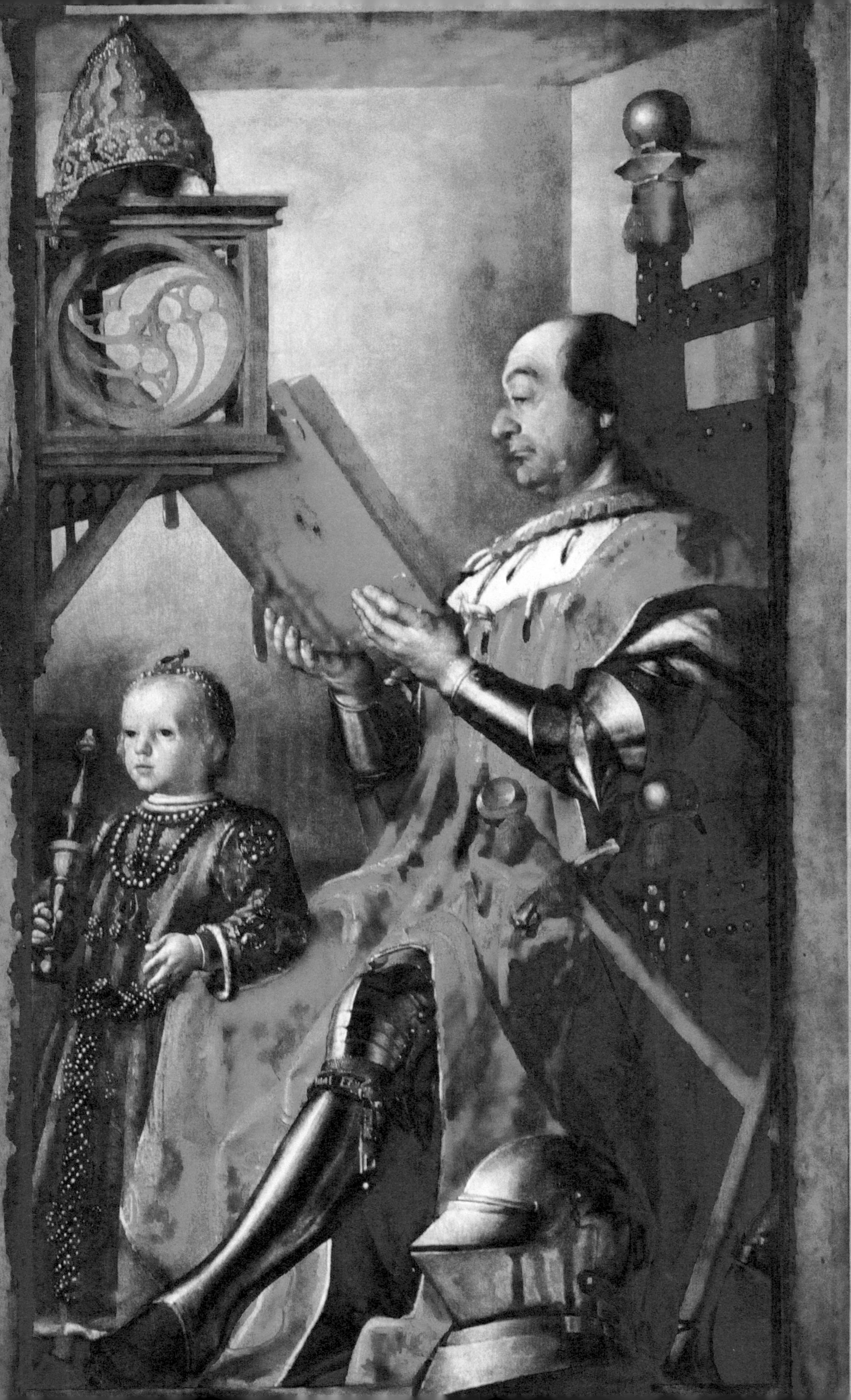

Dürer, quando vem a Veneza, em 1506, faz dele um largo consumo. Nas livrarias, ele era utilizado para embalar os exemplares avulsos dos livros, com os títulos escritos em cima. Ninguém, contudo, tinha pensado em usá-los para imprimir. Depois de Aldo, seus herdeiros lhe seguiram o exemplo. Apenas um exemplar de impressão aldina em papel azul sobreviveu, achando-se conservado em Nova York, na Pierpont Morgan's Library.

O triunfo do vernáculo

A série dos livros de bolso começa em abril de 1501, com Virgílio; seguem-se Horácio em maio, Petrarca em julho, Juvenal e Pérsio em agosto, Marcial em dezembro e, depois, as *Epístolas Familiares* de Cícero, Dante, Estácio. Já dissemos que o critério de Manuzio para escolher os textos a publicar no formato pequeno é comercial: ele seleciona livros capazes de suscitar vasto interesse. Com efeito, as *Cartas* de Cícero já haviam aparecido entre as primeiras obras impressas na Itália por Sweinheim e Pannartz. Clássicos latinos, portanto, mas – eis a novidade – também os dois maiores poetas vernáculos, Dante e Petrarca, sem uma linha de comentário e organizadas pelo amigo Pietro Bembo. Os manuscritos de Dante e Petrarca são fornecidos à oficina aldina pelo irmão de Pietro, Carlo, que cobre também o custo de publicação. O já citado novelista milanês Matteo Bandello escreve: "Que direi então da língua vernácula? Que de certo modo estava sepultada, e os livros tão mal revisados que se Dante, Petrarca e Boccaccio os tivessem visto não os teriam reconhecido, os quais você reconduziu à sua nativa pureza"[190].

A colaboração de Pietro Bembo é fundamental e, provavelmente, determinante para a escolha dos títulos de ambas as obras, que não são os canônicos: não *Canzioniere*, mas *Le Cose Volgari* para Petrarca, não *Commedia*, mas *Le Terze Rime* para Dante (a primeira edição a acrescentar *Divina* será a de Gabriele Giolito de' Ferrari de 1555). Já os títulos indicam uma clara opção pelo campo humanista.

Petrarca encontra-se no seleto grupo dos primeiros verdadeiros *best-sellers* da história da impressão: nas últimas décadas do Quatrocentos, registra-se uma autêntica corrida para publicar as suas rimas em vernáculo, que superam a *Commedia* de Dante. Em trinta anos, registram-se 38 edições impressas: a primeira é a veneziana de Vindelino da Spira, em 1470, curiosamente, o ano de nascimento de Pietro Bembo. Somente das prensas aldinas, saem vários milhares de exemplares petrarquianos, provavelmente mais de vinte mil.

O vernáculo não é prontamente aceito no mundo das letras. Um dos pais do humanismo, Guarino da Verona (o filho Gaspare, como vimos, é

---

[190] Matteo Bandello, "Bandello ao Doutíssimo Aldo Pio Manuzio Romano", "Novela xv", *Le Novelle*, I, Lucca, Busdrago, 1554.

um dos mestres de Aldo), julga a literatura vernácula uma literatura de série B, que não está à altura de fazer parte das bibliotecas dos doutos, ao contrário da latina e da grega. De fato, segundo ele, o único Petrarca digno de tantas prateleiras é aquele em latim. Os textos vernáculos, observa Guarino, "são para ser lidos nas vigílias de inverno, quando se quer entreter moças e rapazes, alegrando-os com histórias amorosas e fatos extraordinários ou impressioná-los com relatos de acontecimentos terríveis". Na Florença do Quatrocentos – talvez pelo axioma de que ninguém é profeta em sua terra – nunca se publica o *Canzoniere*, e a Petrarca preferem-se Dante e Guido Cavalcanti.

A impressão, porém, aumenta a fruição dos textos e "vulgariza" – em sentido lato – os leitores, alarga o seu círculo; a poesia vernácula torna-se moda nas cortes e agrada aos poderosos. Por exemplo, em 1478, Petrarca é reimpresso, em Veneza, em caracteres góticos (*littera moderna*), e esse fato indica que tais livros são destinados a um público mais amplo, ainda não habituado a ler os textos dos clássicos, impressos, ao contrário, em caracteres romanos (*littera antiqua*). E não é só: Serafino de' Ciminelli, chamado Aquilano, aprende de memória todo o Petrarca e perambula pelas cortes italianas tocando alaúde e cantando os versos petrarquianos; torna-se famoso, é chamado a todos os lugares, e graças a ele, exatamente, espalha-se a moda musical de Petrarca, que durará até o final do Seiscentos.

A escolha de Aldo Manuzio, para o título a dar a Petrarca, é já em si significativa: o original humanisticamente recuperado, *Rerum Vulgarium Fragmenta*, é desconhecido dos leitores do início do Quinhentos e só se afirmará dois séculos depois. *Le Cose Volgari* constitui uma novidade de grande relevância: pela primeira vez um texto em vernáculo é colocado na mesma altura das obras latinas e lhe é dispensada a mesma atenção filológica. É impresso sem comentário e em formato concebido para ser facilmente fruído. Bembo realiza com o poeta toscano as mesmas operações de agrupamento dos códices que eram executadas com os autores antigos, comporta-se como um autêntico editor, levando também em conta os prazos de produção.

Com Petrarca, o trabalho de Aldo é facilitado, porque permaneceram os códices originais, das mãos do autor, e foram paginados da forma como Petrarca desejava em 1374: apenas um soneto em cada folha, elegantemente apresentado em duas colunas. A biblioteca de Petrarca tinha sido herdada pelos Carraresi, senhores de Pádua, mas se dispersará oito anos após o lançamento do livro de bolso aldino, ou seja, quando os imperiais da Liga de Cambrai conquistam e saqueiam a cidade, em 1509. Pietro Bembo relatará que encontrou folhas esparsas de rimas autógrafas de Petrarca em um açougue. Em todo caso, o códice petrarquiano dos *Rerum Vulgarium Fragmenta*, propriedade da família paduana dos Santa Sofia (hoje Vat. Lat. 3195), chega às suas mãos, na primeira metade de 1501, e muda a sua percepção da língua

Fresco, ombroso, fiorito, et uerde colle;	c.	93.
ar potess'io uendetta di colei;	c.	96.
u forse un tempo dolce cosa amore;	c.	129.

G

Gloriosa colonna, in cui s'appoggia	c.	3.
Giouene donna sott'un uerde lauro	c.	13.
Gia fiammeggiaua l'amorosa stella	c.	15.
Gentil mia Donna i ueggio	c.	32.
Giunto m'ha amor fra belle et crude braccia		71.
Geri; quando talhor meco s'adira	c.	73.
Giunto Alexandro ala famosa tomba	c.	75.
Gratie, ch'a pochi'l ciel largo destina	c.	84.
Gia desiai con si iusta querela,	c.	85.
Gliocchi; di ch'io parlai si caldamente	c.	111.
Gliangeli eletti, et l'anime beate	c.	129.

H

or uedi amor, che giouenetta donna	c.	50.
or che'l ciel et la terra e'l uento tace	c.	69.
or hai fatto l'estremo di tua possa	c.	122.

I

I mi riuolgo in dietro a ciascun passo	c.	4.
I successor di Carlo; che la chioma	c.	10.
I temo si de begliocchi l'assalto	c.	18.
Il figliuol di Latona hauea gia noue	c.	19.
Il mio auersario; in cui ueder solete	c.	20.
I sentia dentr'al cor gia uenir meno	c.	20.
I son gia stanco di pensar, si come	c.	35.
I begliocchi; ond'i fui percosso in guisa,	c.	35.
I son si stanco sotto'l fascio antico	c.	37.
Io non fu d'amar uoi lassato unquanco	c.	37.
Io amai sempre, et amo forte anchora,	c.	38.
Io hauro sempre in odio la fenestra,	c.	38.
Io son del'aspettar homai si uinto,	c.	41.
In mezzo di duo amanti honesta altera	c.	47.
In quella parte, dou'amor mi sprona,	c.	54.
Italia mia; benche'l parlar sia indarno	c.	55.
Io canterei d'amor si nouamente;	c.	59.
Ite caldi sospiri al freddo core	c.	67.
I uidi in terra angelici costumi	c.	67.
In qual parte del ciel, in quale idea	c.	68.
I dolci colli; ou'io lasciai me stesso	c.	83.
In nobil sangue uita humile et queta,	c.	85.
Il cantar nouo, e'l pianger de gli augelli	c.	86.
I piansi; hor canto: che'l celeste lume	c.	89.
I mi uiuea di mia sorte contento	c.	89.
I ho pregato amor, et nel riprego;	c.	92.
Il mal mi preme, et mi spauenta il peggio		93.
In dubbio di mio stato hor piango, hor canto		95.
I pur ascolto; et non odo nouella	c.	96.
In quel bel uiso, ch'i sospiro et bramo,	c.	97.
In tale stella duo begliocchi uidi	c.	97.
Iuo pensando; et nel penser m'assale	c.	99.
I ho pien di sospir quest'aer tutto	c.	110.
I mi soglio accusare; et hor mi scuso;	c.	112.
Io pensaua assai dextro esser su l'ale	c.	114.
I di miei piu legger, che nessun ceruo,	c.	117.
Ite rime dolenti al duro sasso;	c.	125.
Iuo piangendo i miei passati tempi,	c.	136.

A iii

Felice sasso, che'l bel uiso serra:
Che poi c'haura ripreso il suo bel uelo;
Se fu beato, chi la uide in terra;
Hor che fia dunque a riuederla in cielo?

Impresso in Vinegia nelle case d'Aldo Romano,
nel anno . M D I . del mese di Luglio, et tolto con
sommissima diligenza dallo scritto di mano me
desima del Poeta, hauuto da M. Piero Bembo
Con la concessione della Illustrissima si
gnoria nostra , che per . x . anni
nessuno possa stampare il
Petrarcha sotto . le
pene, che in lei
si conten
gono .
✻

INF.

Et io, quando'l su braccio a me distese,
Ficcai gliocchi per lo cotto aspetto;
Si che'l uiso abbrusciato non difese

La conoscenza sua al mi'ntelletto:
Et chinando la mano a la mia faccia
Rispuosi; siete uoi qui ser Brunetto?

Et quegli; O Figliuol mio non ti dispiaccia
Se Brunetto Latini un poco teco
Ritorna in dietro; et lascia'ndar la traccia.

Io dissi lui; quanto posso, uen' preco:
Et se uolete, che con uoi m'asseggia;
Farol; se piace a costui; che uo seco.

O Figliuol, disse, qual di questa greggia
S'arresta punto; giace poi cent' anni
Sanz' arrostarsi, quando'l foco il feggia.

Pero ua oltre: i ti uerro a panni;
Et poi rigiugnero la mia masnada,
Che ua piangendo i suoi eterni danni.

I non osaua scender de la strada
Per andar par di lui: ma'l capo chino
Tenea; com' huom, che reuerente uada.

Ei comincio; Qual fortuna, o destino
Anzi l'ultimo di qua giu ti mena?
Et chi è questi; che mostra'l camino?

La su di sopra in la uita serena,
Rispos'io lui, mi smarri in una ualle,
Auanti che l'eta mia fosse piena.

Pur hier mattina le uolsi le spalle:
Questi m'apparue ritornando in quella;
Et reducemi a ca per questo calle.

INF.

Et egli a me; se tu segui tua stella
Non puoi fallire a glorioso por
Se ben m'accorsi ne la uita bella

Et s'i non fossi si per tempo mor
Veggendo'l cielo a te cosi benig
Dato t'haurei a l'opera conforte

Ma quello'ngrato popolo maligno
Che discese di Fiesole ab antico
Et tien' anchor del monte et del

Ti si fara per tu ben far nimico:
Et è ragion: che tra gli lazzi
Si disconuien fruttare il dolce f

Vecchia fama nel mondo li chia
Gent' auara, inuidiosa, et super
Da lor costumi fa, che tu ti forb

La tua fortuna tant' honor ti serl
Che luna parte et laltra haure
Di te: ma lungi fia dal becco l'

Facciam le bestie Fiesolane stram
Di lor medesme; et non tocchin
S'alcuna surge anchor nel lor

In cui riuiua la sementa santa
Di quei Roman, che ui rimaser
Fu fatto'l nidio di malitia tanto

Se fosse pieno tuto'l mio dimand
Rispuosi lui; uoi non saresti anc
De l'humana natura posto in b

Ch'in la mente m'è fitta, et hor
La cara buona imagine patern
Di uoi; quando nel mondo adh

PAR.

Vn punto solo m'è maggior lethargo;
Che uenticinque secoli a la'mpresa,
Che fe Nettuno a mirar l'ombra d' Argo.

Cosi la mente mia tutta sospesa
Miraua fissa immobile et attenta;
Et tutta nel mirar face' si accesa.

A quella luce cotal si diuenta;
Che uolgersi da lei per altro aspetto
E' impossibil che mai si consenta:

Pero che'l ben, ch'è del uoler obietto,
Tutto s' accoglie in lei; et fuor di quella
E' defettuo cio, che li è perfetto.

Homai sara piu corta mia fauella
Pur a quel, ch'i ricordo; che d' infante,
Che bagni anchor la lingua a la mammella;

Non perche piu ch' un semplice sembiante
Fosse nel uiuo lume, ch'i miraua;
Che tal è sempre, qual era dauante;

Ma per la uista che s' aualoraua
In me guardando una sola paruenza;
Mutandom' io a me si trauagliaua.

PAR.

O luce eterna; che sola in ti sidi,
Sola t'intendi, et da te intelletta
Et intendente te a me arridi;

Quella circulation, che si concretta
Pareua in te, come lume reflesso
Da gliocchi miei alquanto circon

Dentro da se del su colore ste sso
Mi parue pinta de la nostra eff
Perche'l mi uiso in lei tutt' era

Qual è'l geometra; che tutto s'affig
Per misurar lo cerchio, et nol ri
Pensando quel principio, ond' e

Tal era io a quella uista noua:
Veder uoleua, come si conuenne
L' imago, e'l cerchio, et come ui

Ma non eran da cio le proprie pe
Senon che la mia mente fu perc
Da un fulgor, in che sua uogli

A l' alta fantasia qui manco poss
Ma gia uolgeua il mi disio, e'l u
Si come rota, ch' igualmente è m

MARTIALIS.

EPIG.

Fastidire tamen noli Ruffine minores.
Plus habuit Didymus, plus Philomelus habet.

In Matriniam.

Non possum uetulam, quereris Matrinia, possum
Et uetulam, sed tu mortua, non uetula es.
Possum Hecubam, possum Nioben Matrinia, sed si,
Nondum erit illa canis, nondum erit illa lapis.

Qualem puellam uelit.

Ingenuam malo, sed si tamen illa negetur,
Libertina mihi proxima conditio est.
Extremo est ancilla loco, sed uincet utranque,
Si facie nobis hæc erit ingenua.

Ad Chionem.

Digna tuo cur sis, indignáq; nomine, dicam.
Frigida es, & nigra es, non es, et es Chione.

De Pisabus sculptis.

Artis Phidiacæ toreuma clarum,
Pisces aspicis, adde aquam, natabunt.

In Fabianum.

Quod nouus, & nuper factus tibi præstat amicus,
Hoc præstare iubes me Fabiane tibi.
Horridus ut primo semper te mane salutem.
Per mediumq; trahat me tua sella lutum.
Lassus ut in thermas decima, uel serius, hora
Te sequar, Agrippæ, cum lauer ipse Titi.
Hoc per triginta merui Fabiane decembres,
Vt sim tiro tuæ semper amicitiæ.
Hoc merui Fabiane toga, tritáq; meáq;.
Vt nondum credas me meruisse rudem.

In Irascentes

EPIG.

Durum est perdere ferias, rogamus.
Iacturam patiaris hanc, ferasq;,
Quod si legeris ipsa cum diserto,
Sed nunquid sumus improbi? secundo,
Plus multo tibi debiturus hic est,
Quam debet domino suo libellus.
Nam securus erit nec inquieta
Lassi marmora Sisyphi uidebit,
Quem censoria cum meo Seuero
Docti lima momorderit Secundi.

Ad Aemilianum.

Semper eris pauper, si pauper es Aemiliane,
Dantur opes nullis nunc, nisi diuitibus.

In Gaurum.

Quid promittebas mihi milia Gaure ducenta,
Si dare non poteras milia Gaure decem?
An potes, & non uis? rogo non est turpius istud?
I. tibi dispereas Gaure, pusillus homo es.

Ad Dindymum.

Insequeris, fugio, fugis, insequor, hæc mihi mens est,

LIB. V.

In Irascentes amicos.

rasci tantum felices nostris amici,
N on belle facitis, sed iuuat hoc facere.

Ad Sextum.

uæ te causa trahit, uel quæ fiducia Romam
Sexte? quid aut speras, aut petis inde. refer?
ausas, inquis, agam Cicerone disertius ipso,
A tque erit in triplici par mihi nemo foro.
git A testinus causas, et Ciuis utrunque
N oras, sed neutri pensio tota fuit.
nihil hinc ueniet, pangentur carmina nobis,
A udieris, dices esse Maronis opus.
nsanis omnes gelidis quicunque lacernis
Sunt tibi, Nasones, Virgliosq; uides.
tria magna colam, uix treis aut quattuor ista
Res aluit, pallet cætera turba fame.
uid faciam suade? nam certum est uiuere Romæ.
Si bonus es, casu uiuere Sexte potes.

De Lycori.

iaco similem puerum Faustine magistro
Lusca Lycoris amat, quam bene lusca uidet.

In Thelesinum.

utua quod nobis ter quinquaginta dedisti
Ex opibus tantis, quas grauis arca premit.
Te tibi magnus Thelesine uideris amicus.
Tu magnus, quod das, immo ego, quod recipis.

De Lacerta coelata.

nserta Phialæ Mentoris manu ducta
L acerta uiuit, & timetur argentum.

I

LIB. VI.

Sanè sic abeat meus december.
S cis certe puto uestra iam uenire.
Saturnalia, Martias Kalendas,
T unc reddam tibi Galla, quod dedisti.

M. V. MARTIALIS EPIGRAMMATON LIBER SEXTVS.

EXTVS MITTITVR HIC
tibi libellus.
s
In primis mihi care Martialis.
Q uem si terseris aure diligenti,
A udebit minus anxius, tre-
mensq́;
M agnas Cæsaris in manus uenire.

Adulatorium.

Lusus erat sacræ connubia fallere Tedæ,
Lusus & immeritos excuisse mares,
V traque tu prohibes Cæsar, populisq; futuris

PLINIVS IVNIOR CORNELIO PRISCO

A udio Valerium Martialem decessisse, & m
fero. Erat homo ingeniosus. acutus, et qui plurim
scribendo, & salis haberet, & fellis, nec candor
nus. Prosecutus eram uiatico secedentem. dederam
siculis, quos de me composuit. Fuit moris antiqua
qui uel singulorum laudes, uel uerbu scripser a
onoribus, aut pecunia ornare. Nostris uero te
is, ut alia speciosa, et egregia, ita hoc in primis
uit. Nam postquam desiuimus facere laudãda, l
ri quoque ineptum putamus. Quæris qui sint u
li, quibus gratiam retulerim? mittere ad te ipsu
lumen, nisi quosdã tenerē. Tu si placuerint hi, ca
in libro requires. Alloquitur musam. Mandat
num meam in exquiliis quærat, adeatq; reuer
S ed ne tempore non tuo disertam
P ulses ebria ianuam, uideto.
T otos dat tetricæ dies Mineruæ,
D um centum studet auribus uirorum
H oc, quod secula, posteriq; possint
A rpinis quoque comparare chartis
S eras tutior ibis ad lucernas.
H æc hora est tua, dum furit Lyæus,
D um regnat rosa, dum madent capilli,
T um me uel rigidi legant Catones.
Meritó ne eũ, qui hoc de me scripsit, et tũc dimi
cissime, et nunc amicissimum defunctum esse dol
dit enim mihi, quãtum maxime potuit daturus a
us, si potuisset. T āetsi qd homini pōt dari maius,
ria, laus, & æternitas? A eterna, quæ scripsit non
fortasse. Ille tamen scripsit tanquam futura.

de Petrarca: Bembo anuncia que passará o resto da vida construindo uma teoria e uma gramática da *volgar lingua*[191].

A língua

O humanista e futuro cardeal não se detém na revisão: introduz o interpunção e os acentos, sinais que tornam o texto mais fácil de entender e, por isso, mais simples de ler, que servem para "libertar os bons livros de duras e tétricas prisões"[192], ou de um esquema que os tornava obscuros e difíceis. Em 1509, Aldo afirma que o interpunção vale como um comentário, enquanto uma década depois, o patrício Antonio da Canal não parece tão de acordo e reprovará em Bembo o uso de sinais com os quais "o poeta [...] nunca havia sonhado". Hoje, podemos dizer que a escolha de Manuzio e Bembo foi a mais adequada: a pontuação aldina de 1501 torna-se o padrão definitivo, que perdura ainda em nossos dias. De todo modo, as polêmicas subsequentes à edição de 1501 induzem Aldo a publicar, em 1514, uma nova edição que, na realidade, simplesmente continua e amplia a primeira, com o acréscimo dos *Trionfi* e de outras rimas.

Manuzio declara que o manuscrito das *Cose Volgari* usado para compor o texto impresso é o autógrafo de Petrarca. Quando, porém, Lorenzo Gusnasco visita a tipografia, em fins de julho de 1501, e vê e toca com a mão a tão gabada fonte, escreve que, na verdade, era "de um paduano que muito o estima"[193], ou seja, Pietro Bembo. Pode ser que Manuzio e Bembo tenham consultado o original, mas é provável que, em seguida, a edição tenha sido composta com base na cópia manuscrita pelo futuro cardeal. Não haveria nada a questionar, a não ser que ela contém cerca de 160 mudanças em relação ao original. Alguns estudiosos pensam que Bembo enganou Manuzio ou que, na verdade, ambos mentiram, mas essa hipótese afigura-se improvável, porque teria comportado um risco comercial grande demais, caso o golpe fosse descoberto. Em 1528, o curador de Petrarca, Alessandro Vellutello, acusará abertamente Bembo, juntamente com o já falecido Aldo, de haver mentido sobre as fontes.

Petrarca já era um mito antes de Manuzio imprimi-lo, mas a contribuição aldina é fundamental para tornar definitiva a lenda petrarquiana: o *Canzoniere* totaliza 148 edições na Itália, chegando a difundir, apenas no Quinhentos, a espantosa cifra de mais de cem mil cópias. O poeta toscano, ademais, é a mais importante das "três coroas" nas quais Pietro Bembo baseará a sua codificação da língua italiana.

Já no prefácio a Petrarca, Aldo fornece algumas pistas: no vernáculo, "o latim não é seguido rigorosamente, [...] diz-se 'rosto' e não 'vulto', e 'povo' e não

---

[191] Pietro Bembo, *Le Prose: Nelle Quali si Ragiona della Volgar Lingua*, Venezia, Guglielmo Zerletti, 1525.
[192] Tucídides, *Thucydides* (em grego), Veneza, In Domo Aldi, maio 1502, in-fólio.
[193] Lorenzo Gusnasco, "Ilustríssima Madame", em Francesco Novati e Rodolfo Renier (orgs.), *Giornale Storico della Letteratura Italiana*, XXXIII, Torino, Ermanno Loescher, 1899, p. 17.

IVVENALIS.

PERSIVS.

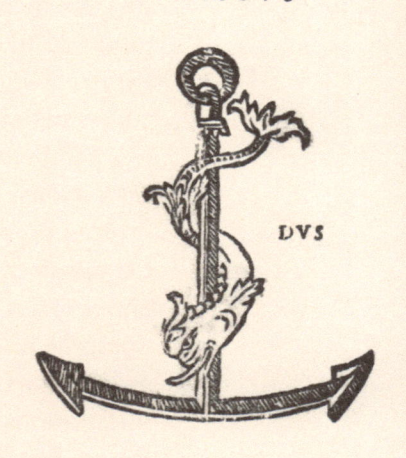

DVS

SATYRA

D at pœnas, noctem patitur lugentis amicum
P elidæ, cubat in faciem, mox deinde supinus.
E rgo non aliter poterit dormire, quibusdam
S omnum rixa facit, sed quamuis improbus annis,
A tq; mero feruens, cauet hunc, quem cocina læna
V itari iubet, & comitum longissimus ordo,
M ultum præterea flammarum, atq; Aenea lápas
M e, quem Luna solet deducere, uel breue lumen
C andelæ, cuius dispenso, & tempero filum,
C ontemnit miseræ cognosce proœmia rixæ,
S i rixa est, ubi tu pulsas, ego uapulo tantum.
S tat contra, stariq; iubet, parere necesse est,
N am quid agas, cum te furiosus cogat, & idem
F ortior, unde uenis exclamat, cuius aceto,
C uius concha tumes?quis tecum sectile porrum
S utor, & elixi neruecis labra comedit?
N il mihi respondes?aut dic, aut accipe calcem.
E de ubi consistas, in qua te quæro proseucha.
D icere si tentes aliquid, tacitus'ue recedas,
T antundem est, feriunt pariter, uadimonia deinde
I rati faciunt. libertas pauperis hæc est,
P ulsatus rogat, & pugnis concisus adorat,
V t liceat paucis cum dentibus inde reuerti.
N ec tamen hoc tantum metuas, nam qui spoliet te
N on deerit, clausis domibus postquam omnis ubiq;

TERTIA 13

Q ua fornace graues, qua non incude catenæ?
M aximus in uinclis ferri modus, ut timeas, ne
V omer deficiat, ne marræ, & sarcula desint.
F elices proauorum atauos, felicia dicas
S æcula, quæ quondam sub regibus, atq; tribunis
V iderunt uno contentam carcere Romam.
H is alias poteram, & plures subnectere causas,
S ed iumenta uocant, & sol inclinat, eundum est.
N am mihi commota iandudum mulio uirga
I nnuit, ergo uale nostri memor, & quoties te
R oma tuo refici properantem reddet Aquino,
M e quoq; ad eluinam Cererem, uestramq; Diana
C onuelle a` Cumis, satyrarum ego, (ni pudet illas
A diutor gelidos ueniam caligatus in agros.

SATYRA QVARTA.

    Cœ iterũ Crispinus, et ẽ mihi sæpe uocandu
 e   Ad partes, monstrũ nulla uirtute redẽptu
    A` uitijs, æger, sola'q; libidine fortis,
D elicias uiduæ tantum aspernatur adulter.
Q uid refert igitur quantis iumenta fatiget
P orticibus, quanta nemorum uectetur in umbra,
I ugera quot uicina foro, quas emerit ædes?
N emo malus felix, minime corruptor, & idem
I ncestus, cum quo nuper uittata iacebat
S anguine adhuc uiuo terram subitura sacerdos.
S ed tunc de factis leuioribus, et tamen alter

'populo'"[194]. Finalmente, um compromisso: "Espere, em breve, um Dante não menos correto do que o de Petrarca, [...] sem mais fim são os lugares nos quais Dante mostra-se incorreto, mas isso não será visto aqui"[195].

Enquanto Aldo está imprimindo Petrarca, Bembo refugia-se perto de Ferrara, em companhia de um códice dantesco, propriedade de seu pai, Bernardo, que, um século e meio antes, havia sido dado de presente por Boccaccio a Petrarca (Vat. Lat. 3199). Da casa de campo de seu amigo Ercole Strozzi (homem de confiança de Lucrécia Bórgia, que seria misteriosamente assassinado em junho de 1508; em 1513, Aldo publica postumamente os seus versos latinos), Pietro envia a Veneza páginas em bela cópia, de trinta linhas cada uma, porções sucessivas da *Commedia*, prontas para serem compostas na tipografia.

Também, nesse caso, Manuzio rompe com a tradição desde o título: *Le Terze Rime* e não *Commedia*, sublinhando, assim, que se trata de uma composição poética. Aldo restitui a obra à mera capacidade interpretativa do leitor, com a eliminação do comentário de Cristoforo Landino. Comentário que, apresentado à Senhoria de Florença, em 1481, com as ilustrações de Sandro Botticelli, na época, era considerado inseparável da obra de Dante. O livro sai em 1502, e o vernáculo entra, assim, no coração do programa aldino. Esse mesmo ano de 1502 é também o da volta aos autores gregos: "Quanto menores são os objetos de valor, mais atraentes são eles para a maioria das pessoas"[196], escreve o editor a Scipione Carteromaco, o redator do estatuto da Neoacademia.

Aldo era filho do seu tempo e, por mais culto e inovador que fosse, permanecia profundamente ligado aos ensinamentos da Igreja e, por isso, evitava tudo o que era considerado indecente. Toda a sua produção editorial permanece profundamente marcada pela rígida observância religiosa. Seu ideal educativo não está na promoção da livre busca da verdade, ele possui, ao contrário, uma forte raiz cristã: restaurar as boas leituras não é um programa em si mesmo, mas é funcional para a formação de cristãos educados, através do estudo, para serem homens "honestos e ortodoxos". O escopo da instrução são, sim, as belas-letras, mas o amor pelas letras não pode ser separado da moralidade, a ponto de induzi-lo a afirmar que "não é lícito realizar uma coisa sem a outra" e preferir "os jovens iletrados, mas desde que de bons costumes, aos sapientes dissolutos". O grego serve para fortalecer o conhecimento e a moral cristã: "Aprender o grego e viver como bom cristão"[197]. O hebraico é necessário para nos familiarizarmos com as sagradas escrituras: "É muito importante aquilo que se adquire na tenra idade". Aldo lança acusações contra os poetas pagãos e

---

[194] Aldo Manuzio, "Aldo aos Leitores", em Francesco Petrarca, *Le Cose Volgari* (em vernáculo), Veneza, Nelle Case d'Aldo Romano, jul. 1501, in-8 (Separata).

[195] *Idem*.

[196] *Anthologia Graeca*, Veneza, In Aedibus Aldi, nov. 1503, in-8.

[197] Aldo Manuzio, "Aldo Romano Saúda Todos Aqueles que, Juntamente com as Letras Gregas, Desejam Aprender os Costumes Virtuosos", em Gregóro de Nazianzo, *Diversa Poemata* (em latim), Veneza, jun. 1504, in-4.

lascivos que enchem de lendas a cabeça dos jovens e tornam "grande parte dos doutos [...] viciados e heréticos".

De Filóstrato, ele escreve que o livro "circulava como um veneno sem antídoto"[198] e, por conseguinte, pensa em fornecer esse antídoto, acrescentando, ao final da obra, o ensaio de Eusébio que refuta o conteúdo do texto redigido pelo escritor grego. Manuzio afirma que não quer publicar as poesias obscenas de Virgílio, toma distância de Lucrécio e, talvez, explique-se assim a exclusão de Boccaccio dos autores vernáculos.

Lazer e estudo

Do programa editorial dos livros pequenos resulta que os títulos publicados são, por um lado, de apelo seguro, mas, por outro, exprimem continuidade no propósito didático de Manuzio. As já citadas *Lettere ai Familiari* de Cícero, por exemplo, haviam se tornado o texto-base nas escolas de retóricas, e Aldo escreve no prefácio de 1502: "Eles, de fato, tornam aquele que os estuda um escritor fino, requintado e, o que para mim conta muito mais, bastante fluente"[199]; em seguida, ele publica outras cartas ciceronianas, ao mesmo tempo que negligencia os manuais epistolares em vernáculo e, desse modo, expressa, mais uma vez, uma clara escolha de campo. Heródoto, Tucídides e César são inseridos na coleção, sobretudo pela elegância do estilo, enquanto os textos históricos de Valério Máximo já estão muito difundidos e, por isso, têm o seu valor comercial assegurado.

De qualquer forma, Aldo não perde o gosto do desafio: em 1505, experimenta o formato muito pequeno – o in-32 – para um livrinho devocional em grego, uma coletânea de preces à Virgem. Era essa, até certo ponto, a moda do momento: outros editores imprimem em in-12 e in-24, Manuzio quer demonstrar ser mais corajoso e os supera. Por outro lado, ele também faz exatamente o contrário: sempre em 1505, imprime as fábulas de Esopo em *in-fólio*, formato que, em geral, estava reservado às *editio princeps*, e agora, em vez disso, imprime uma *in-octavo*: os *Paralipomena* de Quinto de Esmirna. Parece quase que ele está se divertindo em contrariar aqueles que, até aquele momento, constituíam os cânones editoriais.

Diante de tantos desafios, porém, há um que, em vez disso, permanece suspenso e não leva a resultados concretos: o do hebraico.

---

[198] Aldo Manuzio "Aldo Pio Manuzio Romano Saúda o Fiorentino Zanobi, da Ordem dos Pregadores", Filóstrato, *De Vita Apollonii Tyanei* (em grego e latim), Veneza, In Aedibus Aldi, fev. 1502, in-fólio.
[199] Cícero, *Epistolae Familiares* (em latim), Veneza, Apud Aldum, abr. 1502, in-8.

AESOPI FABVLATORIS VITA A MAXIMO PLANVDE COMPOSITA.

1
Rerum humanarum naturam persecuti sunt & alii, & posteris tradiderunt. Aesopus uero uidetur non absq; diuino afflatu cū moralem disciplinam attigerit, magno iteruallo multos eoç; supasse. & .n. neq; definiendo, neq; ratiocinando, neque ex historia, quam ante ipsius ætatem tulit tempus, admonendo, sed fabulis penitus erudiendo, sic audientium uenatur animos, ut pudeat ratione præditos facere, aut sentire, quæ neq; aues, neq; uulpes. & rursus non uacare illis, quibus pleraq; bruta tempore prudenter uacasse finguntur. ex quibus aliqua, pericula imminentia effugerunt, aliqua maximā utilitatē ī opportunitatib⁹ cōsecuta sunt. Hic igif, q uitā suā philosophicæ reip. imaginem, ppōsuerat, & operibus magis, q̄ uerbis philosophatus, gen⁹ qdē traxit ex Ammorio oppido Phrygiæ, cognomto magnæ, sed fortuna fuit seru⁹. Quare & magnopē mihi uidef Platonis illud ī Gorgia pulchre simul, & uere dictum. plerunq; enim hæc inquit contraria inter se sunt, natura simul, ac lex. Nam Aesopi animum natura liberum reddidit, sed hominum lex corpus in seruitium tradidit. Potuit tamen ne sic quidem animi libertatem corrumpere. Sed quamuis ad res uarias, & in diuersa loca corpus transferret, a ppria tamen sede illum traducere non potuit. Fuit autem non solū seruus, sed & deformissimus omnium suæ ætatis hominum. nam acuto capite fuit. pssis narib⁹. depresso collo. pminentib⁹ labris. niger. uñ & nomen adeptus est. Idem .n. Aesopus, qd' æthiops. uentrosus. ualgus. & incuruus. forte & homericum Thersiten turpitudine formæ superans. hoc uero omnium in eo pessimum erat, tardiloquentia, & uox obscura simul, & inarticulata. Quæ oīa etiā uideñ seruitutē Aesopo parasse. Et enim mirum fuisset, si sic indecenti corpore, potuisset seruientium retia effugere. Sed corpore sane tali, animo uero solertissimo natura extitit, & ad omne commentum felicissimus. Possessor igitur ipsius tanq̃ ad nullum domesticū opus commodū, ad fodiendū agrū emisit. ille uero digressus alacriter operi incumbebat. profecto uero aliquādo & hero ad agros, ut opera specularetur, agricola quidam ficos egregias decerptas dono tulit. ille uero fructus delectat⁹ pulchritudine, Agathopodi ministro (hoc enim erat nomen puero) seruare iussit, ut sibi post balneum apponeret. cum uero ita euenisset, atq; Aesopo ob quandam necessitatem ingresso in domum, occasione capta, Agathop⁹ consilium huiusmodi conseruo cuidam offert. impleamur si placet, ficibus heus tu. ac si herus noster has requisierit, nos uero cōtra Aesopū testificabimur ambo, q̃ in domum ingressus sit, & ficus clam comederit, & sup uero fundamto uidelicet ig̃ressione ī domū, multa

ΑΙΣΩΠΟΥ ΒΙΟΣ, ΤΟΥ ΜΥΘΟΓΟΙΟΥ, ΜΑΞΥΜΩ͂·
ΤΩ͂ ΠΛΑΝΟΥΔΗ ΣΥΓΓΡΑΦΕΙΣ.

Πραγμάτων φύσιν τῶν ἐν ἀνθρώποισ ἡκείβωσαν μὲν κ̓ ἄλλοι, καὶ τοῖσ μετ᾽ αὐτοὺσ παρέδωκαν φέροντεσ. αἴσωποσ δὲ δοκεῖ μὴ πόῤῥω θεοτέρασ ἐπιπνοίασ τῆσ ἠθικῆσ διδασκαλίασ ἁψάμενοσ, πολλῶ τῷ μέσω τοὺσ πολλοὺσ αὐτῶν παρελάσαι. καὶ γὰρ οὔτ᾽ ἀποφαινόμενοσ, οὔτε συλλογιζόμενοσ, οὔτε μὴν ἐξ ἱστορίασ, ἣν ὁ πρὸ τῆσ κατ᾽ αὐτὸν ἡλικίασ ἤνεγκε χρόνοσ, τὴν νουθεσίαν διατιθέμενοσ, ἀλλὰ μύθοις τὰ πάντα παιδοτριβῶν, οὕτω πῶσ τῶν ἀκροωμένων ἀγρεύει ψυχάσ, ὡσ αἰσχύνεσθαι τοὺσ λογικοὺσ πιεῖν, ἢ φρονεῖν, ἅ μήτ᾽ ὄρνιθεσ μήτ᾽ ἀλώπεκεσ. κ̓ αὖ πάλιν μὴ προσέχειν ἐκείνοισ, οἷσ πολλὰ τῶν ἀλόγων ἐν καιρῷ νουνεχῶσ προσηκόντα μυθεύεται. ἐξ ὧν, ἅ μὲν κινδυνώδεισ ἐπηρμένουσ ἑαυτοῖσ διέσωσα, ἅ δὲ μέγιστα ἐν τοῖσ καιροῖσ τῆσ ὠφελείασ ἔτυχε. οὗτοσ τοίνυν ὁ ἐν καθ᾽ αὐτὸν βίον φιλοσόφου πολιτείασ εἰκόνα προθέμενοσ, καὶ ἔργοισ μᾶλλον, ἢ λόγοισ φιλοσοφήσασ, ὁ μὲν γένοσ ἐξ ἀμορίου τῆσ φρυγίασ κατῆγε τῆσ μεγάλης ἐπίκλησιν. τὴν δὲ τύχην γέγονε δοῦλοσ. ἐφ᾽ ᾧ καὶ σφόδρα μοι δοκεῖ, τῷ πλάτωνοσ ἐν γοργία καλῶσ ἅμα καὶ ἀληθῶσ εἰρῆσθαι. ὡσ τὰ πολλὰ γὰρ ταυτα φησιν ἐναντία ἀλλήλοισ ὄξιν, ἥ, τε φύσις καὶ ὁ νόμοσ. αἰσώπου γὰρ τὴν ψυχὴν, ἡ μὲν φύσισ ἐλευθέραν ἀπέδωκεν. ὁ δὲ παρ᾽ ἀνθρώπων νόμοσ τὸ σῶμα πρὸς δουλείαν ἀπέδω. ἴσχυσε μέντοι οὐδ᾽ οὕτω πω τῆς ψυχῆς ἐλευθερίαν λυμήνασθαι. ἀλλὰ καί τοι πρὸς πολλὰ καὶ πολλαχόσε μεταφέρων τὸ σῶμα, τῆς οἰκείας ἐκείνην ἕδρασ οὐχ οἷός τ᾽ ἐγένετο μεταστῆσαι. ἐτύγχανε δ᾽ ὢν οὐ μόνον δοῦλοσ, ἀλλὰ καὶ δυσειδέστατα τῶν ἐπ᾽ αὐτοῦ πάντων ἀνθρώπων ἔχε. καὶ γὰρ φοξὸς ἦν. σιμὸσ τὴν ῥῖνα. σιμὸς ἐν ταχηλὸν. πρόχειλοσ. μέλασ. ὅθεν καὶ τὸ ὀνόματος ἔτυχε. ταυτὸν γὰρ αἴσωπος, τῷ αἰθίοπι. προγάστωρ. βλαισὸς. κ̓ κυφός. τάχα καὶ τὸν ὁμηρικὸν θερσίτην τῇ αἰσχρότητι τοῦ εἴδουσ ὑπερβαλλόμενοσ. τὸ δὲ δὴ πάντων ἐν αὐτῷ χείριστον ἦν, τὸ βραδύγλωσσον, καὶ τὸ τῆς φωνῆς ἄσημόν τε καὶ ἀδιάρθρωτον. ἅ πάντα καὶ δοκεῖ τὴν δουλείαν αἰσώπω παρασκευάσαι. καὶ γὰρ δὴ καὶ θαῦμα ἂν ἦν, εἰ οὕτωσ ἀτόπωσ ἔχοντι τοῦ σώματοσ, ἐξεγένετο τὰσ τῶν δουλούντων ἄρκυσ διαφυγεῖν. ἀλλὰ τὸ μὲν σῶμα τοιοῦτον ἦν τῷ ἀνδρί. τὴν δὲ ψυχὴν, ἀγχινούστατοσ ἐπεφύκει, καὶ πρὸς ἐπίνοιαν πᾶσαν ἐπιβολώτατοσ. ὁ κεκτημένοσ τοίνυν αὐτὸν, ἅ τε πρὸς οὐδὲν οἰκίασ ἔργον οἰκείωσ ἔχοντα, σκάπτειν εἰς ἀγρὸν ἐξαπέστειλε. ὁ δ᾽ ἀπελθὼν, προθύμωσ τοῦ ἔργου εἴχετο. ἀφικνουμένω δέ ποτε καὶ τῷ δεσπότη πρὸσ τὸν ἀγρὸν, ἐφ᾽ ὧν τῶν ἔργων ἐπισκοπὴν θέσθαι, γεωργόσ τισ σῦκα τῶν ἀγαθῶν δρεψάμενοσ, δῶρον ἤνεγκεν. ὁ δ᾽ ἡδὺ τῷ τῆς ὀπώρασ ἡσθεὶς ὡραίω, ἀγαθόποδι τῷ οἰκέτη, τοῦτο γὰρ ἦν ὄνομα τῷ παιδί, φυλάττειν ἐκέλευσεν, ὡσ αὐτῷ μετὰ τὸ λουτρὸν παραθεῖναι. συμβὰν δ᾽ οὕτω, καὶ τοῦ αἰσώπου κατὰ δή τινα χρείαν εἰσελθόντοσ εἰς τὴν οἰκίαν, ἀφορμῆσ ὁ ἀγαθόποισ λαβόμενοσ, βουλὴν τοιάνδε τῶν συνδούλων τινὶ προτείνει. ἐμφορηθῶμεν εἰ δοκεῖ τῶν σύκων ὦ οὗτοσ. κ̓ ἐὰν ὁ δεσπότης ἡμῶν ταῦτα ζητήσῃ, ἀλλ᾽ ἡμεῖς τοῦ αἰσώπου καταμαρτυρήσομεν ἄμφω, ὡσ εἰσ τὴν οἰκίαν εἰσδραμόντοσ, κ̓ τὰ σῦκα λάθρα καταφαγόντοσ, κ̓ ἐπ᾽ ἀληθεῖ θεμελίω τῇ πρὸσ τὸν οἶκον εἰσόδω, ἀλλὰ τῇ

a ii

A BÍBLIA
capítulo 8 EM HEBRAICO

O hebraico é o grande ausente na produção aldina. Indícios vários nos revelam que Manuzio estava se preparando para imprimir em hebraico, mas, depois, por motivos a nós ignorados, não conseguiu ir até o fim nessa empresa. A **Breve Introduzione alla Lingua Ebraica** constitui a base para uma nunca realizada gramática e é publicada em 1501, no fim da obra de Constantino Lascaris, **De Octo Partibus Orationis**, que, de fato, constitui a sequência de sua gramática grega publicada seis anos antes.

Escreve Aldo: "Visto considerarmos a língua hebraica necessária para o conhecimento da sagrada escritura, fornecemos, agora, o alfabeto, as combinações das letras e diversas outras indicações para que você aprenda a ler o hebraico. Em seguida, se virmos que essas noções encontraram favor, forneceremos – se Deus quiser – um manual de gramática, um dicionário e os livros sagrados"[200]. O texto é repetido ainda na segunda edição (1501) da gramática latina, editada por Aldo; em seguida, será reimpresso na reedição de Lascaris de 1512.

Chegou até nós, igualmente, uma página de prova de impressão de uma Bíblia Poliglota, em hebraico, grego e latim, daí podermos afirmar com certeza que Aldo possuía uma série de caracteres hebraicos e que tivesse toda a intenção de usá-los. "Preparo-me a meter mãos à obra também aos textos em hebraico, por causa dos nossos livros sagrados, que foram traduzidos em grego do hebraico e em latim do grego, a fim de podermos cotejar estes com aqueles e recopiar os textos gregos para nos familiarizar com a acentuação e a grafia correta"[201]. Depois, contudo, não o fez. O projeto, anunciado em 1498, é abandonado, talvez por outros compromissos, e, depois, lembrado no prefácio a *Píndaro* de 1513, portanto abandonado de novo e, dessa vez, em definitivo.

Alguém aventou a hipótese de que Manuzio podia ser um judeu convertido, com base em uma citação de São Paulo, no capítulo final da gramática latina: *Ego sum hebraeus*[202] (Eu sou judeu). A maioria dos estudiosos, todavia, não acredita que se trate de uma referência pessoal, mas de uma espécie de profissão humanista consciente da origem hebraica da tradição cristã. Não existem outros indícios, nos escritos aldinos, que nos autorizem a presumir um judaísmo anterior.

Quase certamente, ao contrário, devia ter estudado ao menos um pouco de hebraico, visto que, na mesma gramática, ele escreve: "Enquanto eu estudava grego e hebraico, tu caminhavas sozinho"[203], mas também, nesse caso, nada mais sabemos e só podemos presumir um estudo juvenil, em seguida, abandonado.

Havia em Sermoneta, no Quatrocentos, uma notável comunidade hebraica, e registrava-se uma presença judaica também em Bassiano: já vimos que um judeu bassianense tinha adquirido um terreno da família Manuzio.

Em todo caso, entre os amigos humanistas de Aldo, ao menos alguém conhecia bem o hebraico, por exemplo, Girolamo Aleandro, o de Motta di Livenza, no Trevisano. O editor bassianense dedica-lhe a *Ilíada* de Homero: "Na verdade você – com vinte e quatro anos ainda incompletos – domina perfeitamente ambas as línguas dos estudos humanistas, e não é menos versado

---

[200] "Aldo Manuzio Saúda o Leitor", em Constantino Lascaris, *De Octo Partibus Orationis* (em grego e latim), Veneza, Apud Aldum, out. 1512, in-4.
[201] "Aldo Manuzio Romano Saúda Andrea Navagero, Patrício Vêneto", em Píndaro, *Olympia, Pythia, Nemea, Isthmia* (em grego e latim), Veneza, In Aedibus Aldi et Andreae Asulani Soceri, jan. 1513, in-8.
[202] Aldo Manuzio, *Institutiones Grammaticae* (em latim, grego e hebraico), Veneza, Apud Aldum, abr. 1508, in-4.
[203] *Idem*.

no hebraico; e agora se dedica ao caldeu e ao árabe. [...] Além disso, pronuncia a língua grega com tanta fluência e emite as aspiradas do hebraico com tanta propriedade e desenvoltura que parece haver nascido e ter se formado no coração de Atenas e da cidade dos israelitas"[204].

Veneza, que tantos primados detém no campo editorial, não possui o do início da impressão em hebraico. O primeiro livro em tipos móveis hebraicos sai a lume, de fato, em Roma, em 1470: um léxico, obra de um gramático e biblista, David Kimhi, que viveu mais de dois séculos antes. O berço romano da impressão hebraica é Soncino, a pequena cidade do Cremonense, da qual tira seu nome a família homônima de impressores, nesse momento, os únicos tipógrafos judeus na Itália. Giosuè Salomone imprime 25 edições diversas, a partir de 1483, associado ao seu primo Gershom. Em 1488, os Soncino imprimem a primeira Bíblia em hebraico completa de sinais vocálicos.

Gershom, porém, abandona sua cidade natal e inicia uma carreira de tipógrafo itinerante, que o levará a tornar-se o mais importante impressor em hebraico de sua época, mas em locais diversos: de Nápoles a Ortona, a Rimini e, sobretudo, a Fano. A primeira meta de suas peregrinações é o Castelo de Barco, da nobre família Martinengo, no Bresciano e, portanto, em território da Sereníssima; onde se detém por alguns anos. Em 1498, ele chega a Veneza, onde entretanto nada imprimirá. Colabora, ao contrário, com Aldo Manuzio, que, exatamente nesse mesmo ano, aventura-se no hebraico e, por isso, torna-se o primeiro a introduzir caracteres hebraicos no prelo veneziano: seis palavras na *Opera* de Angelo Poliziano.

78-79

Em julho de 1499, Aldo dedica os textos médicos de Dioscórides ao patrício Girolamo Donà e escreve: "Em nossa casa são preparados, com um máximo de zelo e empenho que nunca cessam, os caracteres de impressão para a publicação de obras em latim, grego e hebraico, caracteres que, esperamos, possam suscitar a admiração geral"[205]. Caracteres que, evidentemente, são usados poucos meses depois, já que, em dezembro, sai o *Hypnerotomachia Poliphili* e nele leem-se palavras hebraicas que precedem algumas legendas em latim e grego; ademais, acima de uma porta aparece uma inscrição em árabe, hebraico, latim e grego. Os tipos, nesse caso, são bastante toscos, e os estudiosos julgam que se pode tratar de uma xilografia, enquanto as letras da legenda permitem supor a utilização de tipos móveis. É possível que Aldo estivesse efetuando provas, já que, em diferentes cópias do *Polifilo*, são usados caracteres diversos para as mesmas inscrições: em um exemplar notam-se influências da grafia asquenaziana, em dois outros, ao contrário, a escrita tende ao modelo da quadrada sefaradita, e esta última escrita é a que prevalecerá na impressão hebraica seguinte.

---

204 Aldo Manuzio, "Aldo Pio Manuzio Romano Saúda Girolamo Aleandro di Motta", em Homero, Iliade, *Odissea* (em grego e latim), Veneza, In Aldi Neacademia, out. 1504, in-8.
205 "Aldo Manuzio Romano Saúda Girolamo Donà, Patrício Vêneto", em Dioscórides, *Dioscorides* (em grego), Veneza, Apud Aldum, jul. 1499, in-fólio.

Soncino deixa Veneza

A nota *Introductio Perbrevis ad Hebraicam Linguam* é publicada anonimamente, mas, na realidade, o autor é Gershom Soncino, sabemos porque ele próprio sublinhará isso, quando, em 1510, publicar, em Fano, a sua própria *Introduzione*. Ele observa que algum tempo antes havia confiado a pequena obra a alguém que "desconhecia a língua hebraica" e por isso a enchera de erros agora, felizmente corrigidos.

A nota ocupa oito páginas, e Manuzio a republica, ampliada e revista, até 1503, acrescida do título *Utilissima*[206]. O objetivo, afirma Aldo, é permitir um conhecimento mais aprofundado do Antigo Testamento. A *Introductio* abre-se com o alfabeto, no qual cada letra é acompanhada pela sua transliteração em caracteres latinos e pelo nome em caracteres tanto hebraicos quanto latinos.

No fim, Manuzio publica alguns textos em hebraico com a transliteração e a tradução latina em cima de cada palavra. O primeiro texto é o verso 17 do Salmo 51, introdução da prece *Shemoneh Esreh*, que, na tradição católica, abre o ofício coral. O segundo é o *Pai Nosso*, com fórmula inicial de origem bíblica, traduzido em hebraico e transliterado. O terceiro trecho é uma citação de Isaías presente na liturgia eucarística, a invocação de Jesus na cruz e uma série de nomes próprios e de localidades. Na última parte, Aldo insere o acrônimo da cruz, INRI, em hebraico, grego e latim. Os erros aos quais aludirá Soncino são, por exemplo, algumas inversões de letras.

O nome de Deus nunca é completo, fazendo presumir que o compositor era judeu – o próprio Soncino? – e usava esse recurso para "não mencionar o nome de Deus em vão". A invocação de Jesus na cruz, que reproduz fielmente o original hebraico do Salmo 22, também faz pensar na presença de um judeu.

Em meados de 1501, Gershom Soncino deixa Veneza. Não está claro o porquê, mas, tudo somado, a causa mais verossímil parece ter sido um litígio com Manuzio, hipótese reforçada pelo que o impressor judeu escreverá nove anos mais tarde. O motivo poderia ter sido exatamente a falta de um substituto à altura de Soncino, o que levou Aldo a abandonar o intento de imprimir em hebraico, e o fato de Francesco Griffo, alguns anos mais tarde, encontrar-se em Fano para trabalhar justamente com Soncino faz pensar que Manuzio não levou em consideração o suficiente as consequências de algumas de suas brigas.

O ano seguinte à morte de Aldo assinala-se por dois episódios fundamentais para a história do judaísmo, e não apenas isso. Em 1516, a Sereníssima Senhoria institui a "coleção de judeus", em Cannaregio, numa área onde anteriormente tinha sido a fundição. O local do *getto* [jato] – porque se derramava nele o metal fundido – torna-se *gueto* na linguagem dos judeus asquenazes, incapazes de pronunciar as consoantes brandas.

No mesmo ano de 1516, o cristão flamengo Daniel Bomberg começa a imprimir em hebraico, em Veneza. Entre 1520 e 1523, ele é o primeiro a

---

206 *Introductio ad Litteras Hebraicas Utilissima* (em grego, latim e hebraico), [s.l.], [s.ed.], [1502?], in-4.

publicar, em doze volumes, o Talmude babilônico, que se torna a base para todas as subsequentes edições do Talmude até o século XIX (estima-se que, dessa edição, tenham restado apenas catorze cópias completas). Até 1549, ele imprimirá cerca de 230 livros em hebraico, distribuídos em todas as comunidades da diáspora. Além do primeiro Talmude babilônico, ele imprime o primeiro Talmude de Jerusalém e a primeira Bíblia rabínica. Aldo havia farejado com exatidão a potencialidade da impressão em hebraico, sem, contudo, lograr colocá-la em prática.

Ele intui, no entanto, a potencialidade dos *Adagia* de Erasmo de Rotterdam, e, nesse caso, não deixa escapar a ocasião.

capítulo 9

OS *ASOLANI* DE BEMBO E OS *ADAGIA* DE ERASMO

Aldo Manuzio não se teria tornado o primeiro editor na história, ou pelo menos não o teria sido nos termos que conhecemos, se não tivesse podido contar com algumas amizades fundamentais, em especial, as de Pietro Bembo e Erasmo de Rotterdam.

Sobre Bembo, muito já vimos. Provavelmente, ficou claro qual foi o seu papel na oficina de Manuzio, enquanto somos capazes de dizer pouco sobre qual tenha sido a influência contrária. Que papel teve Aldo na codificação da língua italiana que Bembo concebe no ano de

1501, quando empenha-se na edição de Petrarca? Pergunta destinada a ficar sem resposta.

Pode-se, efetivamente, pensar que Bembo, Manuzio e seus amigos nunca discutiram entre si a titânica empresa na qual Pietro se lançara, ou seja, podemos codificar a nova língua destinada a tornar-se o idioma comum da Península Italiana? Parece razoável admitir que falamos o suficiente sobre isso. Portanto, é perfeitamente concebível que o primeiro editor da história exerceu um importante papel também no nascimento do idioma italiano. Até agora, porém, nenhum documento está em condição de nos revelar qual teria sido esse papel.

A língua italiana

O futuro cardeal (será designado em março de 1539), dedicando-se primeiro a Petrarca e depois a Dante, concebe o projeto de formalizar a língua de ambos, servindo-se do mesmo método que os humanistas haviam adotado para compilar as gramáticas de grego e latim, a partir dos textos clássicos: desmontando e remontando as frases e cotejando-as entre si. Trata-se de uma tarefa longa e minuciosa, anunciada com uma carta, de 2 de setembro de 1501, à amada do momento: a fidalga Maria Savorgnan. "Dei início a algumas anotações da língua, como eu vos disse que desejava fazer, quando me dissestes que eu nas suas cartas o fizesse. Porque não espere que eu ofenda as vossas cartas com qualquer sinal, salvo se eu não as ofendi beijando-as"[207], escreve Bembo, que selará o trabalho em 1525 com a publicação das *Prose della Volgar Lingua*, obra considerada a primeira gramática da língua italiana.

No mesmo período, entre o fim do século xv e o início do xvi, Pietro Bembo compõe os *Asolani*, um diálogo sobre o amor, que é também a segunda das suas obras publicadas por Aldo. O manuscrito original, redigido na pequena e metódica grafia de Bembo, conserva-se na Biblioteca Querini Stampalia de Veneza. Nas 53 folhas (106 páginas) de 23 x 15 cm, observam-se várias correções e rasuras feitas à mão com uma tinta mais escura em relação àquela com que o texto foi escrito. A edição impressa dos *Asolani* sai em 1505. A história consiste em um diálogo no qual três homens e três mulheres se confrontam falando de amor: é muito provável que aqui tenha muito de autobiográfico, ainda que não saibamos a quais histórias o autor se refere.

Os estudiosos acreditam que a parte final, a que trata do amor platônico, foi inspirada pela paixão conturbada por Maria Savorgnan, a quem Pietro amava apesar de ser desposada. Amor correspondido, visto que Maria, em uma carta datada de 9 de setembro, diz-lhe que irá a Lido e fornece-lhe instruções sobre como encontrá-la: "Quando eu voltar, e para que saibas que fomos dormir, verás uma luz no lugar onde sabes e, então, nos encontraremos

---

[207] Pietro Bembo, *Lettere*, i, Travi (ed.), Bologna, Commissione per i testi di lingua, 1987-1993, 4 vols., p. 98.

tranquilamente"²⁰⁸. Um amor que não é apenas platônico, portanto, visto possuir também uma clara dimensão física.

Pietro Bembo, já o vimos anteriormente, está em Ferrara nesses dias cuidando da edição aldina de Dante. Com toda a evidência, o nobre humanista consegue conciliar ao empenho editorial também aquele de compor a última parte dos *Asolani* e, ainda, achar tempo para corresponder-se com Maria, que, em todo caso, ao menos durante certo período, encontra-se também em Ferrara ao mesmo tempo que seu amado.

A ambientação da composição é na corte de Catarina Corner, em Asolo (daí o título), na região de Treviso. A rainha de Chipre tinha abdicado em favor da República, e, em troca da ilha, a Sereníssima havia-lhe dado o castelo e também a senhoria da cidade do alto da colina. Bembo foi um dos amantes de Catarina e, graças ao seu escrito, podemos conhecer muitos detalhes da vida da corte asolense.

Provavelmente, deve-se precisamente aos seus casos amorosos o fato de uma parte da tiragem aldina de 1505 conter a dedicatória a Lucrécia Bórgia e uma outra parte, ao contrário, não. Somos levados a acreditar que as cópias destinadas à corte asolense não eram privadas, enquanto as endereçadas à corte de Ferrara o eram.

Erasmo de Rotterdam

As informações que temos de Aldo, do ponto de vista humano, devemo-las quase todas a Erasmo, assim como foi Erasmo quem nos passou o retrato de família num interior da casa Torresani. No momento em que veio a Veneza, em 1507, o filósofo flamengo já é uma personagem bastante conhecida. Quando deixar a cidade, em 1509, será famosíssimo: de Aldo, ele busca encontrar – e obtém – o trampolim para a sua definitiva legitimação intelectual.

Em 1500, publica, em Paris, a primeira edição dos *Adagia* e, em seguida, imprime outras obras que lhe dão uma certa notoriedade na Antuérpia flamenga. Vem à Itália já em 1505, forma-se em teologia em Turim, vai a Roma e, depois, aprende o grego com Giano Lascaris e Marco Musuro, entrando, assim, em contato com os humanistas amigos de Manuzio. "Celebrado por todos os que cultivam o sagrado ofício dos estudos liberais, sobretudo pelos que aspiram à verdadeira e antiga erudição, para cuja restauração esse homem – Aldo Manuzio Romano – parece ter vindo ao mundo"²⁰⁹, elogia-o Erasmo, e acrescenta: "Digo sempre a mim mesmo: 'Força, Aldo, persevere assim'".

---

208 Carlo Dionisotti (ed.), *Maria Savorgnan – Pietro Bembo: Carteggio d'Amor (1500-1501)*, Florence, Le Monnier, 1950.
209 Erasmo de Rotterdam, "Festina Lente", em *Adagiorum Chiliades Quatuor, Centuriaeque Totidem* (em grego e latim), Veneza, In Aedibus Aldi, set. 1508, in-fólio.

O flamengo escreve ao editor bassianense dizendo-lhe que só os belíssimos caracteres aldinos teriam podido garantir a imortalidade à sua tradução de Eurípides para o latim: "Muitas vezes, no meu foro íntimo, tenho desejado isso, doutíssimo Manuzio, que tanta luz trazes às duas literaturas, não apenas com a tua arte e com os teus mais que nítidos caracteres, mas também com o engenho e a doutrina que é tudo menos comum e da qual tanto lucro lhe advém. [...] A memória que de ti ficará será a fama que não somente é insigne, mas também feita de simpatia e amabilidade, porque (é o que sinto) te empenhas em restituir e divulgar os bons autores com aquele sumo cuidado que é o teu, mas sem ganhos correspondentes, e, exatamente como Hércules, não te poupas a trabalhos que são belíssimos em si e que, um dia, te proporcionarão glória imortal, mas que por ora dão mais a outros que a ti"[210].

Erasmo é o autor que, mais do que todos os outros, sabe utilizar a impressão para aumentar o sucesso de suas próprias obras, como acontece agora com Aldo e como sucederá de novo, alguns anos mais tarde, em Basileia, com o editor Johann Froben.

O flamengo chega a Veneza em setembro de 1507 e, três meses depois, são publicadas as suas traduções latinas de *Hécuba* e *Ifigênia em Áulide*. Manuzio anota na carta-prefácio: "Traduziu-as em versos, mas num modo totalmente fiel e em belo estilo, mandei-as imprimir pela nossa tipografia tanto porque me pediu aquele homem doutíssimo e meu amigo íntimo quanto porque julguei que serão de grande utilidade a quem quiser compreender e traduzir o grego. Tempos houve em que faltavam os bons livros, faltavam os mestres preparados de fato, os que conheciam bem as duas línguas eram verdadeira raridade. Agora, porém, graças a Deus, abundam tanto os bons livros quanto os eruditos, assim na Itália como no exterior"[211].

Após o que, Erasmo põe-se a trabalhar febrilmente nos *Adagia*; na primeira edição, as máximas latinas inseridas eram 818, agora a pesquisa estende-se também aos autores gregos e as citações chegam a 3260. Trata-se de uma espécie de pílula do classicismo: em um único livro podem encontrar-se múltiplas referências a variados escritores antigos. Um "grande número de provérbios por ele recolhidos em inumeráveis autores latinos e gregos, certamente com ingente fadiga e longas vigílias"[212], especifica Aldo. A obra, sendo embora um pesado *in-fólio*, se tornará um dos mais importantes sucessos editoriais do século XVI, com 66 edições, nove das quais revistas e corrigidas pelo próprio Erasmo, até o ano de sua morte, em 1536, e várias outras que provavelmente são de contrafações.

---

210 *Apud* Manlio Dazzi, *Aldo Manuzio e il Dialogo Veneziano di Erasmo*, Vicenza, Neri Pozza, 1969, pp. 153-154.

211 Aldo Manuzio, "Aldo Saúda os Estudiosos", em Eurípides, *Hecuba, et Iphigenia in Aulide* (em latim), trad. Erasmo da Rotterdam, Veneza, In Aedibus Aldi, dez. 1507, in-8.

212 Aldo Manuzio, "Aldo Saúda os Estudiosos", em Erasmo de Rotterdam, *Adagiorum Chiliades Quatuor, Centuriaeque Totidem* (em grego e latim), Veneza, In Aedibus Aldi, set. 1508, in-fólio.

Aos detratores que o criticavam por um trabalho de tão escasso relevo, o flamengo responde que suas "pedras preciosas"[213] constituem uma seleção do inteiro patrimônio literário, científico e filosófico do classicismo grego e latino. Há também quem, todavia, o ajude, como os jovens humanistas do círculo aldino, por exemplo, Girolamo Aleandro. "Em Veneza levava comigo nada mais que a indistinta e confusa matéria da obra futura, e de autores publicados uma única vez. Com minha grande temeridade fomos deixados juntos em ambas as empresas, eu no escrever, Aldo no imprimir. O empenho realizou-se e completou-se em mais ou menos nove meses"[214], escreve Erasmo, que também havia-se declarado disposto a comprar duzentas cópias, participando assim da empresa.

Na última edição, organizada pessoalmente, ele descreve os nove meses transcorridos em Veneza: "Quando, na Itália, eu publicava em holandês uma obra composta por provérbios, todos os eruditos que ali achavam-se forneciam espontaneamente com abundância autores ainda não levados à impressão, autores que julgavam poderem ser-me úteis. Aldo nada tinha de seu tesouro que não colocasse ao meu dispor, e o mesmo fizeram Giovanni Lascaris, Giovanni Battista Egnazio, Marco Musuro e o Frei Urbano. Pude sentir o empenho de alguns a quem não conhecia nem de vista, nem de nome"[215]. Anos depois, em 1525, quando o poeta Lazare de Baïf é nomeado embaixador em Veneza, por Francisco I da França, Erasmo escreve-lhe que está prestes a transferir-se para uma cidade "onde abundam homens de farta erudição e preciosas bibliotecas".

O filósofo flamengo trabalha todos os dias na loja de Aldo, supervisiona os rascunhos e corrige o texto, escreve num balcão próximo aos compositores, aos quais vai passando a obra folha por folha, sem tempo de se coçar, observa ele. Parece que, na época, conseguia-se compor três folhas por dia, por isso terem sido necessários nove meses de trabalho ininterrupto para terminar o volume.

É exatamente em agosto de 1508, enquanto Erasmo está envolvido nesse trabalho tipográfico febril, que o matemático Luca Pacioli pronuncia a sua famosa palestra na Igreja de San Bartolomeo. Pacioli ilustra as regras da divina proporção, ou seções áureas, perante quinhentas pessoas que constituem a elite intelectual e social da Veneza daqueles anos; de noventa e cinco, conhecemos nomes e sobrenomes, por haver sido o próprio Pacioli quem os transcreveu e registrou para nós. Na lista está incluído Aldo Manuzio e, no público, estão sentados personagens diversos ligados à casa aldina. Giovanni Battista Egnazio, que além de ser um colaborador de Aldo se tornará, após a morte do editor, preceptor de seu filho Paolo. Ambrogio Leone, originário de Nola, transfere-se, em 1507, para Veneza, entra para a casa editora aldina

---

[213] Erasmo de Rotterdam, "Festina Lente", *Adagiorum Chiliades Quatuor, Centuriaeque Totidem* (em grego e latim), Veneza, In Aedibus Aldi, set. 1508, in-fólio.
[214] *Idem.*
[215] *Idem.*

como redator e médico, e conhece Erasmo, que o definirá como "filósofo excepcional". Também presente está o notário de Aldo, Francesco Dal Pozzo.

Erasmo, porém, não comparece. Se o matemático não consigna o nome do filósofo, isso pode dever-se a dois motivos: ou porque não tinha efetivamente ido, ou porque foi, mas não o conhecia. De fato, como ficou dito, Erasmo, na época, era conhecido, mas não célebre, e, por isso, pode ser que o franciscano Pacioli não soubesse de quem se tratava; ou o flamengo estava totalmente envolvido na composição dos *Adagia* para não ser induzido a ausentar-se da oficina aldina, ainda que por breve tempo. E isso, apesar de o amigo Aldo ter comparecido e de San Bartolomeo ficar a menos de cinco minutos de distância da tipografia (a igreja ainda existe).

Obviamente, nunca saberemos se Erasmo esteve mesmo ausente de um dos mais memoráveis eventos culturais da Veneza do início do Quinhentos, mas a falta de seu nome continua sendo, em todo caso, significativa: é apenas graças à publicação dos *Adagia* que a fama de Erasmo se tornará universal. Manuzio escreve na carta-prefácio que, nessa época, estava trabalhando nas edições de outros autores clássicos, mas que as havia posto de lado para publicar a preciosa obra erasmiana, "erudita, vária, rica em honestas moralidades e à altura de poder emular com o próprio classicismo"[216]. E continua, dizendo: "Pensei que podes beneficiar-te deles não só pelo amplo número de adágios, que de modo tão consciencioso ele coligiu – com grandes constância e fadiga – entre vários autores, mas também por via das numerosas citações dos autores de ambas as línguas, que ele corrigiu sabiamente, traduzindo-as ou explicando-as com tanta sapiência"[217].

Em uma das máximas, mais precisamente a 1001, Erasmo cita o lema aldino *Festina lente* e traça uma afetuosa apologia do amigo: "Empresa hercúlea e digna de uma alma régia o restituir ao mundo as ruínas do patrimônio dos cantos mais perdidos, a reacender o apagado, a medicar o mutilado, a restituir beleza ao estragado; de uma biblioteca antes espremida entre quatro paredes, Aldo cria outra cuja circunferência é o mundo inteiro"[218].

Manuzio distingue-se, ademais, dos tipógrafos imprudentes "que invadem o mundo com livrinhos não só inúteis, [...] como tolos, ignaros, maléficos, infames, raivosos, ímpios, sediciosos. E, quando criticados, respondem que têm família"[219].

No adágio 2001, "As Fadigas de Hércules", fala de si (Hércules é ele próprio): "Por isso acontece que consumas os olhos em livros arruinados, cobertos de mofo, rasgados, mutilados, roídos por traças e baratas, quase sempre

---

[216] Aldo Manuzio, "Aldo Saúda os Estudiosos, em Erasmo de Rotterdam, *Adagiorum Chiliades Quatuor, Centuriaeque Totidem* (em grego e latim), Veneza, In Aedibus Aldi, set. 1508, in-fólio.

[217] *Idem*.

[218] Erasmo de Rotterdam, "Festina Lente", *Adagiorum Chiliades Quatuor, Centuriaeque Totidem* (em grego e latim), Veneza, In Aedibus Aldi, set. 1508, in-fólio.

[219] *Idem*.

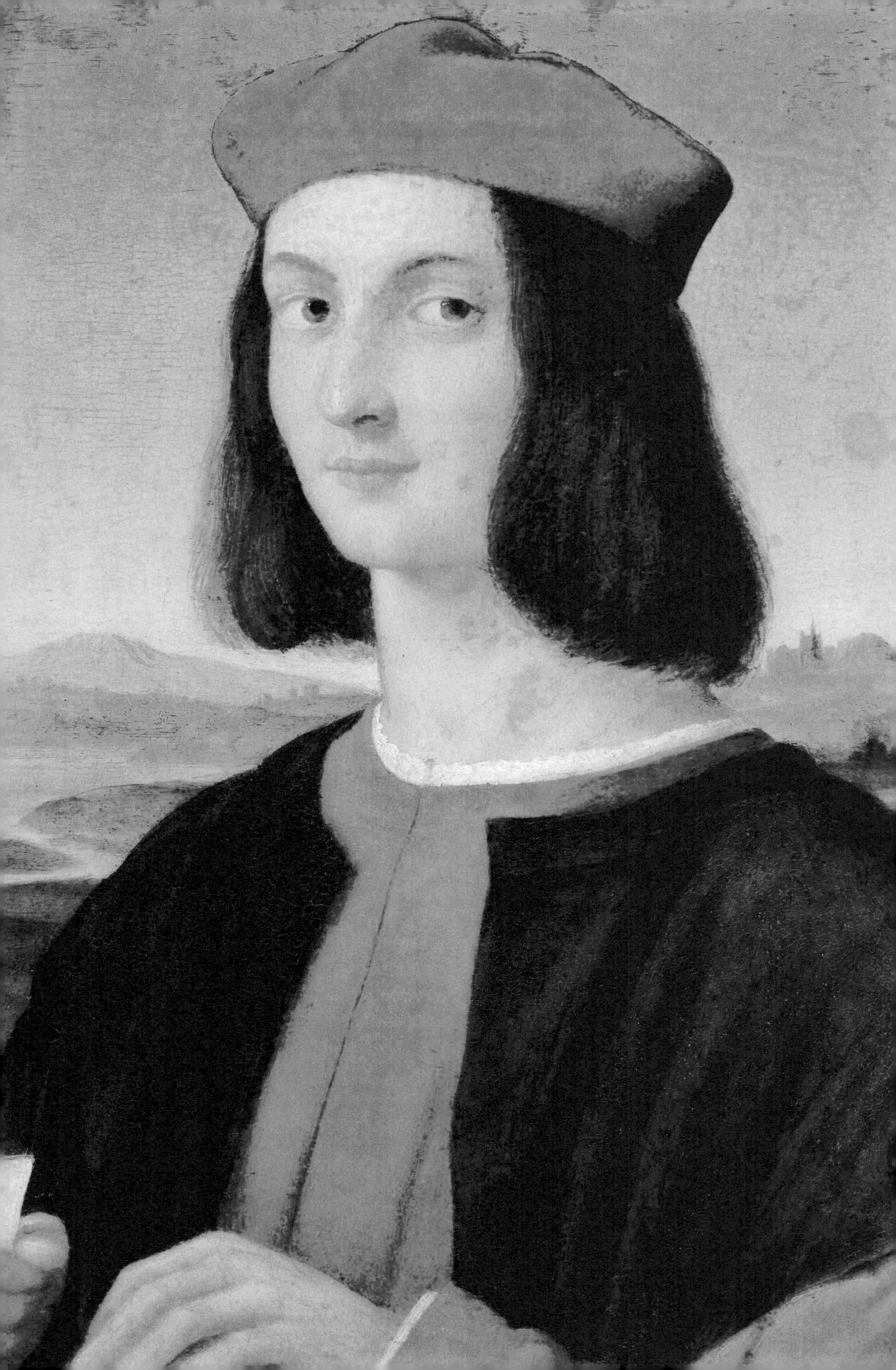

difíceis de ler, em suma, em tal estado que quem lida com esses livros por algum tempo, acaba adquirindo uma certa decadência e velhice, ele próprio e, em parte, também os outros"[220], mas, depois, também do amigo, que ele define como "o nosso Marte"[221]: "Em menos de um ano e meio, e servindo-me de uma única biblioteca, na verdade a aldina, a mais rica e mais bem provida de bons livros, sobretudo gregos, tanto assim que dela, como de uma fonte, nascem e difundem-se por toda a terra as boas bibliotecas, riquíssima, não o nego, mas, ainda assim, apenas uma"[222], e finalmente conclui: "Eu, um homem tão pequeno, tive de suportar sozinho uma carga enorme de trabalho".

Os *Adagia* tornam-se um *best-seller* graças ao qual a cultura grega reencontrada difunde-se mais profundamente na sociedade europeia: Erasmo estende os horizontes em direção ao mundo clássico, Aldo recebe um novo impulso rumo à dimensão europeia.

Casa Torresani

Erasmo nos transmite uma série de imagens da vida cotidiana na tipografia de Aldo e na casa de Andrea Torresani, para onde Manuzio se transferira após seu casamento com a filha do editor. Já no *Elogio da Loucura*, escrito logo após a sua partida da Itália, retrata a deusa que apoia os gramáticos durante as disputas furiosas sobre a dúbia terminação de um caso. Contendas desse tipo Erasmo as havia possivelmente testemunhado na tipografia aldina. "Porque se um comete um pequeno erro, uma palavrinha que seja, e outro, por acaso um pouco mais observador, o percebe, que tragédias irrompem imediatamente, que polêmicas, que insultos, que invectivas"[223], escreve ele no *Elogio da Loucura* a propósito da insanidade dos gramáticos e dos eruditos, acrescentando em seguida: "As gramáticas são tão numerosas quanto os gramáticos, ou antes, mais numerosas (só o meu amigo Aldo Manuzio já publicou cinco delas)"[224].

Anos depois, em 1531, Erasmo se dedicará em sua temporada veneziana ao diálogo *Opulentia Sordida* (*Riqueza Sórdida*). O ricaço avarento é o próprio Andrea Torresani, ou seja, o mesmo que o havia hospedado, descrito em termos não muito lisonjeiros. Erasmo tinha um gosto e uma propensão notável para o chiste culto e erudito, não raro expresso com uma veia de irreverência verbal: é provável, portanto, que carregue um pouco a mão, que exagere com o sarcasmo, mas é impossível que tenha inventado tudo, daí

---

[220] Erasmo de Rotterdam, "Herculei Labores", *Adagiorum Chiliades Quatuor, Centuriaeque Totidem* (em grego e latim), Veneza, In Aedibus Aldi, set. 1508, in-fólio.
[221] *Idem*.
[222] *Idem*.
[223] Desiderius Erasmus, "XLIX", *Laus Stultitiae, Moriae Encomium* (em latim), Parisiis, Gilles de Gourmont, 1511.
[224] *Idem*.

se poder acreditar que a vida na oficina de Aldo não fosse exatamente um passeio. Por outro lado, em 1517, Giovanni Battista Egnazio confirma, pelo menos em parte, o quadro erasmiano, escrevendo que Andrea é indiferente a tudo salvo ao seu interesse pessoal e, acrescenta, que ele nada vale como editor de textos eruditos.

A descrição das refeições é hilariante: Erasmo conta que Torresani "comprava um trigo estragado que ninguém mais compraria"[225]. Obviamente, esse grão não era comestível e, assim, o pão era amassado misturando-se à farinha um terço de argila: desse modo "se sentia menos o mofo do grão". Fazia-se o pão em casa, e não mais de duas vezes ao mês, por isso ele ficava duro como pedra e, por consequência, o comiam colocando os pedacinhos nos copos para que ele macerasse no vinho. Vinho... na verdade, principalmente vinagre. "Tinha em casa um poço, como é costume ali, tirava alguns baldes de água e a despejava nos jarros de vinho"[226]; a operação, porém, não terminava aqui, porque "mexia e remexia tudo o que parecia vinho novo. [...] Assim, quanto mais velho era o vinho, menos o bebiam".

E não eram poucos os que se viam obrigados a beber essa mistura pouco palatável. "Se você contar a esposa, os filhos, a filha, o genro, os trabalhadores e os servos, dava para comer em casa cerca de trinta e três bocas"[227]; na mesa principal, porém, sentam-se sempre em oito ou nove. Incidentalmente, trinta pessoas significam que na tipografia funcionavam sete ou oito prensas.

Os horários são aleatórios: não se toma o desjejum, o almoço acaba sempre por ser adiado do meio-dia para uma da tarde, não se consegue jantar senão tarde da noite, dada a obrigação de esperar o chefe da família, que, no entanto, nunca está presente. "Era encontrado em qualquer lugar, menos em casa, não havia nada com que ele não se ocupasse. [...] Não havia outro prazer além do lucro"[228]. Um criado coxo estende a toalha, "primeira miragem do jantar"[229], em seguida, coloca na mesa alguns jarros de água pura e, depois de vários estrépitos chega à mesa aquele "néctar de borra" que ninguém ousa beber enquanto não chega o pão a ser molhado nele.

Eis que chega Torresani e senta-se à mesa: "Primeiro colocava-se diante dele um prato de farinha de favas, espécie de alimento que ali se costuma vender aos pobres. Dizia que aquilo servia contra todo tipo de doenças"[230].

E os pratos? Andrea compra a comida dos "barqueiros que colhem uma espécie de minúsculas conchas encontradiças sobretudo nos esgotos"[231].

---

225 Erasmo da Rotterdam, "Opulentia sordida", *Opulentia Sordida e Altri Scritti Attorno ad Aldo Manuzio*, Lodovica Braida (ed.), Marsilio, Venezia, 2014.
226 *Idem.*
227 *Idem.*
228 *Idem.*
229 *Idem.*
230 *Idem.*
231 *Idem.*

Na realidade, pode-se pensar que são mexilhões: na Vista de Veneza de Jacopo de' Barbari, estampada exatamente em 1500, pode-se ver algumas pessoas atrás da Ilha de San Giorgio Maggiore curvados sobre a água rasa. São "ameijoeiros" que recolhem amêijoas verdadeiras, atividade essa que perdura até hoje, embora efetuada com meios mecânicos. E, diz Erasmo, Torresani "depois nos dava queijo" em vez de doces.

Ou então "batem um ovo com um pouco de água quente e espalham esse molho sobre a carne: assim enganam-se mais os olhos do que o nariz, porque o fedor a tudo invade. Às vezes, quando é dia de comer peixe, levam à mesa três douradas pequenas, embora haja sete ou oito pessoas para comê-las"[232].

E ainda: "Para não gastar muito, compravam um galeto tão miúdo que não bastaria para o café da manhã de um único polaco bom de garfo. E, uma vez comprado, não lhe davam de comer para não gastar dinheiro. E, assim descarnado, consumido e meio morto, cozinhavam uma asa ou uma coxa dele; o fígado era reservado às crianças. [...] O caldo então, após uma primeira ou uma segunda fervura com uma nova junta de água, era bebido pelas mulheres. E assim a coxa me chegava mais seca do que uma pedra-pomes e mais insípida do que qualquer madeira podre. O caldo era água pura"[233].

Erasmo tentava "se virar"[234]. "Tinha encarregado um amigo de comprar-me, com o meu dinheiro, três ovos por dia, dois para o almoço, um para a janta, mas também aqui as mulheres substituíam os frescos, pelos quais eu havia pagado caro, por outros meio podres, de modo que me dava por feliz quando em cada três havia um comestível. Por fim, pagara com dinheiro do meu próprio bolso um odre de vinho mais palatável, porém as mulheres, uma vez rompido o fecho, o esvaziaram em poucos dias".

O filósofo flamengo faz uma consideração que nos soa estranha: "Aos alemães não basta uma hora para o café da manhã, outro tanto para o lanche, uma hora e meia para o almoço, duas horas para o jantar; se não estiverem cheios de um bom vinho, de carnes e peixes excelentes, abandonam o patrão e vão guerrear. [...] Os italianos não gastam nada para a goela, preferem o dinheiro aos manjares, são sóbrios ainda por natureza e não apenas por princípio"[235]. Italianos sóbrios e frugais, alemães comilões, bons de garfo: os estereótipos de meio milênio atrás eram, sem dúvida, diferentes dos atuais.

Até mesmo o aquecimento da casa Torresani obedecia à parcimônia patronal: "Mandava arrancar nas ilhotas as raízes dos arbustos de azevinho, negligenciadas pelos outros, e isso quase sempre à noite. Não estavam ainda bem secas quando ele acendeu com elas, com fumaça, sim, mas sem chama, um fogo capaz de esquentar, mas que precisava estar ali e ninguém

---

[232] *Idem.*
[233] *Idem.*
[234] *Idem.*
[235] *Idem.*

poderia dizer o contrário, um feixe único que durava o dia inteiro, o tempo que durara a combustão"[236].

De qualquer forma, apesar dos sofrimentos à mesa e dos dias esfumaçados e frios do inverno, as relações epistolares entre Erasmo e os herdeiros de Aldo prosseguem até 1528, isto é, um ano antes da morte de Andrea Torresani. Continuam, também, as reimpressões: Gian Francesco Torresani, filho de Andrea, publica, em 1520, uma edição dos *Adagia*, cópia pirata da edição lançada pela tipografia suíça de Froben, em 1515, enriquecida com novos provérbios e interpretações.

O impressor veneziano não poupa uma estocada no colega de Basileia: a obra, afirma ele, fora publicada por outras oficinas "imperfeita, como algo deixado incompleto pelo artífice"[237]. E só agora, graças à maestria da tipografia aldina, apresenta-se ela "aperfeiçoada, limpa, expurgada da primeira à última palavra"[238]. Gianfrancesco espalha veneno, afirmando que as outras edições eram mal impressas, com caracteres inadequados e, em sua maioria, recheadas de tantos erros "que não só não podiam ser lidas como, mesmo com toda a habilidade, não se conseguia entendê-las"[239]. Erasmo, porém, tenta pôr um remendo, dizendo a Gian Francesco Torresani que lhe havia enviado alguns escritos e escolhera Froben simplesmente por comodidade e não porque não estimasse a obra dos herdeiros Manuzio, e o lisonjeia afirmando que as belas-letras "à vossa tipografia devem mais que a qualquer outra"[240].

Com efeito, os produtos da tipografia aldina são tão prestigiosos que todos pensam em imitá-los e até em falsificá-los completamente, como veremos no próximo capítulo.

---

236 *Idem.*
237 Torresani, "Prefácio", em Erasmo de Rotterdam, *Adagiorum Chiliades Quatuor, Centuriaeque Totidem. Quibus Etiam Quinta Additur Imperfecta* (em latim), Gianfrancesco Torresani (ed.), In Aedibus Aldi et Andreae Soceri, set. 1520, in-fólio.
238 *Idem.*
239 *Idem.*
240 *Idem.*

Frustrata spes	30	Iustitia	59	Nunquam	28	S	
Fuerunt, non sunt	73	L		Nupera	4	Salubritas	46
G		Lacessentis	52	Nusquam	28	Secundae experien-	
Garrulitas	4	Laetitia	54	Nuntius laetus	55	tiae	69
Gratitudo	8	Languor	55	O		Securitatis & tutae	
H		Laudata taciturni-		Obliuio	63	rei	34
Haeredipetae	47	tas	6	Obscuritas	22	Semper	28
Hospitalitas & cōtra	11	Lautitiae	44	Obsecundantis	22	Senium praematu.	47
I		Libenter	75	Obtrectatio male.	55	Sera poenitentia	20
Ignauia, inscitia	7	Liberalitas	11	Occasio	43	Serum remedium	20
Ignoratio	64	Libertas, ueritas	8	Occulta	64	Seruire tempori	66
Impossibilia	23	Longaeuitas	47	Occupatio, ocium	59	Similitudinis & con	
Illecebra mali	76	Lucrum ex scelere	62	Odium	57	gruentiae	14
Imperitia	69	Luxus & mollicies	44	Ominandi	67	Simulatio, dissimu-	
Imposturae	67	M		Omnia	76	latio	8
Improbi	72	Magnifica promissa	31	Originis	61	Solitudo	64
Impudentia	61	Mali retaliatio	29	P		Sollicitudo	55
Impudicitia	61	Malum condupli-		Paupertas	1	Somnolentia	59
Inanis metus	10	catum	29	Pensatio beneficii		Sordes & parsimo-	
Inanis opera	25	Malū uertens bene	31	uel	28	nia	12
Inaequalis pensatio	29	Malum assuetum	29	Perficiendi, siue ab-		Spes pertinax	32
Incertus euentus	70	Malum accersitum		soluendi	13	Stupidi	70
Incitare	68	ac retortum	19	Perfidia	65	Subitum exitium	63
Inconstantiae, perfidiae,		Malum male uita-		Perplexus	49	Subitus interuentus	31
uersutiae	37	tum	29	Perspicacitas	22	Sumptuosa	43
Inculpatus	60	Malum immedica-		Perspicuitas	22	Surditas	22
In delitiis	57	bile	6	Pertinacia	70	T	
In deprehensos	49	Malus uicinus	73	Philautia	42	Taciturnitas laudata	6
Indiligentiae	59	Mansuetudo	43	Potentes	76	Taciturnitas illau.	6
Industria	7	Memoria	63	Praelongi	72	Taedium ex iteratiōe	3
Infacundia	6	Metus ex conscietia	50	Praeter spem bonū	31	Tarditas & cūctati.	46
Infortunii siue exitii	15	Metus poenae	51	Probrum, gloria	74	Temeritas	60
Ingenii malitia & insti-		Minantis	55	Procliuitatis, & con		Tenacitas	11
tutio	72	Mira noua	76	tra	28	Temperantia	39
Ingratitudo	7	Modestia, modusq;	40	Proficietium in me-		Tempestiua	66
Ingrata ob uetusta-		Molesti intolerabi-		lius	62	Timiditas, ignauia	10
tem	4	les	3	Profusio	11	Totū ut nihil reliq	63
Initium laudatum	62	Multi	70	Proprii commmodi		Tristitia. Laetitia	54
Iniustitia	60	Munerum corrupte-		studium	62	Tuta	34
Insalubritas	47	la	2	Proximis utendum	37	Tumultus	76
Insidiae	52	Munus nō munus	6	Prudentia	48	V	
Insperatum	28	Munus aptum & in		Prudentia senilis	48	Vanitas	9
Instans	48	eptum	15	Prudentia coniun-		Vehementia, lāguor	55
In stupidos	70	Munus boni consu-		cta uiribus	48	Vices officii	65
Intemperantia, Libi-		lem.	75	Pudicitia	61	Victoria utriusq; tri.	34
do	40	Mutādae sententiae	39	Pudor	61	Vincere & uinci	33
Intepestiua et inepta	66	Mutati instituti	39	R		Vinculū insolubile	50
Internitio	62	N		Rapacitas, auaritia	12	Vis iniusta	60
Inuidia, aemulatio	57	Necessitas	54	Raritas	73	Vita hois misera	48
Ira	57	Nobilitas, obscuri-		Refugium	75	Vltio malefactori	50
Iteratio citra taediū	3	tas	61	Repellentis	75	Votum	31
Iteratus error	4	Non solus ille	34	Rigor	60	Vsura	74
Iudicandi recte, secus	21	Notus	64	Risus	67		
Iquenta	47	Nouitas	64	Rixosus	5	FINIS.	

AD

INDEX CHILIADV

forte uenerunt in mentem. In qu
Veluti paupertas contraria est
qui uolet his uti prouerbiis, ha
sibi uolet alios locos, uel plures
tario. Tum quemadmodum id
operis initio, cum utendi ration

DIVITIAE

Croeso, Crasso di.	77	Pist
Midae diuitiae	71	Pau
Lysistrati diuitias	235	Pau
Pactoli opes	77	Mul
Cinyrae opes	213	Zon
Pelopis talenta	70	Ani
Ad ambas usq; au.	143	Sag
Ne decima qdem	156	Fam
Vltra res Callicra.	190	Fam
Zopyri talenta	202	Λιμ
Diues aut iniquus	105	Aqu
Satietas ferocitatem	257	Nor
Octopedes	104	b
Quantū nō miluus	244	Qua
Tantali talenta	70	Pau
Noctuae laureoti.	187	Qui
Bene loculis, bn̄.	301	Mēd
Dextro Hercule	18	Oēn
Praediues	263	The
Quātum her qsq;	293	Cleo
Pecuniae uir	187	M
Vnde excoquat se.	259	
Adminicula uitae	271	Arg
Diuitiae non semp	269	Boss
Vestis uirum facit	212	Bou
Lysicrates alter	235	Lup
Magnum os anni	179	Mali
Nullius indigens	197	Mun
Eupariphus ex co.	300	Virtu
Attagene nouilu.	292	Dori

PAVPERTAS. Pecu

Nec obolum habet	41	Mun
Nudior leberide	12	Mun
Iro, Codro paupe.	77	Arge
Nudior paxillo	285	Qui
Telenico paupior	291	Vulp
Nudus tāq; ex ma.	188	Corr
Ne in pelle qdem	198	
Araneas eiicere	293	DE
Cū exossis suū ro.	293	Omin
Macilenta manu	293	A fur
Pede ubi ponat	57	Lepor

ADAGIORVM

gni forma. Non abludit hinc illud Sophoclis in Aiace flagellifero, οὐκ ἐς ἄπιστον οὐδέν, id est, Ni
hil est, quod haud sperare liceat. In eandem sententiam Linus apud Stobaeum, Ελπέσθαι χρὴ πάν-
τ' ἐπεὶ οὐκ ἐς ὅδ' ἀνέλπιστον. Ράδια πάντα θεῷ πλεῖσαι, καὶ ἀκίνητον οὐδέν, id est, Speres cuncta, ni
hil, quod non contingere possit. Omnia sunt magnis factu procliuia diuis.

CHILIADIS SECVNDAE CENTVRIA SEXTA.

Quid nisi uictis dolor?

ἄλλο ἢ τοῖς νενικημένοις ὀδύνη; id est, Quid aliud, q̄ uictis dolor? Vsurpādum, ubi pa
làm fit in cōtumeliā qppiam. Sumptū à dicto Brēni palàm illudētis Romanos in api
pendēdo auro quod stipulatus fuerat ab illis, despantibus auxiliū, ut è Romanis fini
bus, abduceret Galloru exercitum. Sed ipsius Plutarchi uerba libitum est subscriber

Quid sit Paroemia.

PAROEMIA (definitore Donato)est accommodatum rebus busq; prouerbium. Diomedes autē finit hunc ad modum, Parc uerbii uulgaris usurpatio rebus, tēporibusq; accōmodata fi ficatur, q̄ dicitur. Apud Græcos scriptores uariæ ferunt finitio nullis describitur hoc pacto, παροιμιῶσί λόγος ὠφελίμος ὁ τῷ ᾖ μ τεία πολὺ τὸ χρήσιμον ἐχων ὁ ἑαυτῷ, id est, Prouerbiū uitæ ratione conducibilis, moderata quadā obscuritate, multa in nens utilitate. Ab aliis hoc finitur modo, παροιμίῶσί λόγος ἐπὶ τὸ ζαφὲς ἀσαφεία. Prouerbium est sermo rem manifestam obscuritate regēs. Neq; me plureis alias, & apud Latinos, & apud Græcos paroemiæ finitiones extare. Verum eas referre non arbitratus sum operæpretiū fore, cum quod in hoc opere, præcipue, pposi uitatem illam, quam a' docente requirit Horatius, ubiq; quoad licebit sequi, tum quod q̃ cantilenam canunt, eodemq; recidunt maxime quod inter tam multas, nulla reperiē qu turamq; prouerbii sic complectatur ut non aliqd uel redutē uel diminutū sit. Siquid ac Diomedes(ut interim alia nō excutiam)in omni paroemia requirere uident inuoluc ut qui eam allegoriæ speciem fecerint. Deinde γνωμικὸν, id est sententiale quiddā exp addunt, rebus temporibusq; accōmodatum. Græcorū item quotquot sunt finitiones, ad uitam instituendā cōducibilem, aut metaphoræ tectoriū admiscent. Quædam utrun ro coniungunt. Atqui permulta reperias, apud ἀκοινώτους, id est, neutiquā uiolandæ auth ptores, prouerbii nomine citata, quæ nulla metaphora tegantur. Rursum non pauca q̄ mnino pertinent ad institutionem uitæ, & a' sententiæ ratione, prorsus ἐκ διαμέτρον, (dissideant. Exempla pro multis duo suffecerint, μηδὲν ἀγαν, id est nequid nimis, nemo ter adagia. Nihil tamen habet integumenti. Et τίς ἂν ἐρὸς θύραις ἁμάρτοι, hoc est, Qui foribus ab Aristotele paroemiæ titulo refertur. At id non uideo quid conferat ad uitæ ra uero nō omne prouerbium allegoria quapiam tegi, uel ex Fabio liquet, cuius hæc uerb institutionū quinto. Cui cōfine est paroemias genus illud, quod est, uelut fabella, breuio palàm indicat, & alia paroemiarum esse genera, quæ non sint allegoriæ confines. Qua inficias iuerim, maximam adagiorum partem, aliqua metaphoræ specie fucatam ee. mas fateor eas, quæ pariter & translationis pigmento delectent, & sententiæ prosint in multo aliud est cōmendare paroemiā, & quænam sit optima demonstrare, aliud quid ea re definire. Mihi(quod grammaticog̃ pace fiat)absoluta, & ad nostrum hoc institutum ra, paroemiæ finitio tradi posse uidetur ad hunc modum, Paroemia est celebre dictum, nouitate insigne. Vt dictum generis, celebre, differentiæ, scita quapiā nouitate insigne p obtineat. Quādoq̃ in his tribus partibus, perfectā constare definitionē Dialecticog̃ c

Quid Paroemiæ proprium, & quatenus.

Itaq; peculiariter ad prouerbii rationē pertinent duo, τὸ θρυλουμνενον καὶ καινότης celebratum sit, uulgoq̃; iactatum. Nam hinc etiam paroemiæ Græcis uocabulum uidel οἷμον τὸ ὁδός ὡς περ τεκμηρι παροιμιῶν, quod passim per ora hominū obambulet, & tinis, quasi dicas circumagiū, authore Varrone. Deinde scitum, & aliqua, ceu nota disce mone cōmuni. Neq; enim protinus quod populari sermone tritum sit, aut figura nouat ralogum adlegimus, sed quod antiquitate pariter & eruditiōe cōmendet id enim scitū e Quibus ex rebus accedat nouitas adagiis, mox ostendemus, Nūc quod modis celebrita paucis indicabimus. Veniunt igit in uulgi sermonē, uel ex oraculis numinū, quod genu τέτοι, ἐπὶ τέτραρθι, id est, neq; tertii neq; quarti. Vel a' Sapientū dictis, quæ quidē ant culorū instar celebrauit. Quale est illud δυσκολα τὰ καλὰ, hoc est, ardua quæ pulchra ta quopiā, maxime uetusto ut Homericū illud. ρεχθεν διέτε νήπιος ἔγνω, idest Rem fu stultus intelligit. Item illud Pindaricū, ποτὶ κέντρον λακτιζέμεν, id est Cōtra stimulum Et illud Sapphus, μήτε μοι μέλι, μήτε μέλισσα, id est Neq; mel mihi neq; apis. Siquid quæ adhuc incorruptæ manerent, Poetarum uersus in conuiuiis etiam canebātur. Vel e est, Tragicorū & Comicorū actis fabulis, quod genus illud ex Euripide, ἄνω ποταμῶν illud ex Aristophane, βάλλ᾽ ἐς κόρακας. Præcipue uero Comœdia mutuo quodam cor usurpat pleraq̃; iactata uulgo, & gignit, traditq̃; uulgo iactanda. Nōnulla ducunt ex fa

---

	3		4	
139	Myconius caluus	121	Λγοιοὶ καὶ φθόνον	256
291	Pistillo caluior	291	Athos cælat latera	221
58	Multā syluā gestas	247	Maniuoro uinculo	200
271	Pronomi barba	286	Aetna athon	297
287	Nauiges Trœze.	152	INGRATA OB-	
58	Perdicis crura	134	uetustatem.	
112	Ex ouo prodiit	47	Piscis nequam	284
107	Pulchros̃ etiam	44	Piscis repositus	33
107	Simia est simia	81	Ex eo prope tantū	280
107	Thersitæ facies	298	Antigor Diphte.	59
257	Corytheo desor.	219	A Nannaco	282
169	Simiæ pulcher.	165	Res cannacæ	186
	Μενεςραμμάτιον	296	Antigor q̃ chaos	188
292	TAEDIVM EX		Per diem antiquum	241
94	iteratione.		Pellenæa tunica	226
292	Iterum atq̃; iterg̃;	202	NVPERA.	
271	Iterg̃; tranquillitate	132	Heri & nudiuster.	164
287	Iouis Corinthus	125	ITERATVS	
234	Crambe bis mors	61	error.	
192	Eandē tūdere incu.	109	Eadem oberrare	57
291	Cantilenam eādem	166	Iterum ad lapidem	57
	Eadem per eadem	67	Nō licet bis i bel.	210
	Hyperi uertigo	185	Vulpes non ca.	163
82	Date mihi fet.	213	Cauendum ab eo	263
82	Parni scaphula	192	Venia primū exp.	107
142	Sardi uenales	69	Sus in uolutabrum	292
90	Callicyriis plures	217	Canis reuersus ad	238
258	Nō missura cutem	150	ERROR IN	
159	Linum lino nectis	97	initio.	
159	Ad restim funicul.	238	In limine offendere	65
164	Rhodiæ oraculū	173	In portu impinge.	65
45	ITERATIO CI		Cætherius in porta	65
268	tra tedium.		GARRVLITAS.	
272	Bister g̃; q̃ pulch.	28	Archytæ crepita.	181
181	MOLESTI IN-		Arabicus tibicen	84
138	tolerabiles.		Turture loquacior	59
111	Onus nauis	227	Cornicari	82
265	Quos non tolleret	241	Daulia cornix	248
	Aegyptius laterifer	241	Hirūdinum musca	132
	In culmo arare	292	Lusciniæ nugis insi.	13
287	Qui conturbat oīa	269	Dodonæum æs	9
285	Anno senior	257	Caute loquacior	246
122	Vt fici oculis	189	Littore loquacior	194

CHILIADIS SECVNDAE CENTVRIA VI. 170

Est aūt notissima fabula, queadmodū apud Homerū, Vlysses Polyphemo Cyclopi uinū petenti sub inde porrigit, quo simul atq̃; iam temulētus, sopitusq̃; iaceret, palo præusto oculum illi pterebrauit. Putant metaphorā à pueris ductam, q̃ petentes non petēda, nōnun q̃ colaphos recipiunt. Terentius in Phormione, Pugnos in uentrem ingere. Pugnos plagas ipsas uocat, Itidem ut Græci κονδυλους. Adagium refert à Suida.   Pro Perca Scorpiū.   VI.

Ἀντὶ πέρκης σκορπίον, i. Pro Perca Scorpiū. Vbi q̃s optima capt.as, pessima capit. Nā Perca piscis est uel maxime laudatus. Cui idētidē meminit Athenæus, gulonū delitias recēsens. Scorpiī letalis ē. Quanq̃ est & piscis huius nois, cōtempti saporis, de quo magis sentire uidet adagiū. Simili figura di xit Lycophron, ὁ δὲ αὖ τε ἀντὶ πέρκης σκορπίον λαιμῷ σπάσιος, i. At Scorpium ille glutiens Pipus uice. Est. n. Pipo auis genus.   Pro bn̄ficentia Agamēnonē ulti sunt Achiui.   VII.

Ἀντὶ εὐεργεσίας Ἀγαμέμνονα τίσιν Ἀχαιοὶ, id est, Pro meritis male tractarunt Agamēnona Graii. Quidā ad hunc efferunt modum, Ἀντὶ εὐεργεσίας Ἀγαμέμνονα δύσιν Ἀχαιοὶ, id est, Pro benefactis uinxerunt Agamemnona Graii. Dicebatur in ingratos, qui pro summo beneficio, summum remeti untur maleficiū. Agamemnon enim tot exhaustis laboribus in expugnanda Troia, pro dignitate Græ

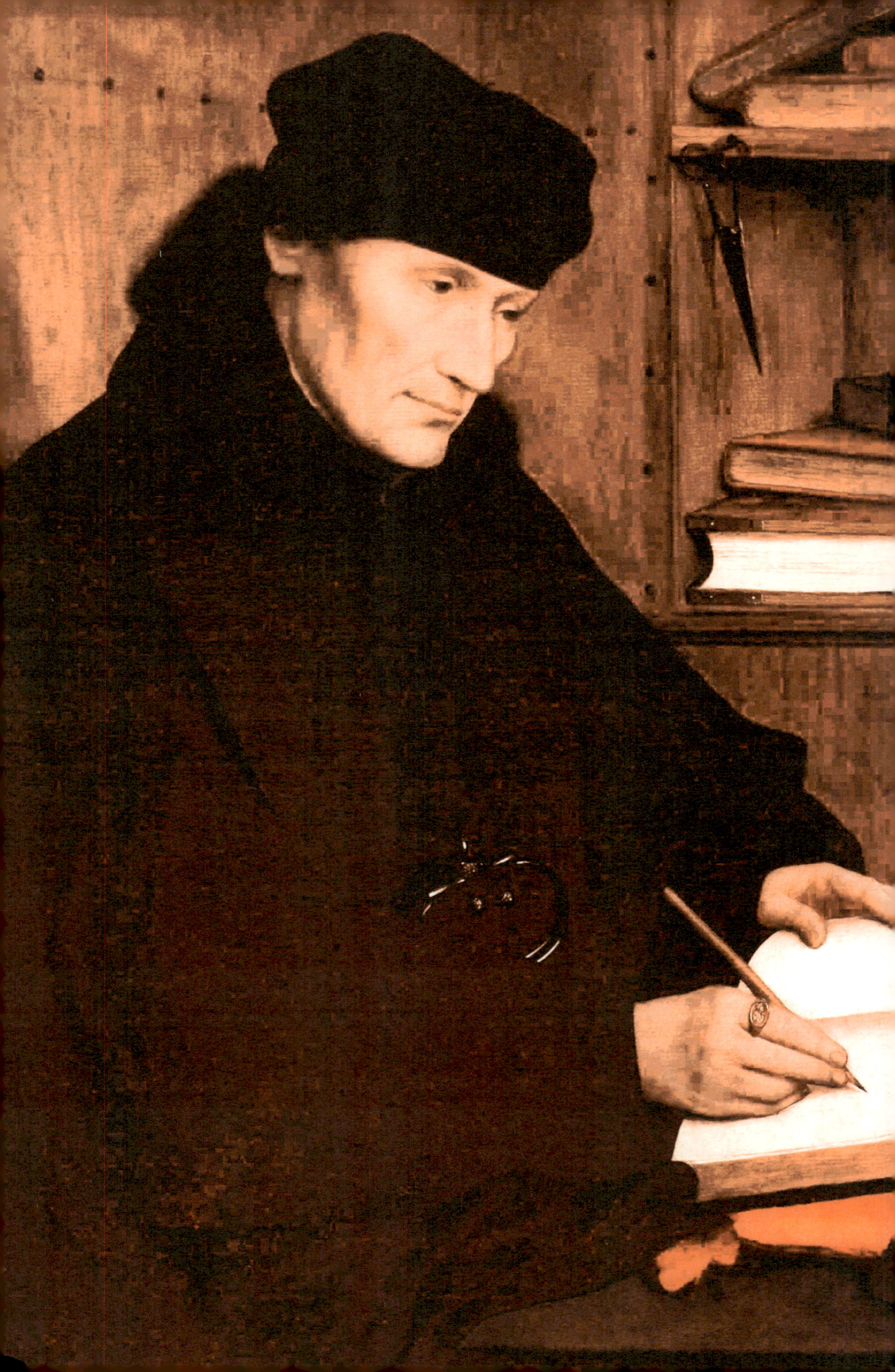

sit egregie tutus, tum candidis, et æquis gratissimus
ceat excellentissime pater, si tuo quoq; calculo fue-
t comprobatus, quem equidem in tanto ornatissimo
i pricipū numero facile mihi delegi, cui meas has ui
lias consecrarem, ut quem unum perspexerim præ
r summum fortunæ splendorem, literis·eloquentia·
rudentia·pietate·modestia integritate· postremo sin
lari quadam erga bonarum literarum cultores be
gnitate, sic præditum·ornatum·cumulatū, ut istud
rimatis uocabulū i neminem magis competat, quā
te, quam nó solum officii dignitate, uerū multo ma
s omnium uirtutum genere primas teneas, idem &
giæ aulæ præcipuum ornamentum, & ecclesiasti
e dignitatis unicum fastigium. Quod si mihi contig
t, ut hoc meum studium probetur a uiro tam proba
, profecto nec hactenus exhausti laboris me poenite
it, neq; grauabor in posterū maiore conatu rem theo
gicam adiuuare.   Vale & Erasmum in eorum
umerum adscribito, qui tuæ paternitati toto pector
unt addicti·Londini   IX· Calendas Februarii

OS INIMIGOS
capítulo 10 E OS
POSTULANTES

Uma medida do sucesso, no passado e em parte ainda hoje, é a contrafação: quando copiam você quer dizer que você acertou. Não por acaso, as edições de Aldo foram imediatamente imitadas, se não diretamente, por falsificação.

Já em 1499, exatamente um ano após o lançamento, o editor Bernardino Misinta publica, em Brescia, uma contrafação da **Opera** *de Angelo Poliziano, com o falso local da impressão em Florença e tendo como editor o nome de um certo Leonardo di Arigi da Gesoriaco. Bom estratagema, visto que Gerosiaco é o* nome latino de Boulogne-sur-Mer, porto do canal da Mancha, mas que lembra Bolonha, onde se imprimiam muitas obras (verdadeiras) de Poliziano. Manuzio protesta e, em 17 de outubro de 1502, faz uma súplica ao governo veneziano: "Seus atrativos são removidos e o que resta é o que se fez em Brescia, quando se publicou uma falsificação das suas obras com a informação *Impressum Florentiae*"[241].

Isso, porém, nada é comparado à tempestade que está por se desencadear em Lyon, na França, onde nasce uma espécie de verdadeira indústria de falsificação dos livros de bolso aldinos. Menos de um ano após o seu lançamento de Virgílio, imediatamente aparece uma falsificação, obra que é a primeira de uma série. A escolha da cidade francesa não é fortuita: encruzilhada entre a Europa setentrional e a meridional, entre os mundos francês e alemão, a cidade não está na jurisdição dos processos movidos pela justiça veneziana visando fazer respeitar os privilégios aldinos. Até as edições contrafeitas esgotam-se depressa e devem ser reimpressas várias vezes, até mais depressa do que as originais.

Os editores lioneses colocam no comércio nada menos que 59 edições falsas, encomendadas a tipografias disponíveis da Alsácia, com paginações e caracteres *simillimis* que roubam amplas fatias de mercado da produção manuziana autêntica. O prejuízo econômico e de imagem causado ao editor veneziano deve ter sido bastante grande.

Não sabemos se os compradores das contrafações lionesas estavam interessados no texto ou apenas, ao contrário, no objeto, na fascinante novidade do livro de bolso. O privilégio de 1501, já visto anteriormente porque protegia tanto o caractere itálico como o formato *in-octavo*, não é, porém, suficiente para garantir a exclusividade. E, com efeito, na súplica da qual se disse pouco acima, Manuzio escreve também: "Suas cartas foram falsificadas e enviadas a Lyon [... e há] muitas incorreções"[242]. O principal artífice das falsificações lionesas é o impressor Baldassare Galbiano, natural de Asti, cujo tio, Giovanni Bartolomeo, morava em Veneza, onde era livreiro, com loja próxima à Ponte de Rialto. É muito provável que o tio tenha fornecido ao sobrinho os aldinos recém-saídos da tipografia. Os livros eram, portanto, recompostos página por página e impressos com um itálico que imitava toscamente os caracteres gravados por Francesco Griffo. As contrafações são publicadas anonimamente, sem marca, até 1510, quando aparece um lírio vermelho, provavelmente devido ao fato de que se havia formado uma sociedade com o livreiro italiano Bartolomeo Trotti.

Em 1502, um tipógrafo reimprime a *Vita de Zychi* de Giorgio Interiano, usando caracteres góticos, não se detém nem mesmo diante do prefácio de Aldo, o qual copia de igual para igual e reproduz integralmente sem colocar

---

[241] Aldo Manuzio, "Súplica de Aldo Romano ao Doge e ao Senado de Veneza", em Michelangelo Gualandi (ed.), *Originali Italian Risguardanti le Belle Arti*, II, Bologna, Jacopo Marsigli, 1841, p. 161.
[242] *Idem, ibidem*.

muitos problemas. Mas não é preciso ir até à França para encontrar contrafatores de Aldo: até mesmo os Giunta entregam-se tranquilamente às falsificações dos aldinos, e não se trata de meros aventureiros, mas de editores que se encontram dentre os mais importantes da época, donos de uma verdadeira multinacional do livro, com ramificações no exterior e sedes em Florença e Veneza. Lucantonio Giunta chegara à Dominante em 1477, sobretudo para comercializar as obras que o irmão Filippo imprimia na Toscana.

Quando Aldo publica os primeiros livros de bolso, Lucantonio reproduz o mecanismo que já havia sido experimentado pelos Gabiano: assinala as obras a Filippo, a quem as envia, e o irmão, que ficou em Florença, imita os caracteres itálicos aldinos para imprimir os clássicos gregos e latinos. Os sócios lioneses dos Giunta, entretanto, ocupam-se das edições em vernáculo e refazem Petrarca *in-octavo*.

As edições giuntinas/aldinas não são propriamente contrafações, mas antes imitações dos originais, com algumas mudanças, como a marca xilográfica de Ovídio, copiada a partir do modelo impresso e, portanto, gravada em madeira, e não como deveria aparecer.

Parece que essa quase frenética atividade de imitação empreendida pelos Giunta veio romper uma espécie de *pax tipografica* que vigorava anteriormente entre as duas grandes marcas da edição italiana: elas dividiram entre si o mercado a fim de evitar pisar no calo uma da outra. A eleição em 1513 para o trono papal de Leão X vem perturbar as coisas: o papa, embora sendo ele o florentino Giovanni de Medici (ou talvez exatamente por ser florentino, dada a proverbial animosidade toscana), projeta expulsar os concidadãos Giunta dos territórios pontifícios, substituindo as suas edições exatamente pelas de Manuzio.

Verdadeira ou não essa hipótese, cabe sublinhar, entretanto, que os Giunta não esperaram pela eleição do papa Medici para começarem a imitar as aldinas: em agosto de 1506, Filippo publica uma edição *in-octavo* de Catulo, Tibulo e Propércio, que constitui uma reedição exata do texto aldino de 1502, copiando-lhe tanto os caracteres itálicos quanto a composição da página; a dedicatória, porém (bondade sua...), é nova.

Seguem-se outras cópias indiscutíveis das edições aldinas, entre as quais os *Asolani*. Filippo Giunta acrescentava alguma coisa, mudava a ordem das páginas a fim de obter plágios mais requintados com respeito às grosseiras imitações dos lioneses. Após o processo de 1507, no qual é condenado, continua a publicar em itálico, mas evita cautelosamente os títulos já lançados por Aldo.

Em julho de 1514, os Giunta procuram aproveitar a proveniência florentina do papa Medici para desfazer tudo o que ele havia estabelecido anteriormente, em seu detrimento: desafiam o privilégio global que o pontífice havia liberado em favor dos caracteres itálicos latinos e gregos de Aldo, afirmando terem sido, ao contrário, exatamente eles os primeiros a usarem o itálico latino. Parece que o papa havia tentado conciliar as coisas buscando contentar ambas as partes. Mas a intervenção de Francesco Vettori, embaixador de Florença junto à Santa Sé, embaralha as cartas: ele se diz confuso e decepcionado, e solicita algumas amostras de impressão, mas depois seu pedido acaba sendo descartado na correspondência diplomática, a sugerir que os impressores florentinos não haviam obtido o que desejavam.

Aldo, entretanto, denuncia os Giunta ao senado da Sereníssima e sugere ainda um método para desmascarar os volumes editados na tipografia que os impressores florentinos possuem em Lyon: cheirar o papel. O usado na França exala um odor desagradável, enquanto o papel empregado pela tipografia veneziana é "fino, alvo, sólido, dimensionado de modo a permitir que se escreva nas margens". Os livros falsificados em Lyon são geralmente de qualidade inferior em relação às edições aldinas, mas cabe registrar algumas exceções: o Petrarca, o Dante e o César de 1508 são considerados melhores que os originais saídos dos prelos venezianos.

A súplica de Manuzio tem o efeito de confirmar o privilégio anterior concedido pelo governo veneziano, mas não impede a invasão do mercado por parte das falsificações aldinas lionesas dos Gabiano ou pelas fiéis reimpressões florentinas dos Giunta. E após a morte de Aldo, os editores toscanos passam ao contra-ataque: em outubro de 1516, Bernardo Giunta, filho de Filippo, recorre ao Conselho dos Dez, solicitando a revogação da sentença de exílio contra seu pai, emitida pelos Senhores, por haver violado os privilégios aldinos. As patentes, todavia, tinham expirado com a morte do editor bassianense.

Se ampliarmos o círculo e, em vez das imitações, considerarmos as inspirações, será interessante assinalar o caso de Paganino e Alessandro Paganini, pai e filho não só naturais de Toscolano Maderno no Bresciano, onde produzem papel, mas também parentes dos Gabiano. Imprimem em um formato ainda menor, o in-24, e lançam em edições mínimas, pouco superiores a dez centímetros de altura, Bembo, Boccaccio, Dante e Petrarca. É o próprio Alessandro quem grava os caracteres, que consistem em um misto de redondo romano e itálico. Os Paganini, na esteira de Aldo, voltam-se para cortesãos, fidalgos e damas encharcados pela moda do petrarquismo, e os seus livros diminutos têm grande sucesso. Os Paganini eram impressores ilustres: tinham publicado os três livros do matemático Luca Pacioli e, em 1538, lançam-se na aventura de imprimir o primeiro Alcorão em árabe da história, uma empresa titânica – tiveram de gravar mais de seiscentos caracteres e sinais –, que faliu e os atropelou, levando à bancarrota.

Tornemos às contrafações: na tentativa de coibi-las, em março de 1503, Manuzio volta-se diretamente aos leitores, com o fim de preveni-los e imprime um *Monitum in Lugdunenses Typographos*, no qual explica como reconhecer as falsificações: ausência da data, emprego de papel de baixa qualidade e, às vezes, malcheiroso, ausência de ligatura entre consoantes e vogais (a única cópia existente do *Monitum* está conservada na Biblioteca Nacional de Paris). Seu empenho, contudo, volta-se contra ele, porque os insolentes lioneses utilizam exatamente as instruções aldinas para corrigir os seus erros. E mais ainda, despudorados, justificam-se: as "repropostas não autorizadas" serviam, diziam eles, para difundir e dar a conhecer livros importantes lançados em outro lugar e muito caros.

Os lioneses não se restringem à falsificação, recorrem à previsão: publicam um falso Terêncio que Manuzio nunca imprimira. Na realidade, seria justo dizer que Aldo ainda não imprimira, porque, com efeito, tinha intenção de fazê-lo, tanto assim que a edição sai, póstuma embora, em 1517, com prefácio assinado por Gian Francesco, filho de Andrea Torresani (mas acredita-se que, na realidade, foi escrito por Andrea Navagero). Dir-se-ia que os falsificadores tinham se aprofundado a tal ponto no sistema aldino que eram capazes de prever os seus movimentos.

O que sabemos das contrafações lionesas é, em todo caso, bastante contraditório: sua limitada duração temporal poderia fazer supor que não lograram grande sucesso. Mas, ao contrário, o fato de terem chegado até nós cerca de vinte cópias falsificadas impressas em pergaminho indicaria o contrário, ou seja, que seus negócios estavam indo muito bem, a ponto de aguçar também os apetites dos compradores de alto nível. Outra dessas questões não resolvidas com respeito à atividade de Manuzio.

Os concorrentes de Milão

É chegado o momento de falar de Gabriele Braccio, natural de Brisighella, o qual foi mencionado anteriormente. O romanholo deve ter sido um precioso colaborador de Aldo, nos seus primeiros anos venezianos, do contrário, não se explicaria por que, em 1497, Manuzio lhe agradece no prefácio ao segundo volume de Aristóteles.

Em seguida, porém, alguma coisa acontece, que para nós permanece ignorada, e que induz Braccio a seguir o seu próprio caminho. Ele abre uma tipografia em sociedade com o capodistriano Bartolomeo Pelusio e os carpigianos Giovanni Bissolo e Benedetto Dolcibelli del Manzo. O quarteto se propõe imprimir obras gregas e latinas *cum belíssima et nova inventione*[243] e solicita um privilégio *per quatro operete greche*[244] – as cartas de Fálaris Apolônio e Bruto e as fábulas de Esopo – que o Conselho dos Dez concede em 7 de março de 1498. Essas edições são impressas com um caractere grego que, sem dúvida, deriva do aldino e, segundo alguns, para melhor, com maiúsculas belíssimas e um entrelinhamento maior que permite tornar o texto mais claro e mais legível

---

243 Cf. Alfonso Garuti, Dolcibelli e Benedetto, in *Dizionario Biografico degli Italiani*, XL, Roma, Instituto della Enciclopedia Italiana, 1991, pp. 435-438.

244 *Idem, ibidem.*

(no entanto, muito menor do que o padrão ao qual estamos habituados atualmente). O prefácio de Braccio é uma simples reelaboração das ideias de Aldo, sem, aliás, nunca citá-lo.

Em seguida, contudo, a atividade editorial dessa sociedade se interrompe e o quarteto se dissolve. Não conhecemos a razão, mas, nesse caso, é fácil presumi-la: uma ação legal de Manuzio para proteger os seus caracteres gregos. Além da força do direito, em virtude da proteção que lhe é conferida pelo privilégio, Aldo podia se gabar de amizades excelentes e altamente situadas no patriciado veneziano e, por isso, não devia ser uma tarefa trivial colocar-se contra ele: era capaz de mover peças contra as quais ninguém conseguiria se opor.

Dolcibelli e Bissolo, a essa altura, resolvem mudar de ares e transferem-se para Milão, onde, em sociedade com Demetrio Calcondila, publicam o léxico da Suda, lançado em 15 de novembro de 1499, pouco depois que o Ducado dos Sforza dividiu-se entre franceses e venezianos. Trata-se de um enorme *in-fólio* de 516 páginas, um dos livros gregos mais maciços publicados até aquele momento. Nem mesmo a empresa milanesa, todavia, chega a bom termo e Dolcibello, como já vimos, retornará à sua terra natal e ali implantará uma nova tipografia, primeiro, na cidade e, depois, no Castelo de Novi.

Os assediadores

Aldo Manuzio, sobretudo nos seus últimos anos de atividade, tornou-se um editor conhecido em toda a Europa, famoso e cobiçado. Muitos escrevem para ele ou, se estiverem em Veneza, passam na sua loja por curiosidade para dar olhada no que ele está imprimindo, pedir informações. Além disso, muitos autores gostariam de imitar o que Erasmo fizera antes, isto é, aumentar a própria notoriedade publicando com a âncora e o delfim. Mas, como acontece ainda hoje, uma fração desses autores aspirantes (por maior ou menor que fosse), convencidos de haver escrito uma possível obra-prima, revelam-se, na realidade, apenas irritantes assediadores. Aldo, exasperado, chega ao ponto de pendurar um cartaz na porta de seu escritório na tentativa de dissuadi-los. Fala difusamente sobre isso na carta-dedicatória a Andrea Navagero, que precede a *Rhetoricorum ad Herennium*, publicada em 1514 (na época, frequentemente atribuída a Cícero): "Quanto a mim, dois impedimentos que, em meio a muitos outros, interrompem continuamente o nosso trabalho: antes de tudo, as frequentes cartas de eruditos que me chegam de toda parte e que me custariam dias e noites inteiras se fosse responder-lhes; e os que vêm aqui um pouco para saudar-nos, um pouco para perguntar se há alguma novidade e um pouco, e estes são os mais numerosos, porque não têm o que fazer. E assim dizem 'passamos por Manuzio'. Então eles chegam em massa e sentam-se com a boca aberta, como sanguessugas que não encharcam a pele a menos que estejam inchadas de sangue"[245].

Esses são os intrometidos, mas, talvez, ainda mais irritantes parecem ser, precisamente, os autores aspirantes: "Sem falar nos que chegam para recitar uma poesia ou algum texto em prosa, geralmente toscos e incorretos, porque não toleram a fadiga e o tempo que o trabalho de polimento exige, mas querem ser publicados com a nossa marca. E não se dão conta de que é desprezível toda composição que não "tenha sofrido longos dias de rasuras e, uma vez concluída, não tenha sido melhorada dez vezes até o último detalhe"[246].

Por isso Manuzio adota contramedidas: "Desses irritantes perturbadores comecei finalmente a me defender. Aos que escrevem, nada respondo, se o que me escrevem não tem grande interesse, ou – em o havendo – respondo de forma lacônica, e assim faço não por qualquer soberba ou desprezo, mas para que possa dedicar todo o tempo de que disponho à publicação de bons livros, por isso peço que ninguém tome ou entenda a coisa diversamente do que ela é. [...] Coloquei um cartaz na porta do meu escritório no qual está escrito: 'Seja você quem for, Aldo lhe pede que faça a sua pergunta brevemente e saia o mais rápido possível'"[247].

Quase todos os editores contemporâneos aprovariam sinceramente este último convite aldino.

Estamos, todavia, nos últimos momentos da atividade de Aldo Manuzio. O bastão passa aos herdeiros.

---

245 Aldo Manuzio, "Prefácio", em Cícero, *Rhetoricorum ad C. Herennium* (em latim), Veneza, In Aedibus Aldi et Andreae Soceri, mar. 1514, in-4.
246 *Idem.*
247 *Idem.*

A MORTE E OS HERDEIROS

capítulo 11

O primeiro editor da história falece em 6 de fevereiro de 1515. "In questa matina hessendo morto zà do zorni qui domino Aldo Manutio romano, optimo humanista et greco, qual era zenero di Andrea d'Asolo stampador, il qual ha fato imprimer molte opere latine et greche bem corrette [...] composse una gramatica molto excelente, hor è morto, stato molti zorni amalato"[248]*, anota o sempre atento cronista Marin Sanudo, no dia 8 de fevereiro.*

Um mês antes, Manuzio tinha impresso a sua última edição, o **De Rerum Natura** *de Lucrécio, um livro* *in-octavo* dedicado a Alberto Pio, e essa dedicatória constitui, de certo modo, a apoteose do Aldo professor: o aluno agora está tão bem formado que é capaz de distinguir por si só o bem do mal. "Eis portanto Lucrécio, grande poeta e filósofo, a juízo dos próprios antigos, mas cheio de falsidade. [...] era um seguidor da seita epicurista. Por esse motivo, afirmam alguns, que nem deve ser lido [...], mas [...] parece-me que Lucrécio e pensadores semelhantes devem ser lidos, porém como autores falsos e mentirosos que de fato são"[249].

Portanto, endereçado diretamente ao príncipe: "Ponha um termo a essas guerras desastrosas que o perturbam, que há tanto tempo o afastam dos santos estudos das letras, que não lhe consentem a tranquilidade e o tempo livre a que sempre aspirou ardentemente para poder honrar as artes a que se dedicou desde criança"[250]. No prefácio Aldo desculpa-se por haver emendado o texto, como sofredor por vários meses, e depois elogia o editor: "Quanto ao fato de Lucrécio ser hoje editado pela nossa casa numa forma mais correta do que a usual, devemos ser reconhecidos, sobretudo, ao nosso amigo Andrea Navagero, que a revisou com precisão, apesar da pressa causada por suas ocupações e da importuna pressão dos nossos impressores"[251].

Pelo pouco que sabemos, Aldo estava doente e o fim sobreveio em tempo bastante breve: o próprio Aldo informa que "a minha saúde debilitada há alguns meses me faz sofrer muito"[252].

O catafalco fúnebre está montado na Igreja de San Paterniano; esse edifício sacro já não existe, foi demolido em 1874, juntamente com o único exemplo do mundo de campanário com planta pentagonal. Igreja e campanário foram edificados no século X, e, em seu lugar, construiu-se a sede da Casa de Poupança de Veneza, refeita em 1972; no muro externo à esquerda, uma lápide recorda que nesse lugar encontrava-se a tipografia de Aldo Manuzio. Campo San Paterniano foi rebatizado Manin e, no centro, avulta o monumento dedicado ao chefe da insurreição antiaustríaca de 1848-1849, Daniele Manin.

Em torno do esquife de Aldo, foram dispostas as suas edições, a oração fúnebre é pronunciada por Raffaele Regio, humanista de Bérgamo, docente do Instituto de Pádua, já muito idoso, provavelmente com mais de oitenta anos. Escreve Matteo Bandello: "Eis que morreu o nunca assaz louvado e digno de viver muitos séculos, o cultíssimo mestre Aldo Manuzio, de quem nenhum livro foi impresso em La Magna, na França e na Itália sem que

---

248 Marin Sanudo, *I Diarii*, XIX, Federico Stefani, Guclielmo Berchet e Nicolò Barozzi (eds.), Veneza, Spese Degli Editori, 1887, p. 425.
249 Aldo Manuzio, "Aldo Pio a Alberto Pio, Príncipe de Carpi e Embaixador Imperial Próximo ao Sumo Pontífice", em Lucrécio, *De Rerum Natura* (em latim), Veneza, In Aedibus Aldi et Andreae Soceri, jan. 1515.
250 *Idem*.
251 *Idem*.
252 *Idem*.

eu prontamente o adquirisse"²⁵³ (La Magna seria a Alemanha, ou melhor, a Germânia).

O derradeiro testamento, autenticado pelo notário Nicolò Moravio, em 6 de janeiro, menos de um mês antes da morte, não prevê nenhum legado *pro anima*, ou seja, a favor de instituições de caridade, e isso constitui um fato muito estranho porque era costume muito comum, na época, fazer legados de beneficência. Não se trata de um esquecimento porque, interrogado pelo notário se queria fazer alguma doação, responde: "Não desejo dispor mais nada"²⁵⁴.

Por outro lado, Aldo recomenda obter uma nova série de caracteres itálicos do gravador Giulio Campagnola – desde que Griffo retirara-se, a oficina aldina havia continuado a usar sempre os mesmos tipos –, mas essa disposição não será atendida. Manuzio, enfim, pede para ser sepultado em Carpi, como Sanudo registra ainda: "Et per esser sta preceptor dei signori de Carpi et fato di la casa di Pii, ordinò il suo corpo fosse portato a sepelir a Carpi, e la moglie e figliuoli andasseno ad habitar ivi, dove queli Signori li detenho certe possessioni"²⁵⁵. Aldo nomeia executores testamentários os príncipes Alberto e Lionello Pio e deixa as filhas livres para optarem entre casar-se ou tornar-se freiras, sem nenhuma coação; a escolha do marido deverá depender da qualidade da pessoa e não da riqueza. E essa também é uma disposição singular: não era comum deixar às filhas a liberdade de escolha, nem muito menos exortá-las a um casamento de amor e não de conveniência.

O túmulo de Aldo nunca foi localizado. Os indícios que temos são poucos; Sanudo conclui a nota sobre o falecimento do amigo escrevendo: "Et il corpo posto poi in uno deposito, fino si mandi via"²⁵⁶. Todavia, não é certo que a partida do corpo tenha, de fato, ocorrido; ainda estava em curso a Guerra de Cambrai, e pode ser também que se tivesse decidido aguardar tempos menos turbulentos. O desaparecimento da igreja de San Parniano não nos permite ter confirmações certas sobre o lado veneziano; o único indício está contido em uma publicação de 1880, que traça brevemente a história da demolição do sacro edifício, na qual o autor escreve: "Conta-se que ali foi sepultado também o célebre Aldo Manuzio, o Velho".

No que respeita a Carpi, alguns estudiosos verificaram que, exatamente naquele 1515, todas as principais igrejas citadinas estavam passando por radicais restaurações desejadas pelos príncipes Pio. Além disso, as crônicas de Carpi nada referem sobre um evento – a sepultura do mais importante

---

253 Matteo Bandello, "Bandello ao Doutíssimo Aldo Pio Manuzio Romano", em "Novela xv", *Le Novelle*, i, Lucca, Busdrago, 1554.

254 Testamento consignado por Nicola Moravio, o último de três escritos por Aldo Manuzio, registrado como "Testamenti, b. 675.a", encontra-se, hoje, no Archivio di Stato em Veneza (n. da r.).

255 Marin Sanudo, *I Diarii*, xix, Federico Stefani, Guclielmo Berchet e Nicolò Barozzi (eds.), Veneza, Spese Degli Editori, 1887, p. 425.

256 *Idem, ibidem*.

editor da época – que deveria necessariamente ter despertado um amplo eco. Em 1877, realizou-se uma pesquisa que não teve qualquer êxito. A Igreja de San Francesco, em Carpi, tivera numerosos túmulos colocados sob o pórtico recostado ao edifício da Rotonda, mas tudo havia sido destruído. Aldo sempre estivera ligado aos franciscanos, e esse lugar era, com efeito, um cemitério; ademais, Alberto Pio demonstrava interesse pelo pequeno templo – interesse cujas razões, entretanto, nos são desconhecidas. A igreja foi restaurada em 1681, enquanto o claustro e a Rotonda foram demolidos após as repressões napoleônicas.

Não existe uma resposta segura e, enquanto estas linhas estão sendo escritas, ainda estão em curso pesquisas que podem talvez, no futuro, fornecer novos indícios.

A época de Paolo Manuzio

Quando lhe morre o pai, Paolo, o futuro sucessor na direção da oficina, é um menino de apenas três anos: o irmão mais velho, Manuzio, está com nove e Antonio, com quatro. A viúva e os filhos transferem-se para Asola, na casa da família, onde permanecem até 1523. A direção da tipografia aldina é assumida pelo sogro Andrea Torresani e por seu filho Gian Francesco. Andrea está ciente de suas limitações intelectuais, sabe que não pode ocupar o lugar que era de Aldo; Gian Francesco, ao contrário, é um humanista, enquanto seu irmão Federico é um doidivanas que foi condenado a um degredo de quatro anos por haver trapaceado no jogo.

Andrea e Gian Francesco se associam e, como primeiro ato, publicam postumamente a gramática grega escrita por Aldo e organizada por Marco Musuro, de quem já falamos. Cabe a eles prosseguir a atividade e continuar a lançar edições com a marca da âncora e do delfim, depois de haverem abandonado a da torre.

Andrea não renuncia a um tom polêmico no prefácio ao Novo Testamento de 1518, quando se dirige a Erasmo, recordando-lhe o quanto Aldo fizera por ele, o qual, entretanto, como única resposta, procurou um novo impressor em Basileia. "E não é que esse sábio homem oferecesse isso à familiaridade e ao enorme afeto que te ligava a ele, mas à tua diligência, ao estudo, à cultura, virtudes pelas quais esperava que um dia honrasses a Itália, e não só à tua Germânia, e servisses de ornamento e lustre às outras regiões da cristandade"[257].

Paolo Manuzio visita ocasionalmente Veneza e ali se instala definitivamente aos doze anos, em 1524. Vai morar na casa do avô Andrea; parece que, pelo menos no início, a atividade da tipografia não lhe interessa muito, porque quando Torresani morre, em 1529, o jovem Manuzio apresenta uma

---

[257] Paulo Manuzio, "Prefácio", *Sacrae Scripturae Veteris, Novaeque Omnia* (em grego), Veneza, In Aedib Aldi et Andrea Soceri, fev. 1518.

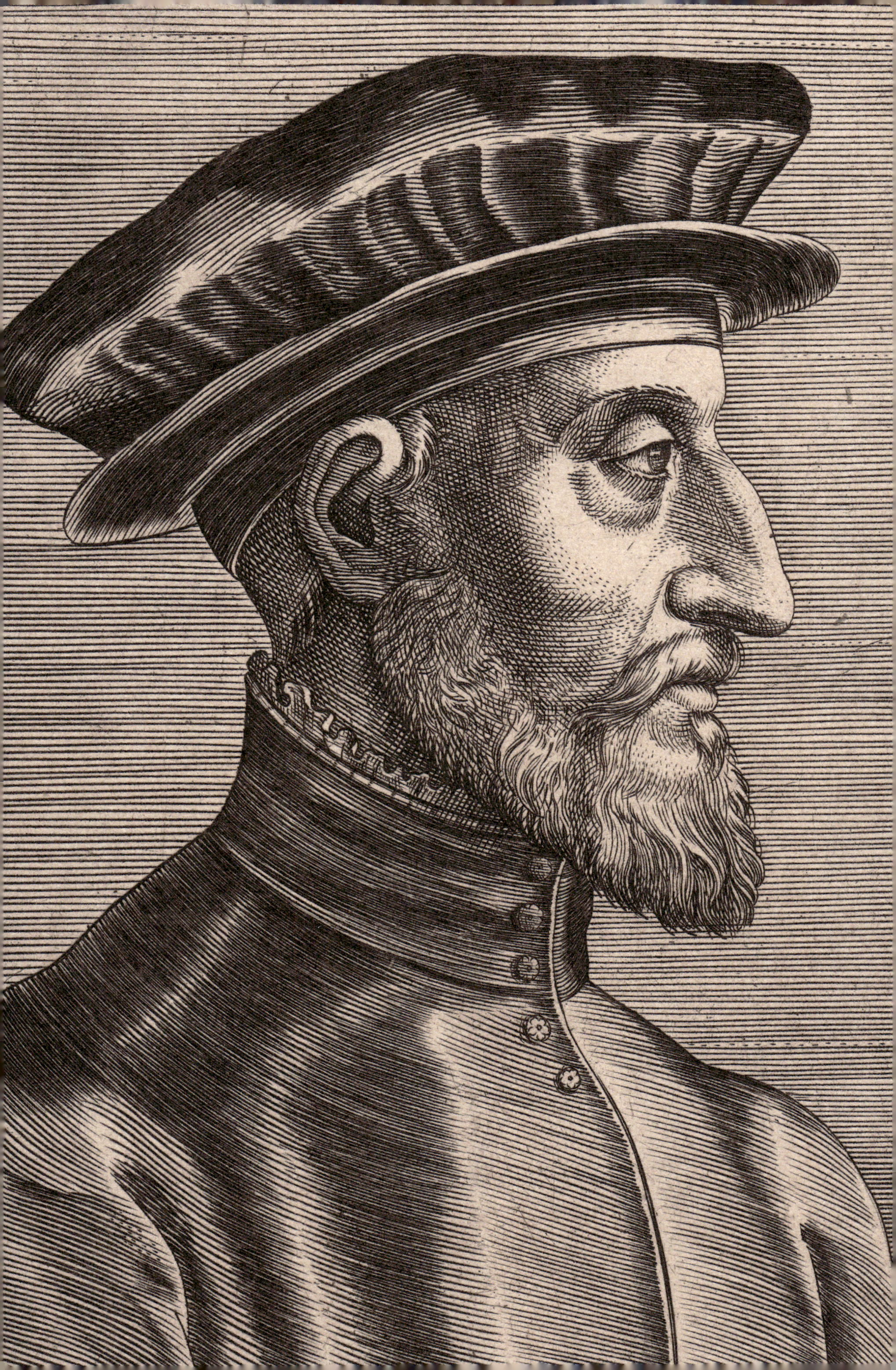

solicitação para entrar na chancelaria da República, que é rejeitada sob a alegação de que o pai não era veneziano.

O falecimento do chefe de família, porém, teve consequências graves por levar à inatividade da tipografia. Talvez tenha sido isso também que levou Paolo Manuzio a mudar de ideia, e assim ele começa a se ocupar com a tipografia da família e a administrá-la junto com os parentes. Deixa-se, portanto, de usar a legenda "Na editora dos herdeiros de Aldo Romano e de Andrea d'Asola, seu sogro", e o trabalho é retomado em 1533, com Paolo e seu primo Gian Francesco Torresani. Nesse ano, saem sete edições, mas a atividade não perdura: depois de alguns altos e baixos no triênio 1537-1539, imprime-se apenas uma edição por ano, sinal evidente de que existem litígios.

Separam-se e, em 1540, começa a gestão de Paolo, que continuará até 1561, com indubitável sucesso: ele edita principalmente clássicos latinos, entre os quais o nome de Cícero aparece 51 vezes. É significativo o reconhecimento por parte de Maximiliano II, que permite esquartelar a águia imperial no brasão da família. Nos primeiros anos, os irmãos de Paolo também trabalham com ele. Antonio, contudo, é banido de Veneza, em 1533, por haver participado do homicídio de um funcionário da cidade de Asola, que se encontrava em Veneza; seu cúmplice é filho de uma família asolana relacionada com os Torresani, e isso demonstra o quanto a rede de relações permanece ativa. Tudo isso explica por que Antonio nunca aparece nos negócios da família, dos quais se ocupam, primeiro Manuzio e Paolo, depois apenas Paolo.

As edições registradas nos 28 anos sob a direção de Paolo chegam a 346, e, no momento mais baixo deles, três saíram em três anos e, como acabamos de ver, são alcançados os picos de 27 edições, em 1546, e de 23, em 1554. A média é de doze títulos por ano, o que faz da loja aldina uma das mais florescentes do pleno Quinhentos veneziano, secundada apenas por Giolito de' Ferrari e no mesmo nível dos Giunta ou de Francesco Marcolini. O grande número de edições, entre primeiras e reimpressões, acompanha-se de uma eficiente organização da redação, com adequado suporte intelectual e técnico. Os catálogos nos dizem que o sumário de livros não vendidos era muito baixo, sinal de uma eficiente gestão econômica da tipografia.

A maior parte dos volumes publicados por Paolo Manuzio constitui-se de literatura: 180 edições, com prevalência de clássicos latinos, mas seus interesses são vastos, indo dos *Diálogos de Amor* de Leone Ebreo (Judá Abravanel) a Nicolau Maquiavel, impresso duas vezes antes de ser inserido no *Index Librorum Prohibitorum* (1559). O *Cortesão* de Baldassarre Castiglione é impresso quatro vezes entre 1533 e 1547, e as edições aldinas contribuem para transformá-lo no livro mais vendido do Quinhentos, o primeiro verdadeiro grande *best-seller* da história da edição.

Estão igualmente presentes 54 epistolários, gênero muito difuso no século XVI, entre outras razões porque considerava-se que saber escrever uma bela carta era um dos deveres das pessoas cultas. Paolo publica, entre as diversas epístolas, também as suas próprias, numa espécie de autopromoção que não encontra precedentes no Quinhentos; seja como for, boa parte do que sabemos dele e de sua atividade de editor devemo-lo exatamente às cartas que publicou e, por conseguinte, enviou. O outro autor de cartas muito presente é o citado Cícero; suas *Epistolae Familiares* são a obra que goza da mais estável presença entre 1533 e 1561: são publicadas dezenove vezes, quer em latim, quer na tradução vernácula.

Em 1546, Paolo Manuzio desposa Catarina Odoni, um ano depois nasce Aldo, o Jovem, e a família transfere-se para San Parterniano, na Ilha da Giudecca. Ao longo dos anos, Paolo recebe ofertas semelhantes, algumas ainda lisonjeiras, como quando lhe propõem tornar-se preceptor de Alessandro Farnese, futuro Duque de Parma e Piacenza e de Castro, ou ainda, em 1564, do delfim da França, o futuro Francisco II. Oferecem-lhe um cargo para ensinar na Universidade de Milão e de Pádua, enquanto a *Alma Mater* lhe propõe transferir a tipografia para Bolonha.

Entrementes, chega também uma oferta perigosa: em 1556, Ottone Enrico do Palatinado sugere-lhe transferir-se para a Alemanha a fim de escrever uma nova História da Igreja. Para o conde palatino, a passagem à terra protestante do mais célebre símbolo da edição humanista católica constituiria um golpe publicitário de primeira ordem. Paolo, contudo, informa imediatamente o cardeal Rodolfo Pio de Carpi, e a transferência não se concretiza. Na realidade, todas essas ofertas são recusadas porque o veneziano tem um objetivo bem preciso: assumir a direção da tipografia vaticana, em Roma, onde publicam-se as edições oficiais subsequentes ao Concílio de Trento.

Paolo Manuzio devia ser muito rico, visto que a atividade editorial continua a florescer e o comércio de livros de longo alcance prossegue, graças às relações estabelecidas com Paris e desenvolvidas em conjunto com os Torresani, antes da ruptura entre as duas famílias. Na realidade, já com Aldo, a tipografia dispunha de um agente na capital francesa, talvez para contrastar melhor as contrafações lionesas (de todo modo, vendiam-se bem tanto os originais quanto as falsificações). O agente parisiense, um certo Zanpietro, aproveitara-se disso vendendo as aldinas a preço mais elevado: como já custavam acima da média, exigir um preço ainda mais alto – cerca de três vezes superior ao praticado em Veneza – acaba por colocá-lo fora do mercado.

Girolamo Aleandro, amigo e colaborador de Aldo, o alerta sobre esse fato e se propõe substituir o agente. Com efeito, quando assume o posto do antecessor, os preços são redimensionados e as vendas tornam a crescer, com a vantagem, para os compradores, de receber a cópia das mãos de um dos colaboradores de Aldo. Aleandro era professor e o seu objetivo não era enriquecer, mas sim fornecer aos seus próprios alunos instrumentos de aprendizagem adequados; estará ativo em Paris até 1513. Andrea Torresani já tinha sua própria rede de vendas na França, antes de entrar em sociedade com Manuzio. Após a morte de Aldo, ele continua suas atividades e abre na rue Saint-Jacques

LVCR.

Cuncta cadaueribus cœlestûm templa manebat:
Hospitibus loca quæ complerant æditüentes.
Nec iam relligio diuûm, nec numina magni
Pendebantur enim: præsens dolor exuperabat.
Nec mos ille sepulturæ remanebat in urbe:
Vt pius hic populus semper cõsuerat humari.
Perturbatus enim totus repedabat: & unus
Quisq; suum pro re consortem mœstus humabat.
Multaq; uis subita, & paupertas horrida suasit:
Nanq; suos consanguineos aliena rogorum,
Insuper extructa ingenti clamore locabant:
Subdebantq; faces, multo cum sanguine sæpe
Rixantes potius, q̃ corpora desererentur.

FINIS.

uma loja ainda com a placa da âncora e do delfim; os lucros são verificados e retirados todos os meses por Jean Grolier, o tesoureiro do rei da França, que é também amigo de Gian Francesco Torresani.

Nem só de livros viviam as trocas comerciais do Quinhentos: era típico dos livreiros-tipógrafos acrescentar à venda dos volumes a de outros artigos acessíveis nos mercados europeus. No momento em que se despachavam os livros, era normal adicionar outras coisas. O ganho proveniente das obras impressas consuma-se apenas a médio e a longo prazo. Escreve Paolo: "E embora as obras fossem vendáveis, o dinheiro só chega no espaço de seis, oito meses. Enquanto isso, é preciso ter recursos para se manter"[258]. Seja como for, a renda da família Manuzio era garantida por fartas posses: casas e terras em Asola e Carpi.

Um pouco mais misterioso é o caso do comércio do peixe, iniciado em 1559, com dois sócios, que, porém, devido à denúncia de um concorrente, acabam presos. Também Paolo Manuzio está envolvido do ponto de vista judiciário e, primeiro, ele se refugia em um convento, depois, é banido por dez anos e passa a viver escondido em Pádua.

Em junho de 1561, ocorre, enfim, a almejada transferência para Roma. Paolo não via a hora de ser colocado à frente da Tipografia Vaticana, já havia sonhado com esse posto, mas as oportunidades infelizmente haviam desaparecido. Quando, finalmente, ele se retira do território da Sereníssima, não se furta a algumas estocadas polêmicas. "Minha partida não agradou a esses senhores. Mas deviam tratar-me de modo que pudesse viver em Veneza com os confortos que à minha posição convêm, de modo que não me preocupe apenas com a indústria, como fizeram. Porque é muito estranho que a minha pátria tenha querido me impedir de dedicar-me àquela atividade pela qual outros príncipes me chamam com imensos prêmios"[259], escreve em agosto de 1561, dois meses depois de chegar à cidade do papa. Como se vê, os empresários do Nordeste [da Itália] que se lamentam pelos impostos muito altos não são uma novidade dos nossos dias.

Em todo caso, a situação em Veneza estava piorando, quer do ponto de vista das contas de sua oficina, quer do ponto de vista geral, porque a pressão contrarreformista fazia-se sentir também naquele oásis de liberdade que até cerca de meados do século era a cidade de São Marcos. A deteriorada situação econômica da tipografia nota-se no fato de que, no último triênio da gestão de Paolo, as reimpressões prevalecem nitidamente sobre as primeiras edições (a conta final será de 193 primeiras edições e 153 reimpressões). Já em 1543, começa a evidenciar-se uma espécie de autocensura, de prudência na publicação de textos que poderiam incomodar os líderes eclesiásticos. A chegada,

---

[258] Paolo Manuzio, "Filho Caríssssimo", em Antoine-Augustin Renouard (ed.), *Lettere Manuziane*, Paris, Giulio Renouard, 1834, p. 122.

[259] Paolo Manuzio, "Irmão Carísssimo", em Antoine-Augustin Renouard (ed.), *Lettere Manuziane*, Paris, Giulio Renouard, 1834, p. 62.

ainda que depois de muita resistência, da Inquisição romana a Veneza faz precipitar os acontecimentos; a já citada queima do Talmude, em outubro de 1553, na Praça de São Marcos, assume também um valor simbólico: a liberdade de imprensa veneziana chegou ao fim.

Ir para Roma assume, para Paolo, o significado adicional de livrar-se de qualquer suspeita de heterodoxia e de reivindicar o seu alheamento em relação às tendências religiosas centrífugas que se registraram na Laguna. O contrato entre Manuzio e a Câmara Apostólica tem a duração de doze anos e prevê a fundação de uma nova tipografia, na qual o veneziano será "superintendente e governador". A compensação é generosa e está assegurada também no caso de falta de funcionamento da tipografia por motivos de força maior; acrescente-se a isso uma quantia destinada a cobrir as despesas de transferência da família de Veneza para Roma e, finalmente, a Câmara Apostólica se encarrega de todas as despesas de impressão. A tarefa de Paolo é produzir "livros bem revisados tanto da Sagrada Escritura quanto de qualquer outro tipo, sobretudo nestes tempos em que as publicações encontram-se em muitos lugares corrompidas pelos hereges".

Manuzio instala-se no Palazzo Aragonia, perto da Fontana dei Trevi, naquela que logo veio a se chamar Tipografia do Povo Romano. Flanqueiam-na quatro cardeais e ela se vale do suporte de numerosos corretores. Os cardeais têm a tarefa de verificar a ortodoxia dos textos produzidos e nisso mostram-se muito atentos, mas seu desinteresse pelo aspecto comercial é tal que não preveem sequer uma isenção dos impostos para a nova empresa.

A de Paolo, porém, é apenas uma ilusão: as relações não tardam a se deteriorar porque os fundos necessários à tipografia, advindos do imposto sobre o vinho, são estornados pela universidade citadina e, por isso, logo acendem-se ásperos conflitos. Todavia, é igualmente decepcionante o trabalho editorial propriamente dito: os volumes impressos nos nove anos romanos são escassos e, além disso, quase todos de teor teológico-religioso, sendo raros, ao contrário, os profanos. A formação humanista de Paolo se revela de todo inútil e, por outro lado, ele é incapaz de identificar-se no papel de empresário, convencido de ser, acima de tudo, um estudioso. Um exemplo clamoroso é o do privilégio universal para a impressão do breviário romano reformado: ele prefere subcontratá-lo em vez de desfrutá-lo. Outros impressores estarão em condições de utilizar comercialmente os privilégios papais transformando-os em verdadeiros e lucrativos monopólios.

A morte de Pio IV e a ascensão de Pio V ao trono, em janeiro de 1566, aceleram ainda mais a marca contrarreformista. Manuzio solicita a rescisão do contrato com três anos de antecipação; instala-se em Piove di Sacco, no Padovano, depois em Milão e em Veneza, para enfim regressar a Roma, em 1572, onde Gregório XIII o incumbe de organizar uma edição expurgada de Erasmo.

As relações com o filho Aldo, o Jovem, continuam péssimas e Paolo decide retornar a Veneza a fim de verificar pessoalmente as condições da tipografia, mas é impedido de fazê-lo, primeiro, pela resistência da Cúria e, depois, por uma moléstia. Morre em Roma, em 6 de abril de 1574.

Aldo Manuzio, o jovem

À família Manuzio aplica-se perfeitamente o adágio que circula entre os empresários, segundo o qual a primeira geração constrói, a segunda conserva e a terceira dilapida. Aldo, o Jovem, não está à altura de administrar o patrimônio que lhe é legado e morre carregado de dívidas. Não que fosse um inepto, muito pelo contrário: é um rapazinho precoce e inteligente, de saúde débil e irrequieto, nos limites da indisciplina. Já na adolescência, colabora com o pai na impressão e organização das edições, e numa carta ao irmão Manuzio, assim Paolo descreve o seu filho: "Aldo aprende muito bem, mas é um pouco impaciente em relação à longa fadiga e faz depressa o que tem de ser feito"[260]. Aldo, o Jovem, cresce num ambiente erudito, é muito aplicado nos estudos e tem uma paixão genuína pelos livros e pela Antiguidade. Segue seu pai a Roma em 1561, mas, depois de quatro anos, deixa a cidade e estabelece-se em Veneza, para dirigir a editora da família. Imprime a obra integral de Júlio César, uma empresa decididamente espinhosa.

Não tinha, contudo, ideias claras sobre o que fazer, ele não sabe se continuará a colaborar com o pai e as relações entre os dois tornam-se tensas. Resolve desistir da tipografia e retomar os estudos em Pádua, mas muda de ideia e, pouco depois, transfere-se para Asola, onde, além do mais, assume encargos público. Enquanto prosseguem as cartas de protesto do pai, Aldo, o Jovem, adoece e retorna a Veneza. A saúde, todavia, continua precária e o mesmo nas relações com o pai.

A partir de 1568, a tipografia é confiada por Paolo a Domenico Basa, e Aldo, o Jovem, é encarregado de corrigir os textos. Os livros impressos pelos Torresani, com a indicação "Ex biblioteca aldina", representam uma ameaça, quer pela possibilidade de usar a marca aldina, quer pelas críticas endereçadas à decadência das impressões manuzianas decorrente da má revisão dos textos, ou seja, por responsabilidade de Aldo, o Jovem.

Em março de 1572, o último dos Manuzio desposa Francesca Giunta, filha ilegítima de Tommaso I Giunta e prima de Lucantonio Giunta, o Jovem, que nesse momento é membro de maior prestígio e sucesso da dinastia de impressores toscanos. Esse matrimônio sela a união entre as duas famílias. Vimos que, no passado, tinha havido tensões bastante graves com relação ao uso do itálico, mas as relações melhoraram decididamente quando Paolo Manuzio transferiu-se para Roma e Tommaso Giunta, de 1561 a 1563, lhe confiou seus próprios caracteres, de modo a lhe permitir superar a fase do início da atividade.

---

260 Paolo Manuzio, "Irmão Carísssimo", em Antoine-Augustin Renouard (ed.), *Lettere Manuziane*, Paris, Giulio Renouard, 1834, p. 53.

Aldo, o Jovem, toma várias iniciativas editoriais, mas sem nenhum sucesso; durante anos trabalha na redação de uma *Descrição da Itália*, que nunca terminará. Vai à Dalmácia, por conta do governo da República, e, em seguida, visita diversas cidades da Itália setentrional, incluindo Milão, onde é hóspede do cardeal Borromeo.

Não diminuem, pelo contrário, os dissabores com o pai. Este aponta, em uma carta, os erros pouco lisonjeiros do filho com os inquisidores do Estado veneziano, sobre os quais, todavia, não temos outras notícias: "Sabes muito bem o que ocorreu com os teus negócios, e qualquer pequeno erro poderia despertar a memória do passado"[261], escreve-lhe o genitor. De todo modo, quando Paolo falece, em abril de 1574, Aldo, o Jovem, está em Veneza e não pode abraçá-lo pela última vez. Batiza primeiro Paolina, a filha, mas presume-se que a menina tenha morrido ainda em fraldas, porque nunca é citada. O genovês Gian Vincenzo Pinelli, o mais importante colecionador livreiro da Itália quinhentista, amigo muito íntimo de Paolo Manuzio, tenta proteger e ajudar Aldo, o Jovem, mas sem grandes proveitos. Em 1576, o último dos Manuzio deixa a casa da mulher, provavelmente por dissabores econômicos. No fim do ano, é nomeado leitor da chancelaria no Palazzo Ducale, sem passar pelo processo normal, e confia a tipografia a Nicolò Manassi, embora permanecendo proprietário. Esse é um personagem fundamental na história da dinastia manuziana, e seu papel pode ser comparado ao de Andrea Torresani em relação a Aldo, o Velho.

Manassi é cidadão veneziano, mas sua família é originária de Scutari, na Albânia. A colaboração com Aldo, o Jovem, principia em 1567 e formaliza-se nove anos depois, quando Manuzio redige um acordo com ele para a gestão de negócio e tipografia em Veneza. O capital investido consiste em 294 fardos de livros. O contrato é renovado duas vezes e ainda encontra-se ativo quando Aldo, o Jovem, falece em Roma. No início, parece que Manassi ocupa-se apenas do aspecto comercial, mas depois de algum tempo passa a controlar também a produção livreira.

Por exemplo, ele é o primeiro editor a imprimir a lista dos volumes publicados em apêndice aos novos livros, transformando, assim, cada edição em um veículo publicitário e de informação bibliográfica. Manassi procura recuperar prestígio e vendas entre os leitores, com algumas iniciativas não convencionais, tanto que, em 1589, os inquisidores de Estado o processam pela posse de livros proibidos: a edição italiana da *Démonomanie de Sorciers*, de Jean Bodin, é, na maior parte, sua operação, e quando o livro torna-se proibido, ocasiona-lhe um prejuízo considerável.

Entre os *ricordi* enviados aos chefes do Conselho dos Dez, que se conservam no Archivio dei Frari, há um assinado por Aldo, o Jovem. Os *ricordi* ou *raccordi* são uma espécie de sugestões que qualquer súdito da Sereníssima

---

261 Paolo Manuzio, "Filho Carísssimo", em Antoine-Augustin Renouard (ed.), *Lettere Manuziane*, Paris, Giulio Renouard, 1834, p. 303.

podia encaminhar e, no caso de serem acolhidas, previa-se uma compensação. Parece um tanto surpreendente que Aldo, o Jovem, em vez de pensar na impressão, se dedicasse a enviar três folhas de sugestões, datadas de 23 de dezembro de 1577, que vão da segurança do Palazzo Ducale até propor que o bucentauro, sempre que o doge embarque, seja remado por homens livres e que "se empregassem eslavos e gregos como chefes". Mas assim é.

A data é particularmente significativa, porque três dias antes no Palazzo Ducale havia-se irrompido um furioso incêndio que destruíra as salas do Escrutínio e do Conselho Superior. O remédio que o último dos Manuzio sugere para evitar os incêndios é fazer com que todas as escadas do Palazzo fiquem vazias embaixo. Muito obrigado, poderíamos dizer. E, depois, põe-se a dar os mais disparatados conselhos: "No campanário deve ser feito um bom portão de ferro, o qual será trancado todas as noites juntamente com o campanário [...] murando ou passando o ferro nas janelas mais baixas"; ou, então, o de instituir uma escola de bombeiros em Chioggia, "que serão como uma porta e uma fronteira de Veneza", e assim por diante, à rédea solta.

Aldo, o Jovem, transfere-se para Roma em 1585, quando aceita a cátedra de *Humaniora* na universidade. Leva consigo a sua biblioteca, mas deixa em Veneza a coleção de livros da tipografia, cuja direção fica a cargo de Nicolò Manassi. Em seguida é nomeado revisor da Tipografia Vaticana e, em julho de 1596, obtém a anulação do casamento com Francesca Giunta, provavelmente para poder ser ordenado e, assim, obter um benefício eclesiástico. Importa dizer que Manassi fora morar na casa de Aldo, o Jovem, e já convivia com Francesca havia anos: os dois se casam logo depois que ela enviúva.

Aldo Manuzio, o Jovem, morre aos cinquenta anos, vitimado por uma febre súbita, na noite de 22 para 23 de outubro de 1597. Nicolò Manassi comunica, em 10 de novembro, "a inesperada morte do excelentíssimo senhor Aldo Manuzio, para mim mais querido que um irmão amado", a Paolo Ramusio, estudioso e colecionador livreiro, padrinho da filha de Aldo, o Jovem, e filho do humanista Giovanni Battista, autor de *Delle Navigationi et Viaggi*, o primeiro tratado geográfico da época moderna, amigo de Pietro Bembo e de Aldo, o Velho. E, em seguida, Ramusio acrescenta: "Ninguém em Veneza, além de mim, mostrou pesar pela morte desse grande homem"; na verdade, é um pouco surpreendente que na Dominante tenham faltado as condolências pela morte de um editor que, embora não no nível do avô e do pai, ainda era de primeira grandeza.

De todo modo, é a Paolo Ramusio que Manassi pede para intervir com urgência junto a Giovanni Dolfin, embaixador de Veneza em Roma, para que proteja os bens de Aldo, o Jovem, contra toda pretensão ilegítima (o próprio diplomata é quem escreve que Manuzio morreu "por demasiada crápula"[262]).

---

[262] Cf. Antoine-Augustin Renouard, "Alde le Jeune", em Antoine-Augustin Renouard (éd.), *Annales de l'Imprimerie des Alde, ou Histoire des Trois Manuce et de leurs Éditions*, III, 3. éd., Paris, Giulio Renouard, 1834, p. 479.

Aldo, o Jovem, deixa numerosas dívidas, inclusive com o próprio Nicolò, que pouco tempo antes lhe havia emprestado 190 ducados. Nada mais normal, portanto, do que a apreensão da biblioteca, o único bem com o qual se considerava possível satisfazer aos credores, o primeiro dos quais era, em Veneza, a viúva, que, havia anos, aguardava a devolução de seu dote.

Manassi escreve que, em 3 de julho de 1596, Aldo, o Jovem, havia doado os seus livros à República e pede a Paolo Ramusio que se certifique de que o embaixador Dolfin efetive a doação. De fato, o diplomata faz o possível para atendê-lo, e sabemos que teve também um encontro com o papa para tratar desse assunto. Mas a República acaba recusando, por dois motivos: o ato de doação nunca havia sido registrado, mas, sobretudo, a Senhoria não pretendia aceitar o legado sem que houvesse um inventário bem preciso; se o fizesse, assumiria também todas as dívidas que, como mencionado, eram consideráveis.

Não se sabe com precisão qual era o acervo da biblioteca, mas, depois que ela foi calculada, com muita imaginação, primeiro em oitenta mil e depois em 36 mil volumes, o embaixador Dolfin observa: "Não era tão valiosa quanto escreviam alguns"[263].

Segundo o catálogo enviado a Federico Borromeo, alguns anos após a morte de Aldo, contam-se 13424 livros e 412 manuscritos. Antes disso, o papa havia requisitado os manuscritos melhores como compensação das perdas que sofrera pelos adiantamentos feitos antes da morte e que, por isso mesmo, nunca haviam sido reembolsados.

Nenhuma das edições impressas compreendidas no acervo parece ter um valor particular: a maior parte delas constituem edições venezianas ou italianas em latim ou em vernáculo, e são relativamente poucas as edições estrangeiras; epílogo um pouco melancólico, considerando-se que se trata da biblioteca de uma família que, por um século, estivera no centro do comércio livreiro europeu.

Nenhum dos manuscritos provém da biblioteca do avô; o mais precioso, que o papa guardou para si, é um códice provençal (hoje Vat. Lat. 5232). Os manuscritos gregos, tão admirados por Erasmo, não se encontravam naquela coleção: tinham sido herdados por Gian Francesco Torresani, que, em 1542, os vendera ao rei da França.

A questão do dote de Francesca Giunta não é secundária. Em Veneza, os direitos de propriedade das mulheres eram tidos em maior consideração do que nas demais cidades italianas. O dote era um direito da filha e um dever do pai, ainda que depois o marido dispusesse dele. Somente depois de viúva, a mulher tinha o direito de entrar em posse dele e de administrá-lo plenamente, e, para ter certeza de que a família do marido defunto a restituiria, eram-lhe assegurados bens imóveis como garantia.

---

263 *Idem, ibidem.*

Já em 1585, quando Aldo, o Jovem, tinha deixado Veneza, e o casal vivia separado, Francesca havia recebido os terrenos que o marido possuía em Carpi, ou seja, a dádiva de tantos anos antes de Alberto Pio em favor de Aldo, o Velho. De qualquer modo, Francesca é uma Giunta, família rica e ilustre, e por isso não surpreende tenha recorrido aos dois melhores advogados que havia em Veneza nesse momento. Antes, a mulher não havia empreendido ações legais, provavelmente por saber que o marido não estava em condições de reembolsar nada. Agora, ao contrário, num tempo muito breve, nos armazéns são inventariadas quinze mil libras, entre edições aldinas e outras, e é estabelecido o montante da restituição. Nesse ponto, Francesca e Nicolò Manassi, que tinham convivido por muitos anos e tido filhos, se casam. Nicolò, por consequência, está duplamente interessado, seja como administrador da empresa, seja como marido da proprietária.

Nicolò Manassi procura reerguer a desastrosa situação da tipografia após a morte de Aldo, o Jovem, mas em vão. O estado de insolvência é muito mais grave do que se havia imaginado: é o resultado da má gestão da atividade e da contínua acumulação de débitos de Aldo, o Jovem.

A história da dinastia manuziana acaba na falência. O plano dos Manassi fracassa: inutilmente ele procurara convencer a República a aceitar a doação da biblioteca, de tal modo que a Senhoria teria aceitado também os débitos; havia assumido o controle da editora, mas não estava à altura dela. Basta ver os últimos títulos publicados quando Aldo, o Jovem, ainda era vivo: nada tinha a ver com a tradição humanista manuziana, mas estava ligada aos Bálcãs, a região de onde Manassi provinha.

Transcorre uma pausa de vinte anos e, em 1619, inesperadamente, reaparece no mercado um livro com a âncora e o delfim "signo tão famoso quanto o nome de Aldo"[264], escreve Manassi na carta ao leitor. O sonho de um eventual relançamento também acaba: a edição de 1619 é a última a aparecer em Veneza com os símbolos aldinos.

A história da tipografia aldina termina aqui, o mito de Aldo perdura até os nossos dias e a sua fortuna ainda não se exauriu.

---

[264] Antonio, *Ragionamento spirituale*, Nicolò Manassi (ed.), Veneza, [s.ed.], 1649, in -12.

A FORTUNA DE ALDO
capítulo 12

As edições aldinas já se haviam tornado objeto do desejo quando Aldo ainda estava vivo e continuarão a sê-lo por um bom tempo mesmo depois. As relações que Manuzio tece com toda a Europa, da Grã-Bretanha à Polônia, da Hungria a Portugal, da França a Flandres, contribuem para construir um mito quando ele ainda está vivo e fazem com que as obras dos clássicos por ele editadas encontrem imediata fortuna não só junto a um público de intelectuais e humanistas importantes, mas também no cotejo dos estudiosos e colecionadores menos conhecidos. As edições aldinas chegam a ser lembradas nos testamentos, como quando o grão-chanceler Andrea Franceschi (chefe de toda a burocracia da República) deixa ao seu amigo Giovanni Battista Egnazio, em 1535, "o meu Homero grego todo encadernado em damasquina dourada".

Na carta de 10 de dezembro de 1513, a Francesco Vettori, Nicolau Maquiavel fala de duas formas de leitura, uma das quais se faz em livros de bolso desprovidos de comentário, destinados a um fim diverso do estudo. O secretário florentino demonstra haver aprendido a lição da leitura por prazer, afirmando ter consigo Dante, Petrarca, Tibulo, Ovídio: "Leio suas amorosas paixões", que lhe recordam as suas, e "comprazo-me nesse pensamento, por longo tempo".

Vimos Isabella d'Este Gonzaga, Marquesa de Mântua, estocar em Veneza (e aumentar o preço); o já citado secretário do rei húngaro, Sigismund Thurzó, escreve a Aldo, numa carta de 1501: "Teus livros, tão manuseáveis a ponto de podermos usá-los caminhando e, por assim dizer, recitando à maneira de um cortesão quando se apresenta a oportunidade, tornaram-se para mim um prazer especial"; também Ian Lubranski, viúvo de Poznán e conselheiro do rei da Polônia, é um adquirente habitual de aldinas.

Giorgione – já o recordamos – no *Retrato de um Homem com Livro Verde* a ele atribuído, imortaliza um livro de bolso aldino, mas, também, em outros quadros da época descortinam-se livros pequenos, a ponto de fazer pensar que possuí-los tinha se tornado moda. No célebre retrato pintado por Bernardino Loschi, em 1512, o Príncipe Alberto II Pio traz na mão, aberta na direção de quem observa, a *Eneida* de Virgílio em formato pequeno; por um confronto com o Virgílio aldino de 1501, contudo, parece, no entanto, mais provável que se trata de um manuscrito e não da edição aldina. Há seguramente, porém, um enquirídio na mão direita, com o dedo indicador entre as páginas fazendo um sinal, o cavalheiro (talvez Jacopo Sannazaro) que Ticiano retrata em 1514; segura entre as mãos um livro fechado por uma fita, a jovem que Palma, o Velho, imortaliza em 1520; um livrinho na esquerda está também com Laura da Pola, a rica dama bresciana que Lorenzo Lotto retrata vinte anos depois; e um Petrarca é o pequeno volume que o homem pintado por Parmigianino, em 1526, tem nas mãos com o polegar entre as páginas.

Sempre nos anos vinte do Quinhentos, Francisco I da França faz redigir a lista das aquisições da Biblioteca Real: entre os impressos gregos que se julga necessário possuir, cerca de trinta são edições aldinas, dezesseis das quais publicadas por Aldo, o Velho. Seu embaixador em Veneza, Guillaume Pellicier, estreita relações com Gian Francesco Torresani e Paolo Manuzio, do qual sublinha a vizinhança ideal com a França. Este último lhe dedica, em 1540, a primeira edição das *Cartas a Ático* de Cícero.

O colecionismo

As fronteiras entre amantes da forma e apaixonados do conteúdo logo tornam-se muito lábeis: colecionam-se livros como objetos ou para ler os textos que contêm? Quase sempre por ambos os motivos.

Willibald Pirckheimer, humanista, jurista formado em Pádua, senador de Nuremberg, é um dos promotores da viagem a Veneza do pintor Albrecht Dürer, em 1506. Rico e culto, compra onze aldinas e encarrega o próprio Dürer de iluminá-las. Na carta enviada ao amigo que permaneceu na Alemanha, em 18 de agosto de 1506, o pintor escreve: "Perguntei também a um impressor se recentemente foi publicado algum novo volume em grego; até agora não há nada, mas logo que você souber de alguma coisa me informe, para que eu possa avisá-lo imediatamente. Informe-me também a qual tipo de papel você se refere, pois não conheço outro mais fino do que aquele que compramos para nós". Dürer não escreve o nome do impressor, mas como, em 1506, o único a imprimir em grego em Veneza era só Manuzio, não é difícil pensar que exatamente a ele se referia. Albrecht, porém, já havia entrado em contato com a produção da tipografia aldina antes de atravessar os Alpes: em 1501, desenha os seus primeiros nus femininos deitados, e, segundo os historiadores da arte, na origem desses estudos estaria uma das cópias do *Hypnerotomachia Poliphili* que tinha viajado para o Norte.

Erasmo, tendo-se afastado de Veneza, recebe os livros de Aldo durante as suas peregrinações pela Europa; os mais ilustres humanistas da época, como o francês Guillaume Budé, o alemão Beato Renano, o florentino Piero Vettori, anotam com cuidado os seus aldinos. A mais importante de todas as conexões entre Aldo e o mundo alemão é Georg Burkhard, chamado Spalatinus (mas nada tinha a ver com Spalato, tendo, ao contrário, nascido em Spalt, na Baviera). Era o secretário de Federico, o Sábio, o Eleitor da Saxônia, o principal aliado de Lutero na corte. Burckhard recebe o encargo de adquirir textos para a Biblioteca da Universidade de Wittenberg e volta-se imediatamente para Aldo. Abre-se a questão das relações entre Humanismo, Renascimento e Reforma: nesse aspecto, Aldo havia contribuído para o ambiente cultural que fez amadurecer as teses de Lutero. Um tema aberto, sempre objeto de estudos e indagações.

Thomas More publica, em 1516, a primeira edição de *Utopia*[265]. O livro narra a viagem (e nisso faz eco ao *Polifilo*) na ilha onde prospera a sociedade ideal e onde os habitantes leem livros "em formato pequeno de Aldo", "têm em gramática Costantino Lascaris", "têm os caríssimos livrinhos de Plutarco e deleitam-se com os prazeres de Luciano". No mesmo ano de 1516, o bispo Richard Foxe funda o Corpus Christi College de Oxford – por esta razão elogiado por Erasmo –, o segundo instituto na Europa, depois de Alcalá, na Espanha, a dedicar-se ao estudo da teologia valendo-se de três línguas antigas. A biblioteca cataloga 33 exemplares gregos, 24 dos quais são edições de Aldo.

---

[265] Thomas More, *Utopia* (latim), Leuven, Dirk Martens, 1516.

Assim como Isabella d'Este adquiriu aldinas em Mântua, o mesmo fazem em Roma os duques Farnese, enquanto a rede parisiense tecida por Andrea Torresani primeiro, depois por Paolo Manuzio, faz com que as edições da casa veneziana entrem na Biblioteca de Francisco I e Henrique II da França. Formam-se as primeiras coleções de "devotos da âncora e do delfim": ao já mencionado embaixador espanhol em Roma, Diego Hurtado de Mendoza, acrescentam-se o borgonhês Antoine Perrenot de Granvelle, cardeal, embaixador junto ao pontífice e vice-rei de Nápoles; Thomas Mathieu, primeiro-secretário pessoal de Catarina de Medici e, depois, tesoureiro geral da França; e, sobretudo, Jean Grolier de Servières, que conhecera Aldo em Milão, proveniente de uma família de notários, ele também tesoureiro geral e bibliófilo, apaixonado, em particular, por encadernações que trazem o seu nome e o seu brasão em ouro sobre as placas das capas. Nove décimos da sua biblioteca se espalharam, mas, dos 350 volumes restantes, metade são aldinas, 42 publicadas enquanto Aldo, o Velho, era vivo; possuía quatro cópias do *Polifilo* e nada menos que oito da primeira edição *in-octavo* de Marcial. Grolier adquiriu essas cópias em pergaminho e, vez por outra, as manda iluminar, provavelmente no mesmo laboratório a que Aldo recorria.

O matemático, astrônomo e espiritualista inglês John Dee, na segunda metade do Quinhentos, gravava à parte os volumes de sua biblioteca provenientes das prensas aldinas, separando-os dos demais, que só traziam o nome de uma cidade e uma data.

As aldinas voltam a estar no foco dos colecionadores de 1639, ou desde quando Bernard von Mallinckrodt, reitor da Catedral de Münster, publica um livro para celebrar os duzentos anos da invenção de Gutenberg, no qual dedica uma página a Aldo, reconhecendo a excelência das suas edições. A Biblioteca de Mallkinckrodt reunia 5500 títulos, e foi ele quem utilizou a palavra "incunábulo" para indicar os mais antigos exemplares de livros impressos. Em 1689, o editor e livreiro parisiense Jean de la Caille faz referência ao "famoso Aldo Manuzio".

Nas primeiras décadas do Setecentos, as edições aldinas estiveram um pouco fora dos fluxos do colecionismo e não apresentavam cotações altas. Por exemplo, em 1726, é leiloada a coleção do poeta e dramaturgo milanês Carlo Maria Maggi. O catálogo, conservado na Biblioteca Ambrosiana, registra o preço básico do leilão e o preço realizado: os lances finais das aldinas são pouco diferentes, às vezes muito pouco, do preço inicial do leilão, dando a entender que não eram particularmente procuradas. O *Polifilo* parte de seis liras e é arrematado a sete; ao contrário, por exemplo, do *Liber Chronicarum*, de Hartmann Schedel, impresso em 1493, parte de um primeiro lance de dez liras e é arrematado a 21.

Porém, as coisas mudam: em 1736, o veneziano Apostolo Zeno escreve sobre Aldo, em 1759, sai a biografia do florentino Domenico Maria Manni, e esse interesse erudito repercute também no colecionismo: ao findar do século, as aldinas conhecem altas substanciais. Entre os colecionadores de edições aldinas, contam-se também os Remondini, a família de Bassano, que no Setecentos era proprietária da maior tipografia da Europa, com 150 funcionários, tanto assim que na *Encyclopédie* de Diderot e d'Alembert, a localidade vêneta é definida como "cidade dos Remondini". Entre os colecionadores setecentistas, vale lembrar, Joseph Smith, o cônsul britânico em Veneza que contribui de forma determinante para tornar Canaletto conhecido em Londres: ele possuía 51 aldinas, em alguns casos, mais exemplares de uma mesma obra; não raro os duplos eram cópias impressas em pergaminho.

O Arquivo de Milão nos restitui uma carta de 6 de março de 1790, na qual o abade Tomaso De Luca, bibliófilo de Borca di Cadore, escreve a um não especificado colecionador da cidade lombarda, para informá-lo de que um nobre de Belluno "desenterrou em uma antiga livraria" a aldina de 1495 do *Erro e Leandro* de Museo Grammatico, e "por alto preço não se privou dele" também porque "sabe que o livro é raríssimo".

Histórica é a venda da coleção do bibliófilo e livreiro antiquário Charles Nodier, falecido em Paris, em 27 de janeiro de 1844: em doze rodadas, vão a leilão 2234 obras, entre as quais também um *Hypnerotomachia Poliphili*, "livro irregular, turvo e alucinado [...] bizarro e confuso nas invenções, árduo no léxico, intricado na sintaxe"[266], como ele é definido. A cópia de Nodier é particularmente preciosa, encadernada como está em um marroquim vermelho. Há mais, porém: 1448 edições de Aldo e dos herdeiros, algumas em pergaminho e iluminadas, pertencentes à família Priuli, são compradas em 1847 por Federico Guilherme IV da Prússia. Hoje, 171 daquelas aldinas encontram-se na Biblioteca Jagellonica de Cracóvia, enquanto a Biblioteca Estatal de Berlim possui uma das mais vastas coleções de aldinas de propriedade pública.

O mais importante colecionador e estudioso aldino é sem dúvida Antoine-Augustin Renouard. Editor, livreiro, bibliófilo desde os vinte anos de idade, morre aos 88 anos, em 15 de dezembro de 1853, em Saint-Valéry-sur-Somme. Havia publicado diversas edições atualizadas dos *Annales de l'Imprimerie des Alde*, que, ainda hoje, constituem a mais completa e confiável investigação bibliográfica sobre as edições dos Manuzio e sobre aquelas a eles ligadas; a última, de 1834, contava seiscentas páginas; diante de uma aldina, ainda hoje é obrigação consultar Renouard. Fizera-a preceder, em 1803, de uma biografia "dos três Manuzio"[267].

Na segunda metade dos anos oitenta do Setecentos, o nome de Manuzio na França é quase desconhecido, e Renouard é um dos poucos que colecionaram um discreto número de aldinas. Ele concebe um verdadeiro projeto porque teme que incúria e usura apaguem a memória dos três Manuzio e que

---

[266] Cf. Stefano Colonna, *La Fortuna Critica dell'*Hypnerotomachia Poliphili, Roma, CAM, 2009.

[267] Antoine-Augustin Renouard (éd.), *Annales de l'Imprimerie des Alde, ou Histoire des Trois Manuce et de Leurs Éditions*, III, 3. éd., Paris, Giulio Renouard, 1834, 3 vols.

os seus livros se dispersem. Seu interesse estende-se às vidas dos editores, aos seus retratos, às marcas tipográficas. Anseia por possuir, ao menos, uma cópia de cada edição aldina e, para realizar isso, redige um catálogo da produção inteira, mesmo sabendo que não chegará a possuir todos os volumes da lista. Utilizando as bibliotecas públicas europeias, Renouard consegue encontrar volumes desconhecidos e conservados em poucos exemplares, mas também documentos fundamentais para a reconstrução da história da tipografia aldina. Cria uma rede de bibliotecários e livreiros que realizam investigações por conta própria e lhe escrevem relatórios. Mobiliza o colecionismo privado para encontrar exemplares de luxo ou variantes raras, e assim os colecionadores lhe fornecem outras informações.

Renouard torna-se um dos maiores colecionadores livreiros da Europa, sob todos os aspectos. Adquire seu primeiro volume em 1781, quando tem apenas dezesseis anos, e a parte mais ilustre e amada de sua rica biblioteca é sempre a aldina. Em 1792, consegue comprar, em bloco, a mais importante coleção aldina da época, a do falecido cardeal Loménie de Brienne. Já no momento da saída da primeira edição dos *Annales*, em 1803, seu acervo compreende noventa por cento dos títulos aldinos em catálogo e atinge o ápice nos anos 1820, no auge da primeira onda de aldomania que a história da coleção de livros registra. Vimos que, hoje, sobrevivem nas bibliotecas públicas e privadas trezentos exemplares do *Hypnerotomachia Poliphili*; podemos acrescentar que chegaram até nós 260 exemplares da série completa dos cinco volumes de Aristóteles, 192 das cartas de Santa Catarina e noventa dos *Erotemata*.

Já se mencionou o *Hypnerotomachia Poliphili* vendido, em 2013, por 315750 dólares americanos, mas, em julho de 2010, a Christies havia arrematado uma cópia por 470 mil dólares americanos (o exemplar pertencia a Jean Grolier, com encadernação realizada por ele), enquanto, em 2018, foi comprada uma cópia dele por apenas 185 mil euros. Christies ainda vendeu, por 315 mil euros, os cinco volumes da *Opera* de Aristóteles. A particularidade desse conjunto é que parecia original e não compósito, isto é, os cinco volumes tinham ficado sempre juntos em vez de serem reunidos entre si em épocas sucessivas e diversas; no começo do Setecentos tinham pertencido ao Colégio dos Jesuítas de Brescia. Em 2016, foi vendida uma das cópias conhecidas das *Epistolae Familiares* de Cícero, por 180 mil euros, enquanto, em 2009, o leilão de Bloomsbury vendeu um Petrarca *in-octavo*, de 1501, por 6600 dólares americanos. No mercado antiquário, encontram-se também folhas soltas de aldinas que podem custar algumas centenas de euros.

Aldo e os outros

A redescoberta das aldinas, por parte dos colecionadores, provoca também um retorno de interesse por parte dos editores e do mundo do livro em geral.

Em 1830, o livreiro antiquário e, depois, também editor londrino William Pickering começa a publicar os 57 volumes da série Aldine Poets, que, até 1853, reúnem os versos dos poetas britânicos. Os livros de Pickering saem com a marca da âncora e do delfim e o lema *Aldi discip.[ulo] Anglus*. Entre o Oitocentos e Novecentos, várias bibliotecas estadunidenses utilizam símbolos aldinos como ornamento de estuques, frisos, gravuras, pinturas, cornijas.

Em 1851, foi lançado *Moby Dick*[268] de Hermann Melville; no capítulo LV, o autor considera a marca de Aldo mais semelhante a "uma tentativa de baleia" do que a um delfim: "Quanto à baleia do encadernador dos livros, rotulada como um ramo em torno do eixo de uma âncora afundando [...] é uma criatura muito pitoresca, mas puramente imaginária".

Giosuè Carducci refere-se a um Píndaro de 1511, quando escreve: "Era Aldo Manuzio, o verdadeiro criador da tipografia culta e civil: nenhum livro que saísse de suas prensas podia ser coisa comum ou feita vulgarmente", e também Gabriele D'Annunzio refresca a lembrança de Manuzio, em uma dedicatória de 1929, onde define Arnoldo Mondadori como "impressor de estirpe aldina" e depois, ainda, "na memória e no exemplo de Erasmo e de Aldo".

O futurista Tullio d'Albisola reverdece os mitos: "Os arqueólogos, os cientistas do livro, aqueles que fazem o café da manhã com micróbios de incunábulos e fertilizam os inchados cérebros culturais com tesouros de Panfilo Castaldi, de Aldo Manuzio e de Bodoni". A referência a Castaldi, hoje, nos escapa, mas a retórica nacionalista havia atribuído ao italiano Panfilo Castaldi a invenção da impressão com caracteres móveis, subtraindo-a ao alemão Gutenberg. Naturalmente, não era verdade: a *fake news* tem origens no Seiscentos, mas é relançada no dia seguinte à anexação do Vêneto à Itália, quando, em 1866, os tipógrafos milaneses (Castaldi, com efeito, havia sido o primeiro a imprimir em Milão, em 1471) fazem erigir, por conta própria, na praça principal de Feltre, sua cidade natal, um monumento "ao descobridor generoso dos caracteres móveis para a impressão". A falsa notícia já havia sido desmentida, mas é mantida viva durante todo o período fascista; o monumento ainda está de pé, em Feltro, completado com escrita falsa.

O poeta chileno Pablo Neruda, em 1956, na *Oda a la Tipografía*[269], celebra Aldo Manuzio e os seus itálicos: "caracteres de Aldus / firmes como / a estatura / marinha / de Veneza"; e Italo Calvino escreve nas *Lezioni Americane* (1988): "Já na minha juventude escolhi como lema a antiga máxima latina *Festina lente*, apressa-te lentamente. Talvez, mais que a palavra e o conceito, foi a sugestão dos emblemas que me atraíram. Você vai se lembrar daquele grande editor humanista veneziano, Aldo Manuzio, que em cada frontispício, simbolizava o lema *Festina lente* em um delfim girando sinuosamente ao redor de uma âncora. A intensidade e a constância do trabalho intelectual estão

---

[268] Herman Melville, *Moby-Dick*, New York, Harper & Brothers, 1851.
[269] Pablo Neruda, *Oda a la Tipografia*, Santiago do Chile, Nascimento, 1956.

representadas naquela elegante marca gráfica, que Erasmo de Rotterdam comentou em páginas memoráveis"[270].

O escritor Alberto Vigevani, funda em 1959, em Milão, as edições Il Polifilo e, a partir de 1968, juntou-se a ele seu filho Paolo. A editora publica, entre outras coisas, estudos fundamentais de Carlo Dionisotti sobre Manuzio. Interrompe sua atividade em 2018, mas continua a operar a livraria antiquária do mesmo nome.

Sempre em Milão, tem sede o Aldus Club, associação internacional de bibliofilia presidida por Giorgio Montecchi, docente de história do livro em Veneza e Milão.

Enquanto isso, em julho de 1985, nos Estados Unidos, em Seattle, sai o primeiro programa de paginação eletrônica: chama-se Aldus PageMaker e na tela de abertura aparece o perfil de Manuzio. Foi criado pela Aldus Corporation de Paul Brained, até 1993 programador, a partir de então, filantropo, e a primeira versão gira em torno do computador da Apolo de Steve Jobs: essa é a única ligação concreta entre os dois inventores de necessidades, com já dissemos antes. No ano seguinte, é introduzida no mercado uma versão para PC's IBM compatíveis, mas a Apple Mcintosh já se havia tornado uma referência. Esse programa é o primeiro a permitir compor a página inteira inserindo textos e desenhos e montar a página no vídeo, fato totalmente novo para as tecnologias da época.

Assim como Aldo dera início à revolução do livro, o programa Aldus, juntamente com a impressora Apple LaserWriter, provocou a revolução da paginação eletrônica. O termo *desktop publishing* foi cunhado pelo próprio Brainerd e o *software* de paginação obteve um sucesso clamoroso, comparável ao dos livros de bolso, 484 anos antes: em 1988, já estava disponível em doze línguas e vendera mais de cem mil cópias, ou seja, mais ou menos como Petrarca depois de Aldo publicar a sua edição em pequeno formato. Em 1994, a sociedade foi comprada pela Adobe e o programa Aldus Page-Maker passou a chamar-se Adobe PageMaker; dois anos mais tarde, saiu o QuarkXPress, destinado a suplantá-lo, antes de ser superado, por sua vez, pelo InDesign.

Para ficar no campo da eletrônica, chama-se Progetto Manuzio a versão italiana do Project Gutenberg, nascido em 1971, que se propõe criar uma biblioteca telemática dos textos mais importantes da literatura. O primeiro livro eletrônico italiano foi *I Malavoglia*, de Giovanni Verga, digitalizado em 29 de agosto de 1993. Hoje, no *site* de Liber Liber, a associação sem fins lucrativos que promove o Projetto Manuzio, estão disponíveis quatro mil livros, oito mil faixas musicais e centenas de audiolivros.

Voltemos ao papel e à australiana Michelle Lovric: ela vive entre Londres e Veneza e ambienta o romance *The Floating Book* (2003) à Veneza de 1471, quando Vindelino da Spira publica a Bíblia traduzida pela primeira vez em vulgar toscano por Nicolò Malerni. Um ano depois (2004), dois estadunidenses,

---

[270] Italo Calvino, *Lezioni Americane: Sei Proposte per il Prossimo Millennio*X, Milano, Garzanti, 1988.

Ian Caldwell e Dustin Thomason, escrevem a quatro mãos um romance amarelo sobre o *Hypnerotomachia Poliphili*.

A edição italiana de "Topolino" tem uma longa tradição de desenhistas venezianos e, por vezes, o nome do pai dos livros aparece também nas histórias em quadrinhos. No número 1617, de 1986, há a história *Paperino e la Stampa*, desenhada por Paolo Ongaro e Romano Scarpa, ambos venezianos. Em 2015, sai um "Topolino" com o protagonista Paperus Picuzio, desenhado por Valerio Held. Alessandro Sisti, o roteirista, observa: "O personagem Paperus Picuzio, o Pico de Paperis 'disneyano' do qual derivou, e Aldo Manuzio têm muita coisa em comum. Ou talvez apenas uma: a insopitável paixão pela cultura". E depois, de novo, no número de 13 de abril, de 2016: *Zio Paperone e i Libri Segreti di Paperus Picuzio*, sempre de Held e Sisti.

Ainda em 2015, ou seja, no quinto centenário da morte do primeiro editor da história, sai a novela gráfica *Aldo Manuzio*, com roteiro de Andrea Aprile e desenhos de Gaspard Njok, editada por Tunuè, que conta a história de Aldo valendo-se dos novos módulos de comunicação, enquanto em 6 de fevereiro do mesmo ano os Correios italianos emitem um selo comemorativo. Em 2018, o editor Guanda publica *Lo Stampatore di Venezia*, do espanhol Javier Azpeitia, escritor e filólogo: em 1530, quinze anos depois da morte de Aldo, um jovem vai a uma cidade de campo próxima a Modena, onde, há tempos, vive a viúva, para mostrar-lhe a biografia do marido. Em junho de 2020, Antonio Castronuovo e seu editor Babbomorto imprimem *Hypnerotomachia Castrinovi*, com gravuras da artista Michela Mascarucci, responsável pela tipografia na Fondazione del Bisonte de Florença, em 33 exemplares numerados à mão, dez dos quais contêm uma gravura original da autora.

Nem só de impressão, todavia, vive o mito. Pode-se também brindar com "Il Manuzio", produzido pela adega Panzanello, Greve in Chianti, um dos chamados Super Tuscany, "gosto equilibrado e harmonioso, produzido de maneira única. [...] O Manuzio, um dos melhores vinhos toscanos, é o excelente casamento de uvas Sangiovese e Merlot".

Já no *site* britânico www.zazzle.co.uk, podem-se adquirir, ao contrário, os objetos da série "Aldus Renaissance": chapeuzinhos e camisetas com a âncora e o delfim e o lema *Festina lente*, um pingente de prata com a reprodução de um colofão aldino, uma taça com a âncora e o delfim e um suéter de manga comprida com o perfil do editor.

Aldo na arte

Em 1504, é produzida, por fusão, uma medalha de cinco centímetros de diâmetro com o perfil do editor de um lado e o símbolo da âncora com o delfim do outro; hoje, sobrevivem alguns exemplares, conservados em vários museus. Quase certamente, a medalha celebra a adoção na família Pio e a adoção do nome nobre. As medalhas obtidas por fusão eram preciosas e delas se produziam poucas peças, mas eram tão cobiçadas que os próprios destinatários faziam várias cópias delas, por meio de moldes e refundições, para distribuí-las entre parentes e amigos. Na coleção de Piero Voltolina, a mais rica do mundo, antes da recente dispersão, havia duas: uma de bronze, evidentemente original, e uma de estanho com a gravação apenas no lado direito, prova evidente de que se tratava de uma cópia, por mais antiga que fosse.

Aldo, no primeiro quinquênio do Quinhentos, é retratado no afresco de Carpi junto com seu patrono, o Príncipe Alberto Pio. Nesse retrato, assim como em todos os outros, Aldo usa uma boina preta (*baretta a tozzo* era como a chamavam em Veneza). Trata-se de uma das efígies aldinas mais conhecidas e reproduzidas, embora algumas vezes o mestre seja confundido com o aluno, apesar da diferença de idade: aqui o editor mostra haver ultrapassado os cinquenta anos, com tufos de cabelos brancos despontando na orla da boina, enquanto o príncipe é o belo jovem loiro.

Existe, depois, um outro suposto retrato de Aldo Manuzio, muito pouco conhecido, propriedade há cerca de quarenta anos de Tatiana Scarpa, antiquária veneziana, e atribuído a Vittore Carpaccio, ou seja, ao mestre flamengo da *Lenda da Madalena*. Trata-se de uma mesinha (28,5 x 20 cm), atrás da qual está colado um bilhete datado de 3 de julho de 1787, onde se explica que o quadro pertence ao abade Trivulzio; provavelmente, trata-se de Don Carlo Trivulzio, o mais importante colecionador da Milão setecentista, falecido dois anos mais tarde, em 1789. O próprio Trivulzio anota: "O retrato é bom, e, segundo me parece, representa Aldo Pio Manuzio, literato e insigne impressor em Veneza". Além disso, explica que se tratava de uma mesa que decorava a capa de um livro, que precisou restaurá-la e que para reforçá-la se aplicou uma tela, razão pela qual ficaram entupidos "os sulcos pelos quais passavam as nervuras do livro. [...] É provável que o retrato tenha sido pintado sobre a tábua, que, na época, servia de capa para qualquer livro impresso, e também composto por Aldo".

Esse retrato é quase desconhecido: foi exposto em uma mostra sobre a pintura flamenga, propriedade de colecionadores italianos, realizada em 1999, em San Martino al Cimino, na província de Viterbo, e editado pelo historiador da arte Didier Bodart. Ele próprio havia atribuído a obra ao autor flamengo e não a Carpaccio. Em seguida, foi usado para a capa de um livro publicado em 2010 e, depois, brevemente exposto de novo em Veneza, em 2015, na grande Escola de São Marcos, em três dias dedicados ao sesquicentenário da morte de Aldo. Esse quadro lembra o Aldo Manuzio que remonta às primeiras décadas do Oitocentos, executada por Moses Haughton Jr., sob encargo de um colecionista inglês. A gravação reproduz um suposto retrato aldino de Giovanni Bellini, que, infelizmente, se perdeu e que, segundo o que está escrito sobre a obra, era "propriedade de Edwards Pall Mall"[271].

---

[271] A família Edwards, à qual pertencia o livreiro e bibliógrafo James Edwards (1757-1846), fundou, em 1784, a empresa Edwards & Sons, na famosa rua Pall Mall, em Londres (N. da R.).

Desaparecido também o retrato que o filho Paolo envia, em 1559, ao bispo de Cracóvia, enquanto o terceiro retrato pintado de Aldo que nos chegou é aquele conservado em Milão, na Pinacoteca Ambrosiana. Em 1571, ou seja, três anos antes de morrer, Paolo publica um retrato xilográfico de seu pai Aldo, destinado a uma intensa circulação.

Segundo os paleopatologistas Francesco M. Galassi e Elena Varotto, por mais que os retratos apresentem algumas dificuldades de interpretação, porque em poses diversas (ou de perfil ou de três quartos), pode-se dizer que existem características comuns (nariz e queixo) entre o afresco de Carpi e a gravura oitocentista, enquanto o retrato atribuído a Carpaccio apresenta apenas, em parte, elementos identificativos com as outras representações.

A casa de Aldo

A zona de Sant'Agostin, onde Aldo Manuzio residia e possuía a primeira loja veneziana, era, na época, muito diversa da que vemos nos nossos dias. A *Vista de Jacopo de' Barbari*, impressa em 1500, mostra-nos um campo delimitado por uma igreja gótica com três naves e a fachada voltada para o rio defronte. A Igreja de Sant'Agostin foi suprimida em 1808, transformada em moinho em 1813, para, enfim, dar lugar a um bloco de casas populares, a saber, aquele que hoje se vê no campo. Atrás do templo estava colocada a coluna de infâmia, que indicava o lugar onde surgiam as casas de Bajamonte Tiepolo, demolidas após a sua participação na conjuração de 1310 (a coluna encontra-se, hoje, no lapidário do Museu Correr), e, um pouco adiante, corria o Rio da Pérgula, que já não mais existe, porque foi aterrado.

Era essa, porém, a paisagem urbana na qual Aldo movia-se, e sua tipografia encontrava-se, provavelmente, ou nos locais hoje ocupados por uma pizzaria que flanqueia a Calle del Pistor (padeiro), topônimo já existente nos tempos de Manuzio, ou no edifício do outro lado da estreita rua.

Com efeito, exatamente ali operava um padeiro, até tempos bem recentes, e o antigo titular precisou fechar, atingido também ele, como tantos outros, pela crise do comércio da vizinhança. Mas conversando sobre as vicissitudes da zona, ele referiu que, durante a escavação da fossa séptica, há cerca de vinte anos, foram encontradas numerosas barras metálicas de estanho e antimônio de 56 centímetros de comprimento. Na época, ninguém fez caso delas e foram descartadas juntamente com o resto dos escombros, mas é evidente que a presença desses metais estava ligada a uma atividade tipográfica: estanho e antimônio serviam para endurecer o chumbo com o qual se fundiam os caracteres de impressão e, portanto, para torná-los menos perecíveis. Aquelas barras poderiam ter pertencido a Aldo Manuzio.

Não sabemos, obviamente, se, no final do Quatrocentos, o estabelecimento do padeiro encontrava-se no mesmo lugar onde até há pouco tempo estava a panificadora ou em outro local, e, por isso, ali podia ficar a tipografia aldina.

VENETIE
MD

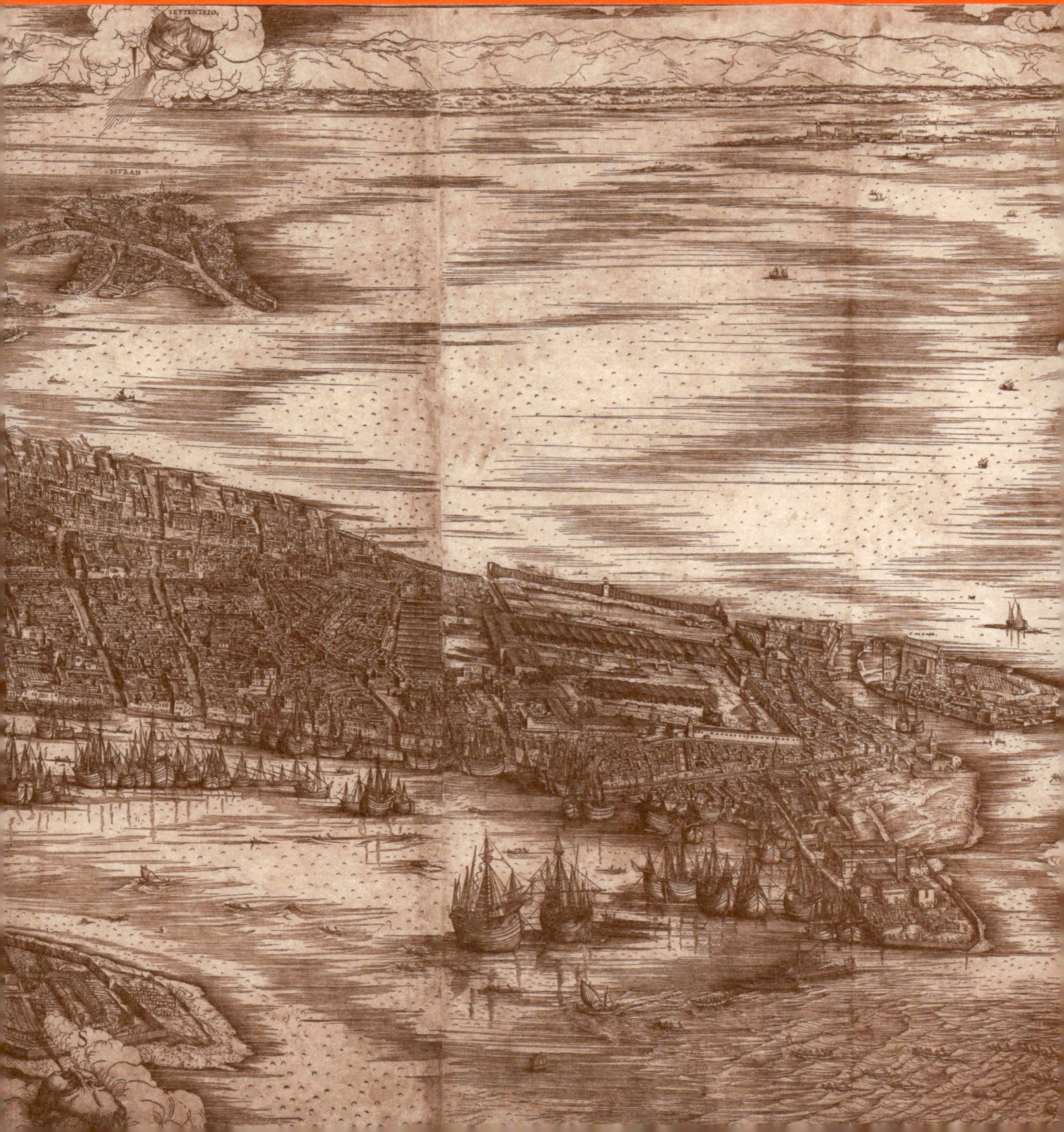
SEPTENTRIO
MVRAN

O edifício é uma construção posterior, enquanto o que está perto – onde fica a pizzaria, entenda-se – é de época gótica e na parede acima da porta está fixado um brasão em pedra cinzelada. Não estamos em condições de saber nem que coisa representava, nem quando foi removido, mas é sugestivo acreditar que naquele tempo representava a placa da loja de Manuzio, a saber, a âncora e o delfim, e assim podemos pensar que, exatamente ali onde nasceram o livro e a arte editorial moderna, hoje se assam pizzas.

O livro e a pizza: dois dos maiores sucessos da exportação italiana de todos os tempos.

Venetiis, In domo Aldi Manutii. Mense Iunio. M.iii, D.

Lista das edições aldinas

Afrodísias, Alexandre de. *In Topica Aristotelis Commentarii* (em grego e latim). Veneza, In aedibus Aldi et Andreae Soceri, set. 1513.

Aftônio. *Hermogenis ars Retorica* (em grego e latim). Veneza, In Aedibus Aldi, nov. 1508.

Alighieri, Dante. *Le Terze Rime* (em vernáculo). Veneza. In Aedibus Aldi, ago. 1502.

Amaseo, Girolamo. *Vaticinium* (em latim). [s.n.t.], set. 1499.

Anthologia *Graeca*. Veneza, In Aedibus Aldi, nov. 1503.

Ateneu. *Deipnosofisti* (em grego e latim). Veneza. Apud Aldum et Andream socerum, ago. 1514.

Aristófanes. *Comoediae Novem* (em grego). Marco Musuro (ed.), Veneza, Apud Aldum, jul. 1498.

Aristóteles. *De Natura Animalium* (em latim). Veneza, In Aedibus Aldi et Andreae Asulani Soceri, fev. 1513.

_____. *Opera* (em grego). Veneza, In Domo Aldi Manutii, nov. 1497, 5 vols.

_____. *Organon* (em grego). Veneza, Dexteritate Aldi Manucii Romani, mar. 1495.

_____ & TEOFRASTO. *Naturalis Philosophiae Libri* (em grego). Veneza, In Domo Aldi Manutii, fev. 1497.

AUGURELLI, Giovanni Aurelio. *Carmina* (em latim). Veneza, In Aedibus Aldi, abr. 1505.

BASSARIONE. *In Calumniatorem Platonis* (em latim). Veneza, In Aedibus Aldi Romani, jul. 1503.

BEMBO, Pietro. *Gli Asolani* (em vernáculo). Veneza, Nelle Case d'Aldo Romano, mar. 1505.

_____. *De Aetna Dialogus* (em latim). Veneza, In Aedibus Aldi Romani, fev. 1495.

BENEDETTI, Alessandro. *Diaria de Bello Carolino.* [s.n.t.], [ago. 1496].

BISANZIO, Stefano di. *De Urbibus* (em grego e latim). Veneza, Apud Aldum Romanum, jan. 1502.

BOLZANIO, Urbano. *Institutiones Graecae Grammatices* (em grego e latim). Veneza, In Aedibus Aldi Manutii Romani, jan. 1498.

CASTELLESI, Adriano. *Adriani Cardinalis Sancti Chrysogoni ad Ascanium Cardinalem Venatio* (em latim). Veneza, Apud Aldum, set. 1505.

CATULO, Gaio Valério. *Catullus. Tibullus. Propertius* (em latim). Veneza, In Aedibus Aldi, jan. 1502.

CÉSAR, Júlio. *Commentarii de Bello Gallico* (em latim). Veneza, In Aedibus Aldi et Andreae Soceri, abr. 1513.

CÍCERO, Marco Túlio. *Epistolae Familiares* (em latim). Veneza, Apud Aldum, abr. 1502.

_____. *Epistolae ad Atticum* (em latim). Veneza, In Aedibus Aldi et Andreae Soceri, jun. 1513.

_____. *Retoricorum ad Herennium* (em latim). Veneza, In Aedibus Aldi et Andreae Soceri, mar. 1514.

_____. *Synonyma* (em latim). [s.n.t.], [1497].

COLONNA, Francesco. *Hypnerotomachia Poliphili* (em vernáculo). In Aedibus Aldi Manutii, Accuratissime, dez. 1499 [Trad. port: *A Batalha de Amor em Sonho de Polifilo*, trad. Cláudio Giordano, São Paulo, Imprensa Oficial, 1999].

CRASTONE, Giovanni. *Dictionarium Graeco-Latinum* (em grego e latim). Veneza, In Aedibus Aldi Manutii Romani, dez. 1497.

CRISOLORA, Manuele. *Erotemata* (em grego). Veneza, In Aedibus Aldi, 1512.

DEMÓSTENES. *Orationes* (em grego e latim). Veneza, In Aedibus Aldi, nov. 1504.

DIOSCÓRIDES. *Dioscorides* (em grego). Veneza, Apud Aldum, jul. 1499.

DONATI, Girolamo. *Ad Gallorum Rege Horatio* (em latim). Veneza, Apud Aldum, dez. 1501.

EGNAZIO, Giovanni Battista. *Oratio in laudem Benedicti Priunuli* (em latim). Veneza, Ex academia Aldi Romani, out. 1502.

EMILIANO, Giovanni Stefano. *Encomiastica* (em latim). Veneza, Apud Aldum, ago. 1504.

EPISTOLAE *Diversorum Philosophorum* (em grego). Veneza, Apud Aldum, 1499.

ERASMO DE ROTTERDAM. *Adagiorum Chiliades Quatuor, Centuriaeque Totidem* (em grego e latim), Veneza, In Aedibus Aldi, set. 1508.

ESOPO. *Vita et Fabellae* (em grego e latim). Veneza, Apud Aldum, out. 1505, *in-fólio*.

EURÍPIDES. *Hecuba, et Iphigenia in Aulide* (em latim). Trad. Erasmo da Rotterdam, Veneza, In Aedibus Aldi, dez. 1507.

_____. *Tragoediae* (em grego). Veneza, Apud Aldum, fev. 1503.

FILOPONO, Giovanni. *In Posteriora Resolutoria Aristotelis Commentaria* (em grego e latim). Veneza, Apud Aldum, mar. 1504.

FILÓSTRATO. *De Vita Apollonii Tyanei* (em grego e latim). Veneza, In Aedibus Aldi, fev. 1502.

FLORENIO, Terenzio. *Apologia* (em latim). [s.n.t.], 1502.

FORTEGUERRI, Scipione. *Oratio de Laudibus Literarum Graecarum* (em latim). Veneza, ex Aldi Neacademia, mar. 1504.

GAZA, Teodoro. *Grammatica Introductiva* (em grego e latim). In Aedibus Aldi Romani, dez. 1495.

GIAMBLICO. *De Mysteriis Aegyptiorum* (em latim). Veneza, In Aedibus Aldi, set. 1497.

GRAMMATICO, Museo. *Héro et Léandre* (em grego). Eds. Aldo Manuzio e Marco Musuro. Veneza, Aldou tou Filellinos kai Romaiou, [1495].

HÉRMIAS, Amônio de. *Commentaria* (em grego). Veneza, Apud Aldum, [1503].

HERÓDOTO et. al. *Rhetorum Veterum Orationes Graece* (em grego e latim). Veneza, In aedibus Aldi et Andreae Soceri, maio 1513.

HOMERO. *Iliade, Odissea* (em grego e latim). Veneza, In Aldi Neacademia, out. 1504.

HORÁCIO FLACO, Quinto. *Horatius* (em latim). Veneza, Apud Aldum Romanum, mar. 1501.

HORÁCIO FLACO, Quinto. *Poemata* (em latim). Veneza, Apud Aldum Romanum, mar. 1509.

Horae: Ad Usum Romanum (em grego). Veneza, Enetiesin Etypothe par'Aldo, dez. 1497.

Horae in Laudem Beatissimae Virginis (em latim). Veneza, Apud Aldum, jul. 1505.

HERÓDOTO. *Historiae Libri ix* (em grego). Veneza, In Domo Aldi, set. 1502.

HESÍQUIO. *Dictionarium* (em grego e latim). Veneza, In Aedibus Aldi et Andreae Soceri, ago. 1514.

HESÍQUIO DE ALEXANDRIA. *Lexicon* (em grego e latim). Veneza, In Aedibus Aldi et Andreae soceri, ago. 1514.

INTERIANO, Giorgio. *La Vita et Sito de Zychi Chiamati Ciarcassi* (em vernáculo e latim). Veneza, Apud Aldum, out. 1502.

Introductio ad Litteras Hebraicas Utilissima (em grego, latim e hebraico), [s.l.], [s.ed.], [1502].

JUVENAL, Décimo Júnio. *Iuvenalis, Persius* (em latim). Veneza, In Aedibus Aldi, ago. 1501.

LASCARIS, Constantino. *De Octo Partibus Orationis* (em grego e latim). Veneza, Apud Aldum, out. 1512.

_____. *Erotemata* (em grego e latim). Veneza, Litteris ac Impensis Aldi Manucii Romani, fev. 1494-5, mar. 1495.

LEONICENO, Nicolò. *De Tiro seu Vipera* (em latim). [s.n.t.], [1498].

_____. *Libellus de Epidemia quam Vulgo Morbum Gallicum Vocant* (em latim). In Domo Aldi Manutii, jun. 1497.

LUCANO, Marco Anneo. *Lucanus* (em latim). Veneza, Apud Aldum, abr. 1502.

LUCIANO DE SAMÓSATA. *Icones Philostrati* (em grego). Veneza, In Aedibus Aldi, jun. 1503.

LUCRÉCIO CARO, Tito. *De Rerum Natura* (em latim). Veneza, Accuratissime, Apud Aldum, 1500 [2. ed., In Aedibus Aldi et Andreae Soceri, jan. 1515; 3. ed., jan. 1515].

MAIOLO, Lorenzo. *De Gradibus Medicinarum* (em latim), [s.n.t.], 1497.

_____. *Epiphyllides in Dialecticis* (em latim). Veneza, In Domo Aldi Romani, jul. 1497.

MANUZIO, Aldo. *Brevissima Introductio ad Litteras Graecas* (em grego e latim). [s.n.t.], 1497.

_____. *Institutiones grammaticae* (em latim). Summa Diligentia, mar. 1493 [2. e.d., *Institutiones Grammaticae* (em latim, grego e hebraico). Veneza, Apud Aldum, abr. 1508; 3. ed., MANUZIO, Aldo & TORRESANI, Andrea. *Rudimenta Grammatices*. Apud Aldum, fev/jun. 1501, in-4; 4. ed., MUSURO, Marco (ed.). *Rudimenta Grammatices*. In Aedibus Aldi et Andreae Soceri, nov. 1515].

_____. *Introductio Utilissima Hebraice Discere Cupientibus* (em latim). [s.n.t.], [1500]

_____ (org.). *Musarum Panegyris* (em latim). Baptista de Tortis, 1489.

_____ & BOLZANIO, Urbano (eds.). *Thesaurus Cornucopiae et Horti Adonis* (em grego e latim), Veneza, In Domo Aldi Romani, ago. 1496.

_____ & TORRESANI, Andrea (eds.). *Rudimenta Grammatices*. Veneza, Apud Aldum, fev.--jun. 1501.

MARCIAL, Marco Valerio, *Martialis* (em latim). Veneza. In Aedibus Aldi, dez. 1501.

MATERNO, Giulio Firmico. *Astronomi Veteres* (em grego e latim). Veneza, In Aedibus Aldi, out. 1499.

MÁXIMO, Valério. *Dictorum et Factorum Memorabilium Libri Novem* (em latim). Veneza, In Aedibus Aldi, out. 1502.

MÁXIMO, Valério. *Exempla Quatuor et Viginti Nuper Inuenta ante Caput de Ominibus* (em latim). Veneza, In aedibus Aldi et Andreae Soceri, out. 1514.

MIRANDOLA, Giovanni Francesco Pico della. *Liber de Imaginatione* (em latim e grego). Veneza, Apud Aldum Romanum, abr. 1501.

NAZIANZO, Gregório de. *Diversa Poemata* (em latim). Veneza, jun. 1504.

ORÍGENES. *In Genesim Homiliae* (em latim). Veneza, In Aedibus Aldi Romani, fev. 1503.

OVÍDIO NASÃO, Públio. *Fastorum. De Tristibus. De Ponto* (em latim). Veneza, In Academia Aldi, fev. 1503.

_____. *Herodium Epistolae* (em grego e latim). Veneza, In Aedibus Aldi Romani, dez. 1502.

_____. *Metamorphoseis* (em grego e latim). Veneza, In Aedibus Aldi, out. 1502.

PANOPOLI, Nonno di. *Nonnou Poietou Panopolitou* (em grego). [s.n.t.], [1501].

PEROTTI, Niccolò. *Cornucopiae* (em latim). Veneza, In Aedibus Aldii, jul. 1499 [2. ed., In Aedibus Aldi et Andreae Soceri, nov.1513].

PETRARCA, Francesco. *Le Cose Volgari* (em vernáculo). Veneza, Nelle Case d'Aldo Romano, jul. 1501.

_____. *Opere* (em vernáculo). Veneza, Nelle Case d'Aldo Romano, ago. 1514.

PÍNDARO. *Olympia, Pythia, Nemea, Isthmia* (em grego e latim). Veneza, In Aedibus Aldi et Andreae Asulani Soceri, jan. 1513.

PLATÃO. *Omnia Platonis Opera* (em grego e latim). Veneza, In Aedibus Aldi et Andreae Soceri, set. 1513.

PLETONE, Giorgio Gemisto. *Ex Diodori, et Plutarchi Historiis* (em grego e latim). Veneza, In Aldi Neacademia, out. 1503.

Plínio, O Jovem. *Epistolarum Libri Decem* (em latim). Veneza, In Aedibus Aldi et Andreae Asulani Soceri, nov. 1508.

PLUTARCO. *Opuscula* (em grego e latim). Veneza, In Aedibus Aldi et Andreae Asulani Soceri, mar. 1509.

Poetae Christiani Veteres. Opera (em latim). i. Veneza, Apud Aldum, jan. 1502 [ii, abr. 1502].

POLIZIANO, Angelo. *Opera* (em latim). Veneza, In Aedibus Aldi Romani, jul. 1498.

POLLUCE, Giulio. *Vocabolarium* (em grego e latim). Veneza, Apud Aldum, abr. 1502.

PONTANO, Giovanni. *Opera* (em latim). Veneza, In Aedibus Aldi Romani, ago. 1505 [2. ed., In Aedibus Aldi et Andreae Asulani Soceri, 1513].

PRODROMO, Teodoro. *Galeomyomachia* (em grego). Ed. Aristobulo Apostolio. [s.n.t.] , [1495].

PSALTERIUM (em grego). Ed. Giustino Decadio. Veneza, En Oikeíai Aldou tou Manoutíou, [out. 1498].

QUINTILIANO, Marco Fábio. *Quintilianus* (em latim). Veneza, In Aedibus Aldi et Andreae Soceri, ago. 1514.

QUINTO DE ESMIRNA. *Derelictorum ab Homero* (em grego). [s.n.t], 1505.

RETHORES *Graeci*, i (em grego e latim). Veneza, In Aedibus Aldi, nov. 1508 [ii, mar. 1509].

_____. *Adagiorum Chiliades Quatuor, Centuriaeque Totidem. Quibus Etiam Quinta Additur Imperfecta* (em latim). Gianfrancesco Torresani (ed.), In Aedibus Aldi et Andreae Soceri, set. 1520.

SACRAE *Scripturae Veteris, Novaeque Omnia* (em grego). Veneza, In Aedib Aldi et Andrea Soceri, fev. 1518.

SALÚSTIO CRISPO, Caio. *De Coniuratione Catilinae* (em latim). Veneza, In Aedibus Aldi et Andreae Asulani Soceri, abr. 1509.

SANNAZARO, Jacopo. *Sanazzaro L'Arcadia* (em vernáculo). Nelle Casa d'Aldo Romano, set. 1514.

SIENA, Santa Catarina da. *Epistole Devotissime* (em vernáculo). Veneza, In Casa de Aldo Manutio Romano, set. 1500.

SÓFOCLES. *Tragoediae Septem* (em grego). Veneza, In Aldi Romani Academia, ago. 1502.

STAZIO, Publio Papinio. *Statii Sylvarum* (em grego e latim). Veneza, In Aedibus Aldi, ago. 1502.

STROZZI, Tito Vespasiano & STROZZI, Ercole. *Strozii Poetae Pater et Filius* (em grego e latim). Veneza, In Aedibus Aldi et Andreae Asulani Soceri, 1513.

SUIDAS *Graece. Lexico* (em grego e latim). Veneza, In aedibus Aldi et Andreae Soceri, fev. 1514.

TEÓCRITO & HESÍODO. *Ecoglae* (em grego e latim). Veneza, Characteribus ac Studio Aldi Manucii Romani, fev. 1496.

TUCÍDIDES. *Thucydides* (em grego). Veneza, In Domo Aldi, maio 1502, *in-fólio*.

ULPIANO. *Commentarioli* (em grego), Veneza, In Aldi Neacademia, out. 1503.

VALLA, Giorgio. *De Expetendis et Fugiendis Rebus Opus* (em latim). Veneza, In Aedibus Aldi Romani, dez. 1501.

VIRGÍLIO MARO, Públio. *Virgilius* (em latim), Veneza, ex aedibus Aldi Romani, aprile 1501 [2.ed., 1505; 3. ed., In Aedibus Aldi et Andreae Soceri, out. 1514].

_____. *Eneide* (em latim). [s.n.t.], [1514].

XENOFONTE. *Xenophontis Omissa: Quae et Graeca Gesta Appellantur* (em grego e latim). Veneza, In Aldi Neacademia, out. 1503.

Fontes primárias consultadas

ARCHIVIO DI STATO, Mantova
Archivio Gonzaga, envelope 1440, folhas 278, 497, 499; envelope 1441, folha 515.
Autógrafos, envelope 8, dossiê 14, folhas 157, 158, 159, 160, 161, 162, 163, 164.

ARCHIVIO DI STATO, Milano
Autógrafos, pasta 141, dossiê 12, Tomaso De Luca, Venez, 6 março de 1790.

ARCHIVIO DI STATO, Venezia
Notarile, testamenti, 765, 2, n. 260, 27 março de 1506.
Notarile, testamenti, 675, 1, n. 37, 16 janeiro de 1514 mv/1515.
Capi del consiglio de' Dieci, Ricordi o raccordi, 1480-1739, 3, Aldo Manuzio il Giovane, 23 dezembro de 1577.

Biblioteca Ambrosiana, Milano

E 36 inf, folha 45, Aldo a Giovanni Collaurio, 8 setembro de 1505.

Biblioteca Nazionale Marciana, Venezia

Gr Z, 622 (= 851) *Lexicon* di Esichio di Alessandria.

Biblioteca Querini Stampalia, Venezia

Cl. vi Cod. 4 (= 1043) *Degli Asolani di M. Pietro Bembo; ne Quali si Ragiona d'Amore; Donati Dallui a Madonna.*

Cl. vii Cod. 2 (= 1274) *Alti Manducii ad Christophorum Fuliginatem de Diphtongis Graecis et ut Latinae Fiant Libellus. Carte 31r-34v.*

Bibliografia

ANDREOLLI, Bruno. "Pico, Caterina". *Dizionario Biografico degli Italiani*. Roma, Instituto della Enciclopedia Italiana, 2015, vol. 83.

ANTONIO. *Ragionamento Spirituale*. Ed. Nicolò Manassi, Veneza, [s.ed.], 1649.

BALDI, Davide. "Aldo Manuzio, La Suda e l'Ordine Alfabetico". *Medioevo Greco. Rivista di Storia e Filologia Bizantina*, 16, 15-24, 2016.

BALSAMO, Luigi. "Chi Leggeva *Le Cose Volgari* del Petrarca nell'Europa del '400 e '500". *La Bibliofilia*, civ, 247-266, 2002.

BARBIER, Frédéric. *Storia del Libro. Dall'Antichità al xx Secolo*. Bari, Dedalo, 2004.

BARKER, Nicolas. *Stanley Morison*. Cambridge, Harvard University Press, 1972.

BANDELLO, Matteo. *Le Novelle*, xv. Lucca, Busdrago, 1554, 4 vols.

BAROLINI, Helen. *Aldus and His Dream Book*. New York, Italica Press, 1992.

BASCHET, Armand (org.). *Lettres et Documents 1495-1515*. Veneza, Aedibus Antonellianis, 1867 [Trad. ital.: NOJA, Matteo. *Lettere e Documenti 1495-1515. Raccolti e annotati da Armand Baschet*. La Vita Felice, Milano 2018].

BELTRAMINI, Guido; GASPAROTTO, Davide & TURA, Adolfo (orgs.). *Pietro Bembo e l'invenzione del Rinascimento*. Marsilio, Venezia 2013.

BEMBO, Pietro. *Le Prose: Nelle Quali si Ragiona della Volgar Lingua*. Venezia, Guglielmo Zerletti, 1525.

_____. *Lettere*. i. Ed. Travi, Bologna, Commissione per i Testi di Língua, 1987-1993, 4 vols.

BIGLIAZZI, Luciana; BUSSI, Angela Dillon; SAVINO, Giancarlo & SCAPECCHI, Piero (orgs.). *Aldo Manuzio tipografo 1494-1515*. Firenze, Octavo Franco Cantini, 1994.

BLACK, Erin Mae. "La Prolusione di Luca Pacioli del 1508 nella Chiesa di San Bartolomeo e il Contesto Intellettuale Veneziano". *In*: BONAZZA, Natalino; LENARDO, Isabella di & GUIDARELLI, Gianmario (orgs.). *La chiesa di San Bartolomeo e la Comunità Tedesca a Venezia*. Venezia, Marcianum, 2013, pp. 87-104.

BRANCA, Vittore. "L'Umanesimo". Org. TENENTI, Alberto & TUCCI, Ugo. *Storia di Venezia: Dalle Origini alla Caduta della Serenissima*, iv: *Il Rinascimento: Politica e Cultura*. Roma, Istituto della Enciclopedia Italiana, 1996, pp. 723-755.

_____. *L'Umanesimo Veneziano alla Fine del Quattrocento. Ermolao Barbaro e il Suo Circolo*. In: *Storia della Cultura Veneta. Dal primo Quattrocento al Concilio di Trento*. 3/i, Vicenza, Neri Pozza, 1980, pp. 123-175.

BROWN, Horatio Forbes. *The Venetian Printing Press, an Historical Study Based upon Documents for the Most Part Hitherto Unpublished*. New York/London, Putnam's Sons/John Nimmo, 1891.

CACIORGNA, Maria Teresa. "Presenza Ebraica nel Lazio Meridionale: Il Caso di Sermoneta, in Aspetti e Problemi della Presenza Ebraica nell'Italia Centro-Settentrionale (Secoli XIV e XV)". GAJANO, Sofia Boesch (org.). *Quaderni di Scienze Storiche dell'Università di Roma*, 27, 127-173, 1983.

CALASSO, Roberto. *Come Ordinare una Biblioteca*. Milano, Adelphi, 2020.

CALIMANI, Riccardo. *Storia del Ghetto di Venezia*, Milano, Rusconi, 1985.

CALVINO, Italo. *Lezioni Americane: Sei Pproposte per il Prossimo Millennio*. Milano, Garzanti, 1988.

CANALIS, Rinaldo Fernando & CIAVOLELLA, Massimo (orgs.). *Andreas Vesalius and the Fabrica in the Age of Printing. Art, Anatomy and Printing in the Italian Renaissance*. Turnhout, Brepols, 2018.

CASELLA, Maria Teresa & POZZI, Giovanni. *Francesco Colonna. Biografia e Opere*. Antenore, Padova 1959, 2 vols.

CIONI, Alfredo. "Bissoli, Giovanni". *Dizionario Biografico degli Italiani*. Roma, Instituto della Enciclopedia Italiana, 1968, vol. 10.

CLERICI, Graziano Paolo. "Tiziano e la *Hypnerotomachia Polyphili*". *La Bibliofilia*, xx, 183--203, 240-248, 1918.

CLOUGH, James. *Aldo, Francesco e il De Aetna. La Fortuna del Carattere Inciso da Griffo per Manuzio nel Dialogo di Bembo*. Cornuda, Fondazione Tipoteca Italiana, 2005.

Cocai, Merlin (Teofilo Folengo). *Le Maccheronee*. i. Ed. Alessandro Luzio, Bari [Italia], Gius. Laterza & Figli, 1911 (Scrittori d'Italia).

Colonna, Francesco. *Hypnerotomachia Castrinovi* (testo di Antonio Castronuovo e xilografie di Michela Mascarucci). Imola, Babbomorto Editore, 2020.

Colonna, Stefano. *La Fortuna Critica dell'Hypnerotomachia Poliphili*. Roma, cam, 2009.

Comiati, Giacomo (org.). *Aldo Manuzio Editore, Uumanista e Filologo*. Milano, Ledizioni, 2019.

Cucurnia, Maria Eleonora. *Le Innovazioni Editoriali di Aldo Manuzio*. Roma, Oblique 2009.

D'Arco, Carlo. *Archivio Storico Iitaliano*, ii. Firenze, Petro Vieusseux, 1845.

Davies, Martin. *Aldus Manutius. Printer and Publisher of Renassaince Venice*. London, The British Library, 1995.

_____ & Harris, Neil. *Aldo Manuzio. L'Uomo, l'Editore, il Mito*. Roma, Carocci, 2019.

Dazzi, Manlio. *Aldo Manuzio e il Dialogo Veneziano di Erasmo*. Vicenza, Neri Pozza, 1969.

Dionisotti, Carlo. *Aldo Manuzio Umanista e Editore*. Milano, Il Polifilo, 1995.

_____ (ed.). *Maria Savorgnan – Pietro Bembo: Carteggio d'Amor (1500-1501)*. Florence, Le Monnier, 1950.

Donati, Lamberto. "La Seconda Accademia Aldina ed una Lettera ad Aldo Manuzio Trascurata dai Bibliografi". *La Bibliofilìa*, anno liii, 54-59, disp. Unica, 1951.

_____. "Polifilo a Roma: Le Rovine Romane". *La Bibliofilìa*, anno lxxvii, disp. i, 37-64, 1975.

Dondi, Cristina (ed.). *Printing R-Evolution and Society 1450-1500. Fifty Years that Changed Europe*. Venezia, Edizioni Ca' Foscari, 2020.

Doni, Anton Francesco. *I Marmi*, i. Ed. Pietro Fanfani, Firenze, Barbèra, 1863, 2 vols.

Dürer, Albrecht. *Lettere da Venezia*. Org. Giovanni Maria Fara. Milano, Electa, 2007.

Febvre, Lucien & Martin, Henri-Jean. *La Nascita del Libro*. Roma-Bari, Laterza, 1985 [Trad. bras.: *O Aparecimento do Livro*. 2. ed., São Paulo, Edusp, 2017].

Ferrigni, Mario. *Aldo Manuzio*. Milano, Alpes, 1925.

Filippi, Elena. "La Pittura Ripensata 1500-1508. Albrecht Dürer nello Specchio della Laguna". *In*: Fara, Giovanni Maria. *Albrecht Dürer a Venezia*. Firenze, Leo S. Olschki, 2018, pp. 17-28.

Fogliati, Silvia & Dutto, Davide. *Il Giardino di Polifilo*. Milano, Franco Maria Ricci, 2002.

Gallerie dell'Accademia di Venezia. *Aldo Manuzio: Il Rinascimento di Venezia*. Venezia, Marsilio, 2016 (Catalogo della mostra dedicata ad Aldo Manuzio a cinquecento anni dalla sua scomparsa).

Garuti, Alfonso. "Dolcibelli, Benedetto". *Dizionario Biografico degli Italiani*. Roma, Instituto della Enciclopedia Italiana, 1991, vol. 40.

Gatta, Massimo & Gatta, Ludovica. *L'Aldo degli Scrittori. La Figura e l'Opera di Aldo Manuzio nell'Immaginario Narrativo (Secoli xvi-xxi)*. Macerata, Bibliohaus, 2018.

Giustinian, Bernardo. *Oratio ad Ludovicum xi Galliarum Regem* (em latim), Veneza, Apud Aldum, 1501.

Grant, John N. (ed.). *Aldus Manutius, Humanism and the Latin Classics*. Trad. John N. Grant. Cambridge/London, The I Tatti Renaissance Library/Harvard University Press, 2017.

Gualandi, Michelangelo (ed.). *Originali italian risguardanti le belle arti*. ii. Bologna, Jacopo Marsigli, 1841.

GUICCIARDINI, Lodovico. *Descrittione di Tutti i Paesi Bassi*. Anversa, Guglielmo Siluio, 1567.

INFELISE, Mario (org.). *Aldo Manuzio. La costruzione del mito*. Veneza, Marsilio, 2016.

_____. "Manuzio, Aldo, il Vecchio". *Dizionario Biografico degli Italiani*. Roma, Instituto della Enciclopedia Italiana, 2007, vol. 69.

KNOOPS, Johannes. *In Search of Aldus Pius Manutius a Campo Sant'Agostin*. Venezia, Damocle Edizioni, 2018.

LAMAZE, Philippe Pradel de. *Invention et Diffusion de l'Humanisme: Le Contrefaçons Lyonnaises des Éditions d'Alde Manuce*. Lyon, Ecole Nationale Supérieure des Sciences de l'Information et des Bibliothèques, 1995 (Tesi di dottorato).

LEPRI, Laura. *Del Denaro o della Gloria. Libri, Editori e Vanità nella Venezia del Cinquecento*. Milano, Mondadori, 2012.

LOWRY, Martin. *Il Mondo di Aldo Manuzio. Affari e Cultura nella Venezia del Rinascimento*. Roma, Il Veltro, 1984.

MANNI, Domenico Maria. *Vita di Aldo Pio Manuzio Insigne Restauratore delle Lettere Greche e Latine in Venezia*. Venezia, Giambattista Novelli, 1759.

MANUTIUS, Aldus. *La Voce dell'Editore. Prefazioni e Dediche*. Org. Mario Infelise & Tiziana Plebani, Veneza, Marsilio, 2015.

MANUZIO, Aldo. *Lettere Prefatorie a Edizioni Greche*. Org. Claudio Bevegni, Milano, Adelphi, 2017.

_____. *Aldo Manuzio Editore. Dediche, Prefazioni, Note ai Testi*. Ed. Giovanni Orlandi, Intr. Carlo Dionisotti, trad. Giovanni Orlandi, Milano, Il Polifilo, 1975.

MARCON, Susy & ZORZI, Marino (orgs.). *Aldo Manuzio e l'Ambiente Veneziano 1494-1515*. Venezia, Il Cardo, 1994.

MARDERSTEIG, Giovanni. "Aldo Manuzio e i caratteri di Francesco Griffo da Bologna". In: *Studi di Bibliografia e di Storia in Onore di T. De Marinis*. iii. Verona, Valdonega, 1964, pp. 105-147.

MELCHIORRE, Matteo. "Sanudo, Marino il Giovane". *Dizionario biografico degli italiani*, 90, 498-504, 2017.

MICHELIS, Cesare de. "Aldo Manuzio e l'Umanesimo Veneziano". *Aldo Manuzio: il Rinascimento di Venezia*. Venezia, Marsilio, 2016.

MORISON, Stanley. *Early Italian Writing-Books. Renaissance to Baroque*. Verona/London, Valdonega/The British Library, 1990.

MOLMENTI, Pompeo. "Alcuni Documenti Concernenti l'Autore dell'*Hypnerotomachia Polyphili*". *Archivio Storico Italiano*, xxxviii, 291-314, 1906.

MONTECCHI, Giorgio. *Storia del Libro e della Lettura*. i. (*Dalle Origini ad Aldo Manuzio*). Sesto San Giovanni, Mimesis, 2015.

MONTINARO, Gianluca (org.). *Aldo Manuzio e la Nascita dell'Editoria*. Firenze, Leo S. Olschki, 2019.

NERUDA, Pablo. *Oda a la Tipografia*. Santiago do Chile, Nascimento, 1956.

NICOLA, Flavia de. "Equus Infoelicitatis: Aanalisi Iconografica di una Xilografia dell'*Hypnerotomachia Polyphili* fra Testo e Immagine". *Bollettino Telematico dell'Arte*, 765, 2015.

NOLHAC, Pierre de. *Les Correspondants d'Alde Manuce*. Rome, Imprimerie Vaticane, 1888.

NOTIZIARIO BIBLIOGRAFICO. *Aldo Manuzio, un Umanista in Tipografia*, 71, 2015 (Giunta regionale del Veneto).

NOVATI, Francesco & RENIER, Rodolfo (orgs.). *Giornale Storico della Letteratura italiana*. XXXIII. Torino, Ermanno Loescher, 1899.

NUOVO, Angela. *Il Commercio Librario nell'Italia del Rinascimento*. Milano, Franco Angeli, 1998.

_____. "Alberto Pio e Aldo Manuzio". In: SEMPER, Hans; SCHULZE, Ferdinand O. & BARTH, Wilhelm. *Carpi. Una Sede Principesca del Rinascimento*. Pisa, Ets, 1999, pp. 353-356 [1. ed. Dresda, 1882].

_____. "Stampa e Potere in Italia: Sondaggi Cinquecenteschi". *Bibliologia*, i, 53-85, 2006.

_____. "The End of the Manutius Dynasty, 1597". In: KRAYE, Jill & SACHET, Kraye. *The Afterlife of Aldus. Posthumous Fame, Collector and the Book Trade*. London, The Warburg Institute, 2018, pp. 45-78.

OETTINGER, April. "The Hypnerotomachia Poliphili: Art and Play in a Renaissance Romance". *Word&Image*, 27, 15-30, 2011.

OLOCCO, Riccardo. *De Littera Veneta. Breve Trattato sul Carattere Inciso Per il De Aetna di Pietro Bembo a Confronto con i Revival Storici del XX Secolo*. Bolzano, Inside, 2010.

PACILLI, Mattia. *Aldo o il Sogno di un Piccolo Libro*. Latina, Accademia di Vicinato, 2009.

PERINI, Leandro. *I Libri a Stampa, in Il Rinascimento Italiano e l'Europa*. IV: *Commercio e Cultura Mercantile*. Ed. Franco Franceschi; Richard A. Goldthwaite & Reinhold C. Mueller, Treviso-Costabissara, Fondazione Cassamarca-Angelo Colla, 2007, pp. 191-226.

PLEBANI, Tiziana. "Il Sigillo Ignorato: Aldo Manuzio, la sua Impronta e l'attenzione strabica degli storici". *Engramma. La Tradizione Classica nella Memoria Occidentale*, 132, jan. 2016.

_____ (ed.). *Aldine marciane, Venezia*, Biblioteca Nazionale Marciana, 2015.

_____ (ed.). *Aldo al Lettore. Viaggio Attorno al Mondo del Libro e della Stampa in Occasione del V Centenario della Morte di Aldo Manuzio*. Milano/Venezia, Unicopli/Biblioteca Nazionale Marciana, 2016.

PRIULI, Girolamo. *I Diarii, IV*. In: CESSI, Roberto (ed.). Org. Lodovico Muratori. Bologna, Zanichelli, 1900 (Rerum Italicarum Scriptores).

POLSELLI, Antonio. *Aldo Manuzio. L'Ancora e il Delfino*. Roma, Herald, 2010.

PULSONI, Carlo. "I Classici Italiani di Aldo Manuzio e le Loro Falsificazioni Lionesi". *Critica del Testo*, v/2, 477-487, 2002.

QUARANTA, Emanuela. "Osservazioni Intorno ai Caratteri Greci di Aldo Manuzio". *La Bibliofilìa*, anno lv, disp. ii, 123-130, 1953.

RAGONE, Giovanni. *Classici Dietro le Quinte. Storie di Libri e di Editori. Da Dante a Pasolini*. Roma/Bari, Laterza, 2009.

RENOUARD, Antoine-Augustin (éd.). *Annales de l'Imprimerie des Alde, ou Histoire des Trois Manuce et de leurs Éditions*. III. 3. éd. Paris, Giulio Renouard, 1834, 3 vols.

_____ (ed.). *Lettere Manuziane*. Paris, Giulio Renouard, 1834.

RIDOLFI, Roberto. "Del Carattere Italico Aldino del Secolo XV". *La Bibliofilìa*, anno lv, disp. ii, 118-122, 1953.

ROTTERDAM, Erasmo de. *Laus Stultitiae, Moriae Encomium* (em latim). Paris, Gilles de Gourmont, 1511.

_____. "Opulentia Sordida". In: *Opulentia Sordida e Altri Scritti Attorno ad Aldo Manuzio*. Ed. Lodovica Braida, Marsilio, Venezia, 2014.

Rossi, Manuela (org.). *L'Immagine del Principe. I Ritratti di Alberto iii nel Palazzo dei Pio a Carpi*. Carpi, Assessorato alla Cultura, 2008.

_____ (org.). *Ugo. Ugo da Carpi, l'Opera Incisa*. Carpi, 2009.

_____ & Martino, Enzo Di. *I Libri Belli. Aldo Manuzio, Carpi e la Xilografia xvii Biennale di Xilografia Contemporanea*. Carpi, Apm, 2015.

Russo, Emilio. "Manuzio, Aldo, il Giovane". *Dizionario Biografico degli Italiani*. Roma, Instituto della Enciclopedia Italiana, 2007, vol. 69.

Sanudo, Marin. *I Diarii*, xix. Eds. Federico Stefani, Guclielmo Berchet e Nicolò Barozzi. Veneza, Spese Degli Editori, 1887.

Scapecchi, Piero. "Legature 'Alla Greca' dal Circolo di Aldo Manuzio". *Rara Volumina*, 2, 5-12, 1994.

Scarsella, Alessandro (org.). *Intorno al Polifilo. Contributi sull'Opera e l'Epoca di Francesco Colonna e Aldo Manuzio*.Venezia, Biblion, 2005.

_____ & Menato, Marco (orgs.). "Ancora per Aldo Manuzio. Ai margini del v Centenario. Contributi e ricerche interdisciplinari". *Studi Goriziani*. 2018.

Scritti *sopra Aldo Manuzio*. Firenze, Leo S. Olschki, 1955.

Stefanini, Luigi. "La Tempesta di Giorgione e la *Hypnerotomachia* di Francesco Colonna". *Atti e Memorie della Regia Accademia di Scienze Lettere e Arti di Padova*, lviii, 1-17, 1942.

Sterza, Tiziana. "Manuzio, Paolo". *Dizionario Biografico degli Italiani*. Roma, Instituto della Enciclopedia Italiana, 2007, vol. 69.

_____. "Paolo Manuzio Editore a Venezia (1533-1561)". Acme, Annali della Facoltà di Lettere e Filosofia dell'Università degli Studi di Milano, lxi (ii), 123-167, maio-ago. 2008.

Tavoni, Maria Gioia & Torre, Gian Carlo. *Le Radici del Libro. Omaggio a Aldo Manuzio*. Bassiano, Atti del Convegno, 27 febbraio 2016.

Tinti, Carlo. "Griffo, Francesco". *Dizionario Biografico degli Italiani*. Roma, Instituto della Enciclopedia Italiana, 2002, vol 59.

Torre, Gian Carlo (org.). *Aldo Manuzio dal Folio al Tascabile*. Latina, Il Levante, 2015.

Vacalebre, Natale (ed.). *Five Centuries Later. Aldus Manutius: Culture, Typography and Philology*. Firenze/Milano, Olschki/Biblioteca Ambrosiana, 2018.

Vecce, Carlo. "Aldo e l'Invenzione dell'Indice". *Aldus Manutius and Renaissance Culture, Essay of Franklin D. Murphy, Acts of an International Conference Venice and Florence, 14-17 June 1994*. Firenze, Leo S. Olschki, 1998, pp. 109-141.

Wagner, Klaus. "Aldo Manuzio e il Prezzo dei Suoi Libri". *La Bibliofilìa*, anno lxxvii, disp. i, 77-82, 1975.

Wind, Edgar. *Misteri Pagani nel Rinascimento*. Milano, Adelphi, 1971.

Imagens

p. 1
Emblema dos livros produzidos por Aldo Manuzio impresso em *Opera*
1505
Xilogravura

p. 3
Autor desconhecido
Retrato de Aldo Manuzio (detalhe)
Século XVI
Gravura em metal

p. 13
Detalhe de *De Aetna*
1495
Impressão tipográfica

p. 35
Gentile Bellini
Miracolo della Croce caduta nel canale di San Lorenzo
1500
Têmpera

p. 45
Dell'Altissimo Cristofano
Retrato de Giovanni Pico della Mirandola
c. 1552-1568
Óleo sobre madeira

p. 55
Bernardino Loschi
Alberto III Pio e sua família (detalhe)
Início do século XVI
Afresco
Cappella dei Pio, Modena

p. 63
Autor desconhecido
Retrato de Angelus Politianus
c. 1600-1699
Óleo sobre madeira

p. 107
Rafael
Escola de Atenas (detalhe)
1509-1510
Afresco
Palácio Apostólico, Vaticano

p. 170
Giorgione
Retrato de homem com um livro
c. 1500
Óleo sobre madeira

p. 171
Pedro Berruguete
Retrato de Federico da Montefeltro e seu filho Guidubaldo
1476-1477
Óleo sobre madeira

p. 197
Rafael
Retrato do Jovem Pietro Bembo
c. 1504
Óleo sobre madeira

p. 204
Quentin Massys
Retrato de Erasmo de Rotterdam
1517
Óleo sobre madeira

p. 219
Philips Galle
Retrato de Paolo Manuzio
c. 1587-1606
Gravura em metal

p. 243
Jacopo de' Barbari
Vista de Veneza
1500
Xilogravura

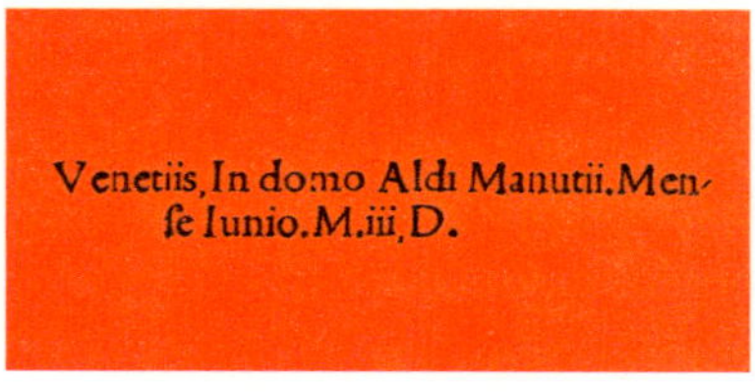

p. 247
Detalhe de *Libellus de Epidemia quam Vulgo Morbum Gallicum Vocant*
1497
Impressão tipográfica

Índice de nomes próprios

ABRAMODI MOSÈ 42
ACCIAIUOLI, Zanobi 116
ADRAMITTENO, Manuel 51
AFONSO I D'ESTE 90, 91
AGOSTINHO, Santo 33
AGOSTINI, banqueiros 71
AGOSTINI, Mafio 101
ALEANDRO, Girolamo 28, 123, 186, 195, 221
ALEMBERT, Jean-Baptiste le Rond d' 235
ALEXANDRE VI (Rodrigo Borgia), papa 81
ALEXANDROS 67
AMASEO, Girolamo 80

AMMONIO 100, 116
ANNUNZIO, Gabriele d' 152, 237
ANTIQUARI, Jacopo 27, 86
ANTONELLO DA MESSINA 37
ANTONIO DA CANAL 178
APOLÔNIO 211
APOSTÓLIO, Aristóbulo 77
APOSTÓLIO, Miguel 77
APRILE, Andrea 239
ARETINO, Pietro 36
ARIOSTO, Ludovico 103
ARISTÓFANES 104, 105

ARISTÓTELES 50, 62, 77, 80, 92, 103-105, 211, 236
AZPEITIA, Javier 239

BAÏF, Lazare de 195
BANDELLO, Matteo 86, 114, 139, 155, 172, 216
BANDELLO, Vincenzo 139
BARBARI, Jacopo de' 200, 241
BARBARIGO, Agostino 58, 70
BARBARIGO, família 58, 70, 81, 169
BARBARIGO, Marco 58
BARBARIGO, Pierfrancesco 58, 70, 71, 81
BARBARIGO, São 58
BARBARO, Ermolao 29, 33, 60, 62, 71, 103
BARDELLONE, Giacomo 117, 122
BARTOLOMEO D'ALVIANO 27, 166
BASA, Domenico 225
BASTIANO 87
BEATO RENANO 233
BECCADELLI, Lodovico 36
BELLINI, Giovanni 128, 240
BEMBO, Bernardo 62, 69, 70, 89, 146, 163
BEMBO, Carlo 70, 172
BEMBO, família 77
BEMBO, Pietro 29, 69, 72, 77, 83, 89, 117, 137, 145, 146, 154, 163, 172-173, 178, 180, 191-193, 210, 227
BENEDETTI, Alessandro 29, 77, 80, 127, 153
BERNARDO, Nicolò 68
BERRUGUETE, Pedro 168
BESSARIONE 29, 43, 61, 77, 110
BISSOLO, Giovanni 53, 211-212
BLASTO (ou Vlastos), Nicolò 100, 101
BOCCACCIO, Giovanni 172, 180-181, 210
BODART, Didier 240
BODIN, Jean 226
BODONI, Giambattista 153, 237
BOMBERG, Daniel 188
BONIFÁCIO VIII (Benedetto Caetani), papa 41
BONOMO, Pietro 114

BORDON, Benedetto 128, 129, 141, 168
BÓRGIA, família 42
BÓRGIA, Lucrécia 27, 90, 115, 180, 193
BORROMEO, Federico 226, 228
BOTTICELLI, Sandro 180
BRACCIO, Gabriele 53, 103, 211-212
BRAINERD, Paul 238
BRAMANTE, Donato 136
BRANCA, Vittore 33
BRÁS, São 141
BRIENNE, Loménie de 236
BRUTO 211
BUDÉ, Guillaume 233
BÜHLER, Curt F. 109
BURGESS, William Starling 154
BURKHARD, Georg, chamado Spalatinus 233

CAETANI, família 41, 42, 43, 46
CAETANI, Roffredo 41
CAILLE, Jean de la 234
CALCONDILA, Demetrio 77, 212
CALDERINI, Domizio 43
CALDWELL, Ian 239
CALIERGI (ou Calergi), Zaccaria 100, 101, 111
CALVINO, Italo 237
CAMPAGNOLA, Giulio 217
CANALETTO (Giovanni Antonio Canal, chamado) 235
CARDUCCI, Giosuè 237
CARLOS VIII, rei da França 67, 72
CARPACCIO, Vittore 19, 240-241
CARRACCI, Annibale 136
CARRARESI, família 173
CARTEROMACO, Scipione, ver Forteguerri, Scipione
CASTALDI, Panfilo 237
CASTIGLIONE, Baldassarre 126, 140, 220
CASTRONUOVO, Antonio 19, 239
CATARINA DE SIENA, Santa 72, 81-82, 136, 155, 236
CATULO, Gaio Valério 163, 168, 209

Cavalcanti, Guido 173
César de Aragão 116
Charles, Jeffroy 27, 86, 88
Cícero, Marco Túlio 46, 155, 172, 181, 212, 220, 221, 232, 236
Clario, Daniele 82, 104
Codro, Urceo 67, 104
Colombo, Cristóvão 30
Colombo, Fernando 29-30
Colonna, Caterina 138
Colonna, família 138
Colonna, Francesco 29, 138-141
Corner, Caterina 83, 193
Corner, família 111
Corvino, Mattia 29
Crasso, Bernardino 127, 138
Crasso, Leonardo 126-127, 139
Crastone 76
Crisolora, Manuele 116
Cristoforo, genro de Francesco Griffo 159
Cuspiniano, ver Spiesshaymer, Johannes.

Dalle Fosse, Urbano, chamado Bolzanio 96-97
Dal Pozzo, Francesco 83, 90, 196
Dante Alighieri 28, 41, 69, 82, 104, 172-173, 180, 192-193, 210, 232
Decadio, Giustino 115
Dee, John 234
De Gregori, Gregorio 147
De Luca, Tomaso 235
De Michelis, Cesare 38
Demóstenes 126, 166
Diderot, Denis 235
Didot, Firmin 153
Dinslaken, Jordan von 68
Dionisotti, Carlo 155, 238
Dioscórides 81, 187
Dolcibelli (ou Dolcibello), Benedetto 53, 211-212
Dolfin, Giovanni 227-228

Donà, Girolamo 187
Donà, Tomaso 81, 129
Ducas, Demetrio 115-116, 123
Dürer, Albrecht 139, 169-172, 233

Egnazio, Giovanni Battista 61, 90, 195, 199, 232
Erasmo de Rotterdam 25, 29, 32, 33, 50, 89-92, 104, 110, 111, 114, 115, 136, 137, 189, 191, 193-196, 198-201, 212, 218, 224, 228, 233, 237-238
Ercole I d'Este 44
Esopo 181, 211
Estácio, Públio Papínio 172
d'Este, família 53
Euclides 89
Eurípides 89, 116, 163, 194
Eusébio 116, 181

Facino, Galeazzo, chamado Pôntico 62
Faelli, Benedetto 147
Faláris 211
Farnese, Alessandro 221, 234
Federico da Ceresara 68, 86-88
Federico da Montefeltro 126, 168
Frederico, o Sábio 233
Frederico Guilherme IV da Prússia 235
Ficino, Marsilio 67, 71
Filóstrato 116, 181
Folengo, Teofilo 60
Forteguerri, Scipione, chamado Carteromaco 44, 110, 114, 166, 180
Foscari, Antonio 19, 141
Foscari, Francesco 68
Foxe, Richard 233
Francesca dell'Anguillara 138
Franceschi, Andrea 232
Francisco I da França 195, 232, 234
Francisco II da França 221
Francisco II Gonzaga 87-89
Froben, Johann 194, 201
Fruticeno, Giovanni 115

GABIANO, Baldassarre 209, 210
GABIANO, Giovanni Bartolomeo 209, 210
GABRIEL, Angelo 146, 166
GALASSI, Francesco M. 19, 241
GALENO 100, 101
GALILEI, Galileu 105
GARAMOND, Claude 153
GASPARE DA VERONA 43, 172
GAZA, Teodoro 96, 97
GÉLIO, Aulo 137
GIOLITO DE' FERRARI, Gabriele 168, 172, 220
GIORGIONE (Giorgio da Castelfranco) 136, 141, 168, 232
GIOVANNA, mãe de Federico da Ceresara 86
GIOVANNI DA CRETA (Gregoropulo) 110, 111
GIOVANNI DA SPIRA (Johannes von Speyer) 33, 37, 46, 71
GIUNTA, família 129, 167, 209-210, 220, 229
GIUNTA (ou Giunti), Filippo 158, 209, 210
GIUNTA, Francesca 225, 227-229
GIUNTA, Lucantonio 209
GIUNTA, Lucantonio, o Jovem 225
GIUNTA, Tommaso I 225
GIUNTI (o Giunta), Bernardo 123, 210
GIUSTINIANI, Tommaso (Paolo) 92
GOETHE, Johann Wolfgang 153
GONZAGA, família 44, 46
GONZAGA, Elisabetta 126
GONZAGA, Rodolfo 44, 46
GOZZI, Alvise 19, 141
GREGÓRIO XIII (Ugo Boncompagni), papa 224
GRIFFO, Cesare 147
GRIFFO, Francesco 19, 108-109, 146-147, 152-155, 158-158, 188, 208, 217
GRIMANI, Domenico 33
GROLIER, Jean 86, 223, 234, 236
GUARINO, Battista 44, 97
GUARINO VERONESE (ou da Verona) 44, 59, 172-173
GUICCIARDINI, Francesco 24

GUICCIARDINI, Lodovico 24
GUIDUBALDO DA MONTEFELTRO, Duque de Urbino 126, 140, 168
GUSNASCO, Lorenzo 178
GUTENBERG, Johannes 9, 126, 155, 234, 237

HAUGHTON JR, Moses 240
HELD, Valerio 239
HENRIQUE II, rei da França 234
HERÓDOTO 116, 128, 181
HESÍQUIO DE ALEXANDRIA 117, 123
HOMERO 77, 186, 232
HORÁCIO FLACO 27, 80, 88, 168, 172
HURTADO DE MENDOZA, Diego 103, 234

ILARIO DA PARMA 68
INFELISE, Mario 19, 24
INTERIANO, Giorgio 82, 208
ISABEL DE ARAGÃO 27
ISABELLA D'ESTE GONZAGA 86-87, 168, 169, 232

JENSON, Nicolas 37, 71, 147, 152, 153
JOÃO, São 29
JOBS, Steve 167, 238
JOYCE, James 140
JÚLIO CÉSAR 80, 181, 210, 225
JÚLIO III (Giovan Maria Ciocchi Del Monte), papa 36
JUNG, Carl 140
JUVENAL, Décimo Júnio 168, 172

KIMHI, David 187
KOLLAUER, Johann (Giovanni Collaurio) 114
LANDINO, Cristoforo 180
LAONIKOS 67
LASCARIS, Costantino 67, 72, 77, 96, 97, 109, 116, 146, 185, 186, 233
LASCARIS, Giano 29, 67, 101, 166, 193
LASCARIS, Giovanni 195
LATIMER, William 70
LAURA DA POLA 232

LEÃO X (Giovanni de' Medici), papa 111, 115, 116, 209
LELLI, família 127, 138
LELLI, Lucrezia 138
LELLI, Teodoro 138
LEONARDO DI ARIGI 207
LEONE EBREO (Judá Abravanel) 220
LEONE, Ambrogio 90, 195
LEONICO TOMEO, Niccolò 103
LINACRE, Thomas 103, 115
LOMBARDO, Pietro 69
LOREDAN, Leonardo 111
LORENZO, O MAGNÍFICO, ver MEDICI, Lorenzo de
LOSCHI, Bernardino 53, 232
LOTTO, Lorenzo 232
LOVRIC, Michelle 238
LUBRANSKI, Ian 232
LUCIANO 233
LUCRÉCIO 82, 181, 215-216
LUDOVICO, O MOURO 86
LUÍS XII, rei da França 86, 90
LUTERO, Martinho 92, 158, 233

MADIIS, Francesco de 30
MAGGI, Carlo Maria 234
MATHIEU, Thomas 234
MAIOLO, Lorenzo 77, 80
MALERNI, Nicolò 238
MALLINCKRODT, Bernhard von 234
MANASSI, Nicolò 226-229
MANIN, Daniele 83, 216
MANNI, Domenico Maria 234
MANTEGNA, Andrea 128
MANUELE DA CRETA (Gregoropulo) 111
MANUZIO, Alda 83
MANUZIO JR, Aldo 43, 221, 224-229
MANUZIO, Antonio (filho de Aldo) 83, 218, 220
MANUZIO, Antonio (pai de Aldo) 43
MANUZIO, família 36, 42, 201, 225, 226, 227, 235
MANUZIO, Letizia 83

MANUZIO, Manuzio (ou Marco) 83, 218, 220
MANUZIO, Paolina 226
MANUZIO, Paolo 83, 218, 220
MAQUIAVEL, Nicolau 167, 220, 232
MARCELLI, Adriano 71
MARCIAL, Marco Valério 168, 172, 234
MARCOLINI, Francesco 220
MARDERSTEIG, Hans 152-154
MARTINENGO, família 187
MARTINENGO, Maria 52
MASCARUCCI, Michela 239
MAXIMILIANO I DE AUGSBURGO, imperador 27, 111, 114
MAXIMILIANO II DE AUGSBURGO, imperador 220
MAYNIER, Accurse 80
MEDICI, Caterina de' 234
MEDICI, Cosimo de' 110, 123
MEDICI, família 67, 115
MEDICI, Lorenzo de, chamado o Magnífico 29, 101
MEDICI, papa, ver Leão X
MELVILLE, Herman 237
MERULA, Giorgio 62
MESTRE DA LENDA DA MADALENA 240
MISINTA, Bernardino 207
MOCENIGO, família 169
MONDADORI, Arnoldo 152, 153, 237
MONTECCHI, Giorgio 238
MORARO, Giovanni Pietro 87-88
MORAVIO, Nicolò 217
MORE, Thomas 233
MORELLI, Jacopo 110
MORISON, Stanley 152, 153-154
MUSEO GRAMMATICO 76-77, 235
MUSURO, Marco 53, 62, 82, 91, 96, 100-101, 104, 115, 122, 193, 195, 218

NAVAGERO, Andrea 69, 115, 169, 211, 212, 216
NERUDA, Pablo 237
NICOLÒ DA LONIGO (Leoniceno) 80, 100

николай, Gaspard 239
Nodier, Charles 235
Notarà, Anna 100

Odoni, Caterina 221
Ongaro, Paolo 239
Ottone Enrico del Palatinato 221
Ovídio Nasão, Públio 129, 209, 232

Pacioli, Luca 89-90, 128, 195-196, 210
Paganini, Alessandro 210
Paganini, Paganino 210
Painter, George 126
Pall Mall, Edward 240
Palladio, Andrea 26, 141
Palma, o Velho (Jacopo Negretti) 232
Pannartz, Arnold 43, 155, 172
Paola da Messina 37
Paolo di Manduzio 42
Parmigianino (Francesco Mazzola, chamado) 232
Paulo, São 29, 186
Pellicier, Guillaume 109, 232
Pelusio, Bartolomeo 211
Pepe, Laura 19, 109
Perotti, Niccolò 31, 81
Perrenot de Granvelle, Antoine 234
Pércio Flaco, Aulo 168, 172
Petrarca, Francesco 29, 82, 158, 168, 172-173, 178, 180, 192, 209, 210, 232, 236, 238
Petrucci, Ottaviano 89, 158
Pickering, William 237
Pico della Mirandola, Caterina 44, 46
Pico della Mirandola, família 44
Pico della Mirandola, Giovanni 44, 51, 62, 71, 91
Píndaro 111, 116, 186, 237
Pinelli, Gian Vincenzo 226
Pio IV (Giovan Angelo Medici), papa 224
Pio V (Antonio [Michele] Ghislieri) 224
Pio, Alberto III 27, 44, 46, 50-53, 58, 59-60, 83, 90-91, 103, 216-218, 229, 232, 240

Pio, família 44, 51-52, 53, 91, 217, 239
Pio, Lionello I 53
Pio, Lionello II 46, 52, 53, 91, 217
Pio, Rodolfo 103, 221
Pirckheimer, Willibald 233
Pisani, família 169
Plantin, Christophe 154
Platão 91, 104-105, 115-117
Plauto, Tito Mácio 60, 70, 76
Plebani, Tiziana 19, 83
Plínio 33
Plutarco 27, 116, 233
Poliziano (Angelo Ambrogini, chamado) 29, 31, 51, 62, 67-68, 69, 71, 77, 82, 137, 153, 187, 207-208
Pompeu 87
Pomponazzi, Pietro 53
Pontano, Giovanni 82
Priuli, família 235
Priuli, Girolamo 37, 90
Priuli, Nicolò 88
Propércio, Sexto 168, 209
Proust, Marcel 126

Querini, Vincenzo (Pietro) 92
Quinto de Esmirn 181

Rabelais, François 140
Rafael 104, 126
Ramusio, Giovanni Battista 169
Ramusio, Paolo 227-228
Ratdolt, Erhard 32
Regio, Raffaele 216
Remondini, família 235
Renier, Daniele 62
Renouard, Antoine-Augustin 235-236
Reuchlin, Johannes 80, 115
Rusotas, Emanuele 108

Sabellico, Marcantonio 61, 71
Salústio 27
Sannazzaro, Jacopo 232
Sansovino, Jacopo 33

Santa Sofia, família 173
Sanudo, Marin 28, 33, 62, 69-70, 90, 91, 137, 166, 215, 217
Savonarola, Girolamo 66, 67
Savorgnan, Maria 192
Scarpa, Romano 239
Scarpa, Tatiana 19, 240
Schedel, Hartmann 234
Schiller, Frederich 153
Schopenhauer, Arthur, VII 17
Serafino de' Ciminelli (Serafino Aquilano) 173
Sexto Empírico 105
Sforza, família 27, 212
Sforza, Gian Galeazzo 27
Simplício 100
Sisti, Alessandro 239
Sixto IV (Francesco della Rovere), papa 43
Smith, Joseph 235
Sófocles 110, 116
Soncino, Gershom (Gerolamo) 156, 158, 187, 188
Soncino, Giosuè Salomone 187
Spiegel, Jacob 114, 168
Spiesshaymer, Johannes, chamado Cuspiniano 101, 114
Stagnino, Bernardino 158
Strassburg, Jakob von (Jacopo da Strasburgo) 129
Strozzi, Ercole 180
Suetônio, Caio 137
Summonte, Pietro 82
Sweinheim, Conrad 43, 155, 172

Teócrito 44, 97
Teofrasto 104
Terêncio, Públio 211
Thomason, Dustin 239
Thurzó, Sigismund 167, 232
Tibulo, Álbio 168, 209, 232
Ticiano Vecellio 19, 136, 141, 232
Tiepolo, Bajamonte 241

Torresani, Andrea 50, 59, 68, 70, 71, 81, 82, 89, 90, 91, 147, 163, 198-201, 211, 218, 221, 226, 234
Torresani, família 193, 200, 221, 225
Torresani, Federico 218
Torresani, Gian Francisco 201, 211, 218, 220, 223, 228, 232
Torresani, Maria 82-83
Torriano, Gioachino 29
Torti, Battista 58
Trivulzio, Carlo 240
Trotti, Bartolomeo 208
Tucídides 116, 181
Tullio d'Albisola 237
Tuzi, Antonio 42

Urbano, frade, ver Dalle Fosse, Urbano
Valeriano, Pietro 97
Valério Máximo 101, 181
Valla, Giorgio 59-60, 61, 62, 115
Valla, Lorenzo 62, 128
Varotto, Elena 19, 241
Vellutello, Alessandro 178
Verga, Giovanni 238
Vespasiano, imperador 137
Vettori, Francesco 210, 232
Vettori, Piero (Pier) 123, 233
Vigevani, Alberto 238
Vigevani, Paolo 238
Villedieu, Alexandre 60
Vindelino da Spira 33, 172, 238
Virgílio Maro, Públio 46, 156, 163, 172, 181, 208, 232
Vittori, Francesco 102
Voltolina, Piero 240

Xenofonte 101
Ximénez de Cisneros, Francisco, cardeal 116

Zanpietro 221
Zeno, Apostolo 140, 234
Zorzi, família 169

TÍTULO *O Inventor de Livros – Aldo Manuzio, Veneza e o seu Tempo*
AUTOR Alessandro Marzo Magno
TRADUÇÃO Antonio de Padua Danesi
EDITOR Plinio Martins Filho
NOTA INTRODUTÓRIA, ICONOGRAFIA E DESIGN Gustavo Piqueira
DIAGRAMAÇÃO Casa Rex
REVISÃO Anderson Silva,
Plinio Martins Filho,
Felipe Campos
PRODUÇÃO EDITORIAL Carlos Gustavo A. do Carmo
FORMATO 18 x 27 cm
TIPOLOGIA Famílias Neue Haas Grotesk, Garamond Premier e Utopia
PAPEL Luxcream 80g/m² (miolo)
Couchê 170 g/m² com aplicação de gofragem (capa)
NÚMERO DE PÁGINAS 272
IMPRESSÃO E ACABAMENTO Lis Gráfica